中国博士后科学基金一等资助项目（编号：2015M580284）

南京邮电大学人文社会科学重点基金项目（编号：NYS215001）

南京大学中华民国史研究中心学术前沿系列"城乡研究辑"项目

李沛霖

著

电车交通与
城市社会

 Tram Traffic and
Urban Society

SHANGHAI，1905-1937

1905~1937年的上海

社会科学文献出版社
SOCIAL SCIENCES ACADEMIC PRESS (CHINA)

序　言

李沛霖博士撰写的《电车交通与城市社会：1905～1937年的上海》即将付梓。这部约40万字的书稿是他在复旦大学历史学系博士后流动站出站报告的基础上，又花了近两年时间进行认真润改补充的结果。

众所周知，城市化是现代化的必由进路与关键性标志之一，公共交通则是城市化的重要内容，既服务于城市工商经济发展与社会生活运作，又有其自身相对独立的地位。对近代城市公共交通的研究，不仅是近代中国城市史研究的重要内容，还可为考察当代中国城市发展与转型进程中的公共交通问题提供有益的历史借镜，有助于对当代中国城市社会状况进行长程视野的评估与未来思考。而在近代上海城市公共交通系统中的电车业，对传统的人畜力交通工具形成超越，成为市民出行的主要工具，其发轫、进步与近代上海城市演进密切相关，命运与共。近代以来上海电车交通业的历史，无疑是上海城市发展和社会经济变迁不可忽视的一部分，但迄今为止缺乏有分量的专门性研究成果。《电车交通与城市社会：1905～1937年的上海》的问世，有助于填补该研究领域的不足，值得引起读者的关切。

该书稿以近代交通史和城市史研究中较薄弱的上海电车业为典型案例，通过全面掌握和整理相关未刊档案史料和多种已刊文献，展现近代上海电车业运行的城市发展背景，进而对上海公共租界、法租界和华界的电车业进行了全面梳理，包括组织机制、设备器材、运行路线、执行票制、营业收益和资本财务管理等方面。在此基础上，以电车交通与近代上海城市社会的互动为切入点，考察电车运营与城市人口需求、人口分布、人口流动的关系；通过分析上海有关当局所设管理机构的运作，揭示电车交通与城市治理的逻辑关联；审视电车交通与社会现代性、公共参与、国家利权等多维视域，探悉电车交通如何融于近代上海社会生活。

为了更好地了解近代上海电车业这一历史现象，该书稿兼具历史学、经济学及城市社会学等学科的视野，并酌予采用相关研究方法。尤其值得指出的是，作者以上海市档案馆藏未刊档案史料及上海市图书馆藏诸多近代文献为主要征引来源，史料丰厚，引述规范，重要叙事和立论有据；全书篇章结构明晰且逻辑性强，行文严谨而流畅。毋庸讳言，作者对上海电车交通业本身的研究当然还可以推进，如研究时段适当后延，加强对电车交通与"社会生活"关系的考察，注意公共汽车事业甚至其他公用事业的互动关系等。我希望，作者在完成这部书稿之后，继续进行与近代中国交通事业相关的研究，不断拿出新的优秀成果。

吴景平

2019 年 1 月于复旦大学光华楼

目　录
CONTENTS

表格目录

绪 论

一 研究对象和研究意义

（一）研究对象

文之严谨，有赖于对研究对象的准确界定。而回避其基本概念直接去研究问题，则不可取。鉴于此，研究首要之务，即须对研究对象进行厘清与界定。

1. 城市

城市是人类文明进步的产物，因为"城市的发展要比乡村迅速得多，城市是经济、政治和人民的精神生活的中心，是前进的主要动力"。[①] 而当今世界，"当前的某些经济特点和问题，可以追溯到城市的起源和随后发生的变化"。[②] 中国是世界上城市历史悠久、数量众多的国家之一。然在古代，我国"城"与"市"的含义却有不同。城是指都邑四周的城墙，"城，郭也，都邑之地，筑此以资保障者也"，"内为之城，城外为之郭"（《管子·度地》）。市则指商品交易的场所，"日中为市，致天下之民，聚天下之货，交易而退，各得其所"（《周易·系辞》）。步入近代，1908年清政府颁布《城镇乡地方自治章程》规定，"城乡行政分设，府、厅、州、县治城厢为城，即今日之所谓市；城厢以外的市、镇、村、庄、屯、集等，人口满5万以上的为镇，人口不满5万的为乡"，并赋予"各城之市权，计有学务、卫生、道路工程、农工商务、公共营业、财政及其他"。该章程是中国近代历史上第一次用法律形式确认城镇为基础的行政建制。[③] 由见，斯时对"城市"概念虽无整体性阐释，但从零散表述中，仍见其端倪。

[①] 《关于德国各政党的最新材料》，《列宁全集》第19卷，人民出版社，1959，第264页。

[②] 〔英〕K. J. 巴顿：《城市经济学——理论和政策》，上海社会科学院部门经济研究所城市和经济研究室译，商务印书馆，1984，第14页。

[③] 王佃利、张莉萍主编《现代市政学》，中国人民大学出版社，2004，第9页。

溯至当代，第一个以城市为研究对象的是地理学。地理学上的城市，是指地处交通方便的、覆盖有一定面积的人群和房屋的密集结合体。经济学家则认为，城市是一个拥有各种技能的人口集团，从事非农业劳动，主要依靠制造业和商业满足居民需要的地方。社会学侧重从"异质性居民聚居"和"具有综合功能的社会共同体"的角度定义。如美国著名社会学家斯若别克说，"城市是有相当大的面积和相当高的人口密度的一个地域共同体，住着各种非农业的专业人员"。柏吉尔则言，"任何集居的地方，其中多数居民是从事非农业活动的，我们称之为城市"。而美国《现代社会学辞典》对城市的解释为："人口密集，居住在一个比较小的地区，从事非农职业的人们。一个城市人口的活动是专业化的，而且在功能上互相关联的，并有一个正式的政治体系所管制。"[①] 上述定义，基本代表了西方学界对"城市"的一般看法。

搜索我国相关文献，《中国大百科全书·社会学卷》对城市的界定则为：大量异质性居民聚居，以非农职业为主，具有综合功能的社会共同体。《中外城市知识词典》对城市的定义是：区别于乡村的一种相对永久性的大型聚落，是以非农业活动为主体，人口、经济、政治、文化高度集聚的社会物质系统。由是，随着现代经济的发展，"城"与"市"逐渐融合，一体化为"城市"（city），更被明确定义为"以非农业活动和非农业人口为主的聚落"。[②]

2. 公共交通

城市交通（urban transportation）是指在城市内为运送客、货服务的交通，是城市系统中的子系统。城市交通由客运交通和货运交通构成，重点是客运交通。城市交通分私人交通和公共交通两部分。私人交通指步行和以自用车辆为交通工具的出行。[③] 在城市化带来的诸多问题中，城市交通总是最受关注的问题。因为城市组织、经济发展、生态环境和生活质量等，都与城市交通有密切关系。[④]

属于城市交通重要组成部分的"公共交通"（public transportation），则对城市政治、经济、文化、科技的发展及居民生活水平的提高均有重大影响，更是维系城市功能的重要方面。公共交通指城市内为方便公众出行所营运的客

① 张钟汝、章友德、陆健、胡申生编著《城市社会学》，上海大学出版社，2001，第2～4页。
② 《中国大百科全书》总编委会编《中国大百科全书》第3卷，中国大百科全书出版社，2009，第471页。
③ 《中国大百科全书》总编委会编《中国大百科全书》第11卷，第385页。
④ 蔡君时：《世界公共交通》，同济大学出版社，2001，第1页。

运交通，是城市交通的重要组成部分。公共交通包括公共汽车、有轨电车、无轨电车、地下铁道和出租汽车等城市客运系统。① 也有论者虽表述不同，观点实质相似。如将公共交通定义为"大中城市及其郊区，用各种运输工具运送大量乘客的运输系统"，② 是指城市铁路、地铁、轻轨铁路、有轨电车、公共汽车、无轨电车、单轨铁路等交通工具组成的运输体系③。即城市公共交通是在城市及其所管辖区范围供公众出行乘用的、经济的、方便的诸种客运交通方式的总称，使用各客运工具的旅客运输体系，是国家综合运输网中的枢纽和节点，是城市客运交通体系的主体，是城市建设和发展的重要基础之一，包括公共汽车、电车、出租汽车、地铁及轻轨等客运交通方式。④

可以说，公共交通是在城市一定区域内，利用公共汽（电）车、轨道交通车辆等工具和有关设施，按照核定的线路、站点、时间、票价运营，为社会公众提供基本出行服务的社会公益性事业。⑤ 其是在城市陆地上按一定的间隔时间在固定路线上来回行驶、沿途停靠站点的交通形式，主要包括公共汽车、有轨电车、无轨电车和轨道交通等方式。⑥ 另有学者从更宽泛的角度定义，认为公共交通是城市中供公众乘用的经济方便的各种交通方式的总称，是由公共汽车、电车、轨道交通、出租汽车、轮渡等交通方式组成的公共客运交通系统。⑦ 即广义的公共交通是指在城市及其近郊范围内方便居民和公众出行，供人们使用的经济型、方便型的各种客运交通方式的总称。狭义的公共交通是指在规定的线路上，按固定的时刻表，以公开费率为城市人们提供短途客运服务的系统；是由常规公共汽车、快速公共汽车、电车、轨道交通、出租汽车、轮渡等多种交通方式组成的公共客运交通系统。⑧

不难发现，上述定义虽于表述中略有差异，但大致认为，电车是城市公共交通的主要工具和重要组成部分。虽然全面抗战前⑨上海"公共交通设备

① 《中国大百科全书》总编委会编《中国大百科全书》第 3 卷，第 476 ~ 477 页。
② 〔美〕不列颠百科全书公司：《不列颠百科全书（国际中文版）》，中国大百科全书出版社不列颠全书编辑部译，中国大百科全书出版社，1999，第 544 页。
③ 刘统畏：《交通通讯与国民经济》，重庆出版社，1988，第 114 页。
④ 杨兆升：《城市智能公共交通系统理论与方法》，中国铁道出版社，2004，第 1 页。
⑤ 交通运输部道路运输司编《城市公共交通管理概论》，人民交通出版社，2011，第 4 页。
⑥ 刘贤腾：《交通方式竞争：论我国城市公共交通的发展》，南京大学出版社，2012，第 3 页。
⑦ 刘波等：《城市公共交通管理》，中国发展出版社，2007，第 1 页。
⑧ 闫平、宋瑞：《城市公共交通概论》，机械工业出版社，2011，第 1 页。
⑨ 本书所提"战前"，皆指"全面抗战前"。

有电车，公共汽车，长途汽车等三种"，① 但为求得事物发展规律的准确性，历史研究的对象不应过于宽泛。基于此，本研究以全面抗战前在上海城市公共交通系统中占主导地位的电车事业为鹄的，而公共汽车、人力车、马车和小车等其他交通载客方式均不在研究畛域之列。

（二）研究意义

1. 研究全面抗战前上海城市的意义

城市是社会发展的标志。城市的产生是社会变迁的结果。② 作为人类文明的产物，城市自诞生起就一直引导着社会变迁，其不仅是国家政治、经济、文化之中心，更是推动区域整体发展的关键力量。最明显的事实是，抗战前，上海为我国第一大城市。近年来，由于上海经济飞速发展，这座日新月异的城市重新吸引了世界各国的特别关注，上海史研究也成为国内外汉学界和中国史学界的研究主题之一。荷兰社会学家丝奇雅·沙森（Saskia Sassen）于 1991 年采用"全球城市"③ 这个概念。该概念最初涉及的是某些城市，它们的交通和通信基础设施设备齐全，充当全球化的领军者，筹划组织商品、资金和信息的流通，聚集决策者主宰国际分工。渐渐地，其他标准加入其中，如文化的威望和影响以及城市面貌的现代性和吸引力，旨在烘托该城市在全球范围内的能见度。参照这些标准，上海曾被列入全球城市排行榜的第 8 位和第 21 位。④

毋庸置疑，上海作为近代中国第一大城市，也是典型的近代崛起的城市。其发展伴随帝国主义的侵略，它也是一个国际港口和西学输入的交通渠道。近代上海走由商而兴的发展之路，走开放之路，是当时受西方影响最大的城市。由是，"研究近代上海城市，对于了解上海、建设上海，对于与上海相同类型的城市，乃至对于整个中国城市建设，都有重要意义"。⑤ 及1937 年全面抗战爆发前，上海是中国近代化起步最早、程度最高的城市，同时又是全国最大的港口城市、工商业城市和多功能经济中心城市，也是全国的文化中心。自 1927 年国民政府肇建至全面抗战前，上海处于其城市发

---

① 上海市公用局编《十年来上海市公用事业之演进》，1937 年 7 月编印，第 76 页。

② 夏征农主编《辞海》，上海辞书出版社，1979，第 346 页。

③ Saskia Sassen, *The Global City: New York, London, Tokyo*, Princeton University Press, 1991.

④ 参见英国拉夫堡大学 "Globalization and World Cities Research Network"，2008 年上海排名第 8 位；参见 "The Global Cities Index 2010"，*Foreign Policy*，Rebecca Frankel 特别报告，2010 年上海排名第 21 位。

⑤ 张仲礼主编《近代上海城市研究》，上海人民出版社，1990，第 6 页。

展史上最辉煌的时期之一，并达到近代时期的顶峰，成为国际闻名的大都市。

另外，全面抗战前的上海是当时全国人口最多的城市（385.1万人），[①]成为我国城市化进程高度发展和最具影响力的大都市。诚如有学者指出，"我们研究中国城市，宜抓上海这个典型。上海市最现代化，但上海集中了几乎全国城市共同存在的问题。全国城市的问题，上海市几乎都有。懂得了上海，就好解决其他城市的问题"。[②] 从而，研究战前上海城市繁盛的原因及其近代化历程，对当代上海乃至中国城市社会经济的持续稳定发展均具启迪和现实意义。既如此，从学术研究取样而论，以战前上海为剖析个案，亦是上佳之选。

2. 研究上海电车事业的意义

不难发现，城市交通问题特别是城市公共交通，作为近代中国城市史研究的一个重要内容，从某种层面反映了我国城市由传统到近代演化、由农业社会向工业社会转变的步伐。不啻如此，公共交通与城市变迁互相推演，与社会进步、民众福祉相互挽进，是市民出行的主要参考，与城市生活紧密相连。因此，近代城市公共交通的发展影响着市民生活方式的嬗变，它也是我们探讨近代城市社会变迁的窗口之一。对于转型中的近代中国城市而言，公共交通的重要性更无须赘言。

从论题的理论价值看，公共交通是城市客运交通系统的主题，是对国民经济和社会发展具有全局性、先导性影响的基础产业。[③] 其不仅为乘客提供交通运输服务，还维系着城市功能的正常运转，是城市社会和经济赖以生存、发展的基础，在国民经济发展中占有重要地位。[④] 历史证明，公共交通是效率最高的交通方式，几乎所有国家和地区在经历痛苦曲折之后，都毫无例外地选择了优先发展公共交通的政策。[⑤] 其在19世纪末至20世纪50年代已风行欧美。

到了19世纪末期，用来支撑城市新工业经济的、可广泛利用的市政电力，同样引发了城市交通运输系统的快速扩张。第一次伴随有轨电车的城市

---

① 邹依仁：《旧上海人口变迁的研究》，上海人民出版社，1980，第90页。
② 萧仁山：《论研究城市产生与发展的方法》，《城市经济研究》1986年第6期。
③ 杨兆升：《城市智能公共交通系统理论与方法》，第1页。
④ 刘波等：《城市公共交通管理》，第1页。
⑤ 徐光远主编《城市经济学》，中国经济出版社，2009，第164页。

交通运输的发展和扩张于 1884 年出现在美国的克利夫兰（Cleveland）和里士满（Richmond）。使用"清洁"动力的电车运营成本更低（只需 5 美分，公共马车需要 10 美分），于是电车几乎在每一个人口超过 2.5 万的城市迅速崛起，并有私人运营。1890～1920 年是有轨电车的"黄金时期"，在此期间，电车乘客量从每年 20 亿人次攀升至 155 亿人次（这个数据让人印象深刻，因为在 1986 年末，美国公共交通协会 APTA 曾自豪地公布，乘客年出行总量大约 80 亿人次，达到 1920 年出行量的一半）。到 1900 年，有轨电车系统轨道像轮辐一样从中心城区伸展到城市边缘地区。这些早期的"放射状导向"城市，它们通过有轨电车将人们运送到外扩的居住地区。[①] 具如英国公共交通的历史最为悠久，1898 年伦敦首行公共汽车，1930 年起已实行全面化管理。[②] 20 世纪 30 年代美国公共交通在客运中亦占主导地位，曾是世界上使用最广泛、最先进的交通方式。1900 年至 1950 年又是法国公共交通的"黄金时代"，有轨电车、无轨电车、公共汽车在机动化交通方式中占主导地位。[③]

经过半个多世纪的发展，到 20 世纪 20～30 年代，上海已成为近代中国最重要的工业城市、内外贸易中心、航运中心与金融中心，也是城市功能齐全、市政基础设施与公用事业发达的国际大都市。[④] 如至抗战前夕，"上海电车营业之发达，实为世界所罕有"，[⑤] 公共汽车在"公共租界、法租界、闸北都有，不过没有电车般来得多"。[⑥] 由此，随着战前大量移民的涌入，其城市人口"机械增长"，人口流动日趋频密，进而对占城市公共交通主导地位的电车业产生"派生需求"；该业的渐趋完备和日增月长，再进一步助力于上海近代城市化进程的赓续推演。

由此，从电车业这一独特视角，通过探究其运营态势并推之与近代上海都市社会嬗变的关系，从而加深对其城市化进程的深刻理解，并可归纳近代中国城市向现代转型的普遍规律。另需说明的是，论题将研究时段上限置于

---

① 〔美〕韦恩·奥图、帕特里夏·亨德森：《公共交通、土地利用与城市形态》，龚迪嘉译，中国建筑工业出版社，2013，第 14 页。
② 《中国大百科全书》总编委会编《中国大百科全书》第 7 卷，第 518 页。
③ 蔡君时：《世界公共交通》，第 16、36 页。
④ 吴景平等：《抗战时期的上海经济》，上海人民出版社，2015，第 1 页。
⑤ 嵩生：《马路上来往车辆之比较》，《申报》1923 年 4 月 14 日，第 21 版。
⑥ 自近代至抗战前，上海城市区域分为公共租界、法租界和华界（参见徐国桢《上海生活》，世界书局，1930，第 62～63 页）。

1905 年，是因上海电车公司 1905 年由英人创设于公共租界，同年获得工部局专利权，由此成为近代上海"大众化"公共交通之滥觞；而将下限囿于 1937 年全面抗战爆发，实因"七七抗战，淞沪沦陷，上海市各项公用事业备受摧残，损失惨重"，① 电车业亦经营窳败、持续凋敝。自该业嚆矢至战前，上海城市发展处于一个相对稳定的时期，是有利于电车相与赓续的时代，从而研究"电车历年之事业，宜以战前稳定时期为准"。② 既如此，为归结事物发展的一般属性，并为求得普遍意义，故将 1905～1937 年置为研究时段的基本预设。换言之，本研究是探索中国城市史和社会经济史的关键节点，亦可为当代公共交通与城市发展的交互衍生启示，凸显论题的理论价值。

就论题的应用价值论，历史的发展使人们从教训中得出一条宝贵的经验：要解决大中型城市的交通问题，并使其具有必要的活力，应该特别重视优先发展城市公共交通，它是城市可持续发展的必由之路。③ 自步入机械化时代，"最好的城市交通方式可能是公共交通，例如地铁或专营公共汽车等。仅从解决城市交通问题的角度讲，这也许是最经济的方案"。同时，政府可提高公共交通的服务水平，从而吸引更多的人使用公共交通，这样会降低人们使用小汽车的需求，从而缓解交通拥挤。改善城市交通有效的基本手段应是公共交通。④ 因而，鉴于公共交通系统对解决城市交通问题的重要性和有效性，优先发展公共交通系统已成为许多城市居主导地位的战略思想，⑤ "公共交通在各类城市都应优先发展"。⑥ 如当今世界特大城市伦敦、纽约、巴黎、莫斯科等，都建立有庞大的公共交通系统。⑦

迄至现时，公共交通已成为促进中国城市现代化进程的关键因子。随着我国经济社会的飞速发展，城市化、机动化和现代化进程不断加速，大

① 赵曾珏：《上海之公用事业》，上海商务印书馆，1949，第 53 页。
② 《上海市公用局电车筹备处电车公司计划书（三）》，1947 年，上海市公用局电车公司筹备处档案，上海档案馆藏（本研究所列档案均为上海市档案馆藏，以下不再一一注明），档号：Q423 - 1 - 23。
③ 杨兆升：《城市智能公共交通系统理论与方法》，第 1 页。
④ 刘凤良主编《经济学》，高等教育出版社，1998，第 184～188 页。
⑤ 冯云廷主编《城市经济学》，东北财经大学出版社，2011，第 363 页。
⑥ 《中国大百科全书》总编委会编《中国大百科全书》第 3 卷，第 483 页。
⑦ 刘统畏：《交通通讯与国民经济》，第 114 页。

城市的居民出行量持续攀升，日常客运需求越来越大，由于小汽车出行比例居高不下，道路交通负荷日益加重，交通拥堵状况日趋严重。而公共交通具有线网覆盖面广、运量大、运送效率高、运输成本低、能源消耗低、污染少等优点，采用公共交通出行，可降低道路交通负荷、保障道路畅通、减少尾气排放、改善城市环境等。[①] 不可否认，当下我国各大城市交通设施不完善、行车路线拥堵，导致"堵城"剧增以及交通安全事故频发。据统计，"目前我国每年交通事故死亡人数约 11 万，居世界第一。交通事故在我国安全生产事故中占 80% 以上。每 5 分钟就有一人丧生车轮，每 1 分钟都有一人因交通事故而伤残。每年全国因交通事故所造成的经济损失达数百亿元"。近年来，虽然政府对城市交通的管理日趋强化，但"成都孙伟铭案""南京张明宝案""黑龙江张喜军案"等危害公共安全的重大交通事故，仍持续出现。这不仅对社会经济和人民生活产生消极影响，还在一定程度上影响了城市的发展。基于此，通过科学规划和组织，建立高效、快捷的现代化公共交通系统，探讨解决城市交通问题的最现实、最经济的途径，[②] 对当代中国城市而言已迫在眉睫。可以确定的是，战前"上海社会经济的发展，集中代表了中国经济近代化的历程并已经具有相当的国际性"，[③] 且"良以电车为公用事业之一，公用事业以为民众服务为主"。[④] 由是，本研究通过把握近代中国第一大都市电车事业的发展脉络，深入探讨其对城市变迁的量化影响，以为当下中国城市的全面协调可持续发展及探索解决"城市病"[⑤] 等问题提供重要借鉴，最终提供实际的应用价值。

---

① 周里捷、姚振平：《大型活动地面公共交通运营组织与调度系统》，电子工业出版社，2011，"前言"，第 1 页。

② 徐光远主编《城市经济学》，第 363 页。

③ 吴景平等：《抗战时期的上海经济》，第 1 页。

④ 《上海市公用局关于华商电车加价及改筑轨道底角工程》，1931 年 6 月～1933 年 3 月，上海市公用局档案，档号：Q5－2－860。

⑤ 改革开放以来，我国经历了历史上规模最大、速度最快的城镇化进程，常住人口城镇化率从 1978 年的 18% 上升到 2014 年的 55%，城市发展成就举世瞩目。但是，近年来我国越来越多的城市患上"城市病"，环境污染、交通拥堵、房价虚高、管理粗放、应急迟缓等问题越来越突出，这些"城市病"给市民工作和生活带来了许多不便，降低了人们的幸福感。"十三五"期间，以习近平同志为核心的党中央以新的发展理念，决心根治"城市病"。2015 年，中央再次召开城市工作会议，指出"要提高城市治理能力，着力解决城市病等突出问题，不断提升城市环境质量、人民生活质量、城市竞争力，建设和谐宜居、富有活力、各具特色的现代化城市"。

综上所述，城市发展对于国家经济具有重要意义，而公共交通对城市社会发展又至为关键。它们彼此交互推进，周而复始地卷入人类文明进步的旋涡。故而，研究公共交通问题，是探索近代中国城市史和社会经济史的一项重要内容，从某种层面能折射出城市由传统到近代的转型，由农业社会向工业集群演变之过程。不难发现，抗战前城市电车已成为上海市民出行的重要参考，其不仅与城市社会的变迁嬗替息息相关，还对城市化进程产生了至深至巨的影响。由是，探究战前上海电车事业的运营态势，再推论其与城市嬗变的内在逻辑，不仅可透视近代上海向现代城市的演变进程，为当代城市化与公共交通现代化的交互提供重要借鉴，还可将区域研究的意义定位为通过研究区域，最终综合全国性特色，进而温古知今、鉴往知来。

二　研究现状及述评

学术研究不能闭门造车，应了解所做论题的研究现状及发展趋势，须对学术史进行相应的梳理和述评。经过长期积累和前贤的不懈努力，迄今近代上海城市史研究成果斐然。①

---

① 关于近代上海城市史的研究，西方学术界开始较早。民国时期关于上海史著作，主要为外人所撰。如英国人兰宁与库寿龄合写的《上海史》，法国人梅朋、傅立德的《上海法租界史》，美国人卜舫济的《上海简史》，美国人密勒的《上海——冒险家的乐园》，美国人霍塞的《出卖上海滩》等。其中兰宁与库寿龄合写的《上海史》，分别于1921年、1923年出版（两大本），是用英文写成的第一部翔实记载19世纪上海租界历史的著作。自20世纪60年代以来，西方学界对上海近代城市史研究已经形成若干理论模式，并出版了大量的研究论著，这些研究成果的一部分在90年代后逐渐被翻译成中文，具有代表性的有美国学者罗兹·墨菲《上海——现代中国的钥匙》（上海社会科学院历史所译，上海人民出版社，1986）、魏斐德《上海警察（1927～1937）》（章红等译，人民出版社，2011），日本学者小滨正子《近代上海的公共性和国家》（日本研文出版社，2000），澳大利亚学者布赖恩·马丁《上海青帮》（周育民译，上海三联书店，2002），法国学者白吉尔《上海史：走向现代之路》（王菊等译，上海社会科学院出版社，2014）等。就国内学术界而言，关乎上海城市史的研究著作亦持续显现。如邹依仁编《旧上海人口变迁的研究》（上海人民出版社，1980）、徐雪筠编《上海近代社会经济发展概况（1882～1931）》（上海社会科学院出版社，1985）、唐振常主编《上海史》（上海人民出版社，1989）、张仲礼主编《近代上海城市研究》（上海人民出版社，1990）、忻平《从上海发现历史——现代化进程中的上海人及其社会生活（1927～1937）》（上海人民出版社，1996）、丁日初主编《上海近代经济史（1895～1927）》第2卷（上海人民出版社，1997）、熊月之主编《上海通史》（15卷本，上海人民出版社，1999）、上海档案馆编《上海租界志》（上海社会科学院出版社，2001）、吴景平等编《抗战时期的上海经济》（上海人民出版社，2001）、王荣华主编《上海大辞典》（上海辞书出版社，2007）、王敏《上海城市社会生活史》（上海辞书出版社，2011）、马长林等编《上海公共租界城市管理研究》（中西书局，2011）等。

（一）上海电车业的研究

1. 新中国成立前的初步探讨

1915 年 1 月，甘作霖即对上海公共租界、法租界和华界的电车公司经营模式和设备管理等方面做出梳理及建议。[①] 1917 年，眉叔通过简述电车的发明史，指出"电车之发明，于各种电气机械中为最早"，斯时"乃风行于全球，而得今日之盛况焉"。[②] 同年，谢仁对电车铁道与汽车铁道做出比较，认为"电车铁道即利于街市郭外连城与干路之交通，并着种种奇效。吾国果能以电气铁道为交通计划，于大都巨镇创设街车，则市镇之交通即便，人民之事业自进"。[③] 至 1926 年，有学者指出电车、公共汽车等新式公共交通尚未开通前，城市居民的流动性受到客观限制，往往同住一城，却"常有数年不相谋面者"。[④] 是年，沙公超则认为，因电车通行存在资金挹注大、技术要求高等特征，其时"吾国商埠中之有电车设备者"，仅上海、香港、天津、大连、抚顺、北京六处而已。[⑤]

至 20 世纪 30 年代，董修甲《京沪杭汉四大都市之市政》第三章第五节专事探讨"电车与公共汽车问题"，并认为"宜乎（中国）各都市，均以公共汽车代电车业"。[⑥] 是年，付荣恩《江浙市政考察记》一书则对近代至成书时期江浙（包括上海）地区公共交通的情事稍带涉及。[⑦] 随之，交通部铁道部交通史编纂委员会《交通史·电政编》第六章第三节亦对其时上海、天津、北平、大连、广东、南京、抚顺、奉天等各地电车的资金筹备、行驶路线、营业收支等进行简述。[⑧] 抗战前，外人 H.O. 昆则对其时三大都市（上海、天津、北平）人均每年乘坐电车的次数展开研究。[⑨] 而吴琢之则从运输价值、经济条件和建设国防等视域，指出中国大都市应以公共汽车替代电车成为城市交通的主流工具，与上述董氏论点

---

① 甘作霖：《上海三电车公司之组织》，《东方杂志》第 12 卷第 1 号，1915 年 1 月 15 日；《上海三电车公司之组织（续一号）》，《东方杂志》第 12 卷第 4 号，1915 年 4 月 1 日。

② 眉叔：《电车发明史》，《东方杂志》第 14 卷第 12 号，1917 年 12 月 15 日。

③ 谢仁：《电车铁道与汽车铁道比较》，《东方杂志》第 14 卷第 5 号，1917 年 5 月 15 日。

④ 复初：《北京电车业之调查（一）》，《大公报》1926 年 10 月 1 日。

⑤ 沙公超：《中国各埠电车交通概况》，《东方杂志》第 23 卷第 14 号，1926 年 7 月 25 日。

⑥ 董修甲：《京沪杭汉四大都市之市政》，上海大东书局，1931。

⑦ 付荣恩：《江浙市政考察记》，新大陆印刷公司，1931。

⑧ 交通部铁道部交通史编纂委员会编《交通史·电政编》，交通部总务司，1936 年 10 月编印。

⑨ H.O. 昆：《上海、天津和北平的电车》，《远东评论》1937 年 2 月。

趋同。① 与此同时，一些论著和调查统计亦对其时上海电车事业做出史料性梳理，如上海特别市公用局编《上海特别市内华法水电交涉汇编》（1929 年编印）、徐国桢《上海生活》（世界书局，1932）、上海市地方协会编《民国二十二年编上海市统计》（1933 年 8 月编印）、上海市社会局编《上海市政概要》（1935 年编印）、柳培潜《大上海指南》（上海中华书局，1936）、上海市公用局编《十年来上海市公用事业之演进》（1937 年编印）、赵曾珏《上海之公用事业》（商务印书馆，1949）等。然客观而论，斯时研究多为叙述或建议，专事电车与城市变迁的成果尚未出现。

2. 新中国成立后的发展

1949 年至 20 世纪 80 年代，该领域研究几陷于停滞。自 20 世纪 90 年代起，相关成果得以萌现并次第展开。迄至现时，关涉战前上海城市公共交通的志书和专著，不断付梓问世。②

其间，研究论文亦持续涌现。譬如，廖大伟认为，上海华界公共交通如电车、公共汽车等，在城市现代化演进中产生了不容忽视的影响。③ 何益忠则通过对当时电车、马车、小车和行人的交通行为的研究，展示开埠后上海城市社会中的中外双方在民族情感、生活习惯等方面的冲突，进而探究隐藏在冲突背后的真正根源。④ 刘椿在 20 世纪初期民间资本式微的背景下，管窥上海城市客运与官商管理模式变迁的内在联系。⑤ 徐涛则揭示自行车对上海乃至中国城市社会生活方式的变革意义。⑥ 方华从公共交通系统的路政建设、交通工具的嬗变、交通法规培养市民意识等方面，探讨电车等公共交通

① 吴琢之：《都市合理化的交通工具》，《交通月刊》第 1 卷第 1 期，1937 年，京华印书馆。
② 参见上海市交通运输局公路交通史编写委员会主编《上海公路运输史》第 1 册《近代部分》（上海社会科学院出版社，1988）、上海市公用事业管理局《上海公用事业（1840 ～ 1986）》（上海人民出版社，1991）、周源和《上海交通话当年》（华东师范大学出版社，1992）、王力群、齐铁锴《上海是轮子转出来的——上海公共交通百年录》（学林出版社，1999）、蔡君时《上海公用事业志》（上海社会科学院出版社，2000）、陈文彬《近代化进程中的上海城市公共交通研究（1908 ～ 1937）》（学林出版社，2008）等。
③ 廖大伟：《华界陆上公交的发展与上海城市现代化的演进（1927 ～ 1937）》，《档案与史学》2003 年第 3 期。
④ 何益忠：《近代中国早期的城市交通与社会冲突——以上海为例》，《史林》2005 年第 4 期。
⑤ 刘椿：《20 世纪初上海城市客运业与官商互动模式的嬗变》，《深圳大学学报》（人文社会科学版）2005 年第 5 期。
⑥ 徐涛：《自行车普及与近代上海社会》，《史林》2007 年第 1 期。

在上海城市发展中的作用。① 而张松等以近代上海的租界扩张和道路建设为背景，从租界电车等公共交通线路分布、客运量增长和交通管理等方面对其发展演进过程进行回顾，剖析公交线网密度与地价分区之间的耦合关系，发现该业发展演进对都市空间和市民生活的近代化产生较大影响。②

值得强调的是，陈文彬以 1908～1937 年上海城市公共交通为视角，比较近代上海华界和租界电车等公共交通企业的经营与管理方式，以此分析不同政体下公交行业的管理得失及对区域公交发展的制度性影响，并重点研究公共交通与近代上海社会经济发展的关系及其对移民社会与市民生活的重要作用。③ 嗣后，陈氏通过传统人力交通工具向现代机动公共交通方式的转变进程，阐释城市节奏演进与近代上海公共交通结构变迁的关系；④ 从公共交通的专营权设置、专营制度内容及租界当局管理专营权的基本理念等方面，对近代上海公共交通专营制度进行述评；⑤ 再通过公共交通使市民生活空间拓展、日常流动性增强、公共意识提高、权利观念觉醒等视域，探讨该业为近代上海城市生活带来的深刻变化。⑥

并且，李沛霖专事对近代上海城市公共交通的主干——电车业展开研究，通过人口需求、人口压力、人口流动等视角，析论公共交通与城市人口的交互；⑦ 以时尚理念、公共参与、国家利权的多重维度，探索公共交通对城市"现代性"的作用及影响。⑧ 除此而外，还有学者通过管窥人畜力交通工具与近代上海社会的关系，对电车业发展及与其他工具的博弈情事捎

---

① 方华：《上海城市公共交通在城市发展中的作用（1843～1927 年）》，《皖西学院学报》2008 年第 2 期。
② 张松、丁亮：《上海租界公共交通发展演进的历史分析》，《城市规划》2014 年第 1 期。
③ 陈文彬：《近代化进程中的上海城市公共交通研究（1908～1937）》，博士学位论文，复旦大学，2004。
④ 陈文彬：《城市节奏的演进与近代上海公共交通的结构变迁》，《学术月刊》2005 年第 7 期。
⑤ 陈文彬：《近代上海租界公共交通专营制度述评》，《社会科学》2008 年第 1 期。
⑥ 陈文彬：《近代城市公共交通与市民生活：1908～1937 年的上海》，《江西社会科学》2008 年第 3 期。
⑦ 李沛霖：《公共交通与城市人口析论——以抗战前上海电车业为基点的考察》，《民国档案》2018 年第 2 期。
⑧ 李沛霖：《公共交通与城市现代性：以上海电车为中心（1908～1937）》，《史林》2018 年第 3 期（人大复印资料《中国近代史》2018 年第 9 期全文转载）。

带涉及。①

（二）其他城市相关的研究

进入 21 世纪，有学者对电车业与城市发展的关系进行初探。如刘海岩指出，随着 20 世纪初电车在通商口岸城市的出现，中国城市进入"电车时代"。天津电车通车路线覆盖了五国租界和老城区，成为近代公共交通网络的中心。电车的出现曾经引发激烈的社会抗议。最终，电车为市民所普遍接受，成为大众化的交通工具，加快了城市人口和资本的空间流动，促进了近代天津城市空间的重构。② 而李玉梅则以民国时期北京电车公司为研究个案，重点研究电车公司的创办过程、经营状况、职工生活状况和劳动条件、兼营公共汽车及电车与人力车的矛盾等方面，探讨该公司在北京城市公共交通近代化过程中的作用，并分析其缓慢发展的原因，从而透视出北京城市交通近代化的艰难历程。③ 鲍成志从更为宏观的角度论证电车等公共交通在近代中国的兴起与发展、对城市发展的作用和城市生活的影响等，阐释该业与近代城市的互动关系。④ 还有学者对近 30 年中国近代城市公共交通的研究现状及未来趋势做了一定的梳理与展望。⑤

关乎电车与其他交通工具的博弈情事，如王印焕以近代化过程中交通工具的矛盾视域，对电车和人力车作为民国城市新、旧两种交通工具进行分析，并指出前者取代后者是历史必然。⑥ 邱国盛则通过人力车与电车等机械公共交通的复杂关系，认为近代中国城市公共交通同整个城市早期现代化一样，注定要经历一个艰辛的特殊发展历程。⑦ 进而，刘敬忠等重点分析民初北京电车与人力车的矛盾，认为两者矛盾冲突的根源是交通工具进步与车夫生计艰难并存，缓解二者矛盾的关键是兼顾交通与民生。⑧ 然不可否认，迄

---

① 参见马陵合《人力车：近代城市化的一个标尺——以上海公共租界为考察点》，《学术月刊》2003 年第 11 期；邱国盛《从人力车看近代上海城市公共交通的演变》，《华东师范大学学报》（哲学社会科学版）2004 年第 2 期。

② 刘海岩：《电车、公共交通与近代天津城市发展》，《史林》2006 年第 3 期。

③ 李玉梅：《民国时期北京电车公司研究》，博士学位论文，河北大学，2012。

④ 鲍成志：《试论新式公共交通兴起与近代中国城市发展》，《四川大学学报》（哲学社会科学版）2009 年第 2 期。

⑤ 李沛霖：《中国近代城市公共交通研究的回顾与展望》，《武汉大学学报》（人文科学版）2017 年第 1 期。

⑥ 王印焕：《交通近代化过程中人力车与电车的矛盾分析》，《史学月刊》2003 年第 4 期。

⑦ 邱国盛：《人力车与近代城市公共交通的演变》，《中国社会经济史研究》2004 年第 4 期。

⑧ 刘敬忠、李玉梅、李玉环：《民国初期北京电车与人力车的矛盾》，《兰台世界》2011 年第 11 期。

至现时，关涉近代中国城市公共交通的研究成果更多倾注于公共汽车业的发展。① 与此同时，对近代新式交通与区域变迁的研究，亦逐渐成为热议话题。②

兹综合之，回顾学术史，近一个世纪以来，本域相关研究已初见成效。然依拙见，仍存漏忒。其一，研究成果不足。迄今为止，学界关涉抗战前上海城市电车事业的学术专著和研究论文，并不多见。这对于现藏于上海市档案馆的尚未深度挖掘的相关档案史料而言，实属缺憾。其二，论题过于宽泛。相关本题的现有成果，过分关注于近代上海公共交通系统的整体发展，而对近代上海都市形态影响极大且在公共交通中占主导地位的电车业，则较少专事论及，这亦为阙失。其三，研究缺乏深度。当前研究侧重于公共交通对近代上海城市生活的影响，但对电车与城市道路、城市人口、城市管理等其他重要向度的研究，仍缺乏应有关切，进而使电车与城市社会的量化进程难以全面彰显。既如此，本题深入研证，至为必要。

① 针对近代城市公共汽车业的研究，目前主要集中于南京区域，可参见李建飞《民国时期的南京公共交通》，《南京史志》1997 年第 1 期；王桂荣《60 年多前南京人出行》，《江苏地方志》2009 年第 6 期；吴本荣《公共交通与南京城市近代化（1894～1937）》，《南京工业大学学报》（社会科学版）2009 年第 1 期；李沛霖《城市公共汽车事业考辨——以抗战前"首都"南京为中心》（《历史教学》2011 年第 18 期）、《1930 年代中国公共交通之翘楚——江南汽车公司》（《档案与建设》2013 年第 11 期）、《抗战前南京城市财政与公共交通关联考议》（《民国档案》2014 年第 2 期）、《民国首都城市公共交通管理略论（1927～1937）》（《学海》2014 年第 5 期）、《近代公共交通与城市生活方式：抗战前的"首都"南京》（《兰州学刊》2014 年第 9 期）、《公共交通与城市人口关系辨析——以民国时期南京为中心的考察》（《史学集刊》2014 年第 6 期）、《民国时期南京公共交通工具博弈及政府因应》[《暨南学报》（哲学社会科学版）2015 年第 9 期] 等。此外，其他城市的相关研究成果，亦有涌现，参见杜乐秀《二十世纪二十年代成都汽车客运业研究》，硕士学位论文，四川大学，2006；余晓峰《传统与变革——从公共汽车的出现看成都近代城市公共交通的变迁》，硕士学位论文，四川师范大学，2007；艾智科《公共汽车：近代城市交通演变的一个标尺——以 1929 年到 1931 年的汉口为例》，硕士学位论文，四川大学，2007；李志红《民国时期北京城市公共汽车事业研究（1935～1948）》，硕士学位论文，首都师范大学，2008；薛志坤《重庆城市公共汽车事业研究（1933～1949）》，硕士学位论文，重庆师范大学，2012；李婧《民国时期杭州公共交通研究：以公共汽车为中心》，硕士学位论文，杭州师范大学，2012；张伟《抗战时期重庆城市公共交通发展研究》，硕士学位论文，西南大学，2014；等等。
② 参见江沛、熊亚平《铁路与石家庄城市的崛起：1905～1937 年》，《近代史研究》2005 年第 3 期；江沛、徐倩倩《港口、铁路与近代青岛城市变动：1898～1937》，《安徽史学》2010 年第 1 期；丁贤勇《新式交通与生活中的时间：以近代江南为例》（《史林》2005 年第 4 期）、《浙赣铁路与浙江中西部地区的发展：以 1930 年代为中心》（《近代史研究》2009 年第 3 期）、《新式交通与近代江南交通格局的变动》（《史学月刊》2016 年第 8 期）；等等。

三　研究方法和基本框架

本研究以未刊档案及近代文献为史料本源。因之，搜集史料是基本的研究预设，分析史实及规律为研究思路。

（一）研究方法

布洛赫认为，"历史研究不容画地为牢，若囿于一隅之见，即使在你的研究领域内，也只能得出片面的结论。唯有总体的历史，才是真历史"。① 法国年鉴学派的主导理念是，以问题导向的分析史学和以人类活动整体的历史，为达成这两个目标，历史学与其他学科进行合作：与地理学、社会学、心理学、经济学、语言学、社会人类学等合作。② 可见，史学要与各科相互融合才能感悟到历史发展的整体脉络。由是，本研究采取科际整合的方法，从中推论电车事业的运营发展及其对上海城市社会的量化影响。

（1）历史文献探研法。史学是一门讲究严谨、实证的学科；没有材料，特别是没有第一手史料，就不能轻易定论。由此，本研究以上海档案馆所藏未刊档案，如上海市公用局档案（全宗及目录号：Q5-2、3）、上海市公用局电车公司筹备处档案（Q423-1）、上海市公共交通公司筹备委员会档案（Q417-1）、浦东塘工局档案（Q203-2）、沪北工巡捐局档案（Q207-1）、上海公共租界工部局档案（U1-1至U1-6）等，以及上海图书馆所藏近代文献（如政府和民间调查资料等）和其时《申报》《东方杂志》等报刊中相关本域的专电、新闻及社评等为论证本源，并及时跟踪和掌握国内外研究的相关动态，对所及资料进行甄选、分类及辨析，在充分挖掘和掌握历史文献的基础上，展开进一步研究。

（2）城市社会学方法。城市社会学是研究城市的产生、发展，研究城市的社会结构、社会组织、社会群体、社会管理、社会行为、社会问题、生活方式、社会心理、社会关系以及社会发展规律的学科。③ 本研究即考量电车事业与都市社会嬗变的关系，则须研讨该业对战前上海城市社会群体、

---

① 〔法〕马克·布洛赫：《为历史学辩护》，张和声等译，上海社会科学院出版社，1992，第40页。
② 〔英〕彼得·伯克：《法国史学革命：年鉴学派（1929~1989）》，刘永华译，北京大学出版社，2006，第2页。
③ 张钟汝、章友德、陆健、胡申生编著《城市社会学》，"序言"，第1页。

社会问题、社会管理、生活方式及社会心理等诸多方面的影响。由此，城市社会学不仅为研究提供了关键的学理支撑，亦是论题须借助的研究方法之一。

（3）统计分析法。研究所关涉的数据统计甚多，如档案中近代上海电车车辆调查、载客量、营业损益等，城市人口数量及新筑道路、养路修路统计等。拟将数据统计后，进行整理归纳，再做具体分析，从中管窥彼此间的一般规律和普遍联系。

（4）个案和比较研究法。主要应用于英商、法商、华商电车公司等企业个案分析，① 以其运营态势检视近代上海新式公共交通发展的基本脉络，并对机械动力与人畜力交通工具做简略比较，从中辨识其发展路径及博弈结局。

（5）定量、定性分析相结合法。定量分析是对事物数量的分析；定性分析是对事物性质的分析。这是经济史研究中常用之法，此方法亦贯穿本研究体系的整体脉络。

（二）基本框架

抗战前，电车在上海城市公共交通系统中占主导地位，其是市民出行的主要参考，与城市生活紧密相连。由此，以电车业这一独特视角，通过探究其运营态势并推之与近代上海城市社会嬗变的关系，最终加深对其城市化进程的深刻理解。

第一章"城市电车运行的道路交通背景"。首先，从抗战前上海城市区域面积扩张以及道路系统发展、道路技术改良等角度，探讨城市社会空间和道路建设对电车事业的促动；其次，对近代上海传统的城市公共交通方式，如小车、马车和人力车业的运营态势做出研证，由此延伸电车业将其逐步替代的历史进程。

第二章"公共租界电车业的运营与管理"。战前上海公共租界的电车业为上海制造电气公司（英商电车公司）所垄断。本部分首先探讨该公司的组织方式和设备器材等状况；其次，对其电车的运行路线和票制票价展开研讨；最后，对该公司的营业收益和资本财务等情事做出研究，管窥公共租界电车业运营和管理的总体态势。

---

① 笔者在研究行文过程中，为便于理解及保持阅读上的一致性，名称将统一使用"英商电车公司、法商电车公司、华商电车公司"（不包括引文部分），特此说明。

　　第三章"法租界电车业的运营与管理"。战前上海法租界的电车业为法商电车电灯公司所独营。本部分首先对该公司的组织方式和设备器材等情事做出研判；其次，对其电车的运行路线和票制票价进行分析；最后，辨析该公司的营业收益和资本财务等状况，从而洞悉法租界电车业运营与管理的发展脉络。

　　第四章"华界电车业的运营与管理"。战前上海华界的电车业为华商电车公司所垄断。本部分首先分析该公司的组织方式和设备器材等状况；其次，进一步分析其电车的运行路线和票制票价；最后，研判该公司的营业收益和资本财务等情事，从而管窥华界电车业运营和管理的发展全貌。

　　第五章"电车交通与城市人口的互动"。首先，在战前上海工商业发展、就业机会增加及大量移民涌入城市的背景下，研讨电车交通如何应对城市人口增长和人口需求日盛的局面；其次，从城市人口空间扩展、人口密度均衡化等方面，探寻电车交通在人口分布中所承负之角色；最后，从职业人口出行、商业活动交流等视角，研判电车交通对人口流动的影响，最终洞悉电车交通与城市人口的良性交互。

　　第六章"电车交通与城市治理的关联"。首先，概述上海公共租界、法租界及华界当局为加强城市管理水平所设置的交通管理机构，以及对电车执业者和市民展开的考验和训练；其次，阐释管理当局对电车行驶的速率、载客和路线、行车装置等方面的管理，以及对电车停车站台、停车场所和停驶标志等处的设定规范；最后，考察近代上海电车肇事的情事及相关统计，由此延伸出当局对交通肇事和违法行为的相应惩治，最终研判电车交通与上海城市治理的逻辑关联。

　　第七章"电车交通与社会生活的推演"。首先，从时尚理念、时间观念和规则意识等视角，管窥战前电车交通在提升上海社会"现代性"过程中所发挥的作用；其次，通过民众参与热议及社会各界维权等向度，研判电车事业与城市"公共参与"的互动；最后，通过华界社会和民众对外商电车侵入界内区域的排拒和抗争，以及华界管理当局对外商电车侵入界内的交涉，管窥华界当局和华人社会争取"国家利权"的不懈努力、勠力同心，最终洞悉电车交通与近代上海社会生活的相互推演。

　　一言以蔽之，近代电车事业的发轫进步与城市社会发展是城市史和社会经济史研究的重要内容，但目前经济史学界对于此类问题的研究尚嫌不足。

而正是由于这些尤待关注且须解决的问题，本研究无疑具有一定的学术意义和理论创新，并对推进中国近代城市发展史和公共交通史的整体研究水平当有助益。从长远言之，研讨公共交通与城市发展，是应时代所需、顺时势所趋。通过把握本域研究的基本态势和客观规律，延伸对当代公共交通与中国城市发展的适度展望与未来思考，呈现有益的决策支持价值，才是研究常青的本源和推力。①

---

① 李沛霖：《中国近代城市公共交通研究的回顾与展望》，《武汉大学学报》（人文科学版）2017年第1期。

第一章　城市电车运行的道路交通背景

上海租界，从 1845 年 11 月正式设立开始，至 1943 年 8 月结束，历时近百年。在近代中国出现的所有租界中，上海租界开辟最早、存在时间最长、面积最大、管理机构最庞大、发展最为充分。1842 年，中英政府签订《南京条约》，向英国开放广州、福州、厦门、宁波、上海五个沿海城市作为通商口岸，准许英国商人带家眷在五通商口岸居住、贸易，英国可在五口岸派驻领事、管事官"专理商贾事宜"。1843 年 11 月 8 日，英国首任驻上海领事巴富尔来沪，17 日上海正式宣布开埠，巴富尔经过同上海道台宫慕久多次谈判，达成辟设英租界协议。1845 年 11 月 29 日，宫氏以告示公布协议《上海土地章程》，其被列强视为租界的根本大法，为租界制度的形成和发展奠定了基础。① 即近代上海城市发展，始于 1843 年的开埠和开埠之后租界的辟设。外国人入居、西方建筑兴起、现代道路兴筑等，西方外来文化的进入，使上海从一个传统的城镇向近代城市发展迈开了步伐。② 而随着道路建设和城市发展，传统的交通方式和新式交通在城市中混合并存，彼此间的博弈亦透视出近代城市公共交通发展的历史时势。

第一节　城市区域扩张与道路发展

孙中山在《建国大纲》中指出："道路者，文明之母也，财富之脉也。试观世界今日最文明之国，即道路最多之国，此其明证也……故吾人欲由地方自治，以图文明进步，实业发达，非大修道路不为功。凡道路所经之地，则人口为之繁盛，地价为之增加，产业为之振兴，社会为之活动。道路者，

---

① 上海市档案馆编《上海租界志》，第 2 页。
② 马长林等：《上海公共租界城市管理研究》，中西书局，2011，"序言"第 1 页。

实地方之文野、贫富所由关也。"[①] 而 "城市道路的建设是建设城市的第一工作，与城市的关系尤之骨骼之与人体，道路为都市之神经系统，犹人身之血脉"。[②] 随着上海在近代中西贸易中的地位开始显现，城市建设随着贸易繁荣也开始展开。如 1843 年外商进入上海后，在开展贸易的同时，也开始近代道路的建设。至抗战前，上海城市道路建设经历逐渐发展和规模建设的繁复过程。在此进程中，其与城市电车体系的变迁交相为用、并行不悖。

一　城市区域扩张与道路延展

古代的上海县城内，道路很少。明代中期，全城只有新衙巷、新路巷、薛巷、康衢巷、梅家巷等 5 条道路。直到清嘉庆二十一年（1816），城内才有四牌楼街、天官坊街、穿心街、黄家弄、俞家弄、梅花弄、赵家巷、唐家巷、杜家湾、宋家湾、三角地等 63 条街巷，形成方格形街坊路网。鸦片战争前夕，街巷虽增加到 100 多条，但仍多为狭街小巷，宽不过 6.5 英尺（约 2 米，1 英尺≈0.3 米），全城仍保持着江南水乡的特色。[③] 其城厢外除了农田，仅有沿黄浦江边的纤路和几条通向近郊的土路。城外除了有一条通向邻近县城太仓、嘉定、常熟的石板路，其他就是几条通向郊近的土路。开埠前，上海县城街巷修建，主要干道作为 "官道"，故属官修。据地方志记载，囿于传统中国城镇街坊格局，这些街巷多狭窄，显然只是作为居民行走的通道，并不用于交通运输。[④]

（一）公共租界

1845 年 11 月，上海道台宫慕久经同英国领事巴富尔多次谈判后，公布《上海土地章程》，规定将上海县城之北的一片土地作为来沪英商的居留地，对于租界四至，西面未曾明定。次年 9 月 24 日，宫氏和巴氏签订协定，将租界西界确定于界路。至此，租界四至，计东到黄浦江，南到洋泾浜（即爱多亚路），西到界路（即今河南路），北到李家庄（即今北京路），全部面积约 830 亩，此为上海租界开辟之始。1848 年 11 月，在英领事阿礼国的要求下，和沪道麟桂订立协定，将英租界西面经界路推展到泥城浜（今西藏路），北面由李家庄推展到苏州河南岸，重订的界址是，东南以洋泾浜桥为

① 孙中山：《建国大纲·修道路》，国民书局，1927，第 115 页。
② 国都设计技术专员办事处编《首都计划》，1929 年编印，第 64 页。
③ 《上海公路运输史》第 1 册《近代部分》，第 18 页。
④ 上海市档案馆编《上海租界志》，第 436～437 页。

界，东北尽苏州河第一渡场，西南到周泾浜，西北到苏州河浜的苏宅为止，全部面积增加到了 2820 亩。[①]

此时，美国圣公会主教文惠廉已在苏州河北岸租地造屋，并于 1848 年通过向上海道台吴健彰交涉，将虹口地区划作美商居留地。美租界辟设后，其界址一直没有划定。1863 年英、美租界合并为公共租界，7 月 22 日经上海道台正式批准，界址划定确定美租界面积为 7856 亩，使公共租界总面积达到 10676 亩。两年后，工部局又以租界内华人人口剧增、大量工厂创设为由，要求继续拓展租界。1899 年 5 月 8 日，公共租界扩充界址商定，新的四至为：东自杨树浦桥起，至周家嘴角止；西自泥城桥起，至静安寺镇止，又由静安寺镇画一直线，至新闸苏州河南岸止；南自法租界八仙桥起，至静安寺镇止；北自虹口租界第五界石起，至上海县北边界线止，即上海、宝山两县交界之线。此次扩张，净增面积 22827 亩，公共租界面积达到 33503 亩。[②]

1845 年，英国驻沪领事巴富尔和上海道台商定江县城北门外紧靠黄浦江边的一片土地划为供外国商人居住的租界时，那里仅有一条沿黄浦江边的纤路和几条通向近郊的土路。同年制定的《上海土地章程》对租地人在租界内修筑道路等义务做了规定，规定了道路用地占城市用地的比重，对当时仅有土地 830 亩约 0.556 平方公里的"蕞尔之地"，开筑东西干道 7 条、南北干道 3 条。为了适应进出口商品的运输装卸，也为避免潮水冲击损坏房舍，规定将原先沿黄浦江的纤道改成宽 2 丈 5 尺贯穿南北的黄埔滩路。其余 8 条则规定修筑为宽 2 丈的马路。[③] 这是见诸史料的租界第一次道路建设规划。1846 年 12 月，按照《上海土地章程》第二十条规定，"委派正直商人三名"征收道路修建费，英租界租地人在英国驻沪领事阿礼国的主持下召开会议，成立了一个专门负责道路、码头建设事宜的道路码头委员会，负责租界内道路和码头建设事务。[④] 是年，一些侨民因跑马和娱乐的需要，在租界外的五圣庙（今南京东路、河南中路口）一带辟建游乐场；9 月，道路码头委员会辟筑界路（早期英租界西部边界，今河南路），此系上海租界开辟后构筑的第一条近代道路，开始上海最早的新式马路的铺筑。1848 年筑滩

① 蒯世勋：《上海公共租界史稿》，上海人民出版社，1980，第 316～317 页。
② 上海市档案馆编《上海租界志》，第 3 页。
③ 徐公肃、丘瑾璋：《上海公共租界制度》，上海人民出版社，1980，第 45 页。
④ 上海市档案馆编《上海租界志》，第 437 页。

路，1849 年筑领事馆路。在 1850 年前，英租界道路总长度达 6360 米，其中 6 条东西干道、2 条南北干道的宽度为 10 米，1 条东西干道、1 条南北干道的宽度为 20 米，所有道路占地面积约 0.0784 平方公里，占英租界总面积的 14.2%。19 世纪 50 年代初又建成宽克路、花园弄（今南京路东段）等。①

1853 年的道路码头委员会卸任后，1854 年 7 月 11 日，在英美领事主持下，租地外人选出 7 人组成市政委员会，对租界执行自治管理。此市政委员会中文名称为"工部局"，选出的 7 人为首届工部局董事会董事。② 工部局成立后，原道路码头委员会所负责的道路建设、管理事宜都由其继承。该局成立后不久，便颁布了一项经英领事阿礼国同意的租界修建新道路计划。自 1854 年起，工部局陆续铺筑花园弄以南的 4 条东西向干道，即纤道路（今九江路）、海关路（今汉口路）、教会路（今福州路）、北门街（今广东路），路宽在 2 丈（约 6.6 米）至 2 丈 5 尺（约 8.2 米），又将花园路向西延伸至浙江路口，铺煤渣碎石路面。这样的路面并不宽，但在当时已是"非惟便利行人且可避免火灾之蔓延"，与县城常见的那种对街可及的隘巷小道相比，已属畅达。③

公共租界经过十余年（1854～1865）建设，铺筑了九江路、汉口路、福州路、广东路等 26 条道路，初步形成一干道网。在苏州河以南，由 26 条道路组成的干道网略具雏形，其中南北向干道 13 条，东西向干道 13 条。道路面积占租界总面积的比例到 1864 年上升到 23%，远高于传统中国城市。1863 年，英、美租界合并，虹口美租界的道路建设也开始纳入工部局计划。④ 至 1872 年，今天的宁波路、天津路、九江路、汉口路、广西路、金华路相继建成，并纳入工部局公共道路范畴。进入 19 世纪 90 年代，租界兴起第二次道路建筑高潮，如河南路以东的福州路东段，店铺林立，交通繁忙，又因工部局规定货车和空车不得在南京路行驶，改道福州路，福州路车辆因此增多，如 1890 年公共租界铺筑的道路长达 20 公里。19 世纪末，工部局共筑道路 70 余条。在拓展界内道路网络的同时，开始拓宽、取直原有

---

① 杨文渊等：《上海公路史》第 1 册，人民交通出版社，1989，第 24 页。

② 上海市档案馆编《上海租界志》，第 5 页。

③ 上海市档案馆编《工部局董事会会议记录》第 1 册，上海古籍出版社，2001，第 620、585～588 页。

④ 上海市档案馆编《上海租界志》，第 437、12 页。

干道，以适应交通发展的需要。①

　　1894 年工部局制定的筑路计划，虹口地区延长或添筑的路段有 41 条，其中南北向路段 24 条，东西向路段 17 条，总长度达 22.53 公里，是当时虹口已有道路的 1 倍多。1899 年后，公共租界扩展，工部局重点向西区和杨树浦地区发展，向西部扩张修筑道路 70 多条（包括 1899 年前越界筑路）。1901 年，工部局在西区界外地区建成总长 20.92 公里的虹桥路、罗别跟路、白利南路。1899~1902 年，西区道路总长度已由 1900 年的 12.87 公里增加到 19.31 公里，并获得 11.26 公里的新路地皮。到 1904 年，界外道路已达 30.57 公里，超过 1899 年前英美租界界外道路的总长度。1905 年，东区道路已从 1904 年的 14.48 公里增加到 19.31 公里。到 1911 年，工部局管理下的界内外道路总长度已达 176.99 公里，比 1893 年增长了 2.6 倍。其中，北区（虹口浜以西地区）、东区、西区的道路长度超过中区（即原英租界）。1914 年，英、法两租界共同商定填没洋泾浜，并筑路改善交通，1915 年道路筑成取名爱多亚路。同年，工部局填泥城浜筑路，命名为西藏路。1926 年，公共租界道路总长度达 170.516 英里（约 274.36 公里，1 英里≈1.6 公里）。②

　　缘如其时，公共租界工部局"改宽道路计划图早经印就，市民均可备价购买。上海租界市民每年建筑甚多，皆因工部局一切计划，均于每年正月间预先公布市民，市民可依照工部局之计划，各自订定不碍该局之计划，自由建筑房屋也"。③ 斯时，南京路已发展成为公共租界内负担交通枢纽和商业中心双重任务的重要道路。仅 1909 年 4 月 7 日，从早晨 7 时至晚 7 时，在南京路江西路口 148 平方米范围内，过往车辆 20447 车次，行人 60038 人次。1916 年，南京路交通规则革新，"不时地拦断主要的东西交通，使南北交通得以进行"。同时，爱多亚路正式通车，成为上海最适合快速交通的一条大道，南京路交通繁忙状况得以缓解。④ 至 1931 年，该租界"在某某时期中，曾经进行大宗之修路及建筑工程，然各通衢并未因此发生重大或延长之阻碍"。⑤ 是年，工部局所辖道路共 178.643 英里，其分类见表 1-1。

---

① 上海市档案馆编《工部局董事会会议记录》第 4 册，上海古籍出版社，2001，第 850 页；第 7 册，上海古籍出版社，2001，第 760 页。

② 上海市档案馆编《上海租界志》，第 438~439 页。

③ 董修甲：《京沪杭汉四大都市之市政》，第 48 页。

④ 上海市档案馆编《上海租界志》，第 590 页。

⑤ 华文处译述：《上海公共租界工部局年报》（中文），1931 年，上海公共租界工部局档案，档号：U1-1-957。

表 1-1　1931 年公共租界道路分类及里数

单位: 英里

类别	中区	北区	东区	西区	总计
碎石路	3.268	7.273	23.931	35.546	70.018
柏油石灰路	12.991	11.088	8.722	15.460	48.261
小方石路	4.812	6.137	2.881	1.284	15.294
小方木路	0.987	—	—	—	0.987
不铺碎石路	—	0.484	15.654	27.945	44.083
总计	22.058	25.162	51.188	80.235	178.643

资料来源: 华文处译述《上海公共租界工部局年报》(中文), 1931 年, 上海公共租界工部局档案, 上海档案馆藏 (本书所列档案均为该馆藏, 以下不再一一注明), 档号: U1-1-957。

至 1933 年, 公共租界的马路长度增至 182.009 英里 (见表 1-2)。斯时, "新开之跑马厅路为中区与西区间之另一通衢, 此路之开辟, 颇能使车辆忙冗时之拥挤减少至若干限度, 且其可以利用之处, 尚可比现时为广"。[1]从而, 其租界"从北河南路朝南, 经海宁路、文监师路、七浦路、天潼路均可直达北四川路。惟行人皆至北江西路为止, 经北江西路至自来水桥沿北苏州路朝西, 过天后宫桥至老垃圾桥一段, 河中停船亦甚多, 而往来行人最热闹者, 要推盆汤弄桥、老闸桥、老垃圾桥"。[2]

表 1-2　公共租界历年马路长度 (1922～1933)

单位: 英里

年份	中区	北区	东区	西区	合计
1922	21.485	23.866	37.031	56.945	139.327
1923	21.604	24.554	38.656	59.284	144.098
1924	21.697	24.685	41.408	61.805	149.595
1925	21.697	24.870	42.969	76.966	166.502
1926	21.720	25.078	45.771	77.947	170.516
1927	21.757	25.078	46.042	78.104	170.981
1928	21.856	25.105	48.222	78.387	173.570

---

[1]　华文处译述:《上海公共租界工部局年报》(中文), 1933 年, 上海公共租界工部局档案, 档号: U1-1-959。

[2]　《苏州河北一瞥电车通达行人绝少弹痕累累满目荒凉》,《申报》1937 年 11 月 25 日, 第 2 版。

续表

年份	中区	北区	东区	西区	合计
1929	21.856	25.105	49.248	78.661	174.870
1930	21.929	25.105	50.022	78.908	175.964
1931	22.058	25.162	51.188	80.235	178.643
1932	—	—	—	—	—
1933	22.058	25.311	53.445	81.195	182.009

资料来源：上海市地方协会编《民国二十二年编上海市统计》，1933 年 8 月编印，"交通"，第5 页；上海市地方协会编《上海市统计补充材料》，1935 年 4 月编印，第 68 页。

越界筑路是租界扩展的另一种方式。早在 1862～1863 年，英殖民者为与太平军作战，在靠近公共租界的西部和西南部一带修筑一批军路，此为租界越界筑路之始。此后越界筑路数量和范围逐渐增加和扩大，1890 年前公共租界的界外道路总长约 20 公里。1900 年后，工部局越界筑路大致可分沪西与沪北两个方向，至 1925 年所筑越界道路达 39 条，总长度约 75 公里。①如 1916 年，"工部局以交涉推广租界无结果，乃决定采用越界筑路方法，以达到推广之目的"。是年起，工部局年拨一定款项，以充越界筑路费用。②1916 年至 1925 年，公共租界用于越界筑路的费用达 157 万两之多。

工部局交涉扩大租界未果，然在越界筑路区，中国政府却承认其收取房捐地税、铺设公用设施等权限，于是工部局有意识地采用越界筑路的办法来达到扩大势力范围的目的。1862～1925 年，工部局在公共租界之外越界筑路 41 条，即公共租界面积最高峰时曾达 33503 亩，通过越界筑路，受其控制并征收捐税的区域面积达到 4.7 万亩。如 1911 年，工部局管理的界内外道路总长度为 110 英里，1936 年达 183.663 英里。③ 至 1935 年，工部局所竖立马路界石共计 251 块（1934 年 457 块），所经办理关于放宽及延长马路的建筑及普通执照共计 897 张，④ 放宽及延长马路所给偿额为 1454213 元（见表 1－3）。

① 上海市档案馆编《上海租界志》，第 102 页。
② 徐公肃、丘瑾璋：《上海公共租界制度》，上海人民出版社，1980，第 93 页。
③ 上海市档案馆编《上海租界志》，第 4、12 页。
④ 华文处译述：《上海公共租界工部局年报》（中文），1935 年，上海公共租界工部局档案，档号：U1－1－961。

表 1－3　公共租界放宽及延长马路的测地块数、征亩数和所偿额（1930～1935）

年份　布局	中区测地块数	北区测地块数	东区测地块数	西区测地块数	所有征收亩数	所给偿额（元）
1930	171	136	563	677	75 亩 6 分 4 厘 7 毫	2659292
1931	151	191	491	588	51 亩 8 分 7 厘 2 毫	3142508
1932	94	87	312	452	47 亩 9 分 4 厘	1976976
1933	123	110	365	521	34 亩 8 分 3 厘 4 毫	1147867
1934	113	78	301	415	47 亩 5 分 2 厘 2 毫	1582275
1935	92	85	268	338	52 亩 2 分 6 厘 1 毫	1454213

资料来源：华文处译述《上海公共租界工部局年报》（中文），1935 年，上海公共租界工部局档案，档号：U1－1－961。

除此之外，其时"上海的桥梁，建筑得很是壮美。不像内地那些礁桥一般拾级而登……因为桥面的铺设和前后马路混成一片，完全相同，阔度也是相等，不过两旁多些桥栏罢了。所以，不论电车、马车、汽车、脚踏车等，都可通行。桥梁之中最为阔而又长的，要推外滩的外白渡桥，用钢铁建造，十分坚固"。[①] 如 1848 年苏州河之北虹口美租界开辟后，河两岸往来频繁，靠渡船摆渡甚不方便，1907 年公共租界工部局投巨资建成钢结构的外白渡桥，长 171 米、宽 18.3 米，是当时上海最大的钢结构桥梁。[②] 虽然钢桥先期投资较大，但外白渡桥位置重要，日常交通量大，又需铺设复线电车轨道，建造钢桥可以得到长久好处。同时英电公司表示愿意为钢桥改建费用捐助 3500 英镑。外白渡桥是苏州河上第一座钢桁架桥，也是当时上海所有桥梁中人车流量最大的一座桥，桥面铺设的电车轨道亦于同年竣工。1908 年 5 月，外白渡桥通行有轨电车。1908 年，老垃圾桥（后更名浙江路桥）上铺设单轨，通行电车；1924 年，为配合电车复线运行改铺双轨，将木板桥面改建为水泥混凝土桥面，人行道亦改铺预制水泥混凝土板。[③] 如 1922 年工部局曾致电英商电车公司，声明所展长诸线不得经过苏州河。该公司则认为，过四川路桥与河南路桥（江西路无轨电车）、过西藏路桥（西藏路无轨电车）的苏州路之三桥宜尽速改建，嗣后工部局加以许可，"公司应酌认改

①　徐国桢：《上海生活》，第 65 页。
②　上海市档案馆编《上海租界志》，第 13 页。
③　上海市档案馆编《上海租界志》，第 454～456 页。

建经费"。①

（二）法租界

法国政府于 1847 年 1 月任命敏体尼为驻沪领事。其到上海后，先是让法国商人雷米于 1849 年初在英租界外租了 2.385 亩土地，接着又迫使上海道台麟桂同意将上海县城北门外英租界南面一处土地作为法租界，其范围南至护城河，北至洋泾浜，西至关帝庙诸家桥，东至广东潮州会馆沿河至洋泾浜东角，面积约 986 亩。是年 10 月 30 日，上海道台吴煦发布告示，同意将小东门外 37 亩土地出租给法商。在公共租界当局进行扩界交涉时，法国驻沪领事也积极进行扩展租界的活动。1899 年 6 月，江苏布政使、上海道台原则同意扩界要求，议妥扩展的界址，北至北长浜（今延安西路西段），西至顾家宅、关帝庙（今重庆南路），南至打铁浜、晏公庙、丁公桥（今西门路、自忠路），东至城河浜（今人民路西段），新扩面积 1112 亩，法租界总面积达到 2135 亩。②

1855 年，法租界内只有些小巷和官道。次年，辟筑法外滩路，并竖中、法两种文字的路牌，为法租界内所建的第一条道路。1857 年 3 月，根据法租界租地人会议提案，道路管理委员会成立，着手修筑道路。1860 年，筑公馆马路、天主堂街。1862 年 4 月，法国驻沪领事宣布建立公董局，负责对法租界进行管理。公董局的中枢机构是市政总理处，相当于工部局的总办处，其职责是管理文牍案卷、征收捐税、处理财政事务、监督道路建筑等工程。③ 由此，组建工务部门，加快道路建设。是年 6 月 4 日，公董局董事会会议宣布延长或开辟 4 条交通干道：（1）公馆马路向东延长；（2）开辟一条和公馆马路平行的道路，从靠近帝国路的洋泾浜码头开始，直至洋泾浜西端，并在公馆马路北面 160 米的地方穿越宁兴街；（3）在帝国路以西 145米处，在帝国路和另一条通往泰勒氏桥的道路之间开辟一条与帝国路平行的路（1863 年建成后叫北新街）；（4）在上述道路以西 145 米处，开辟一条平行的道路（1876 年建成后叫郑家木桥街）。19 世纪 60 年代中期，公董局又将修建沿河道路列入界内道路建设的整体规划，修筑了沿洋泾浜马路、沿寺浜道路及沿黄浦江道路；其中，修筑沿黄浦江的道路费用达 37340 两。④

---

① 《租界电车之大计划》，《申报》1922 年 3 月 9 日，第 14 版。
② 上海市档案馆编《上海租界志》，第 3～4 页。
③ 上海市档案馆编《上海租界志》，第 7 页。
④ 上海市档案馆编《上海租界志》，第 437～438 页。

19 世纪 60～70 年代，法租界在原有干道网络基础上大举西扩，越界筑路数量也日见增长。1863 年太平军进攻上海时，法国殖民者以保护租界为由，筑成由上海县城西门外直通徐家汇的军路，为法租界第一条越界筑路。1865 年辟筑自来水街等。1887 年公董局董事会拨款 350 两，用于公馆马路的再次铺砌。19 世纪末，法租界扩展到吕班路，修筑道路 20 余条。公董局乘开拓八仙桥一带新租界之机，修筑吕班路。到 1900 年，法租界道路系统已很完整。西江路 1901 年完工，1906 年以公董局总董宝昌之名改称宝昌路，这是法租界最长、最直的道路，全长 5500 米左右，穿过 30 余条道路。后来此路几经拓展延伸，成为法租界内最长的一条干道，也是租界具有代表性的一条商业街。① 具言之，法租界 1901 年筑宝昌路、善钟路、圣母院路，1902 年筑华龙路、宝建路、杜美路、毕勋路、薛华立路、陶尔斐司路，1907 年筑巨籁达路、福开森路、姚主教路、金神父路，1911 年筑宝隆路，1912 年筑祁齐路、福履理路，1913 年筑贾尔业爱路、恩理和路、古拔路，1914 年筑辣斐德路、马斯南路、高乃依路、莫利哀路。这些界外道路共达 20 余条。仅 1900～1914 年，越界筑路 20 多条。通过这一方式，1932 年法租界当局面积达到 15150 亩（见表 1-4），为 1849 年法租界初辟时的 15 倍。②

表 1-4　1932 年上海分区面积统计

区别	面积			
	亩	平方米	平方公里	百分比
上海市（华界）	1088113	2593.06	860.34	95.72
公共租界	33503	68.12	22.60	2.95
法租界	15150	30.80	10.22	1.33
总计	1136766	2691.98	893.16	100.00

资料来源：上海市地方协会编《民国二十二年编上海市统计》，"土地"，第 1 页。

从 20 世纪初开始，法租界公董局又对徐家汇以东地区大规模越界筑路。至 20 世纪 20 年代所筑道路已西抵徐家汇大部分地区，北于静安寺一带与公共租界接壤。斯时，"上海公共租界及法租界两工部局更有精密之测量，其

---

① 上海市档案馆编《上海租界志》，第 12～13 页。
② 上海市档案馆编《上海租界志》，第 103、4 页。

五百分之一之地图亦均测制完竣，故各种工程计划之规定，均为易事，上海
两租界之工部局对于全市之干道，固有精确之地图，即一切巷道等等，亦制
有精密之地图。如每年有改宽街道之计划，亦均预先绘制详图，公布市
民"。① 至 20 世纪 30 年代，法租界筑路 60 多条。② 1918～1932 年，法租界
道路长度由 58545 公里增至 108509.2 公里，可通行道路面积由 442994.75
平方米增至 785655 平方米（见表 1－5）。1934 年，法租界内道路总长度达
102 公里（含越界筑路区域）。

表 1－5　法租界道路长度及可通行的道路面积（1918～1932）

年份	道路长度（公里）	可通行的道路面积（平方米）	年份	道路长度（公里）	可通行的道路面积（平方米）
1918	58545.00	442994.75	1926	89986.00	748256.00
1919	61363.00	456753.75	1927	92015.00	770018.00
1920	62604.30	472086.75	1928	92924.00	785655.00
1921	63888.35	486188.70	1929	94215.00	—
1922	72239.70	538105.05	1930	100162.00	—
1923	76934.35	588834.30	1931	101790.00	—
1924	81253.00	661162.60	1932	108509.20	—
1925	85376.00	690940.65	—	—	—

资料来源：上海市档案馆编《上海租界志》，第 440 页。1922～1932 年道路长度，参见《民国二十二年编上海市统计》，第 5 页；《上海市统计补充材料》，第 68 页。

（三）华界

近代上海新城以完全不同于旧城区的面貌呈现在世人面前。然，最初的上海县城内"市街狭隘，行人拥挤，扫除不力，秽气塞途"，以至"仓无积谷，库无储金，富室巨商，皆在城外"。③ 租界与华界的路政建设形成鲜明对比。如 20 世纪初，公共租界已是"路广而洁，屋敞而明，列树道旁，浓荫蔽日。南京路市街广阔，房屋高敞，为沪上冠"，"福州路、广州路、山东路、山西路、河南路、福建路、湖北路等，皆为繁盛之区"，"百老汇路及北四川路等亦有市肆嚣尘之势"。租界内"街路甚宽广，可容三四马车并驰，地上用碎石铺平，虽久雨无泥淖之患"。而华界的"上海城内街道较之

① 董修甲：《京沪杭汉四大都市之市政》，第 46～47 页。
② 上海市档案馆编《上海租界志》，第 439 页。
③ 杨逸等：《上海滩与上海人丛书》，上海古籍出版社，1989，第 176 页。

城外租界,殊有天渊之隔"。对于租界内道路两旁的环境,时人感叹:"租界沿河浦值以杂树,美树相距四五步,垂柳居多。由大马路至静安寺,亘长十里。两旁所值,葱郁成林,洵堪入画。"① 由此,"上海的道路,华界不及租界远甚,这是人所共知道的"。②

然,租界马路管理的近代化方式终究对华界路政管理产生示范作用,且伴随华界马路的修筑,又进而促进上海市政制度在清末民初的建立和逐步走向健全。如吴淞地区自 1898 年开商埠后开始修筑马路。离县城较远的荒僻之地闸北,地方绅商为抵制租界扩张,也于 1900 年组建闸北工程总局,先后开辟宝山路、新闸桥路、中兴路等。浦东筑路则始于 1906 年。到清末民初,华界面貌已有所改善,譬如"向为沪西荒僻地"的徐家汇地区,已是"市面大兴,既而电车行驶矣,邮局设局矣,电灯、路灯、德律风、自来水次第装接矣。马路东为法租界马路,西为天主堂界,再西老屋为乡民界,日新月异,宛似洋场风景"。③ 如至 1914 年,闸北"向所称荒烟蔓草之区,今皆马路平坦,市廛稠密骎骎乎,堪与租界繁华处相颉颃"。江湾一带,至民初"自镇以南马路日增,星罗棋布,商埠之发展直与上(海)界联为一气,无区域之可分,繁盛殆甲于全县"。④ 翌年,沪南工巡捐局再开辟斜徐、斜土等路 17 条,"预备振兴市面"。⑤ 嗣后,南市地区的高昌庙自望道桥起至半边桥,"由兵工厂大门外之南首墙圈经过直至江边码头为止,拟改宽至四丈以便交通"。沪南工巡捐局"以展宽马路工程,当先拆除路线内碍路房屋、望道桥堍之防卡兵房及观音庵之大门自来水厂之围墙,均在拆让"。⑥

1927 年 7 月 7 日,国民政府正式成立上海特别市,并把大片土地划入特别市范围。除原淞沪商埠督办公署所辖的上海县全境和宝山县 5 乡之地仍归上海外,另又增划宝山县所属的大场、杨行 2 乡,松江、青浦 2 县所属七宝乡的一部分,松江县莘庄乡的一部分和南汇县周浦乡的一部分归特别市管辖。这样上海就跨上、宝、松、青、南 5 县之地,拥有市乡计 30 个,占地

① (清)葛元煦撰《沪游杂记》,郑祖安标点,上海书店出版社,2006,第 8 页。

② 玉光:《闸北行驶公共汽车之路政问题》,《申报》1924 年 7 月 5 日,第 25 版。

③ 唐振常、沈恒春主编《上海史研究》二编,学林出版社,1988,第 32 页。

④ 黄苇、夏林根编《近代上海地方志经济史料选辑》,上海人民出版社,1984,第 262 页。

⑤ 《上海市公用局关于新西区通行电车》,1931 年 3 月~1932 年 5 月,上海市公用局档案,档号:Q5 - 2 - 834。

⑥ 《沪南展宽路面之进行》,《申报》1921 年 12 月 30 日,第 10 版。

面积494.67平方公里，堪称"大上海"。市政府将旧市乡一律改称为区，17市乡改为如下17区：沪南区、漕泾区、法华区、蒲淞区、闸北区、引翔区、殷行区、吴淞区、江湾区、彭浦区、真如区、高桥区、高行区、陆行区、洋泾区、塘桥区、杨思区。①

但因"本市过去的发展是逐渐形成的，从前租界时期，市政设施并无预定的通盘计划，一切是'想到那里，做到那里'，所以没有确定的道路系统，可以和车辆行驶量互相配合"。② 由此，1929年7月，上海市政府第123次会议正式通过"大上海建设计划"，划定上海市区外东北方向的江湾区翔殷路以北、闸殷路以南、淞沪路以东及周南十图、衣五图以西的土地7000余亩，作为新的市中心区域。"计划"主要内容包括：（1）市中心计划。将市中心划分为政治区、商业区、住宅区三个区域。又有市中心道路系统计划，整个市中心区域形成一个纵横交叉、紧密又整齐的交通网。区域内道路设计为干道和次要道路两种。干道呈辐射状，由区域中央向周围延展，联系吴淞港、虬江码头、铁路总站和上海其他各个区域，宽度最宽为60米。次要道路是适应区域局部交通所需，采用棋盘式或蛛网式，宽度在30米以下。（2）全市道路系统计划。计划全市干道共20余条，总长度约500公里。以市中心区域为中心，拟从宝山镇起筑一大道，越过蕴藻浜，经江湾镇接北四川路，再经租界区穿上海旧县城、南车站，过江接上南公路直达闸港镇，此为主要南北干道。拟自江湾镇向东由翔殷路到达浦滨，向西则经大场与沪太路相接，此为主要东西干道。除全市干道系统计划外，另对沪南、闸北、沪西、浦东等局部区域的道路系统分别制订具体计划。③（3）公用事业计划。如电车及公共汽车线路计划等。④

1930年7月1日，上海特别市政府改为上海市政府。自"大上海建设计划"的1929年到1937年抗战全面爆发，前后进行和实际完成的关乎道路工程有：（1）在市中心区域开辟了较多马路，另外在城市外围建筑了一些道路，其中主要干道有中山北路、其美路（今四平路）、黄兴路、三民路

---

① 吴景平等：《抗战时期的上海经济》，第125~126页。
② 赵曾珏：《上海之公用事业》，第172页。
③ 吴景平等：《抗战时期的上海经济》，第126~128页。
④ 忻平：《从上海发现历史：现代化进程中的上海人及其社会生活（1927~1937）》，上海大学出版社，2009，第299页。

（今三门路）、五权路（今五星路）、浦东路（今浦东南路、浦东大道）。（2）建成市政府新厦。上海市政府划地1000亩，建造市政府新厦，1931年6月开工，1933年9月完工。① 如斯时，"闸北为沪市最近新兴之区，京沪、沪杭、淞沪三路总站均设其间，交通便利，为全市冠"。上海市政府"以本埠为本国商务之中枢，华洋杂处，商贾辐辏，曾提倡大上海之计划，并于江湾镇收买民田，开作市中心区"，价值74万元的市政府大厦"行将落成"。②

由于"干道者，一市交通要道，如欲一市可以发达，必须先定干道。上海南京两特别市，深知此种干道之重要，已经先后将各该市之干道计划确定，制成干道计划图公诸市民，此真该两市最有价值之工作"。③ 如上海市工务局成立以来，1930年对道路工程积极计划兴筑，除特别区（租界）外，本市合于汽车行驶道路，计长224000米，正在建筑中者计长13280米，筹划建筑而尚未动工者约长32750米。④ 同年，该局"为事实上需要"，特规划自法华区由新闸路接通公共租界越筑的极司非而路一段，拟宽度为18.3米。又由新闸路接通康脑脱路一段拟定宽度为15.3米，法华镇沿河一段拟定宽度为10米，"以上路线均经市政会议通过，并由市府照准"。⑤ 至1933年，闸北方面道路系统变更："自一·二八事变发生以后，所有民房道路，破坏殆尽。近复以北站经铁部决定迁移，故市政府原有道路系统，认为有变更之处，乃由工务局先将变更道路系统，拟具草图呈送市府，交第二一六次市政会议议决通过，并咨送铁道部审核，铁道部已交道路专家审核，认为可用。"市政府于16日正式公布，规定东起宝山路、西迄大统路的交通路及新辟的一二八路，宽度各为18.3米；大统路以西的交通路，宽度为20米。⑥ 从而，华界道路由1927年的177.05公里增至1932年的296.74公里，同期柏油路面由10.43公里增至32.52公里，1933年则达41.35公里（见表1-6）。

---

① 吴景平等：《抗战时期的上海经济》，第128页。
② 《上海市公用局关于华商公共汽车公司增加股本》，1932年6月~1933年4月，上海市公用局档案，档号：Q5-2-596。
③ 董修甲：《京沪杭汉四大都市之市政》，第47页。
④ 《本市汽车道路长度统计》，《申报》1930年4月9日，第15版。
⑤ 《市工务局最近规划之路线》，《申报》1930年4月9日，第15版。
⑥ 《变更闸北道路系统》，《申报》1933年1月17日，第9版。

表 1-6　上海市（华界）历年道路长度（1927～1933）

单位：公里

年份	柏油路	砂石路	小方石路	弹街路	煤屑路	泥土路	总计
1927	10.43	0.37	1.69	88.08	72.03	4.45	177.05
1928	15.90	0.37	2.55	89.92	77.47	11.28	197.49
1929	19.99	0.37	2.96	90.11	94.18	17.31	224.92
1930	23.35	0.37	2.96	90.26	99.43	45.82	262.19
1931	32.52	0.37	2.98	92.00	102.25	54.28	284.40
1932	32.52	0.37	2.98	92.00	102.25	66.62	296.74
1933	41.35	8.78	—	39.24	21.64	—	111.01

资料来源：上海市地方协会编《民国二十二年编上海市统计》，"交通"，第 5 页；《上海市统计补充材料》，第 68 页。

简言之，"自国民革命军奄有津浦、京汉后，对于上海尤为注意建设。上海市政府对于筑路一项，亦尤为努力。如大统路、宝山路、中山路，正在鸠工庀材，改筑完善之马路。闸北市面，当可因以振兴"。[1] 至 1935 年上半年，上海华界公路总里程为 418729 米，其中旧有道路 150935 米，新筑道路 267794 米。[2]

二　城市道路改良和技术发展

"工业要想发达，非努力修筑道路不可！"[3] 而 "路基为良道路之基础，路基坚者，重大车辆往来于其上，不致损害其道路，路基弱者，车辆稍重即易损坏其路面"。即 "筑路材料之选择，亦是工程上至要之问题，尤为今日中国各都市工程上最不可不切实研究之问题"。[4] 然至 1926 年，"吾国商埠中之有电车设备者，仅上海、香港、天津、大连、抚顺及北京，合计不过六处。其不发达之原因虽多，就中重要者，厥为街道之狭小"。[5] 自上海开埠，上海市内交通工具不断近代化，从马车、人力车、汽车到电车、公共汽车，至 20 世纪一二十年代，上海市内交通基本上完成了近代化进程。交通的发

---

① 毕卓君：《市办闸北公共汽车之刍议》，《申报》1928 年 4 月 7 日，第 25 版。
② 上海市工务局编《上海市工务局之十年》，1937 年编印，第 8 页。
③ 中国国民党中央执行委员会宣传部编《造路运动宣传纲要》，1929 年编印，第 26 页。
④ 董修甲：《京沪杭汉四大都市之市政》，第 49～51 页。
⑤ 沙公超：《中国各埠电车交通概况》，《东方杂志》第 23 卷第 14 号，1926 年 7 月 25 日，第 47 页。

展为民众出行即开展各项活动节省了时间，扩大了市民的活动范围，但也给道路改良和铺路技术的发展提出了更高要求。

（一）公共租界

一般情况下，"世界各国的大都市里，几乎都遭遇到交通拥塞的难题。上海自然也没有例外。其原因由于路上的车辆数目在不断的增加，但是街道则不能经常的改筑以符合他的需要。举个例说：上海中区街道的制度，已经是几乎一个世纪以前的遗物，这些街道在原先建筑时，只是为马车行驶的，所以他的俗称，都叫马路。现在街上的车辆与一世纪前的车辆已大大的不同了，可是这些街道的宽度却很少变动，事实上，也很难变动"。[①] 具言之，由于最初筑路条件不良，加上无统一的管理机构，首批来到上海的英国人感到"上海的本地交通非常之不便，一出门口都是数寸深的泥泞，英国人穿了皮靴在上海行走时，往往深陷泥中，等到用力把出来，皮靴已不在脚上了"，"城里的街上，情形虽略好一些，但也不容易行走，因为街道都甚是狭小……再加上往来不绝的苦力挑背着货包在街上挤来挤去，益加使得行人艰于通过，一不小心便会撞在别人的身上"。[②] 由此，道路码头委员会成立后的第一项工作，就是向外国租地人摊派捐款，以便在租界整修道路。为了确保维修道路等所需经费，该委员会于 1849 年 3 月 10 日确定对每亩租地每年征收 1 元的地税，以建立偿债基金来维持道路码头修筑的费用。在此期间，该会筑成领事馆路（今北京东路外滩至河南路段）等土路。至 1853 年，道路码头委员会运用每年征收到的几千两款项，铺筑几条干道，并在黄浦江边建造了几座公用码头。[③]

在拓展界内道路网络的同时，公共租界工部局开始拓宽、取直原有干道，修复损坏的道路，以适应交通发展的需要。如 19 世纪 60 年代中期以前，道路建设主要集中在租界东部，道路宽度一般仅 22 英尺，最宽的外滩滨江大道亦不过 30 英尺。1865 年 5 月，工部局董事会与英国驻上海领事达成协议：明确规划英租界内道路建设属工部局董事会职责范围。1870 年 7 月 4 日，董事会通过决议：今后凡工部局铺筑的干道，除另有要求外，其宽度不得少于 40 英尺。此决议获得纳税人会的批准。根据这个决议，早期修

---

① 《上海交通问题》（1947 年 1 月 16 日在扶轮社演词），赵曾珏《上海之公用事业》，第 175 页。

② 〔美〕霍塞：《出卖上海滩》，越裔译，上海书店出版社，2000，第 9 页。

③ 上海市档案馆编《上海租界志》，第 5 页。

筑的道路须全部拓宽。[①]　次年 11 月，工部局工务委员会向董事会提交报告，称虹口正处于迅速演变时期，道路仅满足现在的需要，而由于房地产日益升值，将来购进地皮增建道路会越来越困难，因此需要规划设计一些道路路线，以应付未来需要。即百老汇以南的地段划为 600～800 英尺宽的街区，每一街区的每一边有 40 英尺宽的主要马路，另有东西向、南北向的 15～20 英尺宽的两条弄堂交叉于街区中心，形成一个直径为 60 英尺的圆圈。董事会批准并通过了这一报告。[②]　此后，工部局把道路规划管理作为道路建设的一个重要方面。其规划道路宽度，1863 年为 6.7 米，1870 年为 12.2 米，比上海县城 6 米宽小巷扩大了 1 倍，而在实际建造中又大大突破，主干道宽18～21 米，一般道路为 10～15 米。为适应江边运货要求，东西干道宽于南北干道，且道路之间间距极小，一般不超过 100 米，有的仅 40～50 米。[③]　到19 世纪 80 年代末，界内原有干道几乎都在不同程度上被拓宽、取直。

公共租界开辟初期所筑的道路都为泥路，受技术和材料方面的限制，相对比较简陋。1846 年辟筑的界路用煤渣铺成。1848 年，黄浦江一段滩地铺筑成鹅卵石煤屑路面（今中山东一路一段）。1849 年，辟筑领事馆路（今北京东路），用沙石与泥土拌和压实做路面。道路铺筑技术和道路质量不断提高。工部局最初铺筑道路用砂石、泥土拌和压实，后来用鹅卵石、煤屑、碎砖，19 世纪 50 年代中期租界当局始用碎石筑路，重要干道均以花岗石碎片和黄沙铺筑。1855 年，石路（今福建中路）改铺煤屑路面。1856 年，工部局开始在教会路、领事馆路等少数重要干道铺设花岗岩碎石路面。7 月，教会路的路基有 140 英尺铺设了花岗石碎片和吴淞的黄沙。至 50 年代末，租界主要道路基本是"碎砖铺筑，后又用煤渣铺面"；1861 年，又从吴淞口外采办大批海滩圆卵石加铺于界内大部分道路表层。经实践，圆卵石是比砖块更耐用的铺路材料。1861 年起，租界内包括外滩的所有道路都铺了碎石，大多数道路用人工垫高，每亩平均费用由最初 40 元提高到 300 元。1863～1864 年，工部局用于道路维修等工务支出近 10 万两，占总支出的 41.7%。20 世纪开始，用于工务支出的大项是延长和拓宽道路费及所需的购买土地费，其中越界筑路及购地费占了相当的比例。此外，工部局辟设道路工场，

---

①　上海市档案馆编《工部局董事会会议记录》第 7 册，第 760 页。
②　上海市档案馆编《工部局董事会会议记录》第 4 册，第 843 页。
③　上海市档案馆编《上海租界志》，第 430 页。

采取自产、直供方式，不断从国外引进铺路新设备。如 1874 年，该局在苏州河南岸置地 10 亩，用于储存筑路材料，并从英国购置 1 台日产 50 吨的碎石机，开设轧石场，定名为苏州路工场，加工碎石用于铺筑道路。1890 年，工部局首次从英国购置 2 台蒸汽压路机，在租界中心区及虹口的主要道路上使用。不久又引进破路机，碎石机的功能也比原来增强 1 倍。① 从而，公共租界内"几条马路屡举修，细石泥沙到处收，备有砑平机器具，街衢坦荡胜瀛洲"。②

1890 年，工务局在交通繁忙的南京路外滩铺下一些硬木，试做路面新材料。经过 5 年实践，证实硬木路面磨损较少，不用维修；1897 年，分别从英国、澳大利亚、法国、美国获得有关木块和柏油路面的技术；1906 年，该局工务处第一条用澳大利亚铁藜木铺筑的木块路面铺设在江西路至外滩的南京路，这是上海最早的高级道路。嗣后，工部局工程师提议在南京路浙江路口敷设铁藜木路面，认为如不采取这一措施，"这一代的电车铁轨网，将使交通称为严重令人烦恼的问题"。1911 年 2 月，28 万块硬木运抵上海，经过检查与涂抹柏油，于 3 月初在南京路浙江路以西路段铺设路面。是年，工部局在赫德路、静安寺路、北京路、浙江路口也用木块铺路。铺路工程总面积 401 平方米，其中部分是有轨电车轨道道边，实际木块铺路面积 371 平方米，加上切割时木块损耗，共计使用木块 299768 块。③

20 世纪初，工部局开始对原有道路、桥梁等设施进行全面改建。为适应有轨电车、汽车行驶，工部局逐步以小方石、混凝土等新型材料重新整建市区道路。这种技术几乎是与交通工具由马车、人力车、电车、汽车等的发展变化同步而行的。但当时水泥产量不高，成本居高不下，把水泥用于道路建设的不多。而沥青的发明和推广，为上海道路的改观带来了新契机。"盖自柏油路为世界各都市认为最适用之筑路材料后，我国上海租界亦逐渐将各种碎石路，改为柏油路面，凡各大都市振兴路政者，均改碎石路为柏油路矣。其理由，以柏油路面光滑可爱，易于打扫，虽建筑时用费稍大，但较碎石路耐久，维持费用较省。"④ 如最初工部局所用沥青采用美国石油沥青，

---

① 上海市档案馆编《上海租界志》，第 10、440～441 页。
② 颐安主人：《沪江商业市景词》，顾炳权《上海洋场竹枝词》，上海书店出版社，1996，第 100 页。
③ 上海市档案馆编《上海租界志》，第 441 页。
④ 董修甲：《京沪杭汉四大都市之市政》，第 51 页。

后来又从上海英商煤气公司获得用炼焦残渣蒸馏脱水而成的煤沥青,用来铺筑道路。1907 年,该局自行设计、制造 1 台旋转式沥青混合料搅拌机(1 号机),翌年投产;1910 年,在天潼路、北京路近外滩等路段试用沥青做表层,开始铺筑柏油道路的试验。翌年,第二台半移动式沥青混合料搅拌机自美国运抵上海,次年春投产。这是租界筑路技术的一次巨大变革。1913 年,在苏州路库场自行加工柏油碎石。1915 年,又在福建路铺设水泥混凝土路面。至 1918 年,工部局建成沥青混合料加工厂,开始生产供应拌沥青混合料,首次铺筑于北京路外滩至百老汇路(今大名路)。用柏油碎石铺于底层,砂粒式沥青混合料加铺面层。1919 年,共铺设沥青混凝土路面 7.46 公里,占当年界内道路总长度的 3.21%。①

20 世纪 20 年代起,公共租界内主要道路逐步改为沥青路面,河南路等主要道路改铺为沥青混凝土路面。1930 年,工部局"以百万银元之巨款",铺造 132 英里马路,整理 44 英里未经铺造路面的道路。至于各马路间的路灯用煤气者 484 处、电灯 4743 起,其所需费用亦近 25 万两。② 自 1930 年起,伊拉克的石油沥青大量运抵上海,上海的一些主要马路逐渐被改为柏油马路。如 1931 年,租界内重要的放宽马路,为北京路、江西路、福州路、东熙华德路、新闸路及其他各路,共有路基及路面 29860 平方码。有 0.195英里以水泥碎石建筑的马路,业已用水泥三合土改筑,上铺地沥青片。有1.41 英里碎砖路基上铺地沥青三合土的马路,已用水泥三合土路基改筑,上铺地沥青片。③

其时,公共租界"捕房修路费工程,备用机车滚地平。洒水铺沙锹戽助,砑成坚实畅人行"。④ 如1932 年公共租界购买地面及建筑马路开支:放宽马路所用地面银 1182062.94 两,建筑新路及延长旧路所用地面银231474.88 两,所用工务局地产银 239771.05 两,建筑工程银 398283.32两,总计银 2051592.19 两。是年,重要的放宽马路为爱文义路、跑马厅路、福州路、北四川路及其他各路,共有路基及路面 22997 平方码。有0.205 英里以水泥碎石建筑的马路,业已用水泥三合土路基改筑,上铺地

---

① 上海市档案馆编《上海租界志》,第 441 页。
② 虞:《三十年来上海车辆消长录》,《申报》1932 年 4 月 6 日,第 15 版。
③ 华文处译述:《上海公共租界工部局年报》(中文),1931 年,上海公共租界工部局档案,档号:U1 - 1 - 957。
④ 颐安主人:《沪江商业市景词》,顾炳权《上海洋场竹枝词》,第 157 页。

沥青片。有 1.531 英里地沥青三合土建造的马路，业已用水泥三合土路基改筑，上铺地沥青片。如当年"租界开辟之跑马厅路，为西区商业中心区域间之另一路径，于减轻静安寺路车辆忙冗时之拥挤颇有裨益。将是项侧路东首再加宽之后，当更为民众所乐用"。[①] 是年，租界中区马路改良偿给银两数如表 1-7 所示。

表 1-7　1932 年公共租界中区马路改良和征收统计

路名	代理人或业主	册地号	征收面积	偿给银两(两)
福建路	哈华托古沃公馆	394	五厘五毫	6875
福建路	昌业地产有限公司	440	二分六厘二毫	23620
福州路	上海女子商业储蓄银行	422	三分四厘一毫	33385
福州路	哈华托古沃公馆	423	三分三厘四毫	31770
河南路	通和有限公司	212	三分四厘	34000
河南路、宁波路及天津路	通和有限公司	225	一亩一分八厘八毫	134029
南京路	高易洋行	235	三厘六毫	7438
南京路	高易洋行	235F	三厘七毫	7691
南京路、山东路及九江路	高易洋行	247	五分七厘五毫	81945
宁波路及天津路	德和洋行	149	一分五厘一毫	12535
北京路	通和有限公司	580	二分七厘	17550
山西路	多逸君	269	九厘六毫	11438
四川路	恒业地产有限公司	170	一分二厘九毫	14039
天津路	怡和洋行	365	一分五厘六毫	12012
圆明园路	美华浸会书局	9A	六厘四毫	1992
圆明园路	马海洋行	13A	六厘七毫	2085

注：圆明园路 9A 号的 1992 两，为地产委员会公断案第 227 号。

资料来源：华文处译述《上海公共租界工部局年报》（中文），1932 年，上海公共租界工部局档案，档号：U1-1-958。

1933 年，公共租界放宽的重要马路为福州路、四川路、北京路、北四川路、天潼路、闵行路、大连湾路、华德路、新闸路、爱文义路、康脑脱路及其他各路，共有路基及路面 34906 平方码。有 2.021 英里以水泥碎石建筑

① 华文处译述：《上海公共租界工部局年报》（中文），1932 年，上海公共租界工部局档案，档号：U1-1-958。

的马路，已用水泥三合土路基改筑，上铺地沥青片。有 0.256 英里以水泥碎石建筑的马路，已用地沥青三合土路基改筑，上铺地沥青片。[①] 翌年，重要的放宽马路为河南路、北京路、东熙华德路、天潼路、北西藏路、戈登路及其他各路，共有路基及路面 21422 平方码。有以水泥碎石筑造的马路 1.447 英里，经用水泥三合土路基改筑，上铺地沥青片。[②] 是年，工务局所用地沥青三合土铺面之路已达 52.877 英里，居各种修筑路别之首（见表 1-8）。

表 1-8　1934 年公共租界工部局管辖马路一览

单位：英里

路别	中区	北区	东区	西区	共计
用碎石铺面之路	2.838	7.334	23.320	34.988	68.480
用水泥三合土铺面之路	0.527	0.680	0.963	0.319	2.489
用地沥青三合土铺面之路	13.143	11.347	10.354	18.033	52.877
用石块铺面之路	4.584	5.609	2.250	1.024	13.467
用木块铺面之路	0.966	—	—	—	0.966
未经铺面之路	—	0.350	17.090	27.309	44.749
共计	22.058	25.320	53.977	81.673	183.028

资料来源：华文处译述《上海公共租界工部局年报》（中文），1934 年，上海公共租界工部局档案，档号：U1-1-960。

　　1935 年，公共租界重要的放宽马路为南京路、河南路、百老汇路、北京路、爱文义路及其他各路，共有路基及路面 14044 平方码。有以水泥碎石筑造之马路 0.406 英里，经用水泥三合土路基改筑，上铺地沥青片。[③] 同年，公共租界道路总长度增至 295.43 公里，其中沥青混凝土铺筑的路面达 85.75 公里，占总长度的 29.03%。1908~1930 年，公共租界共铺沥青混凝土路面 97.99 公里，其中 1915 年铺筑 14.88 公里为最高纪录。1936 年，用

① 华文处译述：《上海公共租界工部局年报》（中文），1933 年，上海公共租界工部局档案，档号：U1-1-959。
② 华文处译述：《上海公共租界工部局年报》（中文），1934 年，上海公共租界工部局档案，档号：U1-1-960。
③ 华文处译述：《上海公共租界工部局年报》（中文），1935 年，上海公共租界工部局档案，档号：U1-1-961。

沥青混合材料铺筑的路面共达 62.16 公里（见表 1 - 9），占道路总长度的 22.65%。[1]

表 1 - 9 公共租界沥青混凝土路面铺筑情况（1918～1937）

单位：公里

年份	长度	年份	长度	年份	长度
1918	7.46	1925	14.88	1932	—
1919	—	1926	7.53	1933	5.10
1920	4.57	1927	3.83	1934	2.33
1921	4.22	1928	4.07	1935	0.65
1922	7.92	1929	3.14	1936	2.45
1923	4.59	1930	3.14	1937	3.31
1924	10.99	1931	—		

资料来源：上海市档案馆编《上海租界志》，第 442 页。

（二）法租界

1857 年 3 月，法租界道路管理委员会规定修理道路的一切费用由全体租地人按产业值纳税支付。自 1862 年起，法租界就有计划地进行公共道路和堤岸的建设。[2] 1873 年 12 月，法租界公董局董事会决定由公共工程处向董事会提供租界现有道路一览表，对每条道路定出应有宽度和准线图样。1897 年 6 月，公董局发布市政施工条例，规定市政施工须呈交设计图。法租界市政工程施工采取招标、投标形式，由公董局对各项招标工程进行严格监督，承包商必须以现金等向公董局提供担保，然后再签订合同。此外，公董局对辟筑新道路所使用的各种材料和工序有明确规定：法租界内的全部道路路基用花岗石块铺设，厚度为 0.3 米，上面铺一层碎石，厚度为 0.10～0.12 米。主干道则再铺一层柏油、宁波沙和花岗石沙，一个月后再浇一层柏油。[3]

法租界道路建设也经历从传统到采用近代筑路技术，逐步铺筑高级路面的过程。最初，法租界使用石子铺设路面。1873 年 8 月，公董局董事会

---

[1] 上海市档案馆编《上海租界志》，第 441 页。
[2] 〔法〕白吉尔：《上海史：走向现代之路》，王菊等译，上海社会科学院出版社，2014，第 90 页。
[3] 上海市档案馆编《上海租界志》，第 434 页。

命令在工务监督上花费必需的费用，使铺设的路面能达到预期要求；同时批准购置碎花岗石 1200 桶，每桶价格不得超过 1.3 元；9 月，宁兴街铺设碎石路面。1877 年，用花岗小石块铺筑路面。1882 年 9 月，董事会决定今后使用碎石铺路。1887 年 1 月，董事会拨款 300 两在公馆马路铺砌碎石路面。1904 年，法租界道路铺筑使用的材料有碎花岗石、小石片、沙砾石、苏州黄沙、宁波黄沙及铺路面的卵石。进入 20 世纪，法租界相机在徐家汇路辟设道路工厂与制品工厂，均为自产、直供模式。1911 年，公董局首次购置手动柏油喷布机，应用于人行道上沥青碎石层灌浇。1926 年，徐家汇路沥青搅拌工厂投产，公董局开始用砂粒沥青混合料加铺路面。1916~1921 年，用沥青混合料铺筑的路面达 11.35 万平方米。1922~1926 年，法租界原有的煤沥青路面大部分改铺沥青混凝土路面，5 年里共生产供应沥青混合料 2.92 万吨。1928 年，法租界从事路面养护工程，计铺碎石路面 4500 平方米，锥形石铺路 4500 平方米，沥青铺路 15000 平方米。1930 年，用沥青滚压福煦路路面工程开工。1934 年，霞飞路和吕班路的十字路口拓宽，并将碎石路面换成水泥混凝土路面。至 30 年代末，法租界道路已基本铺筑沥青路面。[①] 由见，"上海两工部局，对于各处马路的路基建筑甚厚"，一般在 10 寸以上，"故上海各处车辆虽多，重车虽夥，不致损坏其路面"。[②]

简言之，1920 年前后，法租界是一个宽广的、精心设计的住宅区，道路建设在全市首屈一指。但它靠黄浦江的地界很小，江滨后面通过旧商业区的马路又少又窄。租界西区是上海唯一经过精心设计的住宅区，有优质的宽阔马路。[③] 诚如时人所述："上海的路政占全国之冠，又阔又平。假使走惯了上海的马路，再去走内地的石子街，不但要嫌地高低不平，更其要觉得地的狭得无从投足。上海的马路，租界远胜于华界，这是不必讳言的。租界之中，英租界又胜于法租界。英租界之中，像南京路、四川路、西藏路等，都是镜面也似平而且滑，滑而又亮，那些汽车来来去去，都是四平八稳；由路人看来，似乎一支离弦的急矢，在坐汽车的人自己看来，大概有如腾云驾雾般的爽快罢。法租界的爱多亚路、霞飞路等，也是很好，尤其是霞飞路，长

---

① 上海市档案馆编《上海租界志》，第 442 页。
② 董修甲：《京沪杭汉四大都市之市政》，第 49 页。
③ 徐雪筠：《上海近代社会经济发展概况（1882~1931）——海关十年报告译编》，上海社会科学院出版社，1985，第 216 页。

而且直，两旁的绿树枝叶婆娑，几乎要把太阳的光芒完全隔住，不使他照下来，清幽静美，为英租界各马路所不及。华界的马路，比较的要算宝山路和民国路为最佳，其余的都是不甚高妙。华界中的几条冷落一些的马路，路灯更是黯然欲绝，现状十分凄凉……"①

（三）华界

1895 年，上海华界设立商务局，负责协调促进辖区的经济；设南市马路工程局，负责修建法租界以南由外滩至华界的道路工程。嗣后，南市的拆除城墙工程于 1912 年 1 月开始，城壕填平后成了一条现代化大街。南市沿江工程从 1915 年开始，从董家渡码头到陆家浜已筑成沿江马路 8000 多英尺。许多河道已填平，筑起了宽阔的马路。② 1927 年上海特别市政府成立后，开始筑路征费。即斯时捐税，有码头捐、房捐、车捐、船捐、广告捐、公厕捐、砖灰业税、牛马粪捐、箩间捐、清道路灯捐、营业税、养路捐、赛马税、清洁捐、土地税等 15 种。从而，该市月入 40 万～50 万元，"其各局应办之事业，至为殷繁"。③ 翌年 9 月，上海市第一区党部第二十四分部则提议，"笨重载货塌车最易损坏马路，应请在柏油路上填铺石条，以护路身而便交通"，呈请上级党部咨市府饬令工务局整理塌车损坏马路。④ 至 1929 年，上海公共租界的道路长 280 公里，法租界长 92.8 公里，非租界市区道路长 231 公里，较好的道路有 75% 集中在租界。⑤ 1930 年，上海市区道路总长中，公共租界道路占 46%，法租界道路占 15.07%，华界道路占 38.93%。租界几乎全部是柏油马路，而华界柏油马路仅有 8%。⑥

华界的道路中，最多是煤渣路，其次为弹石路面。如 1934 年上海市公用局拟兴办浦东公共汽车，派员调查的浦东大道路面状况：计全程自周家渡起至东沟止共长 18 公里，路面已铺煤屑阔 6 米（见表 1-10）。具如（1）自东昌路码头至烂泥渡路口一段长约 110 公里，阔约 2.5 米，路面为

① 徐国桢：《上海生活》，第 56 页。
② 徐雪筠：《上海近代社会经济发展概况（1882～1931）——海关十年报告译编》，第 216 页。
③ 董修甲：《京沪杭汉四大都市之市政》，第 38、55 页。
④ 《上海市公用局关于市党部请交涉取消外商电车驶入华界》，1929 年 3～9 月，上海市公用局档案，档号：Q5-2-912。
⑤ 潘君祥：《略论旧上海租界经济》，《档案与史学》1987 年第 4 期。
⑥ 马长林等：《上海公共租界城市管理研究》，第 297 页。

碎石所筑。（2）自东昌路烂泥渡路口至东昌路浦东大道路口一段为煤屑路，宽度为 5 米，最狭处亦有 3.5 米，"此段路面尚称完善"。（3）自吴家木桥镇至小洋泾路口一段路面为煤屑所筑，宽度亦为 5 米，"路面亦甚完好"。（4）自浦东大道小洋泾路口至洋泾镇桥一段亦为煤屑路，宽度为 5.5 米。（5）自洋泾港北岸至广宁寺一段，路面宽度亦为 5 米，"此段路面为最好，盖往来车辆甚少，行人亦稀"。（6）广宁寺至东沟一段路面，靠东沟一段尚未筑好，而筑好路面则甚为完整。（7）自塘桥至白莲泾一段靠白莲泾港一段约有 300 米地位尚未开辟，已筑路面尚完整，其宽度与上同，"往来车辆及行人亦甚少"。[①]

表 1 - 10　华界浦东大道长度（1934）

路线	电焊（处）	长度（米）
（1）自东昌路烂泥渡路口至东昌路浦东大道口	26	689
（2）自东昌路浦东大道口至小洋泾路浦东大道口	159	4213.5
（3）自小洋泾路浦东大道口至洋泾镇桥	15	400
（4）自洋泾港北岸至广宁寺	106	2808
（5）自广宁寺至东沟	105	2762
（6）自东昌路浦东大道口至吴家木桥北岸	77	2040
（7）自吴家木桥南岸白莲泾港北岸：	111	2940
自东沟至白莲泾港长度		=15872，约 16 公里
自吴家桥至洋泾		=7342，约 7.5 公里

资料来源：《上海市公用局兴办浦东公共汽车》，1933 年 12 月～1934 年 8 月，上海市公用局档案，档号：Q5 - 2 - 371。

但随着华界城市建设的展开，"上海特别市之道路，除旧有者不计外"，凡新筑道路概在 10 寸。"譬如上海、南京特别市所有新路，俱以建筑柏油路面为准的，对于旧有道路均在改建柏油路面。"[②] 如截至 1936 年，上海全市（不包括法租界）新式道路已达 712 公里，其中华界道路为 528.38 公里，公共租界为 183.57 公里。其中仅全市华界新建、拓宽道路达数百条。至抗战爆发前夕，上海华界路面类别有较大改

[①]　《上海市公用局兴办浦东公共汽车》，1933 年 12 月～1934 年 8 月，上海市公用局档案，档号：Q5 - 2 - 371。

[②]　董修甲：《京沪杭汉四大都市之市政》，第 50～52 页。

善，路面质量有所提高，其中柏油路面的比例从原来的 1% 上升为 16.9%。①

不可否认的是，"规定干道时，对于各种车辆问题应切实考究，务使今日与将来之需求，均能适宜，则至善矣"。② 随着近代上海道路建设全方位的展现，城市电车业亦获得长足发展（见表 1 - 11）。如其时上海"人口繁盛，交通便利。惟人口之增多，无限供交通之道路有限，故为将来城市发展计，扩充道路确为极重要者"。上海电车路线计长 17.765 英里，而电车轨道长度则为 25.825 英里。1922 年电车乘客约计 126684218 人次，依此推测每日每英里载客必在 19500 人次以上，"上海电车营业之发达，实为世界所罕有。故其建筑轨道时，务须选用坚固材料，俾不致因载重太过而时而须修理也"。马路上建筑费用为数颇巨，1922 年放宽马路费计银 22474909 两，道路扩充费为 7072881 两，建筑费为 37559771 两。③

表 1 - 11　抗战前公共租界、法租界电车交通线路

公共租界			法租界		
路线	起讫	长度（公里）	路线	起讫	长度（公里）
有轨电车			有轨电车		
1	静安寺—虹口公园	8.6	1	十六铺—福开森	7.2
2	静安寺—十六铺	5.9	2	十六铺—徐家汇	8.6
3	麦根路—东新桥	2.8	3	小东门—老西门	2.5
4	提篮桥—海格路	3.3	4	海格路—提篮桥	5.7
5	北站—卢湾	2.3	5	卢家湾—北站	3.5
6	北站—北站	6.6	6	十六铺—卢家湾	5.1
7	北站—提篮桥	5.8	7	十六铺—海格路	6.4
8	杨树浦—十六铺	8.4	8	十六铺—外洋泾桥	1.1
11	外洋泾桥—虹口	4.0	10	十六铺—卢家湾	4.9
12	提篮桥—十六铺	4.6	无轨电车		
无轨电车			17	斜桥—兰路	11.5
14	民国路—北站		18	斜桥—岳州路	11.5

① 上海市工务局编《上海市工务局之十年》，第 8 页。
② 董修甲：《京沪杭汉四大都市之市政》，第 49 页。
③ 嵩生：《马路上来往车辆之比较》，《申报》1923 年 4 月 14 日，第 21 版。

公共租界			法租界		
路线	起讫	长度（公里）	路线	起讫	长度（公里）
15	民国路—乍浦路				
16	民国路—曹家渡				
17	兰路—斜桥				
18	岳州路—斜桥				
19	民国路—小沙渡				
20	静安寺—兆丰公园				

资料来源：周源和《上海交通话当年》，华东师范大学出版社，1992，第132页。

再如，1914年11月英商第一条无轨电车线路通车后，即因福建路路面较差，承载过重，损坏路基，殃及地下管线等设施，12天后停驶，经由电车公司出资工部局重新翻修路面，1915年工部局试行改筑成水泥混凝土路面。[1] 1926年，英电公司再向公共租界工部局申请无轨电车扩张计划：沿四川路由宁波路至北苏州路，沿宁波路由江西路至四川路，沿江西路从宁波路至北京路等。但工部局以该处"马路不宽，行人有碍，不准通行"。[2] "以车务而言，则现时未通车之各街道，大都路径狭隘，不足以容轨道之敷设。故轨道里数之扩充，终当俟诸租界推广之后，若目前则决不能有大增益。而无轨电车之创行，识者遂之其为当务之急矣。盖无轨电车最为便利，而与狭窄之街道，尤极相宜。"[3]

另在华界，上海特别市公用局要求华商电车在"交通繁盛之处，如外马路新码头以北，修理轨道应在晚上。掘动路面贴费应速缴纳，其数目照市政府规定不能任意减少"。[4] 同时，当局提出"就本（上海）市情形而论，欲维持电车之地位，势非改用无轨电车不可，而本市道路大半不甚坚实"，故宜采用6个气胎的无轨电车为宜，如因环境妨碍而不能采用两层电车，则

---

[1] 上海市政工程志编纂委员会编《上海市政工程志》，上海社会科学院出版社，1998，第96页。

[2] 《工部局对推广电车路之准驳》，《申报》1920年3月30日，第10版。

[3] 甘作霖：《上海三电车公司之组织》，《东方杂志》第12卷第1号，1915年1月15日，第15页。

[4] 《上海市公用局关于华法商电车第一次请求加价》，1928年2~5月，上海市公用局档案，档号：Q5-2-873。

亦可用一层 40 座的车辆。路轨方面："有轨电车铺设轨道需费极多，修理更感困难，欲辟一新路线，其受路下根基如水管阴沟等之限制甚严，结果加增成本，处于各种交通器具竞争之下，难以持久，而无轨电车则仅需架设干线即可行驶，建设扩展两俱便利。"[①] 进而，随着华界当局对道路建设的持续关注，境内的电车事业也获得长足进步（见表 1-12）。

表 1-12　华界电车公司车辆统计（1937 年 2 月）

单位：辆

年份	1928	1929	1930	1931	1932	1933	1934	1935	1936
电车	42	42	42	42	42	42	52	54	54
拖车	8	13	13	13	21	21	25	27	27

注：电车为机车，拖车为机车后增加的用于载客的车厢。
资料来源：《十年来上海市公用事业之演进》，第 77 页。

大而言之，"观路政之良窳，可以瞻国势之盛衰。与夫人民自治之能力，学术文明之进化，尤息息相关也"。[②] 而"欲解决交通拥塞问题，最主要者厥为确立整个道路系统，并斟酌路线之宽度支配车辆行驶，使车辆与行人容易集散"。[③] 即"没有完好的路政，不能驶行完好的车辆"。[④] 抗战前，随着上海城市当局对道路系统的持续建设、在道路改良和筑路技术方面的进步，"本埠之交通事业无日不在进步之中，而车辆之年有增加，又殊可以瞭然也"。[⑤] 如至 1936 年，上海已有公共汽车 231 辆、电车 484 辆。[⑥] 由此，在上海形成了较为完善的交通网络，解决了此前交通混乱、道路拥挤、人车不能畅行之局面，为电车等新式交通工具的传入、利用及发展提供了必要的前提，为近代上海新式公共交通的蔚然兴起和城市功能的正常运转奠定了基础。

---

① 《上海市第四区党部请办闸北电车》，1930 年 7～8 月，上海市公用局档案，档号：Q5-2-836。
② 陈树棠：《道路建筑学》，中华道路建设协会，1934，第 1 页。
③ 赵曾珏：《上海之公用事业》，第 159 页。
④ 傅祖荫：《公共汽车感言》，《申报》1932 年 8 月 10 日，第 27 版。
⑤ 沛：《八月份公共租界车辆肇祸案统计》，《申报》1932 年 11 月 2 日，第 27 版。
⑥ 中国公路交通史编审委员会编《中国公路运输史》，人民交通出版社，1990，第 146 页。

第二节　传统城市交通方式的运营

开埠之初，上海租界内以轿子为主要的载客工具。中外客商，多用轿子代步。租界当局规定，轿子须纳捐领照，每乘每季须缴捐 2 元。19 世纪 70 年代，马车、人力车在上海兴起后，轿舆客运受到影响，数量不断减少。到 1905 年，公共租界发照的轿子已减为 733 乘。后来，由于电车和出租汽车的问世，轿子在租界内迅速减少。1911 年，公共租界发照的轿子减少为 199 乘。[①] 由此，在辛亥革命后，上海市区除民间婚丧用轿外，轿舆渐趋衰落。

一　小车和马车业的运营发展

小车主要用以载货，也兼作载人工具，载人时一般可坐 4 ~ 6 人。据《上海行车说》载："小车始行于城南，惟庸工坐之，继行于城北，则士商坐之。"[②] 小车因运价低，雇车方便，随即遍及上海。这是上海开埠后最早在街头从事客货运输的民间运输工具。

（一）小车业的运营发展

19 世纪五六十年代，由于进出口贸易的扩大，货物集散量的增多，运距趋长，传统的人力搬运方式已不能适应社会经济发展的需要，小车客货运输便在上海应时而起。如 1862 年，上海公共租界工部局开始征收执照捐，翌年 4 月领取执照的轿为 130 乘。1862 年 11 月 ~ 1863 年 9 月，轿子增至 140 乘，得执照捐 295 两。19 世纪 70 年代，租界内车辆数猛增，当局把执照捐作为限制交通工具增加的重要调节手段。工部局自 1871 年 1 月起，开征小车（独轮车）执照捐，小车每辆须缴纳执照费制钱 200 文。1877 年，工部局将小车捐从每月 200 文增加到 400 文。[③] 法租界也循此例，征收小车捐税。两个租界为此还达成均分小车捐银的协议。1898 年，上海县官府开征小车车捐，月捐银也为 200 文。而小车在上海出现后，其数量即迅速增加。1874 年，仅公共租界捐照的小车就有 2200 辆。1877 年后，人力车客运

---

①　《上海公路运输史》第 1 册《近代部分》，第 19 ~ 20 页。

②　《上海公路运输史》第 1 册《近代部分》，第 20 ~ 21 页。

③　上海市档案馆编《上海租界志》，第 327 ~ 328 页。

兴起，导致市区载客小车减少，加上小车增捐，迫使一些无力缴捐的小车工人暂停营业。1878 年，公共租界捐照小车的数量下降到 1700 辆左右，1882 年又降至 1500 辆左右。① 在这四五年里，主要是小车载客明显减少，而从事货运者却日渐增多。1889 年 6 月，工部局曾派专人在黄浦江、苏州河交汇处的公园桥上做一次为时 3 天的过往车辆统计，结果表明通过桥梁的车辆数量可观。其中，小车 2759 辆，马车 1633 辆，人力车 20958 辆，轿子 27 辆。②

19 世纪 90 年代初，上海生产和进口的工业品运销全国各地的数量日益增多，全国各地的物产也大量运来上海销售，促进上海城市道路运输的发展。小车数量的增长也很迅速。1899 年，在公共租界捐照的小车数增至 4504 辆。20 世纪初，又有大批外地破产农民来上海推小车谋生，小车数量继续增加。1902 年公共租界的捐照小车达 6153 辆，次年 3 月又增至 6680 辆；其后的 1905 年、1906 年，小车的捐照数量分别有 6787 辆、7204 辆。但 1908 年后，由于工商业的萧条，小车捐银增加，1910 年公共租界的捐照小车数量减为 5804 辆，1911 年又继续下降。③ 然其时，公共租界每天要通过大量各式各样的车辆——汽车、卡车、电车、马车、自行车、人力车、独轮推车、手推车，以及成千上万的行人。"街道拥塞的情况，只有伦敦或纽约的最热闹的街市才能与之相比。" 1912 年、1920 年，工部局（月平均）发照 "公共车辆"：手推车分别为 1003 辆、2407 辆，人力车分别为 8445 辆、8000 辆，独轮推车分别为 5790 辆、9136 辆。"私人车辆"：马车分别为 749 辆、539 辆，汽车分别为 268 辆、1899 辆。"严重的问题是处于速度最快和最慢两级的车辆增加最多，十多年来汽车增加七倍"，（人力）手推车增加 240%，独轮推车增加 70%。④

后据工部局报告，"华人运输仍默守故辙，有汽车及新式运输器之输入，而昔日传教者发明之两轮人力车及奇异之独轮小车，仍为载人运货之主要品"。1921 年，公共租界因违章而收没照会（执照）者共 3268

---

① 《上海公路运输史》第 1 册《近代部分》，第 21~23 页。
② 张忠民主编《近代上海城市发展与城市综合竞争力》，上海社会科学院出版社，2005，第 64 页。
③ 《上海公路运输史》第 1 册《近代部分》，第 22~23 页。
④ 徐雪筠：《上海近代社会经济发展概况（1882~1931）——海关十年报告译编》，第 217 页。

张，受罚者 7840 张，"现于车辆往来繁多时已派印捕分巡紧要马路照料，拉车者沿路旁行驶鱼贯而前，塌车及小车仍为运货之主要物重大货物"。是年总计被汽车碾毙者 3 人、受伤者 79 人，为人力车及小车撞伤者西人 6 人、华人 55 人。[①] 该租界内其他各类交通工具（除马车外）数量也有增无减。如 1910 年，工部局颁发 20801 张车辆执照，1920 年增加到 29915 张，1924 则高达 41538 张。[②] 十五年间翻了一番，其中不仅包括汽车，也包括小车、人力车等。然至 1934 年，华界浦东洋泾区的小车仅为 460 辆，"且载人者绝少，大多数用于载货"，本年共捐有 870 辆，较上年减少 210 辆。[③] 虽然20 世纪 30 年代全市小车数量一度有所增加，从 1929 年的 14227 辆增至 1936 年的 15485 辆，但租界内的小车数量在不断减少。如公共租界的捐照小车，1923 年为 12360 辆，1927 年减为 10240 辆，1934 年减为 7739 辆，1935 年减为 6531 辆（见表 1 - 13），1936 年减为 5778 辆。[④]

表 1 - 13　上海公共租界所发车辆执照比较（1923～1935）

单位：辆

年份 ＼ 类别	人力车（甲）	马车（甲）	汽车（乙）	小车（甲）	轿子（乙）
1923	8000	343	2976	12360	10
1924	11485	315	3452	11800	8
1925	10000	306	4010	11688	7
1926	9953	295	4792	11699	4
1927	9996	267	5328	10240	3
1928	9995	251	5649	10865	3
1929	9995	227	6472	11113	0
1930	9995	189	6896	10530	0
1931	9995	165	7539	10819	0

① 《工部局车辆报告与采取政策》，《申报》1922 年 3 月 8 日，第 14 版。
② 《上海公共租界工部局总办处关于交通运输委员会第 1 至 14 次会议记录（卷 1）》，1924～1925 年，上海公共租界工部局档案，档号：U1 - 5 - 27。
③ 《上海市公用局兴办浦东公共汽车》，1933 年 12 月～1934 年 8 月，上海市公用局档案，档号：Q5 - 2 - 371。
④ 《上海公路运输史》第 1 册《近代部分》，第 116 页。

年份＼类别	人力车（甲）	马车（甲）	汽车（乙）	小车（甲）	轿子（乙）
1932	9994	118	8073	8562	0
1933	9990	100	8050	8841	0
1934	9990	95	9337	7739	0
1935	9990	70	9457	6531	0

注：人力车、马车均为公用，自用者不在此列；（甲）每月给照，（乙）每季平均数目。

资料来源：华文处译述《上海公共租界工部局年报》（中文），1932～1935 年，上海公共租界工部局档案，档号：U1－1－958、959、960、961。

1929～1935 年，公共租界小车执照数由 133357 张减为 78369 张，执照捐额由 66690 两减至 54871 两。深究而论，"自电车创设以后，就表面观之，彼人力车夫与羊角车（小车）夫之生涯故依然如昨，曾不以是而衰减特按"，实际上 1908 年电车出现后，"凡以人力推挽之车辆，殊有减而无增，试证以近年工部局所发此项车照之数而可见"。如 1903～1907 年所发此项捐照，每年辄增加 55%。后 6 年每年所发数平均计算较 1907 年 "殊形退减，即个人自备之包车执照亦复逐渐减少，是车辆之实未增多"。可见，"电车之渐为多数人所欢迎，亦于兹可证。夫使电车既通行，而上述各项车辆仍如未通行前之日增而不已，则沿至于今"。[①]

至 1936 年 4 月，公共租界工部局的执照捐种类达 68 种，分成五类。其中第五类为货船、马车、汽车行、摩托车、人力车、小车等 17 种。当年的执照捐为 2941278 元，占总收入的 12.4%。[②] 是年，华界的小车为 15485 辆，全年载客为 5652025 人次。[③] 斯时斯地，上海出现了与世界其他大都市截然不同的一种独特现象：速度最快的汽车和速度最慢的手推车同时大幅度增加，一起拥挤在狭窄的马路上，从而出现人与车争道、车与车争跑之独特交通状况。为此，公共租界警务处捕房督察长认为，"世界上没有一个城市面临的交通管理困难比上海租界多。在许多文明城镇中，其困难只是源于电

---

① 甘作霖：《上海三电车公司之组织》，《东方杂志》第 12 卷第 1 号，1915 年 1 月 1 日，第 9 页。

② 上海市档案馆编《上海租界志》，第 329 页。

③ 忻平：《从上海发现历史——现代化进程中的上海人及其社会生活（1927～1937）》，第 225 页。

车、汽车、公共汽车等新式交通工具的增加，而上海至今还在使用陈旧的交通工具如华人的独轮车"。①

(二) 马车业的运营发展

上海的出租马车（亦称公用马车）最早经营者是英商萨门瑞记公司。该公司在 1851 年建立马车制造厂，经营龙飞车行，后来出现的有押卜禄马房、虹口马房、二摆渡马房、益大马车房，以及华北、兴大、公大、协大时发、杨协兴等车行。在法租界较早建立的大马房是自来火街（今广西南路）的龙兴马房。不少马房既出租马车、马匹，又兼营制造、修理马车和出售零件业务。② 如 1865 年 10 月 10 日，公共租界工务委员会提交给董事会的报告称：煤气企业主动提出免费在南京路上竖立 10 根公用灯柱及木架。委员会决定，作为一次尝试，将为外滩至河南路这段最狭窄的部分提供照明路灯，因为此处马车交通量最大。③ 1869 年 7 月，工部局开始对公用马车征税，出租马车每月发一次执照，规定：四轮马车每月纳税 6 元，二轮马车 5 元。④

出租马车在 1869 年开始捐照时只有几十辆，后随着租界的扩大和发展，数量递增。如 1887 年 7 月 9 日下午 4 时至 8 时，通过静安寺路龙飞桥的马车为 980 辆，人力车 428 辆，共计 1408 辆。⑤ 1894 年，公共租界已有大小马车行 70 家，出租马车 460 辆。出租的马车一般停在马车行内候雇，租费按月按日（或半日）计算。⑥ 19 世纪末 20 世纪初，仅公共租界就有 700 多辆出租马车。早期出租马车包用一个月银元 60 元，雇用一日 3 元，半日 1.5 元，夜间加倍，夏天通宵用车与白天同价；新年及赛马或者游龙华等日比平日略为加价。雇用马车必须事先议定价钱和给车夫的小费，否则会发生纠葛。由于租用价格较贵，租用对象一般是有钱人。每逢暮春之时，他们雇车前往龙华观赏桃花，春秋二季观看赛马，马车都被有钱人家争雇一空。至 20 世纪初，出租马车进入全盛时期，大中型的出租马车行近百家。如公共租界 1906 年马车捐照有 1687 辆，其中出租（公用）马车为 711 辆，一年的

---

① 《上海公共租界工部局捕房总巡关于禁赌、交通、犯人逃跑及上海县审讯会审公堂人犯程序等文书》，1909 年 3～6 月，上海公共租界工部局档案，档号：U1-2-642。
② 上海市公用事业管理局编《上海公用事业（1840～1986）》，第 245 页。
③ 上海市档案馆编《工部局董事会会议记录》第 2 册，上海古籍出版社，2001，第 518 页。
④ 上海市公用事业管理局编《上海公用事业（1840～1986）》，第 246 页。
⑤ 上海市档案馆编《工部局董事会会议记录》第 9 册，上海古籍出版社，2001，第 588 页。
⑥ 《上海公路运输史》第 1 册《近代部分》，第 27 页。

马车捐达白银 32761 两。① 此情，诚如时人描述租界的马车——洋场四咏：
"斗捷如流水，交飞马足尘。遥听来得得，疾卷去辚辚。似仿奇肱制，终须
正轨循。扬鞭真得意，十里便寻春。""租界之中宝马香车络绎不绝，而车
之种类不一，有马车、人力车、自行车等，康庄驰骋，颇便行人。"②

上海最早出租汽车是在 1901 年，由匈牙利人李恩时带进两辆。它是机
器发动的新玩意，其平稳、快捷、起动、停止都远较马车利索方便，引起人
们的惊奇和喜爱。此后，随着人力车、汽车、电车的出现，马车营业渐受影
响。1906 年后，有些车行把一批马车出售给天津、汉口的马车行，数年后
又有一批马车被运往苏州、南京。随着 1908 年电车成为公共交通工具，电
车、公共汽车纷纷登上交通舞台，这些新式车辆以其大众、价廉、快速、舒
适、安全等特点迅速发展起来，很快成为交通主流。1908 年电车在租界通
行后，由于价廉，乘客增多，马车失掉不少乘客。马车没有电车、汽车那样
快速、安全、舒适与运价低廉，又缺少人力车的大众化。它体积大、平面面
积大而运载量少，一辆船式马车仅可乘六七人，但体积如公共汽车。之后随
着公共交通的发展和人们日益讲究公共卫生，马车本身的弱点更加突出，诸
如马的粪便、行驶安全等一系列问题，营业又不断萎缩。20 世纪 20 年代
后，上海市区电车线路增多，马车行业务清淡，遂先后迁往偏僻地区继续营
业。③ 如 1911 年，公共租界出租马车减至 535 辆，自备马车减至 742 辆。④
1907～1919 年，公共租界的马车执照数由 1635 张减为 831 张（见表 1 -
14）。

表 1-14 1907～1919 年上海公共租界工部局发给执照数目

单位：张

年份	人力车	马车	汽车	中国土车	轿子	塌车
1907	13829	1635	96	7368	661	1090
1908	12892	1511	119	7060	619	1046
1909	12740	1414	133	6020	501	993
1910	12498	1366	151	5804	331	982

① 上海市公用事业管理局编《上海公用事业（1840～1986）》，第 245～246 页。
② （清）葛元煦撰《沪游杂记》，郑祖安标点，第 8、49 页。
③ 上海市公用事业管理局编《上海公用事业（1840～1986）》，第 247 页。
④ 《上海公路运输史》第 1 册《近代部分》，第 27 页。

续表

年份	人力车	马车	汽车	中国土车	轿子	塌车
1911	11111	1277	217	6310	199	958
1912	13252	1269	268	5790	94	1003
1913	13777	1278	342	6437	46	1230
1914	13867	1190	443	6938	35	1400
1915	13816	1053	539	6777	28	1425
1916	12855	1015	673	7460	25	1546
1917	13691	941	819	7404	27	1718
1918	14209	886	1061	8117	17	1821
1919	14726	831	1378	8667	16	2141

资料来源：沙公超《中国各埠电车交通概况》，《东方杂志》第 23 卷第 14 号，1926 年 7 月 25 日，第 48 页。

至 1922 年，上海马车的租价，轿式全月 60 元，皮蓬 50 元，全日 2.5 元，半日 1.5 元。后来随着汽车逐渐增多，马车日趋衰落。如 1927 年，公共租界的出租马车减为 267 辆，自备马车减至 198 辆，分别比民国元年减少近 1/2、3/4。租界内最大的马车行——龙飞车行，改业为龙飞汽车公司，从此出租马车逐渐为出租汽车所取代。① 特别是进入 20 世纪 30 年代，城市发展，人口稠密，马路狭窄，马车更明显暴露出不安全、不卫生与运量小、占地多、价格高等种种特点，马车业务更为清淡，连从业人员的最低生活也难维持，所以在市场竞争中便自然地退出了历史舞台。一些马车行将马和车向外地转移，有的出卖给外地，仅在闸北近郊还留有一部分。具如 1927 年前，全上海所有汽车为数不过 539 辆，"而马车数则较汽车增加一倍有奇，此外更有轿子二十八乘，不时见于市中。降至今日（1932 年），马车已归淘汰，取而代之者，惟汽车而已"。② 1915 ~ 1930 年上海车辆变迁如表 1 - 15 所示。

① 《上海公路运输史》第 1 册《近代部分》，第 67 页。
② 虞:《三十年来上海车辆消长录》，《申报》1932 年 4 月 6 日，第 15 版。

表 1－15 上海车辆之变迁 (1915～1930)

单位: 辆

年份	人力车	马车	汽车
1915	13816	1053	539
1920	15373	817	1899
1925	20126	605	4010
1930	20385	272	6896

资料来源: 虞《三十年来上海车辆消长录》,《申报》1932 年 4 月 6 日, 第 15 版。

再据公共租界统计, 登记营业与私人马车在 1932 年、1933 年分别为 240 辆、210 辆, 华界分别为 329 辆、330 辆, 法界缺, 1933 年总数减少了 29 辆。[①] 1935 年公共租界内马车行又见减少, 仅有 22 家 (上年共 28 家), 当年公用马车执照自 95 张减至 74 张, 自用马车执照自 51 张减至 39 张。[②] 至 1937 年, "上海市上自汽车暨其他交通车辆发达以来, 往昔资以代步之马车, 逐年减少已濒淘汰"。据公共租界工部局捐务处统计, 是年 4 月, 马车捐收入属于日用马车署, 计有马 8 匹、车 8 辆, 纳捐数为 94.5 元。1936 年同期, 则尚有马 15 匹、车 14 辆, 纳捐数为 181.3 元; 至公用马车, 计有马 42 匹、车 42 辆, 纳捐数为 756 元; 1935 年同期, 则有马 52 匹、车 52 辆, 纳捐数为 921 元。"昔日显赫一时之马车, 洎今式微如此地步, 老于上海掌故者, 当不无沧海桑田之感。"[③] 此情, 诚如时人所论, "凡通衢大道, 将悉为多数之车辆所拥塞, 轮辙交错, 邪许竞作, 而道行者势且无容足之地, 其为不便, 孰甚于斯。是以世界大城市中, 其运载之业愈盛者, 其运载之具之单位亦必增广而增速。以载一人之车, 进而为载两人之车, 更进而为载多数人之车。此扩充容量之谓也。以若干小时行一英里者, 寖假而为若干刻行一英里, 又寖假而为若干分钟行一英里, 此增益速度之谓也"。而 "今上海以电车为运载之具之单位, 乃应乎进化之公例。而世界文明之国, 有时或以车务至极繁盛之故。虽电车尚嫌其不足, 则有所谓地底铁道或空中铁道者出现, 其列车之长, 驰骋之速, 更非街车所能几及。

① 周源和:《上海交通话当年》, 第 52 页。
② 华文处译述:《上海公共租界工部局年报》(中文), 1935 年, 上海公共租界工部局档案, 档号: U1－1－961。
③《上海马车淘汰》,《申报》1937 年 6 月 4 日, 第 13 版。

按上海自摩托车盛行之后，而马车之数渐见其减少，此其盈亏消长之理，亦由电车之与人力车也"。①

纵观而言，"就陆地而言，仅知利用一己之筋力以为运输；如欲打破空间之障碍，则用自给徒步而往，运输物件则以肩承负。嗣后渐知用牲畜之力以为代步，以供转运，再进而制车轮以求迅速，如牛车、马车等"。然"古代交通草创以来，究属规模简单，效用浅薄"。至近代科学进步，"则知利用各种动力，以繁复之结构为交通工具，如用蒸汽力之火车，用电力之电车，用内燃机之飞机、汽车等交通工具于焉大备"。② 进而，近世"水陆交通情形为之丕变，用石油、电气以为交通工具之原动力，于是电车、汽车络绎于途"。③ 可以发现，交通方式间的"优胜劣汰"机制是人工选择：能满足人类社会经济发展需要或爱好的交通方式能得到生存和继续发展，而那些不符合的交通方式逐步会被淘汰。④ 由上而述，战前上海的小车和马车业走向衰败，已然成为历史时势。

二　人力车业的运营发展

上海最早的人力车来自日本，因此市民最初谓之"东洋车"。1873 年（同治十二年），法国人米拉由日本运入上海人力车一辆，并向法租界公董局提出"手拉车"营业专利 10 年的申请，企图独家经营人力车。1874 年 3 月 24 日，"法租界公董局核发第一号人力车执照，上海之有人力车自此始"。⑤ 当日公董局发牌照 20 张（每张牌照经营人力车 25 辆），米拉优先捐取 12 张，购置人力车 300 辆到租界使用，成为上海第一家人力车公司。1876 年，公共租界、法租界当局同意将人力车发照数放宽到 1500 辆。此后，中外车商竞争激烈，不断开设人力车公司（车行），增加车辆。⑥

人力车传入上海后，车价低廉、行车方便，很受欢迎。公共租界当局感到街道上车满为患。1873 年，对外商开征人力车捐，并对中外商加征出租马车执照捐。1874 年批准对人力车发放执照，5 月 1 日起征收捐税。1879

① 甘作霖：《上海三电车公司之组织》，《东方杂志》第 12 卷第 1 号，1915 年 1 月 15 日，第 9 页。

② 吴琢之：《都市合理化的交通工具》，《交通月刊》第 1 卷第 1 期，第 40 页。

③ 韦以黻：《现代交通政策国防化》，《交通月刊》第 1 卷第 1 期，第 19 页。

④ 刘贤腾：《交通方式竞争：论我国城市公共交通的发展》，第 138 页。

⑤ 赵曾珏：《上海之公用事业》，第 52 页。

⑥ 上海市公用事业管理局编《上海公用事业（1840～1986）》，第 248～249 页。

年 3 月，工部局纳税外人会议决定征收华人人力车捐，每辆 1 元。因人力车夫反对而无效。当年执照捐收入达 46015 两。① 到 1883 年 2 月，"东洋车则多至二千五百辆"。是年，经纳税人会批准，工部局人力车捐增为每月 1.5元。这一举措十分奏效，次年人力车下降到每月不超过 2000 辆。② 1884 年，公共租界人力车捐照的月均数为 2000 辆，到 1909 年捐照月均数达 8471 辆。在 25 年时间内车数翻两番，年均递增 20%。1898 年，华界的南市马路工程善后局开征车捐，人力车月捐 7 角。到 1908 年电车投入营运，在主要道路上电车几乎垄断交通。当年夏天人力车数略有减少，最后三个月又有回升，10 月达到 8462 辆。③ 从 1874 年人力车在上海出现至 1911 年，历经 38 年，逐渐取代轿子、小车和马车，同电车、汽车并驾齐驱，成为上海客运主要工具之一。

其时贫苦农民纷纷流入上海租界，以拉车糊口。人力车大量发展后，车资也随之下降，雇乘者渐渐增多，最后取代了小车客运，成为城市道路客运的主要力量。如 1900 年向公共租界工部局领照的营业人力车增至 4647 辆，1907 年续增至 8204 辆，仅在 1905 年，外商开业的人力车行就有 18 家，拥有较新式的人力车 652 辆，而 1907 年在公共租界内领照的自备人力车已有5625 辆。1912 年，公共租界已有营业人力车 8445 辆，自备包车 4817 辆。④即时，上海"向来西人住宅，多密迩于其营业之所，为卜居近市计以图近便。然至此则住宅之增造者日多，而其距离商业中心点亦日远，随财力较厚者，多自备有车马。而中户以下，亦可雇人力车以代步"。⑤

然不难发现，自"电车开通以后，苦力营业者当感受莫大之影响，而人力车夫尤甚"。比如，1907 年公共租界工部局发给人力车照会数约 13800张，当 1908 年电车开始后即减至 12900 张，迄 1911 年次第减少，1912 年"复有增加之倾向"。⑥ "私有包车亦有增盛之势，人力车之激增大概因电车

① 上海市档案馆编《上海租界志》，第 327～328 页。
② 《上海公共租界工部局年报》，1893 年，上海公共租界工部局档案，档号：U1-1-906。
③ 上海市公用事业管理局编《上海公用事业（1840～1986）》，第 249～250 页。
④ 《上海公路运输史》第 1 册《近代部分》，第 32、65 页。
⑤ 甘作霖：《上海三电车公司之组织》，《东方杂志》第 12 卷第 1 号，1915 年 1 月 15 日，第10 页。
⑥ 沙公超：《中国各埠电车交通概况》，《东方杂志》第 23 卷第 14 号，1926 年 7 月 25 日，第49 页。

之过于拥挤及交易所之骤增。"[1] 再比如，法租界 1912 年登记的人力车每月平均 6000 辆，私人包车每季度平均 900 辆。到 1921 年，两种车辆分别增加到 9000 辆、2650 辆。[2] 然据其时专家研究，每辆电车输送力约敌人力车 73 辆，而电车每辆所占面积仅合 73 辆人力车所占面积的 1/26。"倘此说果确，则电车为交通发达上必要之机关明甚。"再据英商电车公司呈工部局计划书谓，无轨电车车辆所占面积为 158 平方尺，倘人力车运载同数乘客，则占 2500 平方尺（见表 1 - 16），且无轨电车所需面积仅为运行空间，若人力车，则 28 辆已占全街面积，"其他运送机关殆无容身之地"。而无轨电车每辆价格平均为 12850 元，铺道每英里需 26022 元，"除各项费用外，可赚一分五厘左右利益"。[3]

表 1 - 16　电车与人力车运输能力比较

类别	电车	人力车
每车运送乘客数	50 人	1 人
每时间行程英里数（停车时间在内）	8.8 英里	6 英里
每时间行程英里数（全乘客所延长之英里数）	440 英里	6 英里
各车所占路面	200 平方尺	25 平方尺
实际所占的运送面积	200 平方尺	71.6 平方尺
人力车 35 辆所占的面积	—	2500 平方尺
旅客 50 人所占的面积	200 平方尺	5220 平方尺

资料来源：沙公超《中国各埠电车交通概况》，《东方杂志》第 23 卷第 14 号，1926 年 7 月 25 日，第 50 页。

至 1925 年 12 月，公共租界有公用人力车照万张，包车照 12000 张；法租界有公用人力车照 2000 张，包车照 4330 张；华界，闸北公私人力车照约计 4000 张；总共约 32330 张。无论车夫疾病死亡，车辆增减率无甚出入，

---

[1] 《工部局车辆报告与采取政策》，《申报》1922 年 3 月 8 日，第 14 版。

[2] 徐雪筠：《上海近代社会经济发展概况（1882～1931）——海关十年报告译编》，第 216 页。

[3] 沙公超：《中国各埠电车交通概况》，《东方杂志》第 23 卷第 14 号，1926 年 7 月 25 日，第 49～51 页。

上海全市人力车 32000 余辆。[①]

1927 年，上海市政府开始对人力车进行全面管理。据公用局统计，当年共有捐照人力车 22768 辆，其中营业车 17304 辆，自备车 5464 辆，主要分布在租界及沪南、沪北、沪西、吴淞、洋塘、高陆等处。[②] 斯时，"上海的地域很大，假使要到距离略远一些的地方去，绝非两腿所能胜任，而且在时间上也太不经济，所以不得不借重于车子。倘是自己没有车子，可乘电车或公共汽车，比较来的便宜又快。倘是不通电车、公共汽车之处，可叫人力车，代价比电车略贵"。[③]

当时上海"车辆之数渐增，通衢当然亦日渐拥挤，然就大体而言，交通颇为流畅。在上海一埠，除他项实体上之阻碍外，尚有人力车与有轨电车及其长拖车以妨碍车辆之速行，故欲疾驰，几为不可能之事"。[④] 如公共租界 1931 年 10 月某星期五 11：45 至 12：15（进膳时间）调查，各马路间车马最为众多，四川路、南京路交叉路口，当时行经机器车辆计有 756 辆，此系包括汽车、公共汽车、电车、机器脚踏车等，人力车经过此路口者计 2397 辆。执此以观之，可知每分钟在其地经过的汽车等为 25 辆，而人力车为 80 辆。[⑤] 至 1933 年，华界的沪南、沪北、沪西、洋塘、高陆、吴淞等六区，共有人力车主 3360 户，拥有车 13316 辆，加上租界境内人力车主 1148 户，拥有车 9990 辆，全市共有人力车主 4814 户、车 23335 辆、人力车工人 78630 人。当时全市人口约 350 万人，平均 150 人有一辆人力车。[⑥] 1934 年上海人力车夫每年实缴车租如表 1 - 17 所示。人力车夫的数量在 1920 年就有 3.5 万人，1934 年有 8 万人，1938 年更达 10 万人。这些车夫绝大多数是来自苏北农村的贫困农民，他们平均每六七人轮流合拉一辆黄包车，每人每日的收入只有几角钱。[⑦]

---

① 《上海人力车之确数》，《申报》1925 年 12 月 23 日，第 14 版。
② 《上海公路运输史》第 1 册《近代部分》，第 116 页。
③ 徐国桢：《上海生活》，第 61 页。
④ 华文处译述：《上海公共租界工部局年报》（中文），1931 年，上海公共租界工部局档案，档号：U1 - 1 - 957。
⑤ 虞：《三十年来上海车辆消长录（续）》，《申报》1932 年 4 月 13 日，第 15 版。
⑥ 上海市公用事业管理局编《上海公用事业（1840～1986）》，第 250 页。
⑦ 〔美〕裴宜理：《上海罢工——中国工人政治研究》，刘平译，江苏人民出版社，2001，第 310 页。

表 1 – 17　1934 年上海市公用局人力车租金调查统计

单位：元

区域	工人实缴车租			每月计算方法
	每日	每月	每年	
公共租界	1.12	29.00	348.00	按 26 天计
沪南	0.58	14.00	168.00	按 24 天计
沪北	0.45	10.00	120.00	按 22 天计
沪西	0.21	6.30	75.00	不分早晚班
洋塘	0.20	6.00	72.00	不分早晚班
高陆	0.18	5.50	66.00	不分早晚班
吴淞	0.15	4.50	54.00	不分早晚班

资料来源：蔡君时主编《上海公用事业志》，第 286 页。

再据 1934 年浦东洋泾区营业人力车状况显示（见表 1 – 18），车辆数共 1011 辆（不含自用 54 辆）。出租时间：自清晨至晚间（并无准确时间规定）。租金：各车行租价不同，每日每辆租金约铜元 50 枚（小洋 2 角），但最高者不超大洋 2 角。营业人力车价：自东昌路至洋泾路程约 5.5 公里，天气晴朗时均需铜元 72 枚（小洋 3 角），每公里约需铜元 15 枚；再自东昌路至塘桥镇路程约 3 公里，乘人力车价目约合铜元 48 枚，倘遇天阴或风雨天气，其价目增高 2 ~ 3 倍不等。[1] 至 1936 年，上海捐照的人力车总数达 31551 辆，其中营业车 23335 辆，自备车 8216 辆。是年，华界营业人力车工人有四五万人，连其家属在内，上海依靠人力车维持生活者达 14 万人之多。[2]

客观而论，人力车对上海客运交通起到了一定作用。但在它的发展过程中，凡遇道路上人车拥挤和发生交通阻塞时，当局往往归咎其车满为患。从 1915 年起，公共租界工部局曾屡次提及对人力车限制发照，裁减车辆，但因客观需要，限而不止。至 1921 年，该局认为"注册给照之营业人力车共有八千辆，已超过居民之需要，徒足扰乱运输事业，使此项车照诚能减少，

---

[1] 《上海市公用局兴办浦东公共汽车》，1933 年 12 月 ~ 1934 年 8 月，上海市公用局档案，档号：Q5 – 2 – 371。

[2] 《上海公路运输史》第 1 册《近代部分》，第 116 页。

表 1-18 1934 年浦东大道上营业人力车来往人次记录

日期	站数	测量站名	上午通行车辆（辆）	下午通行车辆（辆）	全天乘车人次（人次）
1 月 24 日	1	东昌路烂泥渡	29	29	83
1 月 25～26 日	2	东昌路善堂路口	43	52	30
1 月 27～29 日	3	沈家弄	139	99	67
1 月 30 日	4	小石桥	32	41	7
1 月 31 日～2 月 1 日	5	浦东大道交叉口	108	76	26
2 月 1 日	6	其昌栈	—	52	57
2 月 10 日	7	民生路	—	39	44
2 月 5 日	8	浦东大道洋泾路	79	34	27
2 月 9～10 日	9	洋泾镇张九房	86	67	16
2 月 25 日	10	老白渡浦东大道口	29	25	64
2 月 12～13 日	11	塘桥镇胡家木桥	41	88	51
2 月 17～18 日	12	青石桥浦东大道塘桥路口	51	59	41
合计			233	277	

注：测量结果，每日平均乘黄包车来往浦东大道人数所行路程至少在 1467 公里，每公里车费倘以铜元 6 枚计算，则每日最低收入在 30 元左右。

资料来源：《上海市公用局兴办浦东公共汽车》，1933 年 12 月～1934 年 8 月，上海市公用局档案，档号：Q5-2-371。

当可省许多之困难"。[1] 租界当局唯恐人力车增加过多，造成道路拥挤，影响交通，因此对其限制甚严。如在 1924 年前，公共租界的营业人力车发照数一直限制在 8000 辆。1924 年限额解除，营业人力车数量逐步上升，至同年 8 月，即达 13910 辆。然增发车照以后，市面上人力车一度过剩，出现道路拥挤、交通混乱等问题。从 9 月 1 日起，租界当局再次实行限额，保有量定在 10000 辆。[2] 其间，工部局制定新的交通规则，不得再在主要干道或电车轨道边拉客，激起人力车夫的反抗。"他们怀疑电车公司是这一新规则的幕后指使人，愤怒的车夫们在承包人的指使下，把石头泥块扔向电车，打碎车窗玻璃。"[3] 至 1933 年，虽租界内人力车保持在 1 万辆左右，但全市已发

① 《工部局车辆报告与采取政策》，《申报》1922 年 3 月 8 日，第 14 版。
② 《上海公路运输史》第 1 册《近代部分》，第 66 页。
③ 〔美〕裴宜理：《上海罢工——中国工人政治研究》，第 313 页。

展到 23335 辆，一直保持到 1937 年未有大的变动。① 1937 年，当局加征人力车夫捐，6 月租界内又限减至 9500 辆，全市为 18453 辆（见表 1 - 19）。全面抗战爆发后，人力车行业逐步趋向衰落。

表 1 - 19 全面抗战前后上海车辆数比较

单位：辆

时期	汽车	卡车	公共汽车	电车	人力车	三轮车
战前	7098	3669	276	452	18453	—
战后	6668	4394	56	391	25000	11000

资料来源：赵曾珏《上海之公用事业》，上海商务印书馆，1949，第 16 页。

问题之实质在于，"选择交通工具为建设都市之重要政策，关于现在及将来之需要及如何方为合理化，诚不得不加以慎重考虑与研究者"。然由历史考之，古代"机械之学未兴，已有各种运输方法，如利用人力、兽力、风力等，可见运输事业由来已久"。② 至民国时期，"中国是处处都落后的国家，（东）洋车不但未曾遭受天演淘汰，而且还异样、普遍的发展起来"。③ 虽有学者认为，"盖吾国街道仅能容轿舆之往来，较大者亦仅够人力车之通行，而每当平频繁之地，已觉其喧嚣万状；如设置电车、电话、电灯之支柱尚需特别设计，其他更可想及。虽二三重要都市已有新式马路之建筑，然欲在较僻之区设置电车，则必需以巨大之工程，根本改造街道，拆城拆屋之举，又须有绝大之权利，故国内电车事业似无发展之希望"。④ 但城市交通问题还是随交通方式发展而不断变化。世界各国城市交通发展历程并不完全相同，然大都经历如下阶段：第一阶段，以兽力（马车、牛车等）或人力交通为主的阶段；第二阶段，机动化的公共交通阶段。⑤ 由见，"交通工具，随人类智识文化之进步，而发展"，⑥ 近代"我国交通事业蒸蒸日上，各处

① 上海市公用事业管理局编《上海公用事业（1840～1986）》，第 252～523 页。
② 龚学遂：《中国战时交通史》，商务印书馆，1947，第 1 页。
③ 石玫：《故都洋车夫生活》，《市政评论》第 2 卷第 8 期，1934 年 9 月。
④ 沙公超：《中国各埠电车交通概况》，《东方杂志》第 23 卷第 14 号，1926 年 7 月 25 日，第 47 页。
⑤ 冯云廷主编《城市经济学》，第 365 页。
⑥ 吴琢之：《都市合理化的交通工具》，第 40 页。

交通机关大多采用新式运输利器，旧式舟车渐趋淘汰"。① 进而，在城市交通近代化进程中，人力车最终会被推到历史的悲剧地位，"一面是人力与牲畜运输竞争的结果，一面又在抵抗机械运输的应用之中挣扎着"；无论车夫如何抗争，"机械运输依旧随时在将人力车夫抛到失业的苦海中"。②

综上以观，全面抗战前，"虽然世界各国的大都市遭遇到交通拥塞的难题，可是上海却比世界任何大都市遭遇到更深一层的难题，就是车辆种类的繁复，从最新式的汽车到最原始的独轮车，可说是洋洋大观。各种车辆各有不同的速率，于是管制交通的人更感困难。可是在目前，似又不能立时废除这些车辆，因为我们没有充分的电车与公共汽车，更同时立刻废除，将引起很严重的失业问题，表面上这仅是一个技术问题，其时却包含着经济与社会各方面的问题，使我们不能不平心静气的来处理"。③ 并且，"电车原为交通利器，沪津各处久已设施，北京近亦设厂仿行，其所以得臻如此发达者实有数种原因：其一厥为价廉。故电车一设，乘客之素雇东洋车者多改乘电车，其素徒步者亦不惜微资搭乘电车。其二厥为迅速，故人乐于搭乘"。④ 所以然者，战前上海人力车虽未如马车一样被逐步淘汰，但也仅是因为政府恐惧人力车夫大量失业引发社会革命和动荡。然这种权宜之策，终究未能改变机械战胜人力、马达征服血汗的历史时势，电车等新式工具最终成为战前上海城市公共交通的力源中心。

---

① 《新都之交通新事业》，《申报》1928 年 7 月 14 日，第 9 版。
② 蔡斌咸：《从农村破产所挤出来的人力车夫问题》，《东方杂志》第 32 卷第 16 号，1935 年 8 月 15 日，第 12 页。
③ 《上海交通问题》（1947 年 1 月 16 日在扶轮社演词），赵曾珏《上海之公用事业》，第 176 页。
④ 姜筠：《电车应改良之我见》，《申报》1923 年 5 月 5 日，第 23 版。

第二章 公共租界电车业的经营与管理

1881 年 5 月 16 日，世界上第一辆有轨电车（tram）问世。嗣后，有轨电车取代马拉有轨车，成为欧美城市主要的公共交通工具，并且出现在亚非、南美许多大城市中。上海制造电气公司（The Shanghai Electric Construction Co., Ltd.），即上海电车公司于 1905 年由英人创设，其总公司设于伦敦，自 1906年 4 月起工至 1908 年 3 月开始营业，营业区域在上海公共租界。[1] 即"公共租界电车公司，纯为英人产业注册于伦敦"，1905 年获得工部局专利权，期限为 35 年，期满后 7 年内工部局得购回此权自行营业。公司须以收 5%纳于工部局，"作占用轨地（轨外 18 英寸地亦归入）及工部局电气费一切建筑工程由爱丁堡勃莱士公司承办"，1908 年工竣开驶。[2] 嗣 1914 年英商电车公司（简称英电公司）开办无轨电车（trolley bus），是为上海有无轨电车之始。[3] 公共租界电车交通的运行，在为居民乘车出行提供方便的同时，进而推动上海城市发展。

第一节 管理方式和设施建设

自 1881 年 7 月英商怡和洋行倡议，至 1905 年英商布鲁斯·庇波尔公司、比商东方万国公司分别取得上海公共租界、法租界电车专营权，前后共筹议 24 年之久。

---

① 沙公超：《中国各埠电车交通概况》，《东方杂志》第 23 卷第 14 号，1926 年 7 月 25 日，第 51 页。

② 《英人在上海之企业》，《申报》1920 年 1 月 11 日，第 19 版。

③ 赵曾珏：《上海之公用事业》，第 53 页。

一　组织方式和人员结构

（一）组织方式

1881年7月，上海英商怡和洋行向租界当局倡议在租界内建设有轨电车，法公董局采纳了倡议，并着手研究。1895年5月，美国人亨脱向公共租界工部局提出一份兴办有轨电车的具体计划，交纳税人会审议，但煤气与自来水两家公司以电车轨道回转电流会侵蚀煤气管道和地下自来水为由加以反对，此议被搁置。同年6月，又有美国人韦斯脱向工部局提出申请，愿筹资白银15万两经营电车工程，亦未获准。1899年10月，英法租界当局举行联席会议，审核法商立兴洋行、德商联合电车公司、比商狭轨铁路公司、法商里昂会社、美商上海电车会社、英商英国电气运输公司等六家公司的投标事项。4日，两租界当局联合会会议选举美商上海电车公司的投标交两租界纳税人会审议，7日将美商上海电车会社的投标项目在《字林西报》上公布，但公共租界纳税人会成员多数为英国人，认为公共租界的一切权利应归英商，拒绝美商电车会社的投标项目。1901年8月19日及10月8日，公共租界纳税人会授权工部局再次招标，至1902年6月，投标承办公共汽车的有两家，承办电车的有三家。其间，有要求电车与公共汽车同时开办。工部局邀请英国土木工程学会专家斯文勃纳研究后认为，有轨电车铺轨架线虽然投资较大，但容量大、行车成本低。经权衡得失后决定兴办电车工程。根据勃纳的意见，选定英商布鲁斯电气公司与英国电气运输公司的联合投标项目。同年7、8月间，工部局与投标双方签订合约。事隔半年，布鲁斯电气公司与英国电气运输公司因集资困难，要求延期一年履约，但工部局未予同意，于1904年2月撤销合约。同年3月，工部局再度招商投标。[①]

从而，公共租界"纳税西人因此于工部局开会之时提出议案，然反覆讨论，积数年之久，始克议决招商承办之一法。其出而应召者，为英商爱丁堡孛披公司。工部局念该公司之足以承办此事，乃正式承认界以造路及行车之让予权"。[②] 1905年3月，工部局选定英商布鲁斯·庇波尔公司

---

①　上海市公用事业管理局编《上海公用事业（1840～1986）》，第331～333页。

②　甘作霖：《上海三电车公司之组织》，《东方杂志》第12卷第1号，1915年1月15日，第10页。

（Messrs. Bruce, Peebles & Co., Ltd.）承办电车工程。10 月 10 日，工部局与该公司签订专营合约，"规定期间为三十五年"，专营权自 1905 年 10 月 10 日起至 1940 年 10 月 10 日止。① 即按照合同，布鲁斯·庇波尔公司将按规定在工部局所批准使用的道路上敷设总长 38 公里的有轨电车轨道，公司有延长轨道及在延长线路上经营有轨电车业务的优先权。工部局应立刻拆除并迁走现有的外白渡桥和浙江路桥（老垃圾桥），代之以新的桁架钢桥以备通行有轨电车。公司分别负担桥梁建筑费英金 5500 两、2000 两，"于工部局为该二桥之建设费"。今后对其他桥梁改建，公司负担建筑费用 2000 两。公司向每位乘客收取车费，路长 1 英里至 1.5 英里为一区间，租界范围内区间的划定必须事先得到工部局的批准，票价的调整须经工部局与公司协议方能实行。公司行车后应每季度向工部局缴纳电车营业收入的 5%，"作为报效工部局之款（专营费）"，工部局有权检查公司账目。公司一切建筑品仍须按照工部局定章一律缴纳工部局捐。有轨电车在工部局颁发证书确认其适于行车前，不可交付使用。公司将来如欲将电车营业出盘于第三者或工部局欲将承办电气事宜移让于第三者，"则受主须确系英国公司或英籍人民，方准享有此权利"。② 英电公司与工部局的合同中，规定电车营业转让权仅限于英国公司或英国公民，也在法律上反映了殖民主义者的利益。

1905 年 10 月 10 日，工部局与庇波尔公司再签订合同，关于供给电气及电车公司缴纳电费事宜。约中订定：（1）电气。电车所用电气应取给于工部局的电站，当本约有效期内，如经工部局议决许该公司自备电气，则该公司应备价购买工部局的电车机气房。价照工部局原时造本而得按年扣除其 7.5%，作为该电车机气房残旧折价之费。直接电流 500～550 弗打，而以 600 基罗华德③为所电力最高度，将来如需将电力增加亦可照办，须于 12 月前通告工部局。又工部局应于电车未开行前，赶设电机房一所，以力能供给最多至 900 基罗华德电力为度。（2）电费。定每五年得改定一次，改定时应就原先预算的产电费与目前实在的产电费相比较。即以比较所

---

① 《上海各种公用事业概况（上海调查资料公用事业篇之二）：英商上海电车公司》，1949 年 3 月，江南问题研究会档案，档号：Y12 - 1 - 78 - 106。

② 甘作霖：《上海三电车公司之组织》，《东方杂志》第 12 卷第 1 号，1915 年 1 月 15 日，第 10～11 页。

③ 华德为电力单位，1 基劳（罗）即 1000 华德（瓦），约合 1.3 马力。

得，为其新定费率之标准。按工部局与电车公司最初所定电费系以每年用 125 万么匦（电气单位）的最低度推算者，其率为第一起 60 万么匦，计每么匦银 4 两 8 钱；第二起 60 万么匦，计银 4 两 6 钱；第三起 60 万么匦，计银 4 两 4 钱。此项试定的费率，系以预算之产电费每么匦 3 两 2 钱 8 分为基础。[①]

然 1906 年，庇波尔公司将公共租界电车专营权转让给英商上海制造电气公司，电车专营合同继续有效。"行车让予权，则由该公司移让于他公司，即今公共租界上海电车公司是也。"[②] 是年 2 月 15 日，上海制造电气公司决定接受庇波尔公司的转让，同意工部局关于此项转让在不影响合约订定的条件下履行，3 月 15 日取得工部局批准的专营权转让。4 月 26 日，经工部局批准，专营权自 1905 年 10 月 10 日算起，定期 35 年，届期如不变更则每次自动延长 7 年。即该公司所获特许权原止于 1940 年，"咸以每七年一结，以定断续与否，但须于六个月前相互知照"。[③] 上海制造电气公司接受让渡后，工程继续由哈泼兄弟公司承包。1906 年 4 月 24 日，破土动工。1907 年，铺轨工程在广东路、浙江路、芝罘路、靶子路（今武进路）、外滩、杨树浦等地施工；同年，轨道、电杆、架空线、电车车栈相继建造完成。1908 年 1 月 31 日，英商电车在爱文义路（今北京西路）上试车，试车时电车公司主管都在电车上。[④] 随之一系列的频繁试车活动，预示着上海公共交通史上现代公共交通工具的出现。

继而，1909 年英商电车开办第二年，所用电气远过于原时预算数，而该公司深以费率太高为苦，即电车所需电力竟能超出最高度的 900 基罗华德。"公司乃据以商诸工部局，请酌予通融办理，而该局亦概然诺之，于是有有定费与无定费两种之规定，盖所以体恤商艰，而使电车公司不至纳两重之无定费。"如电力消耗，原定 900 基罗华德为最巨，如该公司所用不逾此度，则每月纳银 4799 两是有定之费；如所用不止于此，则每么

① 甘作霖：《上海三电车公司之组织》，《东方杂志》第 12 卷第 1 号，1915 年 1 月 15 日，第 12～13 页。

② 甘作霖：《上海三电车公司之组织》，《东方杂志》第 12 卷第 1 号，1915 年 1 月 15 日，第 10 页。

③ 虞：《三十年来上海车辆消长录（续）》，《申报》1932 年 4 月 13 日，第 15 版。

④ 上海市公用事业管理局编《上海公用事业（1840～1986）》，第 333～334 页。

匿出费 1 两 5 钱，悉视用电多寡而绝无一成不变之例，是为无定之费。"工部局有此变通，公司便利已多。" 以 1912 年所用电气共 2859334 么匿，而合有定、无定费两项统计，平均每么匿纳费 3 两 5 钱 1 分。直至 1913 年 3 月 5 日以五年期满照约改订，有定费由每月 4799 两减为 3952 两，无定费由每么匿 1 两 5 钱减为 7 钱 8 分 9 厘，"于是公司始实受其惠"，自 1913 年 3 月 5 日改订日起至同年 12 月 31 日止，合有定、无定两费，统扯每么匿仅银 2 两 3 钱。①

与此同时，当时限于租界分割的地形，公共租界内的主要干道为东西方向，公共交通的干线几乎都是东西向的，南北向界址很近，南北道路大多既狭又短，有轨电车线路在南北道路上难以发展。而发展无轨电车线路则相对有利，无轨电车优点较多，在路狭地段可靠边行驶，对道路宽度要求不高，会车时可以靠边避让，运行中较有轨电车灵活，线路调整比较方便，而且基建投资较少。因有轨电车运行已不敷需要，此后英商电车除将部分有轨电车的单行轨道改建成双行轨道外，将无轨电车列为重点发展项目。如该"公司总经理因是特往欧洲大陆及英国，躬自考察斯制，以便归而仿行"。1913 年初，"以该总经理之建议向工部局陈请试办，当邀许可，乃向英国无轨电车承造公司订购车辆。嗣以起有意外之延滞，此项定货迄未交到，以致此新颖有味之事业不能使沪人士早观厥成，殊为憾事。惟据公司预计，通车之期至迟当不过本年八九月间，将来此制之在上海，亦必能如欧美各国之推行尽利"。② 翌年，该公司得工部局之允，准设无轨电车于福建路，共长 1.7 英里，其后是路延至北京路经河南路而达苏州河，故全路共长 17.5 英里。③

既如此，公共租界内的有轨及无轨电车事业，系由英电公司依照 1905 年及 1924 年与工部局所订合同承办。④ 如 1919 年 4 月 9 日，公共租界纳税人会议决定授权工部局在它认为对公众有利的情况下，批准延伸无轨电车线路。由于工部局与此前公司的电车合同中未提到无轨电车经营问题，1924

① 甘作霖：《上海三电车公司之组织》，《东方杂志》第 12 卷第 1 号，1915 年 1 月 15 日，第 12~13 页。
② 甘作霖：《上海三电车公司之组织》，《东方杂志》第 12 卷第 1 号，1915 年 1 月 15 日，第 15 页。
③ 《英人在上海之企业》，《申报》1920 年 1 月 11 日，第 19 版。
④ 华文处译述：《上海公共租界工部局年报》（中文），1933 年，上海公共租界工部局档案，档号：U1-1-959。

年 5 月 17 日工部局与上海制造电气公司签订有关无轨电车的补充合同，规定公司有权建筑其他无轨电车轨道，1905 年及 1906 年电车合同所有条款应适用于无轨电车的经营。公司使用工部局管辖范围内的公共道路和桥梁，应向工部局缴纳一笔捐款。在得到工部局批准后，公司得以在有轨电车线路上以无轨电车补充或取代有轨电车业务。1905 年，合同规定的按营业收入的 5% 征收特许权费继续适用正在经营或将经营的有轨、无轨电车客货运业务，并规定，合同中任何条款都不能限制工部局有权批准在公司目前已开办或今后可能开办的营运线路上给予其他公司开办并经营公共汽车、汽车等运输业务，在合同签署后 3 年内，公司须完成并投入 10 条现有有轨电车线路延伸及改进工程，以及 23 条无轨电车线路延伸工程 29.4 公里。1930 年 1 月 7 日，工部局致函该公司，同意将无轨电车报酬金（特许权费）改为营业收入的 1.25%。[①]

工部局与英电公司最初的合同规定，要预缴 10000 英镑作为道路、桥梁与基建费用，此费用由工部局支配使用，换来工部局对电车公司通车安全保障。[②] 嗣因公司"推广无轨电车事已与工部局磋商就绪。现该局法律顾问正在草订合同中，双方商定凡改筑街道与养路经费均归工部局负担，而由公司每车每英里缴付墨洋二分"。[③] 即据所订契约，无轨电车所行路线的道路桥梁修缮归工部局承担，电车公司每季度于每英里按每辆车抽大洋 2 分，其总收入的 5% 缴于工部局，"作此等道路之费用"。[④] 该合同营业期限 25 年，期满后归该局经营，"目前则受工部局之保护，殆与市营无异"。[⑤] 至此，工部局与该公司"双方续订第二条约。电车公司于行驶有轨电车外，更益以无轨电车"。1930 年，工部局岁收中增益此项税银 118116 两；无轨电车的整理道路费收入为 39972 两。[⑥] 至 1933 年 10 月，公司向工部局陈请将养路费酌减，并言法商电车公司向法租界公董局所纳此项费用业已商定减纳：装配硬胎的无轨电车 2 分照旧；装配软胎的无轨电车 1 分 5 厘；装配气胎的无轨电车 5 厘。英电公司所请将其所纳之费，参照上项数目改订，但

① 上海市档案馆编《上海租界志》，第 426 页。
② 周源和：《上海交通话当年》，第 59 页。
③ 《公共租界电车去年之盈余》，《申报》1923 年 7 月 18 日，第 14 版。
④ 沙公超：《中国各埠电车交通概况》，《东方杂志》第 23 卷第 14 号，1926 年 7 月 25 日，第 51 页。
⑤ 《交通史·电政编》第 3 集，第 73 页。
⑥ 虞：《三十年来上海车辆消长录（续）》，《申报》1932 年 4 月 13 日，第 15 版。

工部局未准。1935 年 7 月，该公司复申前请，工部局批准为：自 1936 年
1 月 1 日起，无轨电车改装气胎者，其所纳费减为 1 分 7 厘（1.7 分银），
但在 1939 年 1 月 1 日前公司应将所有无轨电车一律改装气胎。"当经公
司同意，预料此项收入减少数，可由硬胎改装汽胎所节省之道路修理费
补偿。"①

　　概言之，1907 年 10 月 1 日英商上海电车公司总管理处在外白渡桥北堍
的北苏州路 2 号成立，时法定资本 70 万英镑，实际资本 32 万镑，公司董事
会设于伦敦。② 翌年，总管理处迁到南苏州路 185 号自建的大楼内。但总公
司仍在伦敦，直接受伦敦的政治、经济和技术上的支持与制约。③ 至 1932
年 7 月，公司位于苏州路 7 号，总经理为鲍其斯。④ 1934 年 3 月，电车"公
司之管理权于由伦敦移至上海"；⑤ 1935 年，公司厂址在杨树浦及赫德路，
办公处在江西路。⑥

（二）人员结构

　　英电公司的行政管理系统，最高职位为大板，即总经理；在大板之下共
分五部，主要有三部，即车务部、机务部、洋账房。除秘书部以外，每部由
正、副总管二人负责，均由英人自任。⑦ 由此，公司员役的国籍很多，以利
牵制。如公司职员自总经理以下，高级职员 14 人均悉英国籍，"且在本国
或外洋时皆尝于电车事业，具有实地经验者"。至于各项雇役如装配人、电
线匠、油漆匠、木匠、铁匠、镟机匠、制模匠、司机人、管车人、卖票人、
查票人、司钟点人（调度员）、轨道夫，以及其他一切工役则泰半为中国
人。唯稽查员中，除中国人（主要）外，尚有日本人、朝鲜人、印度人。
"而总公司内之司笔札会计等事者（文书），则又均属于葡萄牙人。夫华人
之执役于公司者，既居其大部分且其职务亦颇关重要。目前雇役一项，其数

① 华文处译述：《上海公共租界工部局年报》（中文），1935 年，上海公共租界工部局档案，
　档号：U1 - 1 - 961。
② 上海市公用事业管理局编《上海公用事业（1840～1986）》，第 333 页。
③ 蔡君时主编《上海公用事业志》，第 317 页。
④ 《上海市公用局调查上海电车公司》，1932 年 6～7 月，上海市公用局档案，档号：Q5 - 2 -
　825。
⑤ 华文处译述：《上海公共租界工部局年报》（中文），1934 年，上海公共租界工部局档案，
　档号：U1 - 1 - 960。
⑥ 柳培潜：《大上海指南》，上海中华书局，1936，第 12 页。
⑦ 朱邦兴等编《上海产业与上海职工》，上海人民出版社，1984，第 241 页。

约达千人以上。"① 稽查员中，特别是照顾日本势力而雇用一批朝鲜人，使各国稽查相互监督，防止查票与售票者勾结舞弊。

具言之，至1912年末公司用人共927人，1915年则增至974人。其"类能恪尽其职，矢谨矢勤，故名誉殊佳，而公司之令闻亦赖以弗尘。方中国二次革命，战争剧烈时，避难至租界者如众流之趋壑。而电车乘客亦因是骤增至什百倍。当是时，烽火烛天，驳声隆隆，流弹且及于租界，公司电车之管车人等冒险往来，而仍能从容不迫，尽其所职。此足以见公司用人之特色，而调度之有方，经理之合法"②。至1920年1月，该公司有有轨电车83辆，拖车80辆，有轨电车线路9条；无轨电车7辆，线路2条，共有职工1400人。③ 1930年，公司车行路程为9708937英里，共计搭客128564955人次，所付车费为4000000元，全部职工计2700人，其中98%为华人。④ 其间，公司全体职工共计2500人左右（任高级职员的西人不在内），而以车务部的人数占大多数，其次为机务部。如司机实数为473人，其中老站243人，新站230人；卖票共814人，其中经常班615人；野鸡班（即预备班）及告假或革班头的人数，老站85人，新站68人；此外，开门者增至238人。"以此数计算，英电工人共在二千六百人以上了"。⑤

工资奖惩。英、法商电车公司工资制度的特点是种族歧视且差别很大。工资等级根据职工肤色、国籍分为四等：英国人和法国人最高；其次为欧美白种人；再次为日本人、朝鲜人、白俄罗斯人及印度人等；最低为中国职工。同一工种中，印度、朝鲜籍职工的工资比中国籍职工高1倍。1908年，英、法商电车公司内的华籍售票、司机工资名义上月薪15～20元，但实行按日计算。当时电车班次少、人员多、派工不足，行车人员每天按规定时间向调派室报到等候派工，派工出勤者发给一天工资，如未轮到派工的均不给工资，一般每月实得仅数元至十数元。⑥ 而英电在招收新职工时，"进公司

① 甘作霖：《上海三电车公司之组织》，《东方杂志》第12卷第1号，1915年1月15日，第18页。
② 甘作霖：《上海三电车公司之组织（续一号）》，《东方杂志》第12卷第4号，1915年4月1日，第9页。
③ 上海市公用事业管理局编《上海公用事业（1840～1986）》，第348页。
④ 虞：《三十年来上海车辆消长录（续）》，《申报》1932年4月13日，第15版。
⑤ 朱邦兴等编《上海产业与上海职工》，第242～243页。
⑥ 上海市公用事业管理局编《上海公用事业（1840～1986）》，第342页。

名为考试，实为英国人逐个挑选身材魁梧，面目清秀，拳敲足踢，健康良好"。录取后还在手背上盖蓝色橡皮图章，被考人只得忍受这种侮辱。由此，该公司将职工分为四部分二十二级，工资从 11 元到 150 元不等。如公司高级职员月薪在 60 元至 300 元。高级职员中华人极少，大部分为西人。同时照公司通例，外籍人员薪金比华人要高。如查票，华人每月 35～55 元，而朝鲜人则为 55～85 元。[①] 英电公司雇役类型及其每月所得薪金，列表 2-1。

表 2-1　1914 年英商电车公司职员月薪

单位：元

雇役类型	月薪	雇役类型	月薪
装配人	22～35	铁　匠	23～24
电线匠（含电气匠）	23～45	制模匠	14～20
油漆匠	17～28	司机人	12～18
木　匠	15～28	管车人	12～22
镟机匠	23		

资料来源：甘作霖《上海三电车公司之组织》，《东方杂志》第 12 卷第 1 号，1915 年 1 月 1 日，第 18 页。

此外，英电公司于 1908 年 8 月开始实行生产奖制度，售票员、司机要做到：正常到勤，无迟到早退；制服整洁；无票务过失（无行车事故）；服务正常；无病假事假（工作日满 24 天）。如此方能得奖。每月奖金分三等：一等奖 2 元，二等奖 1.5 元，三等奖 1 元。另外还有荣誉奖，对成绩优异者给予高额奖金，并在其制服衣袖上佩戴红色标记，一、二等标记都有区别，以资奖励。从 1909 年 3 月开始，司机凡每英里平均耗电在 0.8～0.9 度，每月奖 1.25 元；平均耗电在 0.8～0.85 度的，每月奖 1.5 元；平均耗电在 0.8 度以下的，每月奖 1.75 元。售票员在完成总平均营收前提下，分 1.5 元、1.75 元和 2 元三个等级奖励，但先决条件是，每月工作日必须在 24 天以上，无票务过失。[②] 当时公司"如各雇役办事尽职，则尚有酬劳金以资鼓

①　朱邦兴等编《上海产业与上海职工》，第 242、245 页。
②　上海市公用事业管理局编《上海公用事业（1840～1986）》，第 342 页。

励。至夫役或苦力之工值，则统扯每日得资三角"。① 该公司的年节赏为各部工人及职员一律可得全年工资的 1/12，即每年 12 月可得双薪。并且，工资按月计算的米贴也是每月 6 元，但米贴不是全公司职工都能享受的，只有查票、签票、司机、卖票能领米贴。② 英商电车公司工资概况见表 2-2。

表 2-2　英商电车公司工资概况

部别	职位	工资计算法	最低工资	最高工资	备考
车务部	高级职员	按月	50 元	150 元	每年加 5 元
	听电话	按月	60 元	90 元	每年加 5 元
	派班	按月	55 元	85 元	每年加 5 元
	查票	按月	35 元	55 元	
	签票	按月	28 元	35 元	
	司机	按日	每月 22 元	每月 33 元 5 角	
	卖票	按日	每月 22 元	每月 33 元 5 角	
	开门	按月		14 元 8 角	
	拉线	按月		12 元	
	撬路	按月		11 元	
	扫车	按月		13 元	
机务部	皮匠裁缝出店	按月		15 元	
	铜匠	按月	6 分 2 厘半	3 角零 2 厘半	
	小工	按月	6 分 2 厘半	3 角零 2 厘半	
	职员	按月	50 元	120 元	每年加 3 元、5 元
	领班	按月	50 元	120 元	每年加 3 元、5 元
打样间	加油	按月	22 元	22 元	
	马路小工	按日		7 角 4 分	
总账房	账房间	按月	50 元	150 元	
	结账	按月	20 元	120 元	
	做票	按月	20 元	120 元	
	铜板间	按月	16 元	40 元	

资料来源：朱邦兴等编《上海产业与上海职工》，第 246 页。

---

① 甘作霖：《上海三电车公司之组织》，《东方杂志》第 12 卷第 1 号，1915 年 1 月 15 日，第 18 页。
② 朱邦兴等编《上海产业与上海职工》，第 248～249 页。

自英商电车公司第一条有轨电车于 1908 年 3 月通车后，该公司在司机工作守则中对驾驶车辆出场、起步、停站、驾驶途中等方面的操作程序及注意事项都做了明文规定。《全体司机、售票及其他员工守则》与《上海电车公司章程及守则》是 1908 年上海有轨电车通车早期对内、对外的两个规章，对保证电车正常营运服务和维持行车秩序产生了重要作用。如对内的守则所有员工人手一本，要求熟读、牢记和切实遵守，上班必须随身携带，遗失及时申请补发。守则内容共 35 条，包括上班准时，职工上班必须身着制服、头戴号帽，在公共场合制服内的中式服装不得长于制服而露外，保持仪态庄重，对乘客及公众应有礼貌，工作时不与乘客闲谈，在行车中要售清客票、及时预报站名、严禁吸烟、爱护公物、不许赌博等。①

英电公司还制定《售票员与见习售票服务工作规程》40 条，对售票员报到后、出场前、行驶中、停站时的具体要求都做了规定。该公司通车营业未满一月就更改售票方法，1908 年 4 月起废除车上售票，实行车下售票，委托电车车站附近烟纸店代售电车车票，乘客从烟纸店买票登车，车上售票员概不经手票款，后因该办法不切实际，施行不久即予废止，恢复车上售票。英电还规定：出售车票需打准站洞，不准收钱不给车票，不得向下车乘客索回车票再售，不准出售废票，不准故意放慢出票速度，不准多收车费等。② 如 1933 年 6 月，该公司要求电车"坐客务祈阅看所给之票，其数目是否与所出车资相符，并注意卖票人须当面将票轧洞于该客上车之站内，乘客须将车票时常保守至下车离开之后"。③ 公交企业制定乘车规则张贴于车厢内，对乘客购票或补罚票均有明文规定。

二　场站和机器

创设初，英电公司"自经工部局特许后，即将车路车辆车棚以及修车厂等一切工程齐行举办，其所得让予权之规定，悉按英国商部所颁条例，绝无殒越"。④ 布鲁斯·庇波尔公司于 1905 年 10 月 10 日取得公共租界电车专营

---

① 上海市公用事业管理局编《上海公用事业（1840～1986）》，第 339 页。
② 蔡君时主编《上海公用事业志》，第 369～370 页。
③ 《上海市公用局关于建设委员会等调查外商电车》，1933 年 7 月～1937 年 3 月，上海市公用局档案，档号：Q5 - 2 - 826。
④ 甘作霖：《上海三电车公司之组织》，《东方杂志》第 12 卷第 1 号，1915 年 1 月 15 日，第 13 页。

权后，随即在租界西端赫德路（今常德路）附近购入土地 12 亩（8000 平方米）招商承包建造电车车栈。电车工程全部由英商哈泼兄弟公司承包，在准备工作进行过程中，1906 年将专营权让渡给英商电车公司。1906 年，英电公司铺设有轨电车轨道，同年秋敷设地下电缆和竖直电杆以及架设架空触线。电杆是进口的瓶颈式杠杆。① 1907 年，赫德路 80 号静安寺车栈竣工。车栈内有钢柱支撑的波形铁皮顶厂房一座，面积 6412 平方米。车栈内有票务结账间、车务间、黄沙间、打铁间等建筑。车栈内轨道长 2150 米、修理地沟长 927 米。是年 12 月 25 日，租界工部局电力处先后在苏州河以南的派克路（今黄河路）和苏州河以北的斐伦路（今九龙路）建造的两座变电站，均告完工。②

因"当时只有少数车辆及静安寺一个车栈，经过历年经营，规模逐渐扩大，增添汇山车库及许昌路工场"。③ 1913 年，英电为使东区线路的电车能就近停放、减少空驶往返里程，在杨树浦路麦克利加路（今临潼路）建成汇山车栈，占地 12.65 亩（8325 平方米）。该站附设有修理工间与检修地沟，设备与静安寺车栈相仿。④ 公司"于静安寺路及汇山路，均设有极完备之车厂"。并且，静安寺路又有一所修车厂，其附设有机器间、铁匠间、铸铜间、衔铁间、圈线间、木匠间、油漆间，"而此外并有各该项之检验房，以检验其工作是否合宜"。如公司机器间内设有 10 匹马力电机一部，借电机以驱使总轴，而总轴则借滑车与皮带以驱使机器间内的种种机器：（1）轮箍镟机一具，凡电车车轮的凸缘已久用而磨薄时，即以重镟轮箍；（2）爱丁堡密华公司的沙面磨机一具；（3）高速度的钻凿机一具，凡各种金类装配品的小孔以此机钻凿；（4）4 寸、6 寸、10 寸镟机各一具；（5）字得拉大号钻凿机一具，凡轨道弯曲处的制动铜片如需易换，即以此机钻凿新铜片的巨孔；（6）俾金司金类品直刨机一具；（7）自造的擦光机一具；（8）水压机一具；（9）本生灯一具，车轮更换新轮箍时用此灯，使新轮箍得以皱缩。此外，又有含养阿西台林的全套锻接及剪切器，此机件悉装置于平面车之上，可随时转运至轨道的任何部分，以资应用。机器间的工人自制了一种小机件，可用以施行电弧锻接法。机器间又增设两种器具，即 18 寸直刨机与电动钻凿机各

---

① 蔡君时主编《上海公用事业志》，第 395 页。
② 上海市公用事业管理局《上海公用事业（1840～1986）》，第 333～334 页。
③ 《上海各种公用事业概况（上海调查资料公用事业篇之二）：英商上海电车公司》，1949 年 3 月，江南问题研究会档案，档号：Y12-1-78-106。
④ 蔡君时主编《上海公用事业志》，第 317 页。

一具。至于铜质电机（即马达）小齿轮亦采用，其齿力比例为 14.68%。①

公司的铁匠间有 4 具炉火。铸铜间内有 60 磅的楷氏炉一具，又有用煤气火铜管铸熔炉及软白金熔化锅各一具；凡电车所需各种铜件或向来所无而应添造或向来所有而须易换者，皆由铸铜间承应，即生铁小件亦并归其制造。衔铁间备有用电气火的烘干炉、用煤气火的焊铜炉各一具。而电场络圈与衔铁络圈用的寻常墩架各件，"亦无不备"。电场与衔铁两种络圈，新者悉由公司自造，旧者亦归其自修。电铜套（即衔铁尽头的铜件）为电车重要之件，亦由公司自造。此种器件消耗甚易，故须随时更制。如衔铁络圈发生有大弊病则并络圈亦须更制新者，此皆衔铁间职务。至于木匠间，有琼巴公司的带锯一具，运以 5 马匹马力电机。更有一种烘沙机器，即以电车中设有沙柜。而沙柜之沙必须烘干之后方可置人，此烘沙机以孛披公司 15 匹马力电机驱使。"至于沙柜功用，则当电车行驶之际，如猝遇意外危险，欲扼制其车使弗行。则司机但须以足踏所立处之针，沙即自柜溢出，纷散于车轮前之钢轨上。此所以补制动机不足，而使电车得立时停止。"②

此外，英电公司又有车票印刷房，其印刷机器一部每分钟刻印车票 360 张。"此机运以一匹半马力之电机，不特本公司之车票由此印出，即法租界电车公司之车票，亦归其承印。"③ 最初公司将电车车票委托上海怡顺印刷厂代印，不久购买该印刷厂的印票机全部设备，连带原印票机工一同招入，设印票工间于静安寺车栈，由统计记录部负责车票印刷和两处车栈的票箱收发、票账结算、票款点收等，有较完整的票务管理制度，并为其他公交企业所效仿。英电还先后为法电、英汽、华汽、新加坡的公交企业代印客票。英电开办营业时对票务管理相当严格，印票工间有严密的监督管理制度，车票由印票间印成后，即按号登记分送两个车栈票务间入库。车票除编号码外，还另编票记，使客票号记不重复，防止废票重复使用。票务间设专职票务员发放票箱，隔日由库房领取补票，将一定数量的各种票级客票编号登记于路单上，连同路单一起放入票箱内发给售票员，供当天出售。路单有正副两

---

① 甘作霖：《上海三电车公司之组织》，《东方杂志》第 12 卷第 1 号，1915 年 1 月 15 日，第 16 页。

② 甘作霖：《上海三电车公司之组织》，《东方杂志》第 12 卷第 1 号，1915 年 1 月 15 日，第 17 ~ 18 页。

③ 甘作霖：《上海三电车公司之组织》，《东方杂志》第 12 卷第 1 号，1915 年 1 月 15 日，第 18 页。

张，正张交给售票员，副张留在票务间存查。路单有空栏若干，供每班到达终点由站务员签写当次出售的票号与发车时间，作为查票依据和凭证。售票员于当天下班后交回剩余客票，结账员凭路单及剩余客票结账收款，次日将路单送公司统计记录部核查。1925 年，印票工间从静安寺车栈搬到许昌路新建的电车修理厂。①

至 1913 年底，英电公司设备连同开办费及添置车辆、建造车厂等在内，核计各项用款共计英金 388299 磅。② 翌年，公司第一条无轨电车线网通车时，因洋泾浜河道尚未填没，电车在郑家木桥无法调头，就在路中央设置圆形转盘一只，电车抵达终点须先开上转盘，然后用人力推动转盘使电车调向。此法虽较原始，但亦能解决实际问题。但受道路条件和设备条件所限，竖杆架线甚为缓慢，直至 1920 年 1 月才建成泥城桥—天后宫桥第二条无轨电车架空线，此后历时 10 余年，陆续建成无轨电车架空线 7 条。③ 1925 年，公司在倍开尔路华盛路（今惠民路许昌路）再建成电车修理工厂（惯称机务部），"有轨及无轨电车均恃悬空电线而行驶"，所用电力为 500～550 弗打的直接电流，电力由上海电力公司供给。材料贮藏库共有三所，分别设于赫德路、汇山路及倍开尔路三处。④ 嗣后，公司"再行动用股本，以为扩充办公房屋之计"，其"营业即日有进步，而规模亦日见展拓。办事员役为数大增，原有房屋绝难敷用。现如能将原租之地与屋实行扩充，而租金则酌乎中道不至过昂，是固甚善。否则惟有自行购地造屋，为一劳永逸之计，此即不得不动用巨款之理由也"。⑤

三　轨道和车辆

（一）轨道

当时，公共租界工部局对电车建设都有严格规定，全都写进招标章程。例如，对铁轨的宽度、间距都有明确规例标准，这为上海电车工程打

---

① 蔡君时主编《上海公用事业志》，第 368～369 页。
② 甘作霖：《上海三电车公司之组织》，《东方杂志》第 12 卷第 1 号，1915 年 1 月 15 日，第 13 页。
③ 蔡君时主编《上海公用事业志》，第 395 页。
④ 华文处译述：《上海公共租界工部局年报》（中文），1933 年，上海公共租界工部局档案，档号：U1－1－959。
⑤ 甘作霖：《上海三电车公司之组织（续一号）》，《东方杂志》第 12 卷第 4 号，1915 年 4 月 1 日，第 9 页。

下了良好基础。如 1905 年 10 月，公共租界工部局与英商布鲁斯·庇波尔公司所订造路合同及附订行车特约，其要点如下：（1）轨道阔度或间距，用密达制；（2）路床以水泥为之（铺垫），须厚 6 英寸，用每码重 90 磅之承柱式雌轨敷设其上，两轨中间之地及两轨外每方面 18 英寸之地，均须一律用石子填砌坚固，并担将来随时修理之责。[①] 关于经费，英电公司先筑双轨线 9 英里，工部局给年地租价每英里为 150 英镑，单轨 8.5 英里则年地租为 100 英镑。公司还要预支 32 万英镑建造发电所、车房、车辆、轨道及电线设备等。[②] 1908 年，有轨电车路线双轨 9.38 英里，单轨 7.06 英里，以单轨计算共长 25.825 英里。[③]

随之，经工部局同意，英电公司决定开办无轨电车。如 1914 年 11 月，其第一条无轨电车线路通车后，因福建路路面较差，承载过重，损坏路基，殃及地下管线等设施，12 天后停驶。经由公司出资，工部局重新翻修路面，1915 年工部局试行改筑成水泥混凝土路面。[④] 由此，无轨电车线于 1915 年添设 0.7 英里，至次年达 1 英里，"以经过较狭而又为人力车往来杂踏之街道，故当初租界当局不欲其布设，嗣因成绩良好"，由公司呈请工部局更图延长 9 英里。据其设计，需用无轨电车车辆面积 158 平方尺，如用人力车运搬同数旅客，则需占 2500 平方尺，"而无轨电车所需面积仅取其通行之空闲地位，其他运搬机关仍得通过"，若人力车则须 28 辆占领全街，其他运输机关不得通过。电车备置 7 辆，每辆均价 11850 元，辅道 1 英里建设费 26022 元，"对于投资有一分五内外之利"。[⑤] 其时公司"电力悉由工部局电气课供给，无轨电车约有数英里"。[⑥]

至 1920 年，英商电车铁轨皆仿英式，每码重 90 磅，"上海地土松浮颇适于敷设电车轨道之用，又有已经水门汀建筑之处皆须掘起重筑电轨，低陷处则因铁轨相接处不固"。[⑦] 次年 6 月，该公司致函工部局：（1）西华德路路线无绕路避过监狱之必要，公司尽可不于监狱路侧竖立电车杆。（2）杨

---

① 甘作霖：《上海三电车公司之组织》，《东方杂志》第 12 卷第 1 号，1915 年 1 月 15 日，第 10~11 页。
② 周源和：《上海交通话当年》，第 59 页。
③ 《英人在上海之企业》，《申报》1920 年 1 月 11 日，第 19 版。
④ 《上海市政工程志》，第 96 页。
⑤ 《交通史·电政编》第 3 集，第 73 页。
⑥ 沙公超：《中国各埠电车交通概况》，《东方杂志》第 23 卷第 14 号，1926 年 7 月 25 日，第 51 页。
⑦ 《英人在上海之企业》，《申报》1920 年 1 月 11 日，第 19 版。

树浦路线仅于虹河东敷设双轨无济于事，必百老汇路全设双轨而后可，若以路窄为言，则南京路之窄段亦有双轨。（3）而对于工部局请公司输助放宽马路及改建路桥应助巨款之议，有所争辩："中区南界之爱多亚路虽属曲折，但若与法租界当道协商，改设路中之石基，则可驶行有轨及无轨电车，大增中区与西区间运输之利便。"1922 年，公司得工部局允许，沿百老汇路敷设双轨，"在虹河以东敷设双轨，惟礼查旅馆至虹河一段道路太窄，不宜添设轨道"。[1] 翌年，南京路以南的电车轨道行将由该公司重行铺设，照最新筑路方法，轨道下先铺六七寸旧水泥块，间以乱石次铺石块 6 寸，并加置水泥枕柱，然后安设钢轨路面，砌以地沥青木块，而枕柱与钢轨间亦将垫入铅片，"以期减少车行时响声及震动，至钢轨亦新"，由新加坡运来，每码重 100 磅，较原用者重 10 磅。[2]

1934 年，该公司改良车轨，如将单轨改铺双轨、如熙华德路，自公平路起至狄思威路止（茂海路至公平路一段，1933 年完成）；界路，自北河南路起至克能海路止。[3] 而 1931～1935 年其有轨电车的轨道路线由 17.872 英里增至 18.090 英里，无轨电车由 17.167 英里增至 17.267 英里（见表 2-3）。

表 2-3　英商电车公司设备（1931～1935）

项别	1931 年	1932 年	1933 年	1934 年	1935 年
一、有轨电车					
轨道路线共长（英里）	17.872	18.086	18.063	18.090	18.090
单轨计轨道共长（英里）	33.728	33.939	34.200	34.706	34.706
有轨电车机车（辆）	102	107	107	107	107
有轨电车拖车（辆）	100	107	107	107	107
二、无轨电车					
路线共长（英里）	17.167	17.167	17.167	17.267	17.267
无轨电车数目（辆）	98	98	99	99	99

注：年份截止日期均为当年 12 月 31 日；有轨电车两轨距离 1 米。
资料来源：华文处译述《上海公共租界工部局年报》（中文），1933～1935 年，上海公共租界工部局档案，档号：U1-1-959、960、961。

① 《租界电车之大计划》，《申报》1922 年 3 月 9 日，第 14 版。
② 《租界内电车轨道将重行铺设》，《申报》1923 年 3 月 14 日，第 14 版。
③ 华文处译述：《上海公共租界工部局年报》（中文），1934 年，上海公共租界工部局档案，档号：U1-1-960。

（二）车辆

1908年底，英电公司有轨电车机车65辆，均为英国勃吕斯电气制造公司生产的四轮短车身电车，头等12席，藤制软垫，二等20席，橡木硬座，车身两端为驾驶台，乘客由驾驶台上下。① 1909年全年行车318万公里，有轨电车机车65辆，7月开始挂拖车2辆，每车增加座位50个。1911年全年行驶360.58万公里，拖车增至30辆。② 1914年3月，公司电车已增为80辆，拖车亦增为40辆。是年底，电车亦由80辆增至90辆，拖车由40辆增至55辆，加上向英国无轨电车制造公司新购入的7辆603型无轨电车，车辆共增至152辆，与开办时的65辆，"固不可同日语矣"。以车辆而言，公司所备为单顶双口（顶指车顶，口指门口）的车65辆，每辆有32个座位。头等足容12人，二等（后三等）足容20人，每辆备有25匹马力电机两部。凡诸设置由公司招人承揽，其价为英金277000磅。③ 嗣后，该公司再订无轨电车两部，定于1915年4月21日装运来沪，"电车之本身由公司自造，而车之底盘或轮部则由美国制造厂供给，其式样乃最新而最美者也"。董事会又议决续置电车10辆、拖车15辆。④

实际上，该公司"所用电车，其车身悉由华人承造，惟公司绘有图样并附说明，俾承造者有所遵循。车身造成后即以交诸公司之车厂，凡车之底盘（即轮部）、电机、电线与夫各种附属品乃至油漆与彩色之属，悉归该厂自行制造或布置。故华商所办者，纯乎为一车身而已"。其车身为麻栗树所造，外包以钢片，再加上所有应用品与装饰品后（涂深绿色颜料），重量为20000磅。而拖车或随车的重量（车壳）则为8000磅。以电机而言，最近各电车所用者乃系30匹马力电机，为英国威司丁华公司所承造。⑤ 英商电车的4个轮盘都相对集中在车身当中，便于行车时车头与车尾上下波动，行

---

① 上海市档案馆编《上海租界志》，第420页。
② 上海市公用事业管理局编《上海公用事业（1840~1986）》，第343页；蔡君时主编《上海公用事业志》，第317页。
③ 甘作霖：《上海三电车公司之组织》，《东方杂志》第12卷第1号，1915年1月15日，第13页。
④ 甘作霖：《上海三电车公司之组织（续一号）》，《东方杂志》第12卷第4号，1915年4月1日，第9页。
⑤ 甘作霖：《上海三电车公司之组织》，《东方杂志》第12卷第1号，1915年1月15日，第18页。

走起来就是波形曲线，乘客感到似波浪上下的舒服。车厢为长方形，车身两侧开有6扇大窗，车上空气通爽光线明亮，还装有气窗，以使下雨关窗后车上空气不浊。车上座位沿车两侧长条陈设，乘客相对而坐。入夜灯火通明，充分显示电车电力充沛的特点。最初电车仅一节车厢，后来才在后面再挂一节；初期电车前后都没有栏杆，上下倒十分方便，后来因乘客日众，才在驾驶台和尾后设拉闸门、护栏，防止因挤破而掉落乘客；初期车头悬挂的号牌标志很大，高高耸立在车头上，中英文对照，后来便把路牌潜在车顶前面。整个车厢为木质结构，高度不低，体积也大，底盘很重，从未出过翻车事故。①

　　至1926年，英电公司有轨电车的机车90辆、拖车90辆，无轨电车14辆，合计194辆。② 1931年，有轨电车机车102辆、拖车100辆，无轨电车98辆（比上年增1辆）。③ 其时，有轨电车的车辆均为单层式，行驶时概为两辆相连，即装有发动机的一辆在前，后拽拖车一辆。无轨电车的车辆亦均为单层式，并概为单辆行驶。④ 1935年，有轨电车机车107辆、拖车107辆，无轨电车99辆。⑤ 翌年，有轨电车车辆无变化，线路共10条，路线长54.7公里，轨道共长2.89万公里；无轨电车增为109辆，开通线路8条，路线长30.6公里，轨道共长3万公里。⑥ 至1937年，该公司有轨电车107辆、拖车107辆，无轨电车109辆（见表2-4）。

表2-4　英商电车公司统计（1930～1937）

项目	1930年	1931年	1934年	1935年	1936年	1937年
轨道长度（单轨,英里）	30.515	31.421	32.399	32.399	32.399	33.981
无轨电车路线长度（英里）	17.167	17.167	17.167	17.167	19.028	19.028
总路线（英里）	35.135	35.030	35.257	35.257	37.040	37.888

① 周源和：《上海交通话当年》，第56页。
② 沙公超：《中国各埠电车交通概况》，《东方杂志》第23卷第14号，1926年7月25日，第52页。
③ 华文处译述：《上海公共租界工部局年报》（中文），1931年，上海公共租界工部局档案，档号：U1-1-957。
④ 华文处译述：《上海公共租界工部局年报》（中文），1933年，上海公共租界工部局档案，档号：U1-1-959。
⑤ 华文处译述：《上海公共租界工部局年报》（中文），1935年，上海公共租界工部局档案，档号：U1-1-961。
⑥ 上海市档案馆编《上海租界志》，第422页。

续表

项目	1930 年	1931 年	1934 年	1935 年	1936 年	1937 年
有轨电车机车数（辆）	101	102	107	107	107	107
有轨电车拖车数（辆）	100	100	107	107	107	107
无轨电车数（辆）	98	98	99	99	109	109
车辆行程（英里）	8708937	9739936	10655430	10627132	10720602	8022288
载客人数（人）	128564955	139800061	119687484	115201428	112085248	85853047
每车辆英里乘客数	14.76	14.35	11.23	10.84	10.46	10.70
实际收入 $（法币）	4423755	5660881	4606577	4312789	4556130	3581292
每车辆英里实际收入（d.）	7.49	6.97	6.92	7.22	6.11	6.38
每位乘客实际收入（d.）	0.51	0.49	0.62	0.67	0.58	0.60
与美元兑换率	1/2.75	1/1	1/4	1/5.8	1/2.375	1/2.3

资料来源：《上海市公用局调查上海电车公司》，1932 年 6～7 月，档号：Q5-2-825；《上海市公用局关于建设委员会等调查外商电车》，1933 年 7 月～1937 年 3 月，档号：Q5-2-826；《上海市公用局关于 1935～1940 年英商上海电车公司会计年报卷》，档号：Q5-3-5485。均为上海市公用局档案。

第二节 运营路线和票制票价

1908 年 3 月 5 日，上海第一条有轨电车线路正式通车营业。清晨 5 点 30 分，英商第一辆电车从静安寺出发，沿愚园路、赫德路、爱文义路、卡德路（今石门二路）、静安寺路（今南京西路）向东行驶，穿过公共租界商业大街——南京路（今南京东路），沿外滩，到外滩上海总会（今广东路外滩）。[1] 电车的驰驱，标志着上海城市公共交通开始进入一个运用现代公共交通工具的时代。

一 运营路线

1908 年，英电公司电车第一路线是贯通公共租界的东西干线，全程长 6.04 公里。初期路线仅 3 条：（1）静安寺至虹口公园，全长 8.6 公里；（2）静

---

[1] 上海市公用事业管理局编《上海公用事业（1840～1986）》，第 334～335 页。

安寺至十六铺，全长 5.9 公里；(3) 十六铺至杨树浦，全长 3.3 公里。① 从通车至当年 12 月底，开通 8 条有轨电车线路，线路总长 41.1 公里：静安寺至广东路外滩；杨树浦路至广东路外滩；卡德路至虹口公园；北火车站至广东路；卡德路至芝罘路；静安寺路至北火车站；卡德路至茂海路；北火车站至东新桥。当年共行车 166 万公里，运客 537 万人次。② 1914 年 11 月 15日，该公司在福建路上开辟了一条 0.7 英里的 14 路无轨电车线路。该线南起郑家木桥 (今福建中路延安东路)，北至老闸桥南堍 (今福建中路、北京东路)。③ 因为路面修筑，该线短暂行驶后停驶，后于 1915 年 7 月 6 日恢复行驶，翌年 9 月 21 日该线由老闸桥经北京路延伸至天后宫桥 (今河南路桥)。④

其实，英电公司的电车开行在 1908 年 3 月及 1914 年 3 月车辆所经路线，双路为 9.17 英里，单路为 7.15 英里。如统以单路核计，共有 25.7 英里，"是与开办之始路线长短相同，初无增损"。⑤ 至 1914 年底，公司的有轨电车路线长 41.4 公里，无轨电车路线长 1.1 公里；⑥ 该年行车里数，实较上年增至 137000 英里。⑦ 而无轨电车自 1915 年起约开通 7/10，"而来实行扩张，故颇见发达。然通过之区悉为车马混杂之所，当时工部局仅于试验形式下加以许可，其扩张计划亦久为工部局之悬案"。及至 1924 年始得允准，预计将路线展至 16 英里，其中 6 英里为第一期工程，其余 10 英里已次第进行。⑧ 1920 年 1 月 23 日，再开辟第二条自泥城浜 (今北京东路西藏中路) 至河南路桥南堍的 16 路无轨电车线路，线长 0.998 公里。⑨

1925 年，该公司电车营业线路 (单线) 为 25.825 英里，无轨线达1.325 英里。同年，公司有轨及无轨电车扩充计划如下。其一，有轨电车：

① 周源和：《上海交通话当年》，第 58 页。
② 上海市档案馆编《上海租界志》，第 420 页。
③ 上海市公用事业管理局编《上海公用事业 (1840～1986)》，第 347 页。
④ 上海市档案馆编《上海租界志》，第 421 页。
⑤ 甘作霖：《上海三电车公司之组织》，《东方杂志》第 12 卷第 1 号，1915 年 1 月 15 日，第13 页。
⑥ 蔡君时主编《上海公用事业志》，第 317 页。
⑦ 甘作霖：《上海三电车公司之组织 (续一号)》，《东方杂志》第 12 卷第 4 号，1915 年 4 月1 日，第 8 页。
⑧ 沙少超：《中国各埠电车交通概况》，《东方杂志》第 23 卷第 14 号，1926 年 7 月 25 日，第51 页。
⑨ 上海市公用事业管理局编《上海公用事业 (1840～1986)》，第 348 页。

（1）杨树浦路电车终点延长 0.917 英里；（2）靶子场终点江湾运动场间 0.835 英里，其他由虬江路沿北四川路改筑双轨，百老汇路全线改筑双轨及黄浦滩路、广东路转角建设双轨，并于主要轨道交叉点添设轨道。其二，无轨电车：（1）爱多亚路、北京路间（江西路经过）0.6 英里；（2）河南路、四川路间（北京路经过）0.27 英里；（3）北京路、北苏州路间（四川路经过）0.26 英里；（4）爱多亚路、北苏州路间（西藏路经过）0.88 英里；（5）北四川路、乍浦路间（海宁路经过）0.18 英里；（6）西藏路、江岸间（福州路经过）0.88 英里；（7）北苏州路、有恒路间（吴淞路、汉璧礼路、新记浜路、东有恒路、兆丰路经过）0.87 英里；（8）西藏路、江岸间（爱多亚路北经过）0.91 英里；（9）新闸路、戈登路间（麦根路经过）0.98 英里；（10）西藏路、卡德路间（爱文义路经过）0.8 英里；（11）静安寺路、极司非而路公园间（愚园路经过）1.56 英里；（12）苏州河、浜麦根路间（小沙渡路、宜昌路、戈登路经过）1.22 英里；（13）福建路、西藏路间（苏州路经过）0.4 英里；（14）北河南路、界路间（北山西路经过）0.2 英里；（15）昆明路、新记浜路间（茂海路经过）0.48 英里；（16）北四川路、新闸桥间（北苏州路经过）1.35 英里；（17）北苏州路、北河南路间（北西藏路、海宁路、甘肃路经过）1 英里；（18）北苏州路、界路间（北河南路经过）0.64 英里；（19）保定路、韬明路间（华德路经过）1.73 英里；（20）茂海路、华德路间（昆明路、保定路经过）0.45 英里；（21）白利南路、西端戈登路间（劳勃生路、槟榔路经过）1.52 英里；（22）北河南路、吴淞路（文路经过）0.51 英里。以上合计达 18.28 英里，而自（1）至（10）线合计 6.56 英里须速行建设，自（11）后各线合计 11.72 英里，"俟前之十线完成后，再着手进行"。①

至 1926 年，公共租界"无轨电车则较公共汽车为早，业已通车营业者计有五路"，其（1）为十四路，由福建路郑家木桥起至沪宁车站，经过地点及分站为福州路（即四马路）、南京路、北京路、福建路转角，折东走北京路河南路转角，折北过天妃宫桥、文监师路直达沪宁车站止。其乘车票资以铜币计，铜元一枚作为 1 分，计分头等、三等两类，头等 5 分、三等 3 分起算，此路车资头等者自 5 分起至 7 分、10 分止，三等自 3 分起至 4 分、5

---

① 《交通史·电政编》第 3 集，第 73～74 页。

分、6分止。其（2）为十五路，由三洋泾桥起（即江西路）至海宁路、乍浦路，经过及分站地点为福州路、南京路、北京路、四川路转角，折北过桥北四川路、文监师路、海宁路口，折东走海宁路达乍浦路止。车资与十四路同。其（3）为十六路，由三洋泾桥起至戈登路，经过地点及分站为福州路、南京路折西，走南京路至河南路（即抛球场）、福建路、浙江路（即日升楼）、西藏路、派克路、成都路、卡德路爱文义路转角、舢板厂、新桥、墨特黑斯脱路、车袋角直抵戈登路止。其车资头等自5分起至7分、10分、13分、16分止，三等自3分至4分、5分、6分、8分、10分止。其（4）为十七路，由大世界起至虹口岳州路，经过地点及分站为西藏路福州路转角，折东走福州路、大新街（即湖北路）、河南路巡捕房，折北走江西路、北京路四川路转角、天潼路北四川路转角、天潼路吴淞路转角、虹口小菜场、里虹桥、新记浜路、兆丰路、东有恒路转角达岳州路止。车资头等及三等与十六路同。其（5）为十八路，由大世界起至昆明路，经过地点及分站为沿西藏路向北福州路、南京路、北泥城桥、开封路，折东北浙江路、北河地路、北四川路、虹口小菜场、里虹桥、新记浜路、兆丰路达昆明路止。其车资头等自5分起至7分、10分、13分、16分止，三等自3分起至4分、5分、6分、8分、10分、12分止。车中有公司所列车资分站的表格。[①] 翌年，公共租界无轨电车路线增至25.1公里。是年在原有8条线路基础上，又先后增辟九路、十路、十一路、十二路等有轨电车路线。[②]

至1931年终，英电公司行驶路线长35英里，其中半数为无轨电车路线。[③] 次年，公司已开辟电车线路17条，其中有轨电车线路10条，行驶于公共租界的线路有：一路来往于静安寺与虹口公园间，三路行驶于麦根路与浙江路间，六路行驶于北站与广东路间，七路行驶于北站与茂海路，十一路行驶于虹口公园与外滩间，十二路行驶于静安寺与茂海路间。同时行经两租界的有：二路行驶于静安寺与十六铺间，四路（与法商电车公司联合经营）行驶于茂海路与善钟路间，五路行驶于北站与西门间，八路（与法商联合经营）行驶于杨树浦与十六铺间。无轨电车线路7条，在公共租界行驶的

① KK：《公共汽车与无轨电车》，《申报》1926年4月17日，第23版。
② 蔡君时主编《上海公用事业志》，第332页。
③ 虞：《三十年来上海车辆消长录（续）》，《申报》1932年4月13日，第15版。

有：十五路行驶于江西路、海宁路与乍浦路间，二十路行驶于静安寺与兆丰花园间。同时行经两租界的有：十四路行驶于北站与民国路间，十六路行驶于曹家渡与民国路间，十七路行驶于兰路与斜桥间，十八路行驶于岳州路与斜桥间，十九路行驶于宜昌路、小沙渡路及民国路间。① 1932 年，公司还对路线做出更改，"经本（工部）局核准者为一支线之电车改自卡德路，沿池浜路及山海关路而再回至卡德路"。是年，有轨电车路线行驶英里数增加，"系因在山海关路及池浜路两处，新设一道环围之终点路线"。② 1933 年公共租界的有轨及无轨电车路线网见表 2-5 所示。

表 2-5　1933 年英商有轨及无轨电车路线网

线路（甲）	专在公共租界内行驶者	线路（乙）	行经法租界者
一路	驶于静安寺及虹口公园间	二路	驶于静安寺及十六铺间
二路	驶于静安寺及外滩（南首）间	四路	驶于茂海路及善钟路间
三路	驶于麦根路及浙江路（南首）间	五路	驶于北站及西门间
六路圆路	驶于北站及广东路间	八路	驶于杨树浦及十六铺间
七路	驶于北站及茂海路间	十四路	驶于北站及民国路间
十一路	驶于虹口公园及外滩（南首）间	十六路	驶于曹家渡及民国路间
十二路	驶于静安寺及茂海路间	十七路	驶于昆明路及斜桥间
十五路	驶于江西路及海宁路与乍浦路间	十八路	驶于岳州路及斜桥间
十七路	驶于兰路及西藏路（南首）间	十九路	驶于宜昌路与小沙渡路及民国路间
十八路	驶于昆明路及西藏路（南首）间		
二十路	驶于静安寺及兆丰花园间		

注：在公共租界内行驶的十五路、十七路、十八路、二十路为无轨电车，行经法租界的十四路、十六路、十七路、十八路、十九路为无轨电车，其他各路均为有轨电车。

资料来源：华文处译述《上海公共租界工部局年报》（中文），1933 年，上海公共租界工部局档案，档号：U1-1-959。

英电公司 1934 年、1935 年电车行驶里程分别为 10655430 英里、10627132 英里。③ 1935 年电车路线长 16.45 英里，其中双轨线 9.4 英里，单

---

① 上海市档案馆编《上海租界志》，第 421 页。

② 华文处译述：《上海公共租界工部局年报》（中文），1932～1933 年，上海公共租界工部局档案，档号：U1-1-958、959。

③ 华文处译述：《上海公共租界工部局年报》（中文），1935 年，上海公共租界工部局档案，档号：U1-1-961。

轨线 7.05 英里，"此外无轨线一英里余，电力悉由租界工部局供给"。[1] 同年，其有 10 条有轨电车路线，为一路、二路、三路、四路、五路、六路、七路、八路、十一路、十二路；有 7 条无轨电车路线，为十四路、十五路、十六路、十七路、十八路、十九路、二十路。[2] 至 1937 年初，公司将八路有轨电车从杨树浦路延伸至周家嘴路，并增设二十一路无轨电车线，由此战前无轨电车为 8 条线路。[3] 简言之，英电公司的有轨电车从 1908 年的 65 辆机车发展到 1936 年的 107 辆机车、107 辆拖车和 109 辆无轨电车，先后开辟线路 20 条。[4] 其时，随着城市公共交通规模的不断扩大和发展，公交线网已分布于公共租界各处。

二　执行票制

自英电公司通车后，上海票证种类发展迅速，品种繁多，逐步出现客票、月（季）票、乘车券（证）等三大类。如 1908 年 3 月 5 日，"上海之有电车最初驶行之一段，自老垃圾桥至外洋泾桥共分两站，自老垃圾桥至日升楼为一站，日升楼至外洋泾桥为一站，是时无三等名目，只有头二等之名"，头等车价每站 5 分（1 分为 1 铜元，即 1 银元的 1%），二等车价每站 3 分。[5] 最初公司根据工部局合同规定，电车票价以分为单位。英电第一路线车厢分头等、二等，票价按段计算，每段 1.25 英里，头等每段 5 分，全程 15 分，二等每段 2 分，全程 3 分。按当时市场物价，2 分可购猪肉 1 两或土豆 1 斤，车价昂贵，非一般人乘坐得起。电车最早票价按段计算，第一条线路分为三段。根据每车英里成本，加利润及税金制定票价。但实际上，当时 100 铜元只能兑换 0.76 银元。电车车上收入的铜元，纳税均以 100 铜元折合 1 银元计算，兑换损耗较大。为改善这一状况，该公司曾一度发行一种代价券性质的本票，一本 36 张的本票，票面共值 108 铜元，售价 1 银元，以此吸引乘客购买本票乘车。虽然英电给予 8% 的优惠，却可减少 24% 的兑换损耗。[6]

---

① 《交通史·电政编》第 3 集，第 72 页。
② 柳培潜：《大上海指南》，第 12 页。
③ 上海市档案馆编《上海租界志》，第 422 页。
④ 上海市公用事业管理局编《上海公用事业（1840～1986）》，第 345 页。
⑤ 薛余：《上海电车掌故》，《申报》1925 年 5 月 28 日，第 20 版。
⑥ 上海市公用事业管理局编《上海公用事业（1840～1986）》，第 335、341～342 页。

如英商电车最早的客票一般分 3~4 个票级，个别较长线路有 5 个以上的票级。客票分头等、二等（或三等），各家公司客票式样不一，不同等级和票级的客票票面上印有公司名称等多种识别标记，还印不同颜色加以区别。英电最早使用的有轨电车车票，长为 65 毫米，宽为 25 毫米，车票正面印有票记、票号、站号、数字，反面印有英文的公司名称与公共租界字样、中英文的车票等级与票价，还有简短注意事项。头等与三等车票不同，头等票站号用阿拉伯数字，三等票用中文数字；注意事项，头等票用英文，三等票用中文，两个等级车票颜色也不同。1908 年末，英电头等客票价改为 3 分、6 分、9 分，二等改为 2 分、4 分、6 分。次年 12 月，在北火车站发售特种电车来回双程票，每张票由北火车站至卡德路往返一次，票为双联，每联乘一次，登车换票，专线转乘。①

近代上海"往返搭乘电车，每日次数较多者，则可购月季票已省每次购票之烦，且较为经济也"。② 1908 年 9 月，英电开始发售月季票，是上海公共交通有月票之始。月票只限乘坐头等，分为成人和儿童两种，成人月票每张价格为 8 银元（可够买大米 1 石，合 156 市斤），儿童月票每张为 5 银元，只限外国人购买，不向华人发售。月票上只写姓名，不贴照片（后贴一寸半身照片）；月票上印有不同英文字母，"G"为男性成人，"L"为女性成人，男童、女童也用英文字母区别。月票每月都以颜色加以区别。开始月票发售数量极少，第一个月发售 334 张，第二个月为 363 张。同时，英电公司发售月季票明确其使用规定：月票只限本人使用，并应填写姓名；查出借给他人使用，应予追究；在当月 1 日至 31 日有效；上车应出示，查时应交验；不得命其他乘客让座；本公司各线均可使用。继而规定：月季票使用每月自 1 号起至满号止；每月中不论何日均可调换（即购买月季票），但须收足一个月之价，不得扣除；连月换月季票均可照常，若 1 个月或数月停止使用，即需重新申请购买；倘若持月季票人有违背公司规则者，当将该月季票吊销，不得索回所剩价值。凭月季票乘车者需主动出示，冒用者以无票论处。购买月季票者须交一寸半身照片 2 张，1 张由公司粘贴在票上，1 张存公司以备查验等。其他各家公司也各自定有月票发售办法及使用规定，内容大同小异。1909 年 7 月，英电开

① 蔡君时主编《上海公用事业志》，第 363~364 页。
② 柳培潜：《大上海指南》，第 21 页。

始对华人出售月票，每张价格为 5 银元，但只限三等车厢使用。英电、法电互通联运后，有英法电车通用月票，每张价格为 10 银元，其收入按月结算，两公司平分。以后，英电又发售可连续使用 3 个月的季票，每张价格为 12 银元。自此，月票通称月季票。1914 年，英电将月票价调低，头等成人月票降为 6 银元，儿童月票为 3 银元；三等月票每张为 3 银元；新发售的妇女月票也为 3 银元。降低价格后，增加了企业收入。① 1924 年，英电公司"月季票仍照前章发行，惟限制月季票本属寥寥无几，现于新章发行日起一概停止售发"。② 至 1933 年，公共租界头等月季票每张按月洋 8 元，头等孩童（年 16 岁以内者）月季票每张按月洋 4 元，三等连续 3 个月月季票每张洋 12 元。③

自 1922 年元旦起，英电开始增加车资，如头等车由海宁路往正丰街，上年除夕只需铜元 3 枚，自元旦起则需 6 枚，唯此票可以坐至棋盘街止。若乘三等车照上述路程，由铜元 2 枚增至 3 枚。"此项车资系就五六两路电车而言，其他各路电车车资以此类推。"④ 再因"铜元兑价近两年来益见低落，现在更甚"，计银元 1 枚可换铜元 182 枚。该公司认为其"所订定车资本属极廉，被铜元兑价如此倾跌，按照原定价目受亏足有四分之一"，由此定于 1924 年 1 月 24 日起实行新章收费，其价目单在各车上均有明示，头等车资至多 1 角 2 分，三等车资至多 8 分。"公司仍为维持不改外，其所改之费均系短段路程，其原有站头并不更动。公司原定车资本系银元分数计算，惟此项银元分数车上并不实行，照现行市价兑换。"即公司车资头等每 1.25 英里计收银元 5 分（合铜元 9 枚），三等计收银元 2 分（合铜元 3 枚），新定车资章程只能稍为贴补铜元折价亏耗，而所受此项兑换跌价损失，于 1915 年至 1919 年所收车资已减少 114%，若按现市计算车价当加 1/3，"方符原章。现在所收车资均系铜元，银元、角子在车上收费者极为罕见。按市上兑价收纳银元，则车上当变为一兑换钱店，而收费之人无暇兼行其收费职务"。故公司遇有付纳

---

① 蔡君时主编《上海公用事业志》，第 366～371 页。
② 《上海电车公司（公共租界）为更改车资通告》，《申报》1924 年 1 月 19 日，第 1 版。
③ 《上海市公用局关于建设委员会等调查外商电车》，1933 年 7 月～1937 年 3 月，上海市公用局档案，档号：Q5-2-826。
④ 《租界电车增加车资》，《申报》1922 年 1 月 3 日，第 15 版。

银角车费者，每银角仍以铜元 10 枚计，大洋 1 元仍为铜元 100 枚照核。①

1925 年 12 月 4 日，英商电车再行涨价。"公司以近来洋价飞涨、铜元日跌，为弥补损失特定各路车资一律涨价"，三等起码 3 分，头等起码 5 分。"各站车资增加表，由电车公司派夜班管车员粘贴，以期大众知晓"。② 自 1930 年 4 月 20 日起，公司各路有轨、无轨电车的车资增加，"将修改车资表及通告悬挂电车中，俾众周知。此项通告，法商电车公司亦有悬挂，外间误为法商电车亦有同样加资，其实加价者仅公共租界各电车"。③ 是年，其修改头等价目为 7.26 文，三等价目为 4.88 文。但自"电车修改电车价目以来，银价低跌甚巨，以致一切营业成本均见激增，认为有请工部局准其修改价目之必要。前项所拟增加之价，比现行价目每英里约增铜元一枚；倘仅将头等车费增加，以资弥补，事难实行。缘此种加价，势必致头等之乘客减少，三等之乘客增多，所拟修改之价目，因在本局核准最高价目范围之内，经予照准"。据 1931 年 4 月英电所拟修改价目（以铜元计每英里均价）显示，以铜元跌价 63% 计算，经工部局核准价率中最高价头等为 27.03 文，三等为 13.51 文；最低价头等为 7.74 文，三等为 5.33 文。④

至 1933 年 6 月，该公司再以铜元兑价日低，陈请工部局准将电车价目修改。原有价目较 1931 年 4 月所定，计头等约增 4.5%，三等约增 5%。"但仍在本局与该公司所订特许合同内规定最高价目范围之内，且所增大都以每站铜元一枚为限。"⑤ 该票制于是年 6 月 11 日起正式实施（见表 2 - 6 至表 2 - 9），"所有车资悉照铜币规定"。6 岁以下孩童乘车免付车资，6 岁及以上孩童乘车概付全资。⑥

---

① 《上海电车公司（公共租界）为更改车资通告》，《申报》1924 年 1 月 19 日，第 1 版。

② 《公共租界电车今日涨价》，《申报》1925 年 12 月 4 日，第 14 版。

③ 《电车加价昨讯》，《申报》1930 年 4 月 21 日，第 16 版。

④ 华文处译述：《上海公共租界工部局年报》（中文），1931 年，上海公共租界工部局档案，档号：U1 - 1 - 957。

⑤ 华文处译述：《上海公共租界工部局年报》（中文），1933 年，上海公共租界工部局档案，档号：U1 - 1 - 959。

⑥ 《上海市公用局关于建设委员会等调查外商电车》，1933 年 7 月 ~ 1937 年 3 月，上海市公用局档案，档号：Q5 - 2 - 826。

表 2-6 英商一路电车（静安寺—虹口公园，1933）一等、三等车资

单位：分

到站＼起站	静安寺	爱文义路赫德路转角	戈登路	爱文义路卡德路转角	斜桥总会	马霍路	西藏路	浙江路	抛球场	英大马路外滩
爱文义路赫德路转角	6/8									
戈登路	8/10	6/8								
爱文义路卡德路转角	8/12	8/10	6/8							
斜桥总会	10/15	8/12	8/10	6/8						
马霍路	12/15	10/15	8/12	8/10	6/8					
西藏路	12/15	12/15	10/15	8/12	8/10	6/8				
浙江路	14/17	12/15	12/15	10/15	8/12	8/10	6/8			
抛球场	14/17	14/17	12/15	12/15	10/15	8/12	8/10	6/8		
英大马路外滩	16/19	14/17	14/17	12/15	12/15	10/15	8/12	8/10	6/8	
外白渡桥	16/21	16/19	14/17	14/17	12/15	12/15	10/15	8/12	8/10	6/8

续表

（单位：分；每格内左下角号码为头等价目，右上角号码为三等价目）

	天潼路	蓬路	老靶子路	厚德里	横浜桥	阿瑞里	虹口公园
							6 / 6
						6 / 6	8 / 8
					6 / 6	8 / 8	8 / 8
				6 / 6	8 / 8	8 / 8	10 / 10
			6 / 6	8 / 8	8 / 8	10 / 10	10 / 10
		6 / 6	8 / 8	8 / 8	10 / 10	10 / 10	10 / 12
	6 / 6	8 / 8	8 / 8	10 / 10	10 / 10	10 / 12	12 / 12
	8 / 8	10 / 10	10 / 10	12 / 12	12 / 12	12 / 15	15 / 15
	10 / 10	12 / 12	12 / 12	14 / 14	14 / 14	14 / 16	16 / 17
	10 / 10	12 / 12	12 / 12	14 / 14	14 / 14	16 / 16	16 / 17
	12 / 12	14 / 14	14 / 14	16 / 16	16 / 16	18 / 18	18 / 19
	14 / 14	16 / 16	16 / 16	18 / 18	18 / 18	18 / 18	18 / 21
	14 / 14	16 / 16	16 / 16	18 / 18	18 / 18	18 / 18	18 / 26
	16 / 16	18 / 18	18 / 18	18 / 18	18 / 18	18 / 18	18 / 26
	18 / 21	18 / 21	18 / 21	18 / 21	18 / 26	18 / 26	18 / 26

注：往静安寺者为上行车，往虹口公园或十六铺者为下行车；每方格内左下角号码即头等价目，右上角号码即三等价目。

资料来源：《上海市公用局关于建设委员会等调查外商电车》，1933年7月～1937年3月，上海市公用局档案，档号：Q5-2-826。

表 2-7 英商六路电车（圆路：北火车站—北火车站，1933）一等、三等车资

单位：分

	海宁路	老垃圾桥	芝罘路	英大马路	正丰街	棋盘街	五马路外滩	英大马路外滩
北火车站	6/8	8/12	10/15	10/15	12/18	12/18	12/21	12/21
海宁路		6/8	8/12	10/15	10/15	12/18	12/18	12/21
老垃圾桥			6/8	8/12	10/15	10/15	12/18	12/18
芝罘路				6/8	8/12	10/15	10/15	10/18
英大马路					6/8	8/12	10/15	10/15
正丰街						6/8	8/12	10/15
棋盘街							6/8	8/12
五马路外滩								6/8

续表

	外白渡桥	虹口菜市	沈家湾	北四川路	北火车站
	8 / 6				
	8 / 6	6 / 6			
	10 / 8	8 / 8	6 / 6		
	12 / 10	12 / 10	8 / 8	6 / 6	
	12 / 10	12 / 10	8 / 8	8 / 8	8 / 8
	15 / 12	15 / 12	12 / 10	10 / 8	8 / 8
	15 / 12	15 / 12	12 / 10	12 / 10	12 / 8
	18 / 12	18 / 12	15 / 12	15 / 12	
	18 / 12	18 / 12	18 / 12		
	21 / 12	21 / 12			
	21 / 12				

注：行里圈者为上行车，行外圈者为下行车；每方格内左下角号码即头等价目，右上角号码即三等价目。

资料来源：《上海市公用局关于建设委员会等调查外商电车》，1933 年 7 月～1937 年 3 月，上海市公用局档案，档号，Q5－2－826。

表 2-8　英商十四路电车（无轨电车，民国路—北火车站，1933）一等、三等车资

单位：分

车站（起）	民国路	郑家木桥	四马路	英大马路	老闸桥	天后宫桥	蓬路
郑家木桥	4/6						
四马路	8/8	8/8					
英大马路	8/8	8/8	8/8				
老闸桥	12/12	12/12	12/8	6/8			
天后宫桥	12/10	12/12	12/10	8/10	6/8		
蓬路	12/10	12/12	10/10	8/10	8/8	6/8	
北火车站	12/12	12/12	12/12	8/12	8/12	8/8	6/8

注：往北火车站者为上行车，住民国路为下行车；每方格内左下角号码即头等价目，右上角号码即三等价目。

资料来源：《上海市公用局关于建设委员会等调查外商电车》，1933 年 7 月～1937 年 3 月，上海市公用局档案，档号：Q5-2-826。

表 2-9　英商二十一路电车（无轨电车，平凉路兰路，平凉路—麦根路戈登路，1937）一等、三等车资

单位：分

	齐物浦路	韬朋路	平凉路大连湾路	大连湾路华德路	保定路塘山路	昆明路	兆丰路	新记浜路	里虹桥	虹口菜市	吴淞路天潼路
平凉路兰路	6/8	8/8	8/12	10/12	12/15	12/15	14/18	16/21	16/21	18/26	26/26
齐物浦路		6/8	8/12	10/12	12/15	12/15	14/18	16/21	16/21	18/26	26/26
韬朋路			6/8	8/12	10/12	12/15	12/15	14/18	16/21	16/21	18/21
平凉路大连湾路				6/8	8/12	10/15	12/15	14/18	14/18	16/21	21
大连湾路华德路					6/8	8/12	10/15	12/18	12/18	14/21	18
保定路塘山路						6/8	8/12	10/15	10/15	12/18	18
昆明路							6/8	8/12	10/15	10/15	15
兆丰路								6/8	8/10	8/12	12
新记浜路									6/8	8/10	10
里虹桥										6/8	8
虹口菜市											6/8

续表

下表为电车各站间头等、三等价目表（单位：分）。每方格内左下角号码为头等价目，右上角号码为三等价目。各站（对角线标注）自右上至左下依次为：戈登路、麦根路、叉袋角、麦特赫司脱路、舢舨厂桥、爱文义路卡德路、成都路、派克路、北泥城桥、老闸桥、天后宫桥、四川路北京路、天潼路-北四川路。

起站＼到站	四川路北京路	天后宫桥	老闸桥	北泥城桥	派克路	成都路	爱文义路卡德路	舢舨厂桥	麦特赫司脱路	叉袋角	麦根路	戈登路
麦根路												6/8
叉袋角											6/8	8/8
麦特赫司脱路										6/8	8/12	8/12
舢舨厂桥									6/8	8/12	10/12	10/12
爱文义路卡德路								6/8	8/12	10/15	10/15	12/15
成都路							6/8	8/12	10/15	10/18	12/18	12/18
派克路						6/8	8/12	10/15	10/18	12/18	14/21	14/21
北泥城桥					6/8	8/12	10/15	10/18	12/18	14/21	14/21	16/21
老闸桥				6/8	8/12	10/15	10/18	12/18	14/21	14/21	16/26	16/26
天后宫桥			6/8	8/12	10/15	10/18	12/18	14/21	14/21	16/26	16/26	18/30
四川路北京路		6/8	8/12	10/15	10/18	12/18	14/21	14/21	16/26	16/26	18/30	18/30
天潼路-北四川路	6/8	8/12	10/15	10/18	12/18	14/21	16/21	16/21	18/26	18/26	20/30	20/30

注：往麦根路戈登路者为上行车，往平凉路兰路者为下行车；每方格内左下角号码即头等价目，右上角号码即三等价目。

资料来源：《上海市公用局关于局建设局等调查外商电车》，1933 年 7 月～1937 年 3 月，上海市公用局档案，档号：Q5－2－826。

至 1936 年 7 月，英电公司电车价目改用新币。"自国民政府发行十进新币以来，即以铜元三枚作新币一分计算，极为便利。最近该公司复呈请工部局改订价目表，悉以新币制计算，此事目前经工部局公用委员会讨论，金谓此次变更价目，目的在推行新币，便利乘客并无加价之意，其计算方法系以最近之半分为标准。即呈请董事会予以批准，谅不日即可施行。"① 翌年 6 月 1 日起，公共租界有轨及无轨电车一律改用新辅币，前以铜元者即改为 1 分辅币为单位。② 即当日起，英电公司各路电车票资为稽核便利计，特以铜元 1 枚悉改为法币 1 分作为单位，"并重订票价悬挂于各电车内，以资识别"。③

第三节　营业损益和财务信息

全面抗战前，"公共租界电车系上海制造电气有限公司所经营"。④ 英电公司 1906 年 4 月开始兴工，1908 年 3 月始营业，资本金 32 万英镑（分 320 股，每股 1000 英镑，后改每股 10 英镑），全数收齐。⑤

一　营业收益

1905 年，英电公司开始接受让与权，但"铜元之行亦自此日益增加"，迄历届所受损失共 10 万金镑外，"贴亏与资本二者恒互为消长"，故 1909 年所失 3.63%，而 1913 年则增至 8.09%，"此实为公司营业至大障碍"。公司银行借款未偿者仅 12000 镑，"但须上海有款汇来，即不难早日清结"。⑥ 1907 年该公司收入 5631 两；1909 年全年行车 318 万公里，营收 55 万余元；1911 年行车 360 万公里，营收 80 万元。⑦ 斯时，以中国铜元合诸英美制币，"则兑换之间赔折起焉"。铜元 1 分实则仅值 1 分的 3/4，其值为英国 1 便士的 1/6、美国 1 生脱（美分）的 1/3。是而，该公司受此项损失在 1914 年开

① 《电车价目改用新币业经工部局批准》，《申报》1936 年 7 月 25 日，第 13 版。
② 《两租界电车将重定车价改铜元为新辅币六月一日起实行》，《申报》1937 年 5 月 27 日，第 11 版。
③ 《电车与公共汽车今日起改订票价一律采用辅币为单位》，《申报》1937 年 6 月 1 日，第 17 版。
④ 《公共租界电车去年之盈余》，《申报》1923 年 7 月 18 日，第 14 版。
⑤ 《交通史·电政编》第 3 集，第 72 页。
⑥ 甘作霖：《上海三电车公司之组织（续一号）》，《东方杂志》第 12 卷第 4 号，1915 年 4 月 1 日，第 9 页。
⑦ 上海市档案馆编《上海租界志》，第 330 页；上海市公用事业管理局编《上海公用事业（1840～1986）》，第 343 页。

始 5 个月为墨银 120655 元，较上年同期损失复增 6000 余元。公司自开始营业后至 1912 年始派息 5 厘，次年已增至 7 厘（股东应得股息由 5 厘增至 7 厘），且提出 10000 英镑作为兴修费，统计兴修费项下已积存英金 27737 镑。而是时资本项下所历经勾销的开办及造路各费亦达 12027 镑。但"在公司一方，除车价力求廉贱外，尚有贴水一层，亏蚀甚巨"。[①] 1909～1913 年公司收入核算列表 2–10。

表 2–10　英商电车公司收入核算一览（1909～1913）

单位：墨洋

项目	1909 年	1910 年	1911 年	1912 年	1913 年
总收入数	—	—	809964	1042785	1183942
除贴耗外实存	—	—	168848	139375	258810
除贴耗外实收	—	—	641116	803410	925132
经常开支实数	—	—	425160	486459	495093
除开支外溢数	—	—	215956	316951	430039
工部局报效数			31783	39784	46018
盈余实在数	—	—	184173	277167	384021
每客实收	3 分 8 厘 6	2 分 9 厘 5	2 分 3 厘 5	1 分 9 厘 7	1 分 9 厘 4
每客开支	3 分 4 厘 5	2 分 3 厘	1 分 6 厘 7	1 分 2 厘 9	1 分 1 厘 3
每客盈余	4 厘 1	6 厘 5	6 厘 8	6 厘 8	8 厘 1

注：按以上开支贴耗两项，一则包括伦敦总事务所关于本公司费用，二则指铜元折合英金。

资料来源：甘作霖《上海三电车公司之组织》，《东方杂志》第 12 卷第 1 号，1915 年 1 月 1 日，第 15 页。

英电公司总董于 1914 年 5 月在伦敦召开第八次常年会，由主席邓脱勋爵士报告：1913 年公司总收入为英金 117986 镑 10 先令 5 便士。[②] 除铜元贴水损失 25880 镑 19 先令 4 便士外，实收为英金 92105 镑 4 先令 1 便士，较 1912 年实收已增 79783 镑 4 先令 1 便士。除去上海公司开支外，净余 37976 镑 4 先令 10 便士，1912 年净余则仅 27161 镑 9 先令 7 便士。合诸 1912 年结存 1974 镑 5 先令 6 便士，除去伦敦各项费用及利息外，计尚存 36700 镑 7 先令 2 便士。拟于此款内，提出 10000 镑作为兴修准备金，以 1000 镑为摊除开办费，以 22400 镑为 1913 年股息 7 厘息。如是，则 1913 年结存实为

---

① 甘作霖：《上海三电车公司之组织》，《东方杂志》第 12 卷第 1 号，1915 年 1 月 1 日，第 14～15 页。

② 20 先令为 1 镑，12 便士为 1 先令。

1300 镑 7 先令 2 便士。至于电费一层，1912 年为 13137 镑 2 先令 2 便士，1913 年则减为 10794 镑 5 先令 2 便士，"此公司与工部局改订电费合同之效果也"。即此项改订事宜，公司按原定电费合同第十条规定，于 1913 年五年期满时，向工部局正式提议修改。公司实收增至 12227 镑 2 先令，而又得留其 88% 即 1084 镑 15 先令 3 便士为盈余款，"事之可喜孰逾于此，然推究公司所以能有此成绩之原因，则由于电费之减轻者半，收入数多而开支费少者亦半"。1913 年开支与实收的比例已由 65.5% 减至 58.5%（工部局报效金及贴水亏折均包括在上述开支内）。就贴水亏折言，1913 年居总收入23.19%，亦即去股本金 8.09%；1912 年居总收入 24.55%，即去股本金7.64%。两两相较，则 1913 年损失较 1912 年为轻，"是不得谓非进步"。[1]

　　至 1919 年，英电公司上半年收入实数较 1918 年同期已增 15%。"现在各车一日间所收铜元有四吨重"，表 2-11 统计足资参阅。1920 年，欧战后煤价骤涨，公司颇受损失。若照战前煤价，盈余可多得 83000 元，每乘客处所得数自 3 元 8 分 6 跌至 1 元 7 角（跌下 56%），"骤视之似为可异"。然须为每客所费数自 3 元 4 角 5 减至 1 元零 1 分（减去 70%），所得者远过于所失。[2]公司营业 1920 年较 1919 年 "已大过之"。1920 年总收入计 2478845 元（1919 年计 2087691 元），除一切开支计 658572 元（1919 年 521385 元）外，净计余利 1820273 元（1919 年 1566305 元）。[3] 即 1920 年公司盈利增加，全年获利 7.3 万余英镑，年终按资本额的 20% 分发红利 6.4 万英镑。[4]

表 2-11　英商电车公司概况（1909~1918）

项目	1909 年	1918 年	项目	1909 年	1918 年
车行里数（英里）	1979001	4112776	平均每客所付实数（元）	3.86	1.70
乘客总数（人）	11772715	78683690	公司为每客所费数（角）	3.45	1.01
收入总数（元）	570030	1727051	平均每客所得净利（分）	0.41	0.69
兑换短折（元）	116089	390377	盈余实数（元）	47736.00	545089.00
收入实数（元）	453941	1336674			

　　注："平均每客所付实数"中兑换短折已除去。

　　资料来源：《英人在上海之企业》，《申报》1920 年 1 月 11 日，第 19 版。

---

① 甘作霖：《上海三电车公司之组织（续一号）》，《东方杂志》第 12 卷第 4 号，1915 年 4 月 1 日，第 7~8 页。

② 《英人在上海之企业》，《申报》1920 年 1 月 11 日，第 19 版。

③ 《去年上海电车公司营业记》，《申报》1921 年 1 月 14 日，第 11 版。

④ 上海市公用事业管理局编《上海公用事业（1840~1986）》，第 348 页。

次如 1921 年 1 月 1~7 日，英电公司收入 48115 元，除各项开支 13471 元外，净盈余 34644 元；14~20 日，公司收入 49649 元，开支 13792 元，净收入 35857 元；21~27 日，收入 49030 元，开支 13572 元，净收入 35458 元。① 截至同年 6 月底，公司半年营业与上年同期比较：1921 年、1920 年上半期收入分别为 1364931 元、1165991 元，杂项开支 410474 元、120698 元，收入净数 954456、865292 元。计开支与收入百分比例，1921 年上半期计 31.58%，1920 年为 27.1%。② 从而，"租界电车营业蒸蒸日上"，自 1922 年 6 月 29 日至 7 月 5 日，该公司车票收入共计 62898.96 元，市价损失 25076.69 元，实收 37822.27 元。上年同期车票收入为 60291.25 元，市价损失 19402.28 元，实收 40888.97 元。③ 是年 9 月，公司共收入 302144.67 元，除铜元跌价损失 43.85% 计 126659.86 元，纯收 175487.81 元。当年 9 个月内收入共计 2617801.74 元，除铜元跌价损失 39.91% 计 99627.04 元，纯收 1621530.70 元，上年同期纯收 147962.41 元。④ 具如公共租界六路、七路电车"惟因钱价日涨，殊受影响"，自 1922 年 5 月 17 日至 24 日一星期收入与去年同期收入比较：计入票洋 64837.68 元，除兑价损失 25026.66 元，实入大洋 39811.02 元，兑价损失约为收入的 40%。上年同期收入为 56194.59 元，兑价损失 17587.78 元，实收 38606.81 元。⑤ 英商电车公司 1922 年与 1921 年营业比较见表 2-12，1916~1922 年营业情况见表 2-13。

表 2-12　英商电车公司 1922 年与 1921 年营业比较

项目	1922 年 7 月	1921 年 7 月	1922 年 1~7 月	1921 年 1~7 月
收入总数(元)	302293.31	257152.72	2016231.65	1622083.76
铜元跌价损失(元)	121262.39	82324.78	747259.53	492799.24
实收(元)	180830.92	174827.94	1268972.12	1129284.52
铜元跌价比例(%)	42.02	36.40	38.91	31.91
电车行程(英里)	508638	469229	3353659	3046623
搭客总数(人)	10606977	9559340	71098887	69293990

① 《上海电车公司营业记》，《申报》1921 年 1 月 8、22、28 日，第 10 版。
② 《半年中电车公司营业记》，《申报》1921 年 7 月 8 日，第 14 版。
③ 《租界电车营业之比较》，《申报》1922 年 7 月 9 日，第 13 版。
④ 《公共租界电车收入之统计》，《申报》1922 年 10 月 3 日，第 15 版。
⑤ 《电车营业之今昔观》，《申报》1922 年 5 月 28 日，第 15 版。

续表

项目	1922 年 10 月	1921 年 10 月	1922 年 1 ~ 10 月	1921 年 1 ~ 10 月
收入总数(元)	343129.72	285072.16	2960331.46	2323996.17
铜元跌价损失(元)	144959.20	93499.36	1141230.24	752811.96
实收(元)	198170.52	191572.80	1819701.22	1671184.21
铜元跌价比例(%)	43.94	34.40	40.38	32.64
电车行程(英里)	509700	472546	4864001	4434403
搭客总数(人)	12079146	10566877	104399183	99143565

资料来源:《公共租界电车营业之统计》,《申报》1922 年 8 月 3 日, 第 13 版;《上月公共租界电车营业统计》,《申报》1922 年 11 月 3 日, 第 14 版。

再据该公司在伦敦召开的第十七次股东大会上的报告,1922 年上海电车营业盈余为 96998 镑, 比上年增 3918 镑, 汇兑盈余由 15765 镑增为 17160 镑, 加以他项盈亏计, 是年纯盈 113299 镑, 较上年盈 112945 镑, 实增 354 镑。除提出折旧 15000 镑、公司盈余税 5000 镑、职员金 2531 镑等外, 股东官红利可续发 8 厘, 连前次所发, 是年共得 2 分。续开特别大会提议将公司 40000 股股本, 每股金额由 10 镑改为 1 镑, 旋经会众一致通过。[1] 1922 年公司营业, 提存下期公积金 17000 镑, 股东实得官红利 2 分。[2]

表 2 - 13　英商电车营业 (1916 ~ 1922)

年份	总收入	总支出(铜元下落损失在内)	纯益
1916	153753 镑		49509 镑
1917	161363 镑		67504 镑
1918	172082 镑		71507 镑
1919	2087691 元(208769 镑)	521385 元	1566306 元(145566 镑)
1920	3478845 元(247884 镑)	658572 元	1820273 元(182027 镑)
1921	2981073 元(205593 镑)	937312 元	2043761 元(122361 镑)
1922	3597202 元(221153 镑)	1397579 元	2199623 元(119561 镑)

注: 铜元与银元兑换损失率如次, 1908 年为 20%, 1910 年为 24%, 1915 年为 27%, 1920 年为 26%, 1925 年 (截至 6 月) 为 53.5%。

资料来源: 沙公超《中国各埠电车交通概况》,《东方杂志》第 23 卷第 14 号, 1926 年 7 月 25 日, 第 52 页;《交通史·电政编》第 3 集, 第 75 页。

---

① 《公共租界电车去年之盈余》,《申报》1923 年 7 月 18 日, 第 14 版。

② 《公共租界电车公司之纯利益》,《申报》1923 年 5 月 25 日, 第 15 版。

1923 年 2 月，英商电车营业计纯收入 167774 元，连同 1 月合计收入 352331 元。① 3 月的一星期间，电车营业收入计 39883 元。② 7 月，电车收入 32908338 分，折合大洋 189014 元，较上年同期中仅收大洋 180830.92 元计 增 8000 余元。至是年 7 个月内，收入 223962169 分，折合大洋 1307963 元，较上年同期约增 4 万元。③ 1923 年全年公司营业总计收入 3978000 元，除兑换损失外，纯收入计洋 2294000 元，比较前年增加 95000 元。④ 1924 年，公司收入铜元 450922923 枚，折合大洋贴水 212688229 枚，实收洋 2362346.94 元，贴水损失通扯 48.36%。⑤ 1925 年，电车收入铜元 453684939 枚，折合 大洋贴水 253623971 枚，实收洋 2000609.68 元，贴水损失通扯 56.74%。⑥ 1925 年，公司盈余共 72159 英镑，伦敦总公司来电派息 1 分，所余 5169 镑 作为本年滚存。⑦ 1926 年 1~6 月，公司收入车资 344106933 分，折合墨银 1368679.23 元，铜元贬价损失平均为 60.83%。⑧

嗣后，1932 年英电公司当年利润总计 167491 英镑 19 先令 8 便士。⑨ 1935 年公司收入 344663 英镑，支出 199283 英镑，纯利 145580 英镑。1936 年公司收入 285546 英镑，支出 163603 英镑，纯利 120943 英镑（见表 2-14）；是年英商电车行驶里程 1725 万公里，载客 1.15 亿人次，净收入 455.7 万元⑩。斯时，其已成为垄断上海公共租界有轨和无轨电车客运的规模企业。

表 2-14　英商电车公司营业概况（1935~1940）

年份	收入(英镑)	支出(英镑)	纯利(英镑)	汇兑率	平均票价(便士)
1935	344663	199283	145580	1 先令 5800 便士	0.67
1936	285546	163603	120943	1 先令 2375 便士	0.58
1937	223848	142396	81452	1 先令 2300 便士	0.60

① 《二月份公共租界之电车营业》，《申报》1923 年 3 月 5 日，第 14 版。
② 《一周间之电车营业》，《申报》1923 年 3 月 19 日，第 14 版。
③ 《上月公共租界电车营业统计》，《申报》1923 年 8 月 3 日，第 15 版。
④ 《上年之电车营业》，《申报》1924 年 1 月 5 日，第 14 版。
⑤ 《电车去年收入之报告》，《申报》1925 年 1 月 12 日，第 16 版。
⑥ 《公共租界电车去年营业之报告》，《申报》1926 年 1 月 5 日，第 9 版。
⑦ 《公共租界电车之盈余》，《申报》1926 年 5 月 28 日，第 14 版。
⑧ 《公共租界电车之半年营业》，《申报》1926 年 7 月 3 日，第 15 版。
⑨ 《上海市公用局调查上海电车公司》，1932 年 6~7 月，上海市公用局档案，档号：Q5-2-825。
⑩ 上海市档案馆编《上海租界志》，第 422 页。

年份	收入（英镑）	支出（英镑）	纯利（英镑）	汇兑率	平均票价（便士）
1938	177785	115994	61791	10234 便士	0.41
1939	164249	106169	58080	6280 便士	0.27
1940	162436	121856	40580	3900 便士	0.25

资料来源：《上海市公用局电车筹备处电车公司计划书（三）》，1947 年，上海市公用局电车公司筹备处档案，档号：Q423 - 1 - 23。

二　资本财务

战前，"上海电车有限公司为英商所创办，开始亦有大量华股投资，但实权操在英人手中"。[1] 如"办理公共租界电车事业之上海电气公司，因扩充有轨无轨路线、需费甚巨"，于 1924 年 5 月 28 日在伦敦召集股东大会时，议决添募新股 10 万股，每股英金 1 镑，老股每 4 股可承购新股 1 股。该公司资本总额自添募新股后，共达 50 万镑。[2] 至 1931 年，该公司盈利 167491 英镑 19 先令 8 便士，资产 985744 英镑 5 先令（见表 2 - 15、表 2 - 16）。

表 2 - 15　英商电车公司损益账目（1931 年 12 月 31 日）

损失	英镑 £	先令 s.	便士 d.	利润	英镑 £	先令 s.	便士 d.
电力支出	16458	14	7	交通收入	283044	1	2
交通支出	44825	5	6	合约利润	588	11	0
修理和保养支出	4231	17	0	租金和广告	1962	9	2
上海总支出	22678	3	7				
专利使用费总额	10422	2	4				
余额	136616	3	0				
	148978	18	4				
董事费用	3050	0	0	平衡	148978	18	4
伦敦总花费	1988	6	11	外汇账户	5563	14	2

---

[1] 《上海各种公用事业概况（上海调查资料公用事业篇之二）：英商上海电车公司》，1949 年 3 月，江南问题研究会档案，档号：Y12 - 1 - 78 - 106。

[2] 《公共租界电车公司添募新股》，《申报》1924 年 6 月 26 日，第 14 版。

续表

损失	英镑	先令	便士	利润	英镑	先令	便士
	£	s.	d.		£	s.	d.
				转让费	8	4	6
				利息和股息	3979	9	7
全年盈利	167491	19	8	新加坡(车辆)牵引有限公司管理参与	14000	0	0
合计	172530	6	7		172530	6	7

资料来源：《上海市公用局调查上海电车公司》（原件为英文），1932 年 6～7 月，上海市公用局档案，档号：Q5－2－825。

表 2－16　英商电车公司资产负债情况（1931 年 12 月 31 日）

负债	英镑	先令	便士	资产	英镑	先令	便士
	£	s.	d.		£	s.	d.
资本授权 700000 英镑				按原价估值的特许权、土地、建筑、车辆和固定装置及少数注销			
资本发行：付足 600000 股，每股 1 英镑	600000	0	0	来自上年账户 751458 英镑 12 先令 4 便士			
伦敦和上海的各种债权人、信贷余额和应计费用	61949	4	2	今年增加的固定资产 4173 英镑 9 便士	755631	13	1
无人认领的股息	6692	8	6	原价估值的上海工厂、工具、家具和杂项设备	20668	2	4
公积金账户				上海的库存藏品	30848	5	2
来自上年账户 73250 英镑				新加坡车辆有限公司			
保险费 1250 英镑				管理参与 14000 英镑			
准备续签				当前账户余额 1640 英镑 7 先令 4 便士			
来自上年账户 131897 英镑 11 便士				两项总计 15640 英镑 7 先令 4 便士			
进一步提供 40000 英镑				管理股票 1 英镑	15641	7	4
两项总计 171897 英镑 11 便士				上海的各种债务人、存款、预付费用、当地投资	3850	16	7

续表

负债	英镑	先令	便士	资产	英镑	先令	便士
	£	s.	d.		£	s.	d.
减去：一年支出 11810 英镑 9 先令 9 便士	160086	11	2	按原价估值的英国政府有价证券 100005 英镑	104406	5	10
利润和损失（拨款账户）112516 英镑 1 先令 2 便士				上海和伦敦的手头和现在的银行账户的现金	54697	14	8
减去：临时股息 30000 英镑	82516	1	2				
合计	985744	5	0		985744	5	0

资料来源：《上海市公用局调查上海电车公司》（原件为英文），1932 年 6～7 月，上海市公用局档案，档号：Q5-2-825。

　　1924～1934 年，英电公司的股本资本总额从 32 万英镑增至 67 万英镑。股票分记名与无记名两种，记名股票占 29.73%，无记名股票占 70.27%。记名股票中英人占 22.81%，国人占 5.24%。"无记名股票恐大部在国人手中"。[1] 并且，当时沙逊集团觊觎该公司。1932 年 4、5 月间，沙逊集团开始收购其股票。据 F. R. 达卫 1932 年 5 月 18 日的备忘录记载："我们至本月 19 日已买进的（英商电车公司）的股款，将达 40 万银两左右。"沙逊集团 1936 年拥有英商电车公司股票 16610 股，占其实发数的 2.48%，但其成员已能跻入该公司董事会。[2] 至 1936 年，沙逊集团投资范围已涉及 13 个行业的 40 家企业，投资金额达到 897.1 元的高峰。其中当年公共交通投资 2 家（英商电车、公共汽车公司），金额为 300 万元，[3] 在其所有投资中占比最大，排序第一。至 1935 年，英电公司盈利 137831 英镑 1 先令 10 便士，资产为 1170131 英镑 9 先令 8 便士（见表 2-17、表 2-18）。

---

① 《上海市公用局电车筹备处电车公司计划书（三）》，1947 年，上海市公用局电车公司筹备处档案，档号：Q423-1-23。

② 张仲礼、陈曾年：《沙逊集团在旧中国》，人民出版社，1985，第 83 页。

③ 张仲礼、陈曾年：《沙逊集团在旧中国》，第 90 页。

表 2 - 17　英商电车公司损益账目（1935 年 12 月 31 日）

损失	英镑	先令	便士	利润	英镑	先令	便士
	£	s.	d.		£	s.	d.
电力支出	25389	8	0	交通收入	319865	3	3
交通支出	68652	4	6	合约利润	1049	15	4
修理和保养支出	52538	16	0	租金和广告	2308	4	8
总支出	35771	12	2	转让费	32	1	10
专利费和无轨电车路保养费	16730	19	3	投资回报	6631	12	5
董事费用	1483	6	8	利息和股息	5668	16	8
外汇账户	6266	5	1	新加坡（车辆）牵引有限公司管理参与 11752 英镑 4 先令 3 便士	9107	19	4
其他支出	206832	11	8	更少的所得税 2644 英镑 4 先令 11 便士			
全年盈利	137831	1	10				
合计	344663	13	6		344663	13	6

资料来源：《上海市公用局关于建设委员会等调查外商电车》（原件为英文），1933 年 7 月～1937 年 3 月，上海市公用局档案，档号：Q5 - 2 - 826。

表 2 - 18　英商电车公司资产负债情况（1935 年 12 月 31 日）

负债	英镑	先令	便士	资产	英镑	先令	便士
	£	s.	d.		£	s.	d.
资本授权 700000 英镑				按原价估值的特许权，土地，建筑，车辆和固定装置及少数注销			
资本发行：付足 670000 股，每股 1 英镑	670000	0	0	来自上年账户 770217 英镑 1 先令 6 便士			
伦敦和上海的各种债权人、信贷余额和应计费用	28307	12	10	今年增加的固定资产 415 英镑 4 先令 8 便士	770632	6	2
无人认领的股息	4264	16	11	原价估值的工厂、工具、家具和杂项设备	20711	8	3
公积金账户				库存藏品	29190	7	6

续表

负债	英镑	先令	便士	资产	英镑	先令	便士
	£	s.	d.		£	s.	d.
来自上年账户 23250 英镑				新加坡车辆有限公司的资金中,每 1 普通股为 1 英镑(先前继承的股票)	1	0	0
新加坡(车辆)牵引有限公司——管理协议终止的收到数 100000 英镑				伦敦和上海的各种债务人、借记余额和预付费用	13816	14	0
从损益中转移(拨款账户)5000 英镑 9 先令				按原价估值的投资	30429	11	10
保险费 20 英镑 11 先令	128271	0	0	伦敦和上海存款的现金:278437 英镑			
准备续签				手头和现在的账户:26913 英镑 1 先令 6 便士	305350	1	6
来自上年账户 220581 英镑 12 先令 5 便士							
进一步提供 40000 英镑							
两项总计 260581 英镑 12 先令 5 便士							
减去:一年支出 14339 英镑 10 先令 2 便士	246232	2	3				
利润和损失(拨款账户)119855 英镑 17 先令 3 便士							
减去:临时股息 26800 英镑	93055	17	3				
合计	1170131	9	8		1170131	9	8

资料来源:《上海市公用局关于建设委员会等调查外商电车》(原件为英文),1933 年 7 月~1937 年 3 月,上海市公用局档案,档号:Q5-2-826。

斯时，英电公司"营业成绩亦甚良好，每年可提出二成内外之红利"。[1]
如公司董事部会议决议发给 1935 年下半年红利 9 厘，全年计为 1 分 3 厘，
1936 年 4 月 20 日在沪举行股东年会。[2] 该公司 1935 年、1936 年收入平均为
315105 英镑，资本百分比为 47%；支出平均为 181943 英镑，资本百分比为
27.2%；毛利平均为 133162 英镑，资本百分比为 19.8%；除折旧 6% 外，
利息将为 13.8%。[3] 1936 年，公司全年盈利 119736 英镑 8 先令 9 便士，资
产为 1190002 英镑 19 先令 3 便士（见表 2 - 19、表 2 - 20）。1937 年 10 月，
该公司董事部再开会，议决本年下半年的股息，每股按 2% 发给，定于 11
月 10 日开付。[4]

表 2 - 19　英商电车公司损益账目（1936 年 12 月 31 日）

损失	英镑	先令	便士	利润	英镑	先令	便士
	£	s.	d.		£	s.	d.
电力支出	20175	12	10	交通收入	272893	3	8
交通支出	58413	6	0	合约利润	750	10	6
修理和保养	43002	5	1	租金和广告	1593	2	5
总支出	29114	4	8	转让费	26	15	7
专利费和无轨电车路保养费	13899	4	1	利息和股息	5549	6	3
董事费用	1197	18	4	税收储备	1110	10	4
外汇账户	7	4	2	新加坡(车辆)牵引有限公司管理参与	978	10	3
其他支出	165809	15	2	收入税返还	2644	4	11
全年盈利	119736	8	9				
合计	285546	3	11				

资料来源：《上海市公用局关于 1935～1940 年英商上海电车公司会计年报卷》（原件为英文），
上海市公用局档案，档号：Q5 - 3 - 5485。

---

① 《交通史·电政编》第 3 集，第 74 页。

② 《上海电车公司将发去年下半年红利》，《申报》1936 年 3 月 11 日，第 12 版。

③ 《上海市公用局电车筹备处电车公司计划书（三）》，1947 年，上海市公用局电车公司筹备
处档案，档号：Q423 - 1 - 23。

④ 《英商电车公司议决下半年股息额按每股再分二十一月十日开付》，《申报》1937 年 10 月
20 日，第 6 版。

表 2-20 英商电车公司资产负债情况（1936 年 12 月 31 日）

负债	英镑	先令	便士	资产	英镑	先令	便士
	£	s.	d.		£	s.	d.
资本授权 700000 英镑				按原价估值的特许权、土地、建筑、车辆和固定装置及少数注销			
资本发行：付足 670000 股，每股 1 英镑	670000	0	0	来自上年账户 770632 英镑 6 先令 2 便士			
伦敦和上海的各种债权人、信贷余额和应计费用	30514	1	3	今年增加的固定资产 21539 英镑 17 先令 9 便士	792172	3	11
无人认领的股息	3803	0	10	原价估值的工厂、工具、家具和杂项设备	20769	4	1
公积金账户：来自上年账户 128271 英镑				库存藏品	21811	10	1
减去：职员津贴和退休金 10000 英镑	118271	0	0	伦敦和上海的各种债务人、借记余额和预付费用	5033	7	7
职员津贴和退休金	10000			按原价估值的投资	113438	11	10
准备续签				伦敦和上海存款的现金：222285 英镑 4 先令			
来自上年账户 246232 英镑 2 先令 3 便士				手头和现在的账户：14492 英镑 17 先令 9 便士	236778	1	9
进一步提供 40000 英镑							
两项总计 286232 英镑 3 先令 3 便士							
减去：一年支出 14509 英镑 11 先令 1 便士	271722	11	2				

续表

负债	英镑	先令	便士	资产	英镑	先令	便士
	£	s.	d.		£	s.	d.
利润和损失（拨款账户）112492 英镑 6 先令							
减去：临时股息 26800 英镑	85692	6	0				
合计	1190002	19	3		1190002	19	3

资料来源：《上海市公用局关于 1935～1940 年英商上海电车公司会计年报卷》（原件为英文），上海市公用局档案，档号：Q5 - 3 - 5485。

　　1937 年 3 月 9 日，英电公司举行董事会议，议决在沪举行股东年会时，将上年第二次股息按 9 厘发给，全年合为 1 分 3 厘。[①] 表 2 - 21、表 2 - 22 则显示，自 1937 年后，该公司资产与盈利均呈下降之势（资产为 1178422 英镑 6 先令 7 便士，盈利仅为 80251 英镑 18 先令 4 便士）。深究而言，其理由有二：自中日战争开始后，凡苏州河以北之电车均停驶；自 1937 年后，"国币票价虽有增加，但因汇兑率急降，卒使便士票价每况愈下"。[②] 即全面抗战爆发后，日军当局禁止英商公共交通车辆进入苏州河以北地区，该公司只能调整线路，局限在苏州河南岸地区行驶，营业范围缩小近半，加之部分电线设施及车辆被日军炸毁，营业额大为减少。1937 年电车行驶里程为 1291 万公里，载客 8585 万人次，收入 358 万元。[③]

表 2 - 21　英商电车公司损益账目（1937 年 12 月 31 日）

损失	英镑	先令	便士	利润	英镑	先令	便士
	£	s.	d.		£	s.	d.
电力支出	17148	10	7	交通收入	213385	6	4
交通支出	50320	6	7	合约利润	477	11	3
修理和保养	35927	10	0	租金和广告	1388	11	3
总支出	28409	1	9	转让费	15	18	5

[①] 《英商电车公司将发股息九厘》，《申报》1937 年 3 月 10 日，第 15 版。

[②] 《上海市公用局电车筹备处电车公司计划书（三）》，1947 年，上海市公用局电车公司筹备处档案，档号：Q423 - 1 - 23。

[③] 上海市档案馆编《上海租界志》，第 422 页。

续表

损失	英镑	先令	便士	利润	英镑	先令	便士
	£	s.	d.		£	s.	d.
专利费和无轨电车路保养费	10592	1	4	利息和股息	8062	16	7
董事费用	1191	13	4	外汇账户	518	3	6
投资债权收回溢价损失	7	5	5				
其他支出	143596	9	0				
全年盈利	80251	18	4				
合计	223848	7	4		223848	7	4

资料来源:《上海市公用局关于 1935～1940 年英商上海电车公司会计年报卷》(原件为英文),上海市公用局档案,档号:Q5-3-5485。

表 2-22　英商电车公司资产负债情况 (1937 年 12 月 31 日)

负债	英镑	先令	便士	资产	英镑	先令	便士
	£	s.	d.		£	s.	d.
资本授权 700000 英镑				按原价估值的特许权、土地、建筑、车辆和固定装置及少数注销			
资本发行:付足 670000 股,每股 1 英镑	670000	0	0	来自上年账户 792172 英镑 3 先令 11 便士			
伦敦和上海的各种债权人、信贷余额和应计费用	20584	16	1	今年增加的固定资产 5261 英镑 13 先令 1 便士	797433	17	0
无人认领的股息	4146	1	11	原价估值的工厂、工具、家具和杂项设备	20836	4	8
公积金账户	118271	0	0	库存藏品	54058	9	0
职员津贴和退休金	10000	0	0	伦敦和上海的各种债务人、借记余额和预付费用	8719	0	2
准备续签				按原价估值的投资	136515	6	10
来自上年账户 271722 英镑 11 先令 2 便士				伦敦和上海存款的现金:148702 英镑 1 先令 2 便士			

续表

负债	英镑	先令	便士	资产	英镑	先令	便士
	£	s.	d.		£	s.	d.
进一步提供 35000 英镑				手头和现在的账户：12157 英镑 7 先令 9 便士	160859	8	11
两项总计 306722 英镑 11 先令 2 便士							
减去：一年支出 8546 英镑 6 先令 11 便士	298176	4	3				
利润和损失（拨款账户）70644 英镑 4 先令 4 便士							
减去：临时股息 13400 英镑	57244	4	4				
合计	1178422	6	7		1178422	6	7

资料来源：《上海市公用局关于 1935～1940 年英商上海电车公司会计年报卷》（原件为英文），上海市公用局档案，档号：Q5-3-5485。

总而言之，1937 年全面抗战爆发后，日军占领上海苏州河北岸地区，南北向公共交通中断。是年 10 月 26 日，日军投弹闸北，炸弹偏斜越过苏州河落下，击中英商十六路电车，乘客死伤 30 余人，司机 186 号、查票员 62 号同时遭难，从此十六路电车改由康脑脱路行驶。[①] 11 月，自国民党军队"退出沪市四郊后，难民均逃避一空，群集于公共租界与法租界内。……（公共租界）经北西藏路见十八路无轨电车，仍开抵新垃圾桥南塊为止，桥北虽可通行但须绕道老垃圾桥而往。……过老垃圾桥朝北之浙江路可通至海宁路，六路电车即停第一特区法院门首，由海宁路走克能海路朝北可至爱而近路，复折回仍由爱而近路朝东至北河南路，见十四路无轨电车已直达靶子路口，惟上下乘客则在爱而近路口。靶子路朝东则行人绝迹，华租交界处有日兵守望"。[②] 英商有轨电车二路，原为静安寺至十六铺，战时仅至外滩；七路车原为提篮桥至北站，改为提篮桥至外洋泾桥；无轨电车原有近 10 条

---

① 周源和：《上海交通话当年》，第 66 页。
② 《苏州河北一瞥电车通达行人绝少弹痕累累满目荒凉》，《申报》1937 年 11 月 25 日，第 2 版。

线，战时只剩下 3 条线，即十六、二十一、二十四路线，且均限在租界内
行驶。

　　1941 年 12 月太平洋战争爆发后，日军占领公共租界，英电公司汇山车
场及本场中的有轨电车被日商华中都市公共汽车公司占有，公司处于日本军
管之下。1944 年，日军当局将英电公司以敌产名义交给汪伪建设部，再由
汪伪建设部作价投资，与华中都市公共汽车公司合并改组为上海都市交通股
份有限公司。1945 年抗战胜利后，经与国民党政府谈判，上海市公用局于
11 月 3 日将英电公司正式归还英国人继续经营。但因时局动荡，其经营消
极，车辆设备更新缓慢，除 1946 年、1947 年两年有盈利外，其余年均有亏
损。1949 年 5 月上海解放后，公司共欠电费 67 万元，欠中国人民银行
109.3 万元，濒临破产。为了维持市内交通，上海市军事管制委员会宣布于
1952 年 11 月 20 日对英电征用。即日起，将"英商上海电车公司"更名为
"上海市电车公司"。征用时，上海市电车公司共有有轨电车 110 辆，拖车
119 辆，无轨电车 164 辆，营业线路共有 10 条，其中有轨电车 4 条，无轨电
车 6 条，线路总长度为 76.88 公里，职工总数为 3464 人。① 自此，英电公司
最终回到了人民政府的怀抱。

---

① 　上海市公共交通总公司、《上海英电工人运动史》编写组编《上海英电工人运动史》，中共
　　党史出版社，1993，第 7~9 页。

第三章　法租界电车业的经营与管理

近代上海电车事业，"中、英、法三国，各就本界设有路线，因有上海制造电气公司（英人经营）、上海法商电车电灯公司（法人经营）、上海华商电气股份有限公司（华股）之别"。[①] 上海法商电车电灯公司（Compagnie Francaise de Tramways at d'Eclairage Electriques de Shanghai，简称法电公司）为法人所经营，1906 年在巴黎设立总公司。其初资本 320 万法郎，翌年增资 420 万法郎，嗣增至 800 万法郎，在上海法租界经营电气及水道事业。[②]该公司"兼营自来水及公共运输，是为上海法租界有水电交通之始"。1906年公司在吕班路（亦名卢家湾路，今重庆南路）设上海管理处，同年开始在法租界架线铺轨工程。1908 年，"英法商有轨电车相继开办，是为上海有电车之始"。[③] 辛亥革命后，军阀战争造成法租界内人口激增，工商业及市政建设日益繁荣，推动城市电车业的发展。法租界电车交通的运行，在为租界及周遭居民的乘车出行提供方便的同时，亦推动了上海城市持续进步。

第一节　公司组织和设备情况

法租界开行电车是在 1908 年 5 月，"其造路及行车之权，悉操诸上海法兰西电车公司。公司之总事务所在法之巴黎。而上海总经理为柯西亚氏，其事务所在卢家汇"。其电车轨距"亦用密达制，此外工程上之设施大致与公共租界无甚歧异"。故 1913 年，"两租界实行接轨时，并无何等之困难"。[④]

---

① 沙公超：《中国各埠电车交通概况》，《东方杂志》第 23 卷第 14 号，1926 年 7 月 25 日，第 51 页。
② 《交通史·电政编》第 3 集，第 76 页。
③ 赵曾珏：《上海之公用事业》，第 53 页。
④ 甘作霖：《上海三电车公司之组织（续一号）》，《东方杂志》第 12 卷第 4 号，1915 年 4 月 1 日，第 10 页。

一 组织方式和人员配置

(一) 组织方式

1881 年 7 月，英商怡和洋行向法租界公董局提议在界内开办电车事业，公董局于 8 月召集纳税人会听取此项意见，决定采纳，并着手研究。1896 年 9 月，法国人罗发代表比商狭轨铁路公司向法租界当局申请经营法租界电车。公董局因考虑与公共租界合办，故未接受罗发的申请。同年 12 月，法商里昂远东工业建设企业向公董局申请也未获准。[①] 1898 年 3 月，公共租界工部局与法租界公董局合组电车设计委员会，5 月提出设计方案：电车营业的线路定为 3 条，一自外滩公园至十六铺，一自南京路外滩至静安寺，一自沪淞车栈至华界西门。此外就电车轨道、行车速度、专利公司报效金等做了规定，但因双方对轨道间距意见不同，解散了该委员会。[②] 翌年 10 月，两租界当局举行联席会议，审核投标事项。公共租界纳税人会议认为应将此项专利留给英商。鉴于英国人的态度，1901 年 6 月 10 日，法国总领事巨赖达通知法租界公董局，法租界电车也应由法国人主办。由此，董局奉其指示，与公共租界分开办理电车工程，并着手单独筹办。同年，法国厂商活动频繁，投标竞争的有格莱蒙公司、浦海工厂、支罗德公司、德福来洋行及法商公共汽车公司等单位，要求取得法租界的汽车运输专利。[③]

1901 年 10 月 23 日，公董局决定聘请法国甲等道桥工程师布新艾起草电车线路设计。此时法商公共汽车公司也提出在法租界内专营运输的要求，工部局核定的布鲁斯电气公司的计划也有深入法租界开辟电车线路的拟议，都被公董局拒绝。翌年 12 月 18 日，公董局工程师制定法租界及越界筑路等处电车招标合同。1903 年 2 月，法国领事组成调查委员会核定线路和招标法；3 月，法公董局特向桥梁道路工程专家就法租界及越界筑路地区内的电车招标合同进行咨询。经考核后，巴黎潘西虹洋行中标。该行于 12 月提出修改标约的要求也被批准，但受日俄战争影响，潘西虹公司拒绝缴纳 10 万法郎保证金，合约作废。1905 年，开设在比利时布鲁塞尔的比商国际远东公司提出承包法租界电车电灯事业的要求，其提出的计划书包括先建 2 条有

---

① 上海市公用事业管理局编《上海公用事业 (1840~1986)》，第 331 页。
② 上海市档案馆编《上海租界志》，第 425 页。
③ 上海市公用事业管理局编《上海公用事业 (1840~1986)》，第 332 页。

轨电车线路，一路自洋泾浜外滩至小东门捕房，一路自外滩达善钟路。同年 7 月，公董局也提出电车规划方案，一路由小东门达徐家汇路，一路由宝昌路沿鲁班路至徐家汇路，将来发展区域为自洋泾浜经宁波路、徐家汇路，至城内西门、斜桥及自宝昌路，沿善钟路达公共租界的徐家汇路。①

既如此，1905 年法商电车公司由（比利时）东方国际公司与法租界公董局订约设立，获得法租界电车专营权。② 8 月 8 日，法公董局与东方国际公司公共商定，以该公司名义接受电车及电器服务之特许权。12 月 8 日，比商国际远东公司接受公董局之议，于 1906 年 1 月 24 日双方订立"电车及电气让与权之合约"，享有法租界及越界筑路所有道路的电车、电灯、电力输送专营权，专营期先规定 50 年，后于 1914 年 2 月改为 75 年。但合约规定，比商东方万国公司不得自行经营上项事业，须在最短时期内转让给一个法国籍的公司，其董事中半数以上成员应为法国人，由后者继承东方万国公司的地位。③ 合约还规定，公司最迟于 1908 年 1 月 1 日起开办自小东门经外滩、公馆马路、宝昌路达徐家汇路的电车线路；另建连接法租界外滩经洋泾浜、天主堂街至公馆马路的线路。此外，公董局已核准的 3 条线路应在必要时开筑，并对电车轨道距离、电力、车辆、行车、路上工程、意外责任等做出规定，拟定车资如下：头等车每 1.5 公里以下银 5 分。又规定应将电车营业总收入的 5% 缴纳给公董局作为界内营业报酬金，每季度缴一次。④

1906 年 6 月 19 日，法商电车电灯公司补偿东方万国公司 25 万法郎，继承后者在上海法租界经营电车电灯事业的专营权。同年 7 月 9 日，该公司在法国巴黎登记，资本总额为 360 万法郎，并于 10 月 1 日开始架线铺轨。1907 年 1 月 1 日以 22.5 万法郎向法租界公董局购买电厂及一切设备，任命顾西爱为第一任经理。1908 年 1 月，电车有关工程基本完成，"铺轨完成，并在卢家湾设立停车场、修理厂"。⑤ 法商电车电灯公司正式成立后，公司总管理处设于法国巴黎，营业办事处设于上海吕班路。该公司的车场建造、轨线铺设、电车购置等均仿效英商上海电车公司模式。工程全部由英商布鲁

① 上海市档案馆编《上海租界志》，第 428～429 页。
② 《上海各种公用事业概况（上海调查资料公用事业篇之二）：上海法商电车电灯公司》，1949 年 3 月，江南问题研究会档案，档号：Y12－1－78－36。
③ 《上海电车公司综合条例》，1947 年，上海市公用局电车公司筹备处档案，档号：Q423－1－35－1。
④ 上海市档案馆编《上海租界志》，第 429 页。
⑤ 赵曾珏：《上海之公用事业》，第 53 页。

斯·庇波尔公司承包建造，轨线规格相同，先期的 28 辆有轨电车均系英国勃吕斯牌。[①]

继而，"上海南市市政厅为公众卫生交通便利起见，将城河镇平并筑马路自小东门迤西至西门外一号界碑止一段地方，因与法公董局马路毗连，所有现在及将来一切联合办法应行商订"。1912 年 11 月 18 日，上海县民政长吴馨、法国驻沪总领事巨赖达签订《中法交界订明路权案》。[②] 翌年 6 月，吴氏再与法总领事签订《中法交界订明路权案——续订附件》，其中规定，第一条：华界与法租界合成一路即民国路，计共宽 21 迈，当内法租界 9 迈，当华界 12 迈，当于分界处地下分段埋设界石，悉照联合办法第三条办理。第二条：民国路上如设电车，法租界与华界电车公司各设车轨一条，应如何彼此交通便利之法，将来由两公司另行商定，由法公董局南市市政厅转呈上官核准办理。第三条：南市市政厅为顾全公益、敦崇睦谊起见，允准法电车公司埋设电轨时，得与华电车公司均匀辅铺设于民国路之中，将来两电车公司应担任修路之费亦有两公司分任。第四条：法公董局为顾全公益、敦崇睦谊起见，允将徐家汇路之一段，即自法租界之麋鹿路起至斜桥华界肇周路止，马路工程之权，让与南市市政厅办理以作酬报。其原有之电车轨及电杆仍照旧通过，如南市市政厅修理此一段路时，必须无碍电车行驶及车马往来等事，最关紧要。[③] 继而，法商电车公司与华商电车公司"合议在民国路（今人民路）建筑双轨电车路一条，此路为华法两界界路，故双方订约自小

---

① 上海市公用事业管理局编《上海公用事业（1840～1986）》，第 336～337 页。

② 《中法交界订明路权案》主要内容如下。第一条：上海南市市政厅所筑之马路约宽 4 丈，下面用砖砌成高大阴沟，并代法公董局将原有之大小阴沟接通，其费全归市政厅担任，无须法公董局贴还。第二条：法公董局沿城河浜原有之马路与南市市政厅新筑之路为彼此便利起见合成一路，务使平坦宽大以便两界居民往来，毫无阻碍。第三条：南市市政厅新筑之路与法公董局原有之分界处，以旧时界线为准，于地下埋界石上面以铁板盖之，以备随时查考，另附地图为凭。第四条：在此公共路线内无论地面地下一切工程建筑之事，如设灯通水等，法公董局与市政厅各就界限办理，不相侵越。第五条：在此公共路线内，华法两界巡警各守界限办公，如遇追捕匪类不及知照时，得彼此协拿不以越界论，唯拿到匪类须交各该界内警局备文移缴。第六条：在此公共路线内，凡携有法公董局捐照之车辆得经由华界，携有南市市政厅捐照之车辆亦得经由法租界。第七条：此公共马路筑成后，常年零星修理，各就本界自行办理，如全路大修时，得因便利起见，彼此协商合办之法。参见《上海市公用局调查民国路分界及华法共同行驶电车契约》，1927 年 10～12 月，上海市公用局档案，档号：Q5-2-820。

③ 《上海市公用局调查民国路分界及华法共同行驶电车契约》，1927 年 10～12 月，上海市公用局档案，档号：Q5-2-820。

东门沿民国路至老西门一段分别筑轨道联接，规定其中一公司如不能继续营业，在将营业权转让新公司前，另一公司有向对方暂时租用民国路路线和线路上各种设施的权力。车站数目及票价一致，所收车资各归各"。"法公司近更与南市电车公司订约，不特彼此接轨，且更于西门与小东门之间，另筑一双轨之路，以便两界电车交互行驶，半属于华而半属于法。"①

随之，法租界先后扩充外马路，有西门外自方浜桥至斜桥的方斜路，自南阳桥至方浜桥的麋鹿路，自麋鹿路至斜桥欧嘉路等。1914 年，我国外交部特派江苏交涉员杨义与法驻沪总领事甘世东签订《法租界外道路之权案》，订定麋鹿及声嘉两路各以一半交还中国，方斜路全部交还；唯中国方面须将该路随时修理，不碍法商电车行驶。是则，方斜路唯法方仍保留电车行车权。沪南工巡捐局以法方既享假道行车之权利，自应尽相当义务乃与法公董局交涉，于 1921 年 1 月 8 日双方订立《法商电车行驶斜桥贴费合同》，主要约文如下：

> 按照 1914 年推广法租界所订条款，法电车公司在麋鹿路至华界斜桥止，借用华界通行电车。为此，工巡捐局对于行驶电车，向法公董局请将电车公司所缴公董局费内提出一部分交与工巡捐局。法公董局查此项提议尚属正当，又为对于中国官厅表示诚意，允以缴于 1921 年 1 月 1 日起，每季将所收电车公司之费提出一部分交与工巡捐局，其数按照路线之长短为比例。现行驶该路者为法商五路电车驶至老西门为止，六路电车取道斜桥驶至芦家湾为止。至发公董局贴费一节，仍循案办理。现查法电车全路线共 22800 米长，而在斜桥一段约 1500 米长，所以法公董局于所收电车公司费内提出约 6%，惟以后不得援以为例。该合同用中法文各六份，以一份存上海交涉公署，一份存沪海道尹公署，一份存上海县知事公署，一份存法领事署，一份存工巡捐局，一份存法公董局，中华文解释如有疑义，以法文为凭。②

客观而言，法商经营电车确实依靠英国公司的技术和实力。它由上海

---

① 甘作霖：《上海三电车公司之组织（续一号）》，《东方杂志》第 12 卷第 4 号，1915 年 4 月 1 日，第 12 页。
② 《上海南市市政厅准许上海华商电车公司行车合同》，1921 年 1 月，上海市公用局电车公司筹备处档案，档号：Q423 - 1 - 35 - 21。

法兰西电车公司经营，办事处设在卢家湾，总部设在巴黎。其实法商电车与电灯、自来水公司是三位一体的市政工程托拉斯，也是上海数一数二的大企业，而一切制度、技术效仿英国，电车轨距用密达制，工程设施与公共租界雷同。[①] 因此，之后与英法租界电车接轨、统一交通时也就没有过多阻碍。

（二）人员配置

法电公司除担负公共运输外（有轨及无轨电车、公共汽车），还负责供水供电，是法租界最重要的企业之一。公司实行董事会领导下的总经理负责制，下设秘书、总工程师、车务、会计、出纳、统计、意外事件、人事、采购、机务等部门，分管各项事务。秘书为总经理的主要助手，协助处理日常事务，总经理缺位时由秘书代理其职。总工程师为机务部最高负责人，车辆保养修理均归机务部管辖。车务总管为车务部最高负责人，负责营运业务、行车管理，总管营运业务及行车人员的任免。其他部门直接受总经理及秘书领导，分管各自主管事项。董事会由股东大会选举产生的若干董事组成，董事会主席为公司最高决策人。董事会对外代表公司，签订及核准各种契约，审核年终财产决算，决定红利分配比例及任免企业经理等高级职员。董事会除重大事件外，平时不干预行政事务。总经理为企业行政领导人，由董事会聘任。公司自总经理至各部门负责人均为法籍或其他欧籍人员充任，中国人及其他亚洲国籍人员在管理部门中只能担任翻译和办事人员的工作，不能出任领导职务。经理及各部门主管设正职及助理一两人。机构人员都能保持稳定，内部分工各司其职。[②]

1908 年 5 月 1 日，法电公司继承比利时公司在法租界经营电车电灯事业的专营权。公司拥有有轨电车机车 28 辆，设中心调度站于十六铺。[③] 十六铺中心调度站每天早、中、夜各有一名稽查值勤，负责全线的运营业务工作，中心调度站有一名查票员负责车辆发车和调度，如有多余时间则上车查票。中心站人员：一名写票，负责管理行车人员接落班和预备人员的顶班，同时管理站上备车等工作；一名写票，专事负责记录线路行车情况，以日报方式送车务处；一名代写票，负责签注客票号码及有关记录。站上还配有

---

① 周源和：《上海交通话当年》，第 62 页。
② 上海市公用事业管理局编《上海公用事业（1840~1986）》，第 338~339 页。
③ 上海市档案馆编《上海租界志》，第 427 页。

早、夜技工各一名，负责排除车辆故障；一名分线员，负责车辆的转向拉线和车辆清洁工作。管理 3 条线路的中心站上，员工配备共计 10 余名。① 该公司车务处下设票务组，负责内部票务管理工作。每日早晨由票箱员（俗称检查员）整理编制好各线路上隔夜交上来的票箱，根据次日各售票员按班"字"数，于当日下午 4 时后，开始发放次日需用的票箱，同时收回已用过的票箱及售票员所签的领票证。法电还规定：一切违反公司售票的行为，可以视作揩油（贪污）的企图而要受到处罚。②

法电公司于 1925 年组建工会，吸纳了许多受到工头或青帮操纵的小帮派。③ 具如在 30 年代法电的车务部工人中，苏北籍共占 1/3，卖票中北方人共六七十人，湖北籍二三十人，宁波籍 20 余人，无锡籍 20 余人，常州籍 10 余人，本地有百人。司机除苏北籍以外，湖南、湖北籍 30 余人，北方人 50 余人，南方人 1/3 弱。④ 这种籍贯上的差异性，显然有利于资方的控制与管理。诚如学者所言，"由于地缘祖籍的各不相同，电车工人们为了各自的谋生机会，相互之间各有成见，互存戒心，因而影响了他们的团结与合作"。⑤ 1927～1931 年，该公司的职工数分别为 567 人、579 人、684 人、761 人、789 人。⑥ 抗战前，全体职工共计 1800 余人，计职员约 300 人，车务部工人（司机及卖票）800 人，机务部 600 余人。其中，车务部的司机有轨电车 105 人、无轨电车 56 人、公共汽车 84 人；卖票人员有轨电车 244 人、无轨电车 72 人、公共汽车 84 人。⑦

工资奖惩。在旧上海，电车、汽车职员都属铁饭碗，考取不易，须经面试，挑健壮、伶俐、会心算，面试时还要在手上盖上电车公司蓝印和各种细则，备受讥谯。⑧ 如 1926 年 6 月，法电公司扩充营业，决计行驶无轨电车，招考司机 16 名、卖票人 30 名。⑨ 而法电在工资上有一特点，即"尽勤级密"。每年都可增加工资，工作日满 300 天可加薪，但所加数目甚微。在工

---

① 上海市公用事业管理局编《上海公用事业（1840～1986）》，第 340～341 页。
② 蔡君时主编《上海公用事业志》，第 369～370 页。
③ 〔法〕白吉尔：《上海史：走向现代之路》，第 167 页。
④ 朱邦兴等编《上海产业与上海职工》，第 277 页。
⑤ 〔美〕裴宜理：《上海罢工——中国工人政治研究》，第 301 页。
⑥ 上海市地方协会编《民国二十二年编上海市统计》，"公用事业"，第 10 页。
⑦ 朱邦兴等编《上海产业与上海职工》，第 275～276 页。
⑧ 周源和：《上海交通话当年》，第 60 页。
⑨ 《法租界无轨电车之进行讯》，《申报》1926 年 6 月 12 日，第 14 版。

资加到封顶线时再要晋级则要具备 15 年以上工龄，而且须有优异工作成绩。电车司机、售票员的工资、升工和奖惩，都以班头纸为依据。班头纸提前一天张贴，如未能按时接班者，要注告假、休假、停班或其他原因，司机、售票员的脱班、旷工、加班、误点及车辆肇事等情况都由写票员在行车时刻表上予以记录，经过车务处会计员核实，写入工作报表，月终累计后核算出每一行车人员的工资。法商电车亦有司机安全赏、售票营收赏，其内容和英商电车类同。① 如法电的年节赏，规定每年 1 月到 12 月底领取，倘使每年做不满 300 工，那么年节赏便要照比例扣减。米贴每天 1 角，津贴每天 2 角，各部工人一律。另外赏钱，车务部卖票员每天卖的票价超过 25 元、30 元、35 元、40 元，可分别得赏铜板 7 分、1 角、1 角 3 分、1 角 6 分。② 抗战前法商电车工人、职员工资情况见表 3 - 1。

表 3 - 1　抗战前法商电车工人、职员工资及薪金

职位		最高工资	最低工资
车务部	司机	每月 55 元	27 元 7 角
	卖票	每月 49 元半	27 元 7 角
机务部	大工	每天 2 元 8 角	8 角
	小工	每天 9 角半	4 角
职员	内勤	每月 200 元	20 元
	外勤	每月 160 元	30 元

资料来源：朱邦兴等编《上海产业与上海职工》，第 279 页。

另，法电还有一套强化劳动纪律的制度，公司规定职员要背熟 132 条有关"职工须知"事项。又规定查票、售票、司机要对公众"曲尽礼貌，和蔼待遇，俾免争吵"，如遇"搭客过于强横，吵闹不休，致无法敷衍时，得能寻觅证人，交托巡捕帮同排解"。③ 其"职工须知"，关乎电车方面的主要内容如下：

> 十二、……车未到站时，卖票人当将路单票板交给排车员或写票员，再报告其所作之班头电车号数及司机号码。
> 十六、卖票时应知种种　在末站车将开动前，卖票人应向车内乘客

① 上海市公用事业管理局编《上海公用事业（1840～1986）》，第 342～343 页。
② 朱邦兴等编《上海产业与上海职工》，第 280 页。
③ 周源和：《上海交通话当年》，第 61 页。

凭价目单逐一按站划票。卖票人不得将一种车票同时卖动二刀。及原刀卖完，应将小号码先卖，再依顺号码排整卖下。如有抽心抽底颠倒卖法，公司内当作有意舞弊，须予以严重责罚。……如欲卖票迅速，应对车内乘客高声呼喊。……凡派班在旧式及八轮两种正班车上者，卖票人应向站在月台乘客先卖，再卖车中。反派班在中间上落正班车或拖车者，卖票人应向中间乘客先行卖票再续卖后前两头。

二十八、祸事　倘电车碰撞路人，车上卖票人当拉惊报铃（急铃六声）停车，桓同巡捕察看伤处并抄录巡捕号码。倘闯祸事无关电车，卖票人亦须将该肇祸人姓名住址记留或抄录车照号数，见证人姓名住址亦须记留。

一〇八、电车行驶时，司机应按照下列诸端照行之：左脚应踏近警铃，左手应按执电箱上大钥匙，右手应掌执塞车链，电车正行驶时，禁止乘客或各员役与司机人在开机处闲谈，并不得回头或引颈探望后面两边。

一一二、速率　电车往来次数均按照每路预订之时刻表照行之。如所驶之车，其终点与预订之时刻表较慢者，司机人不得因车慢超越规定之速率限度开驶之。

一三一、转弯或分路处，电线分线拉线处，转弯或近分路处，司机人应开慢车缓慢行之。①

上面所引的章程中，每条都可以作为罚钱革班头或停生意的惩罚依据。民初上海米价每石已在 5~6 元，至抗战前夕石米高达 10 元，养儿育女已感困难。尤其电车、汽车公司工人还有因"违反公司规定"而被"停生意"一周半月，甚至开除了事。而平日因种种误工罚款，动辄 1 元、2 元，多至 15 元。② 如有一次，一售票员因帽上铜牌没有擦亮，被罚 8 块大洋；某号售票员在班头上伸了一次懒腰，被认为有碍观瞻，被罚停工 5 天；另一售票员打了一个呵欠，被罚洋 5 元；此外，19 号查票在二十四路查票时，因人多拥挤不堪，致有两人漏票，下车被稽查查到即被开除；119 号司机被停生意，是因为别人打架，他没有做见证人去报告，他去问车务总管自己被开除的理由，便被赏以脚踢和打耳光，被打得血流肉肿。再如，有一次 2 号电车

① 朱邦兴等编《上海产业与上海职工》，第 282~285 页。
② 周源和：《上海交通话当年》，第 69 页。

到徐家汇站，有一老翁下车时因头晕而跌跤，其自称头晕所致，但公司还是把卖票员停职，并说 22 号写票员没有将此事报告公司，把他从写票员降为卖票员；9 号撬路无缘无故突被停歇；其他如 366 号、422 号卖票员，都是因为一点过失便被开除了。① 与此同时，法电公司定有《售票员服务工作守则》26 条，规定售票员执勤时，应当备带应有工具；下雨天，应把车厢玻璃窗全部关好；报站时，应交替使用法语和华语；每当三等车厢客满时，应挂出客满牌，一有空位立即拿掉；等等。其电车普遍采用分站累进计价的方式比较合理，这种里程价格表一直悬挂在车厢的玻璃框中。公司还设有查票员和票务稽查员，上车检查售票员执行票务规定和乘客逃、漏票情况。这些守则对职工衣着、仪态、司机操作程序等做出规定，与安全和文明礼貌有关的"乘车须知"和章程用镜框嵌在车厢内。②

　　法租界电车车身高大、宽敞，显示出法国人对生活考究的一种气派，而电车两侧还竖立起高高的广告牌，更加显得车身高大，引人注意。法电为与英电抗衡，还采取许多竞争措施，除车厢特别装潢外，还发给工人冬令哔叽制服，它的质量远好过英电的粗呢制服。而且冬令呢大衣年年换新，所以法电工人制服光鲜、衣帽整洁，纽扣扣紧，即使"自身脸面、手腕也必须修饰，以壮观瞻"。随着奖惩制度的执行，加上法商电车整洁、礼貌待人，人一登上电车就感到一种特殊的享受，该企业的营业额日增月长。法电工人车风礼貌称誉上海，人们也乐于乘坐。③ 兹将法电、英电和华电公司的司机、售票工资做一比较（见表 3 - 2）。

表 3 - 2　战前法电、英电和华电电车司机、售票工资比较

单位：元

厂名	司机最高工资	司机最低工资	售票最高工资	售票最低工资
华电	60.0	18.0	60.0	18.0
法电	55.0	27.7	49.0	27.7
英电	33.5	22.0	33.5	22.0

注：法电按日计工资，每日饭补 3 角，已包括于最高、最低工资计算中，故实际工资低得多；英电也按日计工资，外加米贴每天 2 角，表中未将米贴计入，但就是加上米贴，也不及华电多。

资料来源：朱邦兴、胡林阁、徐声合编《上海产业与上海职工》，第 373 页。

① 朱邦兴等编《上海产业与上海职工》，第 285～286 页。
② 蔡君时主编《上海公用事业志》，第 373、369～370 页。
③ 周源和：《上海交通话当年》，第 61～62 页。

二　轨道建设

其时，法租界电车路线不长，如以单线计算仅有 12.5 英里，其中双轨部分不到 3 英里。除霞飞路（今淮海路）部分为双轨外，所有支线皆为单轨。那么单轨电车如何来回行走、转弯周流呢？法国人想出一个办法，在原来限定地点、转角、终点处都设有高悬电灯，即使白天也熠熠生光，倘若一车从双轨进入支线单轨，司机或售票员便跑到分叉的电杆处接上红灯，红灯即叫后面来车暂停、等候之意，一出单轨，再接白灯，后面来车方可进入。所以进入单轨时，遇红灯即停不进，遇白灯则可前行。用红、白灯色来维持行车秩序，在当时来说，确实称得上先进的交通工具与先进的管理方法了。[1]

自华商电车公司在上海南市成立（1912），法商、华商两电车公司于 1914 年 8 月 17 日签订《民国路华法两公司建设电车轨道合同》，"在民国路建筑双轨电车路一条，通行电车，利便交通，振兴两界之市面。民国路系华法两界合并而成；法界方面，即城河滨路旧址；华界方面，即两界分界处新填之城河滨。此项合同，专指民国路自小东门起至老西门止而言"。[2]

《上海华商电车公司与法电车公司订立轨道合同》

一、梗概：（1）合同所定路线均系双轨，按勃拉谷式样造车轨道距离一密达。钢轨重每一密达约 45 基劳，置于石片底脚上，四周铺设石子。（2）两公司可随时试用各种方法，使新筑之路坚固耐久，不致有所妨碍。两界底脚由两公司按照规定之章程保存完满。华界之轨道为华公司业产，归华公司建筑。法界之轨道为法公司业产，归法公司建筑。（3）电力系直流电，其力在 500 至 600 伏耳次，电发生架空线上而回至轨道之下，厂中处出之电线亦架空装设。电杆纯用钢质。电杆竖立两面侧石之旁脱亦来电线装于电杆之上，华界电杆脱亦来电线及另件，归华公司装设，法界电杆脱亦来电线及另件，归法公司装设。脱亦来电线架空装设于轨道之上。华界脱亦来电线，由华公司过引电力，法界脱亦来电线，由法公司过引电力。（4）两公司彼此议定如遇甲公司

[1] 周源和：《上海交通话当年》，第 62~63 页。
[2] 《上海南市市政厅准许上海华商电车公司行车合同》，1921 年 1 月，上海市公用局电车公司筹备处档案，档号：Q423-1-35-21。

有特别理由不能继续营业，致将所获权利推让于新公司者，于推让未定前，乙公司有向甲公司暂时租用民国路之线及车路上各种不动附属品之权，以新公司成立之日为止。再两公司权利有移转之时，无论何公司接受本合同有一概继续之效力，有完全履行之义务。一经租用后所有行驶专利权一并附之。拟定租金列下：例如自1914至1930年，每年租金元6000两，1930年后每年租金元300两。公司租用后所有一切修理更换等费，归承租公司担任。为稳固上文租用办法起见，两公司应互相担任保存两公司在民国路之完全业产。（5）两公司不能将民国路之电车路或做押款或别种办法，凡民国路购买之材料或合同未签字以前或合同已签字以后，两公司应将一切账目彼此送阅，以便互通彼此办事情形。为证明各种账目起见，两公司应将按期所付之货款收条彼此送阅。两公司所购材料到期，甲公司或有不能应付者，乙公司代为理楚。此项办法原以郑重办事手续巩固平均权利及实行合同所载之条款。

二、合同期限：本合同期限与彼此所得专利权之限期及将来之展期为转移。

三、行车章程：民国路行车办法，以两公司互相通车为目的。自小东门起至老西门止，两公司电车均驶行于华公司轨道之上；自老西门起至小东门止，两公司电车均驶行于法公司轨道之上。通车路程，两公司务须彼此平均。

四、养路：所筑轨道，所装电线，两公司须各自保存修理，务便彼此满意。所有此路钢轨电线等物，如无乙公司许可之信，甲公司不得擅自改变。

五、车辆：民国路两公司所行电车，务须一式最妙。为改良机件、节省电力起见，两公司之工务人员可将电车器具随时变更。民国路驶行电车拖车式样，如甲公司有变更处，须与乙公司先时商议，并将变更图样送阅方可。异式车辆，如不按照公司定章，及非经彼此认可，不得驶行于民国路上；如遇所用车辆，彼此式样不同者，须将车辆重量、坐位多寡，彼此核算，以凭划一。

六、行车路程：民国路之路线长短，彼此既系一式，如两公司行驶之电车数目不相参差，则于校准行车路程一事，实属甚易。月终结账时，如遇行车路程彼此有所参差，则两公司须会同将路程重行校准，务使不相轩轾，无致两方面有所亏损。如甲公司因缺乏材料致不能按照所定路程行车，则须议偿乙公司所受损失。

七、行车时刻：行车时刻及车行钟点，须由两公司总理参酌下列各款合同订定：一校准行车路程、一视行人多寡定行车次数。

八、站数及车资：民国路站数远近及车票价目，彼此均须一律。非经两公司预先函商认可，站数及车资不得擅自更改。车票：为划清两公司账目起见，彼此所收车资，各归各账。华界电车，或在本界或在法界所售车资，归华公司收账，并由华界查票员稽查；法界电车，在本界或在华界所售车资，归法公司收账，并由法界查票员稽查。

九、公司职员：民国路上所用售票开车人等，须经两公司彼此允可，方能任用。华公司车务人员在华电车上行驶职务，法公司车务人员在法电车上行使职务。华界电车由华界查票员稽查，法界电车由法界查票员稽查，两公司总理可将以上办法，随时会同改订。两界车务人员，均须遵照两界警务章程及车务约法。

十、免票：所拟临时办法，两公司发出免票，只能在所出免票公司之电车上乘坐；即华公司免票，只能乘坐华界电车；法公司免票，只能乘坐法界电车。上列办法，日后可由两公司总理会同议改。

十一、缺电：如遇甲公司缺乏电力，乙公司有余电可借者，尽可商借。所借电力，能用电表计算最妙，如无电表，可按照所行路程核计。一知电车每驶一基劳迈当须用电力若干，即能核算所用电力之价值，每点钟每一基劳伏耳次，计电费银五分。

十二、拖车：如遇营业发达，乘客拥挤，电力坐位不敷所用，两公司总理可会同商议加用拖车。规定行车路程，彼此须遵照一律：一电车路程，须彼此平均；一拖车路程，须彼此平均。再议定除民国路行驶电车之外，两公司视为投资有利益者，可随时研究别种行驶之路。

十三、疑难问题：如两公司有纠葛缠讼等事发生，或系合同条款或系意义注解或关权利责任，一切疑难问题，彼此须请局外公正人两位秉公解决。如所公请正人不能劝解息争则须另请第三公正人解决处断，两公司不得再有反对。此合同经两界行政官厅允可通过，并用华法文合璧缮就。①

---

① 《上海南市市政厅准许上海华商电车公司行车合同》，1921 年 1 月，上海市公用局电车公司筹备处档案，档号：Q423－1－35－21。

嗣后，民国路电车轨道持续修筑。如 1929 年 5 月，上海特别市工务局函公用局转饬法电公司修整民国路轨道。"查民国路电车轨道两旁路面泰半损坏、亟待兴修，除经敝局通知华商电气公司即日动工修理外，其属于法商电车公司应行修理之北边一部分路面，拟请贵局转饬该公司即派工修整并加浇柏油，以利交通。"法电公司遂复，"民国路电车轨道两旁路面损坏，已由西门起逐段修理"。① 同年 7 月，法电公司函公用局拟将民国路轨道与新桥街轨道暂行连接。"敝公司在八仙桥街由皮少耐路至宁波路一段电车轨道，定不日动工修理，惟为免势行车妨碍工程起见，拟在工程期内将民国路敝公司轨道与新桥街轨道暂行连接。前项工程业已取得法公董局执照，惟该处民国路敝公司轨道上应设之暂时分道其地点在法租界之外，务请贵局方面同时发给执照为要。轨道修理通车后当即拆除，即八仙桥街双轨修理约二月半可以完工。"而公用局亦指出希望日后华商电车如有类似请示，法公董局能予以同样便利，此议得到法租界当局的应允。②

至 1930 年 3 月，上海市工务局再函公用局转饬法电公司将民国路电车轨道仿照东门路做法，加筑坚固路基。"查整顿市内电车轨道两旁路面一案，所有民国路自小东门至老西门一带电车轨道属于法界方面者，自应同时饬令法商电车公司加筑坚实路基"，并限 9 月底前完工，"以资整顿而归一致"。但法公司认为该工程当年势难举办，"是项工程开支费巨（至少需银七至八万两）。因轨道路基既用混凝土，所有轨道及附属零件自须一律换新"。但工务局坚持认为"修筑民国路路基当俟会商办法再行饬遵，惟目下毁坏路面应先加修理，以维路政"。③ 1931 年，当局认为"肇周路上至今尚无公共交通设备，市面发达因此亦甚迟缓。假若令华法电车公司仿照在民国路上合作办法于和平路及肇周路上各辅轨道一条交换行车，不特市民蒙其福利，并可促进市政发展。就交通及市政言，此事实有乘和平路尚未动工以前即行决定，俾路政电车轨道同时建筑之必要，再与华法两电车公司磋商"。④

① 《上海市公用局督促法商电车电灯公司修理民国路电车轨道及两旁路面》，1928 年 5 月 ~ 1929 年 5 月，上海市公用局档案，档号：Q5 - 2 - 906。

② 《上海市公用局关于法商电车电灯公司商情将民国路与新桥街轨道暂行连接》，1929 年 7 ~ 10 月，上海市公用局档案，档号：Q5 - 2 - 911。

③ 《上海市公用局整顿民国路法商电车轨道两旁路面》，1930 年 3 ~ 5 月，上海市公用局档案，档号：Q5 - 2 - 902。

④ 《上海市公用局关于法商电车电灯公司修理方斜路电车轨道意见》，1931 年 8 ~ 9 月，上海市公用局档案，档号：Q5 - 2 - 905。

1933 年 5 月 10 日，法电公司开始修筑老西门交叉口的电车轨道。该段应设新轨计长 240 米，下做水泥底脚，唯 10 厘米厚碎砖基改用 25 厘米厚大石块。至轨道路面做法，即铺筑 2 寸厚灌柏油路面轨道，两旁铺砌石块。当日所有老西门工程开工。[①] 1935 年 3 月，工务局再函公用局关于民国路电车轨道改做水泥底脚工程，嘱法电公司派员会商办法，"查民国路电车轨道改做水泥底脚工程，华商电车公司早经办理完竣，关于法商电车公司方面车轨，迭经函催照办迄未进行，以致全路路面未能整理完善，殊为遗憾，函知该公司迅为准备兴工并派员前来本局讨论办法"。4 月 9 日，法商公司函告开工日期并检送图样，准时开工。[②]

同时，修筑方斜路等电车轨道。如 1927 年 11 月，法电公司经理蒙斯浪坦函请上海特别市公用局转商淞沪卫戍司令部，准予夜间工作以便修换路轨。"敝公司修换方斜路自西门至小菜场一段电车路轨，现正从事预备动工，惟如修路等事倘能于日间先事舒齐则，午夜后电车停车时间缓可从事换轨。"但值戒严期内，华界午夜 1～5 时禁止行人等，务请代向司令部接洽准予夜间工作，并工人得以通入，该项工人约有 50 人，由一西人指挥。嗣后，司令部函知该管军警，并发证明书于法公司，"一俟该项工程完毕，仍将该证缴销，以昭慎重"。[③] 1929 年 2 月，市公用局再函法电公司将斜桥电车双轨改单轨，另在徐家汇路东端敷设双轨建筑站台。"勘察市内道路与交通情形，在斜桥地方方斜路一端路面甚窄，而贵公司电车复在该处设有双轨岔道及停车站，故当来往电车行经该处停候，对面电车开过之时，常使其他车辆每为阻滞，按诸市政交通原理殊不适宜。即请贵公司将该处一路双轨改为单轨并将停车站撤销，以维交通。另在徐家汇路东端即斜桥法租界铁栅以西地方敷设双轨一路，建筑停车站台。如此即与乘客并无不便，而斜桥一带车辆亦可免于拥塞，且徐家汇路东端路面阔宽，敷设双轨绝无阻碍。"[④] 斯时，"斜桥一带自陆家浜路填筑以后，交通日形繁盛，而方斜路一端路面甚

---

① 《上海市公用局改筑方斜路电车轨道》，1933 年 1～4 月，上海市公用局档案，档号：Q5－2－857。

② 《上海市公用局关于法商电车公司改筑民国路电车轨道底脚》，1935 年 3～4 月，上海市公用局档案，档号：Q5－2－904。

③ 《上海市公用局关于法电电车兴修方斜路轨道请发通行证》，1927 年 11 月～1928 年 3 月，上海市公用局档案，档号：Q5－2－903。

④ 《上海市公用局撤除法商电车斜桥站台及双轨》，1929 年 2～5 月，上海市公用局档案，档号：Q5－2－907。

窄。且考自老西门至斜桥短距离间，法商电车双轨叉道有四处之多，按诸交通原理，尤属失当。前经市公用局会同工务局详细勘察，认为该处双轨一段及停车站确有移去之必要。另在徐家汇东端即斜桥，法不愿迁撤"。嗣经公用局将该段双轨必须撤除之理由向该公司切实申说，始允照办，并于 5 月 1 日实行动工迁拆，"该处交通，当可较昔便利"。①

市工务局拟整理方斜路，"所有该路电车轨道亦当同时升高，并加做水泥底脚，惟在整理期内，对于该路现时敷设轨道地位应加以研究，以期一劳永逸"。1933 年 4 月，法电公司向工务局呈法租界外所设电车轨道情形。（1）徐家汇路（现方斜路）自麋鹿路至斜桥一段电车轨道，系 1906 年 1 月 24 日与法公董局订立约章，由该公司敷设。当时徐家汇路在法租界范围内，法公司自与公董局订立约章彼此联络，该段轨道即本此约一切规定而敷设。嗣经 1914 年 4 月 8 日华法两方订立契约，将徐家汇路让归华界治理，该项契约载明法商电车仍由该路经过。根据上项理由，法电公司对于该路仍与徐家汇路属于法界时处境相同，即属于电车轨道部分、轨道底脚建筑式样、轨道路面保养及改换，仍须遵照法公司与法公董局所订约章办理。（2）民国路电车轨道。1914 年 8 月 17 日华法电车公司双方订约，经华法两方官厅批准，两公司按照约中规定双方协同在民国路自西门至小东门敷轨营业。依该约第二条规定，法公司在民国路敷设轨道本当自西门起讫小东门止，唯因在徐家汇路法公司前设轨道，既供法公司本有路线之用，又供民国路共同行车之用，故法公司当时在民国路敷设轨道仅自皮少耐路起至小东门止。由此，市工务局于 1933 年 3 月函法公司在西门及方斜路换设新轨时，"轨道路面应改换式样"。但该公司认为，当请该局转达市政府，改换路面第一次工程费用拟归市政府担负（因按公司与法公董局所订约章规定：倘法公董局欲将路面改筑，则该局担负改筑第一次工程一切费用，由法商电车公司担保养之责）。同时，自 1929 年所有法租界改筑电车轨道工程在钢骨混凝土下面一概不用石块夹入，如八里桥路、宁波路、霞飞路及善钟路改筑轨道所有底脚均用混凝土，下面用 10 厘米厚碎砖基，1933 年须将改筑的新桥街、八里桥路轨道及次年的吕班路轨道，一俾照此办理。故工务局函法公司一部分轨道底

① 《方斜中路电车双轨定期撤去》，《申报》1929 年 4 月 12 日，第 15 版。

脚混凝土下应用 25 厘米厚石块，该公司指出"碍难照办"。[1]

1933 年 4 月，上海市公用局函达工务局为筑修方斜路法商电车路轨。嗣后，经法电公司、市工务局、公用局讨论，公司依下列标准施行：方斜路电车轨道自分路两点起讫斜桥止，做水泥底脚。所有做法其特点尤在轨道下面纯用 10 厘米厚碎砖基。此外，公司轨道自至麋鹿路止，又或自麋鹿路起至小东门止（民国路法公司轨道），将来如改做水泥底脚，亦得按照方斜路轨道所采方法同样办理。[2] 同年 7 月，市长吴铁城指令公用局、工务局转饬华商电车公司修理轨道，但法电公司则认为其"在董家渡至十六铺的二路电车轨道下法商公司水管上敷设钢骨，有碍水管"，转复法总领事向华方交涉。[3]

三　机器和车辆

法电公司开办始，"所需电车亦概由英商爱丁堡字披公司供给，即路工亦由该公司承造。惟列（拖）车则有一部分，系向华商求新制造机器轮船厂与兴发荣铁厂订造（公共租界电车公司之列车亦有该两厂承造）。此外，尚有列车若干辆、电车若干部，则由该公司向法国恩蒂里亚公司订购，近始由欧洲运送来沪"。1912～1914 年，法电公司电车由 28 辆增至 38 辆，拖车由 4 辆增至 14 辆。其所用电力，为直接电流 550～600 弗打。[4] 1914 年，法商、华商电车公司在"民国路互行地段，订明双方平等行车办法"。两公司均就此路行驶三路电车，初各 3 辆，嗣后增至 4 辆，各加拖车 4 辆。"盖合同中规定民国路车数相同、车子相同，彼此利益一律平衡。"[5]

而法电公司发生原动力的各机件，引擎房（汽机房）内部有考力司复式引擎 4 具。此 4 具两两相偶，向 550～600 弗打直接电流发电机而趋。论其电力，则 250 基罗华德者居其三，300 基罗华德者居其一。1915 年时增设

---

[1] 《上海市公用局改筑方斜路电车轨道》，1933 年 1～4 月，上海市公用局档案，档号：Q5-2-857。

[2] 《上海市公用局改筑方斜路电车轨道》，1933 年 1～4 月，上海市公用局档案，档号：Q5-2-857。

[3] 《上海市公用局换筑十六铺至董家渡电车轨道并还法商水管之涉案》，1932 年 7 月 26 日～1933 年 7 月 4 日，上海市公用局档案，档号：Q5-3-3092。

[4] 甘作霖：《上海三电车公司之组织（续一号）》，《东方杂志》第 12 卷第 4 号，1915 年 4 月 1 日，第 10 页。

[5] 《上海南市市政厅准许上海华商电车公司行车合同》，1921 年 1 月，上海市公用局电车公司筹备处档案，档号：Q423-1-35-21。

的交换电流机件，则为横形复式引擎 1 具，而附有雷氏放气门，每分钟可转旋 125 次。此外又有 375 基罗华德的三面发电机 1 具，所以供给 5250 弗打及 50 圈电力。上述交换电流机件为法国度锡工厂所造，而三面发电机则为威司丁华公司所造。此公司并承造电机变压器 2 具，以便变一部分交换电流为直接电流。凡诸机件发生原动力的平均费，为每小时每基罗华德银 1 分 8 厘。1914 年 4 月，综计交换电流为电灯及电力用约仅 100 基罗华德，而所费的直接电流则有 1100 基罗华德，其用于电灯为 750 基罗华德，用于电力（电车在内）为 350 基罗华德。"惟是交换电流之需用，推进甚速"。故公司筹划拟设置 1000 基罗华德或 1200 基罗华德的高压力卧轮交换器，而附以蒸汽机件。"与公司机器房相距密迩者，则有车厂与修车房，其屋宇皆以钢造而外砌以砖或包以皱纹白铁片。修车房所备机械皆系法国货，惟仅止寥寥数种，不敷应用。故电车应用各品以损坏而有待修缮者，惟小件或轻而易举之工事，始发交该房承办。"①

至 1926 年 6 月，法电公司扩充营业，向法国某机厂定造无轨电车 30 辆，由法国装运来沪。"连日由各司机人开始试车所定无轨电车路，由先开西门外斜桥至太平桥菜市路朝北大世界、由爱多亚路至三洋泾桥转南直达新北门之各路线，不日即可开驶，惟郑家木桥至老北门一段暂缓开驶。"② 是年，法电建成无轨电车架空线 4 条，行驶十四路、十六路、十七路、十八路无轨电车。配件规格与英电大致相同，电杆既有瓶颈式钢杆，也有电灯与电车合用的水泥杆；③ 同年电车线路约长 18 英里，车身计 50 辆，拖车 20 辆，合计 70 辆。④ 1929 年，法电增加无轨电车 16 辆，走十七路、十八两条路线。⑤ 战前，该公司有轨电车共百余辆（包括拖车第 50 号至第 80 号共 31 辆在内），无轨电车 38 辆，公共汽车约 60 辆。每日行驶车辆，即有轨一路，有马达车 11 辆，拖车 11 辆；二路有马达车 13 辆，拖车 13 辆；五路 3 辆，拖车 3 辆；六路 4 辆；七路 10 辆；十路 10 辆。无轨电车十八路 20 辆（十

① 甘作霖：《上海三电车公司之组织（续一号）》，《东方杂志》第 12 卷第 4 号，1915 年 4 月 1 日，第 12 页。
② 《法租界无轨电车之进行讯》，《申报》1926 年 6 月 12 日，第 14 版。
③ 蔡君时主编《上海公用事业志》，第 395 页。
④ 沙公超：《中国各埠电车交通概况》，《东方杂志》第 23 卷第 14 号，1926 年 7 月 25 日，第 52 页。
⑤ 《上海各种公用事业概况（上海调查资料公用事业篇之二）：上海法商电车电灯公司》，1949 年 3 月，江南问题研究会档案，档号：Y12 - 1 - 78 - 36。

七路 18 辆,由英电公司行驶),二十四路连英电公司共 13 辆。公共汽车二十一路 16 辆以上,二十二路 24 辆以上。[1] 其时,该公司的无轨电车车身总阔度为 7 尺 6 寸左右。[2]

与此同时,该公司 1930 年电气部分最高负荷量已达 1 万余瓦,用户 24000 余家。1932 年"一·二八"抗战时,公司拟乘机扩展,企图垄断上海南市、龙华、虹桥等地的水电交通事业,故特将车务部写字间搬出,改造引擎间新大厦,费时三年造成,并向瑞士购得特大新式能发电 3 万余瓦的发电机一部。全面抗战前,该公司发电机增至 9 台,容量 3 万余瓦,共供给电灯、电热、电力用户 33000 余户。[3] 如其时,"当我们乘十路电车到吕班路卢家湾的时候,那高大的厂房、引擎、水塔、电车站及修理厂等全部建设,吸引着人们视线的注意,这就是三位一体的发电公司的所在地"。[4] 至此,近代上海法租界的现代化节奏与公共租界几乎同步。通过双方的努力,完成许多共同的城市基础工程:道路、电力供应及其后的铺设电话和有轨电车线路。[5]

第二节　运营路线和票制票价

法电公司电车厂址在吕班路,"与电灯及自来水厂在同一地点,计有轨电车线九路,无轨电车线两路,亦分头等与三等两种票价"。法租界有轨电车如四路、五路、八路各路电车与公共租界衔接,共同驶行;无轨电车十七路、十八路两路亦然。[6]

一　运营路线

1908 年 5 月 6 日,法电第一条有轨电车二路正式通车营业,比公共租界晚两个月。原定自十六铺至徐家汇,因轨道尚未全部铺设,先经(十六

---

① 朱邦兴等编《上海产业与上海职工》,第 275 页。
② 华文处译述:《上海公共租界工部局年报》(中文),1932 年,上海公共租界工部局档案,档号:U1 - 1 - 958。
③ 《上海各种公用事业概况(上海调查资料公用事业篇之二):上海法商电车电灯公司》,1949 年 3 月,江南问题研究会档案,档号:Y12 - 1 - 78 - 36。
④ 朱邦兴等编《上海产业与上海职工》,第 273 页。
⑤ 〔法〕白吉尔:《上海史:走向现代之路》,第 87～88 页。
⑥ 柳培潜:《大上海指南》,第 21 页。

铺）新开河、外滩、公馆马路（今金陵东路）、浙江路、八仙桥（今西藏南路）、葛罗路（今嵩山路）、吕班路、金神父路（今瑞金二路）、亚尔培路（今陕西南路）至善钟路。7 月 31 日，经高恩路（今高安路）、福开森路（今武康路）、台斯脱郎路（今广元路）延伸至徐家汇。线路全长 8.5 公里。[①] 同时开通由十六铺经宝昌路至卢家湾的十路线，全长 4.297 公里。是年 6 月，又增辟自十六铺至斜桥的六路，全长 5.115 公里。[②]

　　至 1913 年，英商电车"与法租界接轨通车，尤足为扩充营业之善策。管车人抵两方交界之地现已不复更换。惟法公司之意以为车票终须区别，故至今两公司仍行两种车票"。翌年，法界电车路若纯以单线计，共长 12.5 英里，此中双轨实有 2.7 英里。[③] 1916 年，法电公司已有 7 条有轨路线。[④] 1926 年 3 月上海电车调查情况见表 3 - 3。至 1926 年 10 月 23 日，法商无轨电车实行通车，先驶两路：（1）由民国路郑家木桥路口起，经郑家木桥而至公共租界福建路，直达沪宁车站；（2）由民国路吉祥街口起，经三洋泾桥而至公共租界江西路，直达戈登路，车至郑家木桥及三洋泾桥北块时，由售票员调换英法车票。尚有西门斜桥至大世界而达英界西藏路之一路，因敏体尼荫路路工尚未告竣，11 月初旬方可通车。[⑤] 是年 11 月，无轨电车已开辟 3 条线路。因线路很短，与英商公司联合行驶无轨电车。[⑥]

表 3 - 3　1926 年 3 月上海电车调查

单位：分

名称	路牌	路线	头等全路车价	二等全路车价	三等全路车价
华商电车		高昌庙至小东门	18	13	
		小东门至老西门（中华路线）	10	7	
		小东门至老西门（民国路线）	10	7	
		高昌庙至老西门	12	9	

①　上海市公用事业管理局编《上海公用事业（1840～1986）》，第 337 页。
②　上海市档案馆编《上海租界志》，第 427 页。
③　甘作霖：《上海三电车公司之组织（续一号）》，《东方杂志》第 12 卷第 4 号，1915 年 4 月 1 日，第 9～10 页。
④　上海市档案馆编《上海租界志》，第 427 页。
⑤　《法租界无轨电车昨已开车》，《申报》1926 年 10 月 24 日，第 14 版。
⑥　蔡君时主编《上海公用事业志》，第 318 页。

续表

名称	路牌	路线	头等全路车价	二等全路车价	三等全路车价
法租界电车	二路	十六铺至徐家汇	30		20
	五路	西门至东新桥	6		4
	六路	十六铺至卢家湾（向斜桥行）	20		14
	七路	小东门至西门	10		7
	十路	十六铺至卢家湾（向霞飞路行）	20		14
	二·八·九路	十六铺至洋泾浜	6		4
公共租界有轨电车	一路	静安寺至靶子场	16		12
	二路	静安寺至十六铺	22		16
	三路	麦根路至东新桥	10		6
	五路	沪宁车站至东新桥	10		6
	六路		13		8
	七路	沪宁车站至提篮桥	16		13
	八·九·十路	杨树浦至十六铺	22		16
	十一路	外洋泾桥至靶子场	13		10
公共租界无轨电车	十四路	郑家木桥至沪宁车站	10		6
	十五路	三洋泾桥至乍浦路	10		6
	十六路	三洋泾桥至戈登路	16		10
	十七路	大世界至元芳路	13		10

资料来源：朱鹤杰《最近上海电车调查表》，《申报》1926 年 3 月 30 日，第 11 版。

　　1927 年，上海市公用局因华界华商开辟的三路有轨电车不能相通，与法电公司达成环路接轨协议，在小东门、老西门两处分别完成与华界有轨电车轨道的接轨，形成三路圆路，华商与法商两电车公司均在三路线上等量行驶电车。是年，法电公司有电车线路 12 条，其中有轨电车线路 7 条，运行机车 43 辆，拖车 16 辆，具体线路为：二路，小东门菜场至徐家汇；六路，小东门菜场至卢家湾；三路（法华联运），小东门大街至西门；十路，小东门菜场至卢家湾；二 B 路，小东门菜场至茂海路；五路，圣凯瑟琳街至火车站；八 B 路，小东门菜场至茂海路。无轨电车线路 5 条，共运行 13 辆车，具体线路为：十四路，法华民国路至北火车站；十六路、十九路，极司非而路和小沙渡路至法华民国路；十七路、十八路，圣凯瑟琳街至昆明路和岳州路。1929 年，有轨电车线路增加四路，从茂海路至海格路。①

————————

① 上海市档案馆编《上海租界志》，第 428 页。

由此，法电以十六铺为起点，以浙江路为中心，以宝昌路（今淮海中路）为干线，向西直达徐家汇，向南由浙江路经民国路、方斜路抵斜桥。随着法租界的人口逐渐增多，法电从 1908 年到 1931 年陆续开辟 9 条线路，分别为二路、十路、六路、八路、五路、三路、一路、四路、七路，线长 39 公里。其中八路、五路、一路、四路与英电实行通车不通票的联营。[1] 1935 年，法商电车线路长约 18 英里，有电车 50 辆、拖车 20 辆，主要路线为：十六铺—洋泾浜—公馆马路—宝昌路—徐家汇；洋泾浜—东新桥—徐家汇路—方斜路—斜桥；吕班路—宝昌路。[2] 1936 年将十七路、十八路分开，十七路从金神父路至昆明路，十八路从圣凯瑟琳街至苏州路。是年，法电公司有轨电车线路 8 条，无轨电车线路 4 条。[3] 1926～1938 年，法电公司的无轨电车辟线 5 条，均与英电公司联营。无轨电车属于法电路段的十四路从爱多亚路至民国路，十六路从爱多亚路至吉祥路，十七路从爱多亚路至打浦桥，十八路从爱多亚路至斜桥，二十四路从老西门至福熙路（今延安中路）。[4]

二 乘车票制

票价的费率。最初，法电公司的电车线路较短、站级不多。1 英里至 1.5 英里为站级计价（或称一段），每段头等 5 分，二等 2 分，依此类推。票级一般分为 3 级（长线分 4 级），经一段时间实施，决定增加票级，头等改为 3 分、6 分、9 分、12 分四个票级，二等为 2 分、3 分、4 分、5 分、6 分、8 分六个票级，因级差减少，票价更趋合理，招徕了更多乘客，增加了企业收入。[5] 其头等票价级差为 5 分，二等为 1 分；路程超过 5 公里时，头等票价 20 分，二等 9 分。嗣后，其"电车载客等次，有头等与三等之分，车费按段收取，而费率之高下"，头等收墨银 3 分～1 角 5 分，三等 1～9 分。[6] 1912 年 8 月，法电开始发售月票，分成人和学生两种，成人每张价格为 6 银元，学生为 3 银元。[7]

① 蔡君时主编《上海公用事业志》，第 331 页。
② 《交通史·电政编》第 3 集，第 76 页。
③ 上海市档案馆编《上海租界志》，第 428 页。
④ 蔡君时主编《上海公用事业志》，第 333 页。
⑤ 上海市公用事业管理局编《上海公用事业（1840～1986）》，第 340 页。
⑥ 甘作霖：《上海三电车公司之组织（续一号）》，《东方杂志》第 12 卷第 4 号，1915 年 4 月 1 日，第 10 页。
⑦ 蔡君时主编《上海公用事业志》，第 366 页。

1922 年 1 月 1 日起，法电公司行驶于公共租界的五路电车，所取车资与英电车公司一律增收。[①] 1924 年 10 月 30 日，该公司得法公董局许可实行车费新章，最小费为 5 分，唯最大 24 分则仍照旧章。[②] 翌年 4 月 24 日再行改订车价，如自甲站至乙站、丙站原为 3 分，改至乙站 3 分、丙站 4 分，依此类推。又二路车由十六铺至徐家汇原为 16 分，改为 18 分，其余各路亦均照加 2 分。[③] 法商电车 1926 年、1929 年车资变动见表 3-4。

表 3-4 1926 年、1929 年公共租界、法租界电车车资

单位：铜元

公共租界				法租界				
等次	头等		二等		等次	头等		二等	
年份	1926	1929	1926	1929	年份	1926	1929	1926	1929
一站	5	6	3	4	一站	6	7	3	4
二站	8	11	5	7	二站	6	9	4	6
三站	12	16	6	8	三站	10	12	6	8
四站	12	16	7	10	四站	10	15	7	12
五站	16	20	10	12	五站	14	18	9	14
六站	16	20	10	12	六站	14	21	10	16
七站	16	20	12	14	七站	18	24	12	18
八站	20	25	12	14	八站	18	27	13	20
九站	20	25	14	16	九站	22	30	15	22
十站	20	25	14	16	十站	22	33	16	24
十一站	20	25	14	16	十一站	26	36	18	24
					十二站	26	36	18	24

资料来源：《上海市公用局关于华法商电车第二次请求加价》，1929 年 5～9 月，上海市公用局档案，档号：Q5-2-872。

1928 年法电公司三路电车各分站为法公董局核准车价见表 3-5。同年 3 月，华商电车公司致电法电公司，"贵公司关于老西门地段新建各路电车接轨，其位置在于法华民国路与中华路各路线之间。惟此接轨建立对于敝（华商）公司营业将有重大损失，盖使贵公司造成环城圆路及小东门与高昌庙间之直接交通。就目前交通情形，旅客须搭两条不同号之路

[①] 《租界电车增加车资》，《申报》1922 年 1 月 3 日，第 15 版。
[②] 《法租界电车加价》，《申报》1924 年 10 月 29 日，第 10 版。
[③] 《法租界电车实行加价》，《申报》1925 年 4 月 25 日，第 14 版。

线，而于老西门换车换乘行驶法华民国路任何公司车辆，此项工程实施之
后，旅客搭乘贵公司车辆，可无调换车辆之便利"。由此，为减少损失，
华商公司要求：（1）修改关于法华民国路一段法电公司票价，以期车价
能适合铜元市价（每元 2800 文为基础），华公司亦能按照同价修改彼此
通达之各路线上车票价格。（2）在老西门地方勿定跨站车价，使旅客以
法公司车价较华公司车价为廉而搭乘法公司车辆。（3）在华公司于法华
民国路上未用拖车前，法公司亦勿用拖车。随之，法电公司对上述三项条
件基本予以认可。①

表 3 – 5　1928 年法商三路电车（民国路、圆路）票价

单位：分

站名	头等	原价	拟价	二等	原价	拟价
新开河	一站	6	6	一站	3	4
老北门	二站	6	9	二站	5	6
新桥街	三站	11	12	三站	7	9
老西门	四站	11	16	四站	9	12

资料来源：《上海市公用局关于法商电车电灯公司请饬华商电车修正跨站票价》，1934 年 3 ~ 6
月，上海市公用局档案，档号：Q5 - 2 - 879。

　　并且，法商二路电车（自十六铺至徐家汇）1927 年以来由法公董局核
准历次改定车资价目如下。首段车资 1926 年为三等 3 分、5 分、7 分、9
分，头等 6 分、11 分。二路车资 1927 年 5 月定为三等 4 分、6 分、8 分、10
分、12 分，头等 7 分、9 分、12 分、15 分。1930 年 5 月再定为三等 4 分、7
分、10 分、12 分、14 分，头等 7 分、10 分、14 分、17 分。1931 年 5 月又
定为三等 5 分、8 分、10 分、13 分，头等 8 分、10 分、14 分、19 分。1933
年 3 月定为三等 6 分、9 分、12 分、15 分，头等 8 分、12 分、15 分、20
分。② 值得一提的是，当时法商电车均有精确分站累进价目表，具体可参见
表 3 - 6。

① 《上海市公用局关于法商电车电灯公司请饬华商电车修正跨站票价》，1934 年 3 ~ 6 月，上
海市公用局档案，档号：Q5 - 2 - 879。
② 《上海市公用局关于法商电车请求加价》，1933 年 4 ~ 7 月，上海市公用局档案，档号：
Q5 - 2 - 874。

1930年5月，法电公司将电车票价修改，经呈法公董局准于15日实行增加，其办法除十六铺至大自鸣钟站票资仍照原价并不增加，以及三等车票4分（即4个铜元）并不涨价外，其余头等及三等车票不论路途远近，每张均各加2分。公司已于14日将增加车资价目表发贴各电车中。[1]

表3-6　1931年法商电车公司车价

单位：分

			头等	二等									
		一站	8	5	一站								
	二站	8	11	8	5	二站							
	三站	8	11	14	10	8	5	三站					
四站	8	11	14	19	13	10	8	5	四站				
五站	8	11	14	19	22	16	13	10	8	5	五站		
六站	8	11	14	19	22	25	18	16	13	10	8	5	六站

资料来源：《上海市公用局关于华商电车加价及改筑轨道底角工程》，1931年6月～1933年3月，上海市公用局档案，档号：Q5-2-860。

1933年，因铜元暴落，法商电车公司重订车资表于3月16日施行。[2] 是月，该公司致函公用局，拟增加三路、五路、六路电车车资。"大概原因在铜圆价格逐步下跌（现市价银洋1元合铜元303枚），而敝公司一面车资收入以铜元计算，开支应付则须银币或金币计算。此外，公司与法公董局订有约章，准确规定车资用大洋（即银币）计，其数以路程长短为定，实际上既均以铜元计，公司遂在法界方面就铜元跌势将车资分数逐渐增高"。拟将民国路三路及五路电车（爱多亚路至西门一段）车资定为三等6分、9分、12分、15分，头等8分、12分、15分、20分，始与同期法公董局核准二路首段车资新订价目相等。而六路电车（由十六铺经西门方斜路至卢家湾）车资改订，完全与上述二路、三路及五路价目相同，"务请贵局早予核准，以便施行"。嗣后，法商电车请增三路、五路、六路电车票价与华商公司请增电车票价二案，经市参议会复议通过，定于8月1日起依照核定票

---

[1] 《法商电车加价》，《申报》1930年5月15日，第15版。

[2] 《上海市公用局关于华商电车加价及改筑轨道底角工程》，1931年6月～1933年3月，上海市公用局档案，档号：Q5-2-860。

价同时实行。[①] 1933 年，公共租界及法租界电车通用票为头等月季通票每张月洋 12 元，头等孩童（16 岁内者）月季通票每张月洋 6 元。[②] 但当局并没有完全满足法商电车票价的申请增幅。

继因"华商电车民国路票价（1933 年 8 月公用局施行电车新价）若予存在"，是为违反两公司 1928 年的合约。由此，1934 年 3 月 28 日法电公司再函公用局，转饬华商电车公司修正行驶民国路车辆跨站票价，"敝公司在民国路营业因现在票价关系，受有极大损失，迅饬华商电车公司即予修正"，仍按之前所定办法，用符两公司 1928 年合约规定。[③] 1935 年法商部分电车票价见表 3 - 7 至表 3 - 10。

表 3 - 7　法商一路电车（十六铺—徐家汇，1935）一等、三等车资

单位：分

十六铺											
5											
8	新开河										
9	5										
10	8	法大马路口									
9	9	5									
10	10	8	大自鸣钟								
12	9	9	5								
15	10	10	8	西新桥街							
12	12	12	9	6							
20	15	15	12	8	嵩山路						
15	12	12	12	9	6						
24	20	15	15	12	8	华龙路					
18	21	18	15	12	9	6					
28	24	24	20	15	12	8	金神父路				
21	21	21	18	15	12	9	6				
32	28	28	24	20	15	12	8	杜美路			
24	24	24	21	18	15	12	9	6			
36	32	32	28	24	20	15	12	8	善钟路		
27	27	27	24	21	18	15	12	9	6		
39	39	36	32	28	24	20	15	12	8	高恩路	
27	27	27	27	24	21	18	15	12	9	6	
42	42	39	36	32	28	24	20	15	12	8	福开森路

① 《上海市公用局关于法商电车请求加价》，上海市公用局档案，1933 年 4～7 月，档号：Q5-2-874。
② 《上海市公用局关于建设委员会等调查外商电车》，1933 年 7 月～1937 年 3 月，上海市公用局档案，档号：Q5-2-826。
③ 《上海市公用局关于法商电车电灯公司请饬华商电车修正跨站票价》，1934 年 3～6 月，上海市公用局档案，档号：Q5-2-879。

续表

27	27	27	27	27	24	21	18	15	12	9	6	贝当路
42	42	42	39	36	32	28	24	20	15	12	8	
27	27	27	27	27	27	24	21	18	15	12	9	6	徐家汇
42	42	42	42	39	36	32	28	24	20	15	12	8	

注：每方格内左下角号码即头等价目，右上角号码即三等价目。

资料来源：柳培潜《大上海指南》，第 22 页。

表 3-8　法商五路电车（东新桥爱多亚路—斜桥，1935）一等、三等车资

单位：分

东新桥爱多亚路

三等/头等				
5 / 8	同仁辅元堂			
7 / 10	5 / 8	西门		
9 / 13	7 / 10	5 / 8	白云观	
12 / 16	9 / 13	7 / 10	5 / 8	斜桥

注：每方格内左下角号码即头等价目，右上角号码即三等价目。

资料来源：《上海市公用局关于法商电车请求加价》，1933 年 4～7 月，上海市公用局档案，档号：Q5-2-874。

表 3-9　法商七路电车（十六铺—善钟路海格路，1935）一等、三等车资

单位：分

十六铺

三等/头等						
5 / 8	新开河					
7 / 10	5 / 8	法大马路口				
7 / 10	5 / 8	5 / 8	大自鸣钟			
9 / 13	7 / 10	7 / 10	5 / 8	八里桥街		
12 / 20	12 / 15	12 / 15	9 / 12	6 / 8	嵩山路	
15 / 24	15 / 20	15 / 20	12 / 15	9 / 12	6 / 8	华龙路

续表

18 / 28	18 / 24	18 / 24	15 / 20	12 / 15	9 / 12	6 / 8	金神父路
21 / 32	21 / 28	21 / 28	18 / 24	15 / 20	12 / 15	9 / 12	6 / 8　杜美路
27 / 36	27 / 32	24 / 32	21 / 28	18 / 24	15 / 20	12 / 15	9 / 12　6 / 8　善钟路
27 / 36	27 / 36	24 / 32	24 / 32	21 / 28	18 / 24	15 / 20	12 / 15　9 / 12　6 / 8　善钟路海格路

注：每方格内左下角号码即头等价目，右上角号码即三等价目。

资料来源：柳培潜《大上海指南》，第23页。

表3-10　法商十路电车（十六铺—卢家湾，1935）一等、三等车资

单位：分

十六铺

5 / 8　新开河									
7 / 10	5 / 8　法大马路口								
7 / 10	5 / 8	5 / 8　大自鸣钟							
9 / 13	7 / 10	7 / 10	5 / 8　八里桥街						
12 / 20	12 / 15	12 / 15	9 / 12	6 / 8　嵩山路					
15 / 24	15 / 20	15 / 20	12 / 15	9 / 12	6 / 8　吕班路				
18 / 28	18 / 24	18 / 24	15 / 20	12 / 15	9 / 12	6 / 8　辣斐德路			
21 / 32	21 / 32	21 / 28	18 / 24	15 / 20	12 / 15	9 / 12	6 / 8　卢家湾		

注：每方格内左下角号码即头等价目，右上角号码即三等价目。

资料来源：柳培潜《大上海指南》，第23页。

1937 年 5 月，法电公司呈公用局新订票价表。华商电车公司 1936 年 12 月要求重订行驶于老西门及小东门间的三路电车票价，业经双方同意订定共同票价。"又自铜元消减后，第五、六路两路电车票价自须重行订定，以期各种票价相符。亦以第三路电车票价已经敝公司与华商公司同意，请将第三、五、六各路票价赐予核准，俾能于最近期间实行，至表所列数字均以分为单位（一分等于国币万分之一元），但得以铜元三枚作一分付给票价。"[1] 即法租界电车公司"对各有轨无轨电车价目，向以铜元计算循至现在颇感不便，现亦为厉行新币制起见"，定 1937 年 6 月 1 日起重订车价，一律以新辅币计算。[2] 当日，第二特区（法租界，下同）电车公司行驶各路电车票资（除三路、五路、六路经爱多亚路到斜桥一段外）与英商电车亦一律更改票价，并改用辅币一分为单位。[3] 1937 年法商三路电车票价见表 3-11。

表 3-11　法商三路电车票价（1937）

单位：分

```
小东门
     ┌───┐
     │  1│
 ┌───┼───┤
 │2  │新开河
 ├───┼───┐
 │  2│  1│
 ├───┼───┼───┐
 │3  │2  │老北门
 ├───┼───┼───┐
 │  3│  2│  1│
 ├───┼───┼───┼───┐
 │4  │3  │2  │东新桥街
 ├───┼───┼───┼───┐
 │  3│  3│  2│  1│
 ├───┼───┼───┼───┼───┐
 │4  │4  │3  │2  │西门
 └───┴───┴───┴───┘
```

注：每方格内左下角号码即头等价目，右上角号码即三等价目。

资料来源：《上海市公用局关于华法商电车改订票价》，1937 年 5～7 月，上海市公用局档案，档号：Q5-2-871。

---

[1] 《上海市公用局关于华法商电车改订票价》，1937 年 5～7 月，上海市公用局档案，档号：Q5-2-871。

[2] 《两租界电车将重定车价改铜元为新辅币六月一日实行》，《申报》1937 年 5 月 27 日，第 11 版。

[3] 《电车与公共汽车今日起改订票价一律采用辅币为单位》，《申报》1937 年 6 月 1 日，第 17 版。

第三节　营业收益和财务状况

法电公司总公司设于巴黎，于 1906 年成立，其初资本金 320 万法郎，后增至 800 万法郎，就上海法租界"界内兼营电气自来水事业"。[①] 具如 1906 年 1 月 24 日，比利时东方万国公司与法租界公董局订约后，即依照法国公司条例，在巴黎设立公司，在上海设办事处，代理东方国际公司经营当时第二特区电车电灯事宜，厂址在卢家湾，发电总容量 15000 余千伏安，50 周波，用户电压 110 伏特，最初只有四轮小电车 28 辆。该公司于 1908 年与公董局订约，接受该局在董家渡创办之小型自来水工厂，改组为该公司第三种专营事业，规定承办期 50 年，年纳报酬金收入 2.5% ~ 7.5%，并免费供给市政消防及慈善用水。[②]

例如，1906 年东方万国公司与法公董局订立《电车及电气让与权之合约》，主要内容如下。

第三条　合约之标的：公董局所赋予并经公司接受此有：以法租界全区及越界筑路之行驶电车特许权等。

第四条　应成立之公司：该公司董事会多数应由法人组成之。该公司上海所在地之经理应以有行为能力之法籍人民担任之。

第五条　特许权之期限：公董局有权于 75 年后，收买电车及电气服务之一切设备，固定及可移动之材料，惟须两年前预先知照公司。

第六条　保证金：公司以 10 万法郎存于巴黎之东方汇理银行，作为执行该合同之保证。

第七条　电车特许之内容：公司由旅客及货物之公共运输独营权，此种运输应于在法当局管辖权下即行驶电车之各路街道广场实行之。此种特权包括轨道两旁各 200 公尺之区域。如公司意欲开办其他路线，公董局应按照本合同之条款，让与此种特许权。法公董局意欲开办其他路线，则应按照本合同之条款，尽先商邀公司办

---

① 沙公超：《中国各埠电车交通概况》，《东方杂志》第 23 卷第 14 号，第 52 页。

② 《上海各种公用事业概况（上海调查资料公用事业篇之二）：上海法商电车电灯公司》，1949 年 3 月，江南问题研究会档案，档号：Y12 - 1 - 78 - 36。

理。

第八条　电车路线网：公司应立即建造附于本合同之地面上所载明之路线，该路线经红色注明，详列如下：起点：南市小东门经过小东门路外滩、公馆马路、嵩山路、西泾路（Paul Bruwat）及起于该路终于徐家汇之新路。该路线至迟须于 1908 年 1 月 1 日开始经营。公司益能延长该路线，由法外滩经过洋泾浜，天主堂街，连接于公馆马路。地面上用黄色注出之路线，系经公董局准许，公司如认为必要时，得迅速建造，并经营之，该路线详载如下：A、南北横路线：起于洋泾浜，经过东新桥街，宁波路，八里桥街，终于南市之西门。B、上列路线之延长至 Sante-Catheerine 桥；建造此路线或须征得中国当局之同意，在此种情形下，公董局当竭尽能力以达此目的。C、起于 Arenne Paul Bruwat 经过善瞳路终于徐家汇界路之支路线。

第九条　扩充计划：以后当必要时，公司应研究由于交通发展所致之必须扩充计划，及应如何于最短期间实现之。

第十条　电车轨路：路轨之距离应为一公尺。每公尺铁轨重量应为45 公斤（后修订为：1926 年夏，当公董局建造地沥青三合土路面时，公司应同时试换法外滩自公馆马路至爱多亚路一段之路轨，以三合土为路基）。公董局负责马路之扫除及洒水工作，每当邻近轨道路面重需修理，公董局负责铺填法租界之单轨或外围地带。公董局应免费于法租界之电车路上涂抹柏油。公董局保证于接到公司通知后，即令该局工程处办理电车路上涂抹柏油工作。

第十一条　车辆之材料：公司行驶车辆之种类，及车内之灯光、警铃等，须由公董局通过，方准应用。车辆外不应粘贴任何公告或收费之广告，惟某些具有增加电车交通性质之游艺广告及假节通告则不在此例。

第十二条　公司应于 1922 年内，以五辆两端可以进出而附有Boggie Bruees Peeble 型之新车及五辆与现在行驶同型之拖车，但须由活动玻璃窗及木装百叶窗之设备，加入服务。

第十三条　电车价目（见表 3-12）：车辆内有头等及二等座位，如车辆后附有拖车，则任何其中一辆可能只包括一种等级，公司益得行驶只有一种等级之特别车辆。公司对每乘客将依照下开价目表征收车费

（须在同一车辆上并向同一方向进行）。以下价格制单位等于墨西哥洋钱1%。公司允许着有制服之邮差、电报员及警务人员免费乘坐电车，惟每车至多可载免费此两名，公司益以免费派司12张送交公董局支配。价目表经公司或公董局任何一方面要求后，得由双方同意修改之。与邻线交换车辆：行驶于法商路轨上之外来车辆，须遵守与法商车辆相同之规定，该项车辆之驾驶员无论在法律或任何情形下，当视同法商电车公司雇用之职员。

表3-12　《电车及电气让与权之合约》电车价目

单位：分

头等票价		二等票价	
路程不到1.5km(公里)	3	路程不到1.5km	3
路程1.5km~3km	10	路程1.5km~2km	4
路程3km~5km	15	路程2km~2.5km	5
路程5km以上	20	路程2.5km~3km	6
		路程3km~4km	7
		路程4km~5km	8
		路程5km以上	9

第十四条　租税（见表3-13）：公司应以经营电车毛收入1/20付予公董局，作为租税，租税每三月一付（自1914年1月1日至1927年12月31日之租税经调整如下表：公董局同意抛弃下列租税自1914年1月1日至1927年12月31日止。1928年1月1日起，租税将依照1906年1月24日之合同办理）。

表3-13　《电车及电气让与权之合约》租税

年份	抛弃之租税	年份	抛弃之租税
1914	全年租税	1921	全年之租税之11/14
1915	全年租税	1922	全年之租税之10/14
1916	全年租税之13/14	1923	全年之租税之10/14
1917	全年租税之13/14	1924	全年之租税之9/14
1918	全年租税之12/14	1925	全年之租税之8/14
1919	全年租税之12/14	1926	全年之租税之7/14
1920	全年租税之11/14	1927	全年之租税之7/14

第十五条　车辆之行驶特别运输：公董局于征得公司同意后，订定行驶电车及准许之最高速度等之警务章程。经法当局决定候车处后，公司应与该局工程处取得合作，建立便利旅客之候车间，于旅客众多之站所（八仙桥站、霞飞路、吕班路各站间开始）。[①]

与公共租界先后有多家中外公司经营公共交通不同，法租界公共交通始终是在法电公司一家垄断下进行的。1908 年 3 月，法商电车的筹建基本完成，电车在徐家汇路试车。4 月 29 日，公司在《中法新汇报》发布电车即将通车的消息。5 月 3 日进行通车前的最后一次试车，在卢家湾、外洋泾桥（今延安东路外滩）、十六铺一带，频繁往返。5 月 4 日举行通车典礼，法领事馆员、法公董局董事等均乘坐彩车，电车由法商电车电灯公司营业部主任驾驶。为扩大影响招徕乘客，5 日，十六铺至善钟路（今常熟路）的第一线最后试车，全天免费乘坐，翌日开始营业。[②] 1908 年 12 月法电车行驶里程为 5.8 公里，载客约 20 万人次，营业收入 7674 元，占公司总收入的39%。1909 年，该公司开辟自十六铺至北门的七路线，当年电车营业收入增至 14 万元。1911 年撤销七路线，营业收入增至 22 万元，全年运客增至 87 万人次，行车 12 万公里。[③]

以法电公司 1909～1913 年总收入列举，分别为 303436 佛朗（法郎）、407830 佛朗、478373 佛朗、627111 佛朗、943000 佛朗，"而尤足见其逐年之递加者（惟贴水损失一项，则上列各数内并未扣除）"。论其营业盈亏，1909 年亏 8667 佛朗，1910 年盈 96034 佛朗，1911 年盈 138283 佛朗，1912年盈 240633 佛朗，1913 年盈 29 万佛朗。公司资本开始时为 420 万佛朗，及1914 年 5 月 10 日则增为 800 万佛朗。1914 年会发 1913 年股息一次，息为 5厘，而股本数则仍按原时 420 万佛朗核算。其提存各款如定为还债预备金及残旧陪折费等，1914 年已积至 1164000 佛朗。[④] 是年 2 月 20 日，该公司与法租界公董局修订 1906 年和 1908 年合约，将电车、电灯、电力输送专营权

①　《上海电车公司综合条例》，1947 年，上海市公用局电车公司筹备处档案，档号：Q423 - 1 -35 - 1。
②　上海市公用事业管理局编《上海公用事业（1840～1986）》，第 337 页。
③　上海市档案馆编《上海租界志》，第 427 页；上海市公用事业管理局编《上海公用事业（1840～1986）》，第 343 页。
④　甘作霖：《上海三电车公司之组织（续一号）》，《东方杂志》第 12 卷第 4 号，1915 年 4 月1 日，第 11 页。

改为 75 年，自 1908 年 5 月 1 日起算。3 月 6 日再次修正合约，更改电车轨道重量、将来修造桥梁费用、铺架电线等规定。1921 年 5 月 20 日，公董局与法电公司为协商解决双方有关交通等方面的矛盾签订合约，关于电车部分规定公司应于 1922 年行驶 5 辆新车，公司应于必要时研究关于发展交通的扩充计划，并于最短期限内实现，公董局则应实施及养护法商所设电线的柏油道路工程。1925 年 12 月 14 日，法电公司与公董局订办无轨电车合同。合同规定，公董局核准公司自 1926 年 8 月起开通 3 条无轨电车线路，与公共租界无轨电车线连接，3 条线路为吉祥街至江西路、郑家木桥街至福建路、敏体尼荫路至福建路，公司需将无轨电车营业收入的 5% 缴纳给公董局作为专营权费，此外缴纳每车每行 1 码（0.9144 米）银 2 分的季度捐。1927 年，公司营业收入 341 万元。[①]

再如 1929 年 5 月，上海特别市财政局、公用局致市长：法商电车公司旧合同报酬金计算法系由法工部局在所得该公司报酬金内提缴 6%，计 1928 年共缴银 3522.91 元（见表 3 - 14）。比较三厘土地使用费 2815.08 元，已超出 707.83 元。至于华商电车公司应缴报酬金，据最近 4 个月统计共计银 10423.65 元，平均每月 2605.91 分。预计每年可收 31270.95 元，比较三厘土地使用费 32394.81 元，每年仅短银 1123.86 元。"总计报酬金数目既已逐月增高，而本市市面现又日益进展，将来电车营业务之势必愈形发达，则华商电车公司应缴报酬金额决可超出三厘使用费数目之外。公用局等为顾全市库收入起见，拟将该两公司旧合同暂缓改订，俟有利时机再行核议整理。"[②]

表 3 - 14 1928 年法商、华商电车公司报酬金比较

华商电气公司（电车）	报酬（元）	法商公司（电车）	报酬（元）
1928 年 1 月	2050.59	1928 年春季	905.11
1928 年 2 月	2063.10	1928 年夏季	943.33
1928 年 3 月	2342.02	1928 年秋季	930.97
1928 年 4 月	2350.89	1928 年冬季	743.50
1928 年 5 月	2381.77		

---

① 上海市档案馆编《上海租界志》，第 428～429 页。
② 《上海市公用局关于电车报酬金改订土地使用费》，1928 年 8 月～1929 年 5 月，上海市公用局档案，档号：Q5 - 2 - 828。

续表

华商电气公司(电车)	报酬(元)	法商公司(电车)	报酬(元)
1928 年 6 月	2258.99		
1928 年 7 月	2352.47		
1928 年 8 月	2328.14		
1928 年 9 月	2489.86		
1928 年 10 月	2744.97		
1928 年 11 月	2652.21		
1928 年 12 月	3270.88		
全年合计(元)	29285.89	全年合计(元)	3522.91
平均每月数(元)	2440.49	平均每月数(元)	293.58
路线长度(米)	22527.15		1933.43
使用土地面积估价(元)	1079827		93836
使用费所占地价百分数(%)	2.73		3.75
每米所纳之使用费(元)	1.30		1.82

注：报酬金即土地使用费，路线长度根据 1928 年 10 月土地局之核算。

资料来源：《上海市公用局关于电车报酬金改订土地使用费》，1928 年 8 月～1929 年 5 月，上海市公用局档案，档号：Q5-2-828。

至 1931 年，法电公司有轨电车路线 9 条，无轨电车路线 3 条，路线长 33.099 公里，电车 81 辆，拖车 35 辆。1927～1931 年，该公司电车收入分别为 1246578.77 元、1409479.25 元、1622069.94 元、1689493.24 元、2209496.96 元，乘客数分别为 47604308 人次、53755538 人次、61340293 人次、55266304 人次、63662409 人次（见表 3-15）。1933 年，法公董局杂项收入预算数 46.82 万两，其中电车税和自来水税分别为 6.8 万两、7 万两，最少是煤气税，仅 210 两。[①] 至 1936 年，法电公司有轨电车线路 8 条，机车 63 辆、拖车 32 辆，无轨电车线路 4 条；电车行车 545 万公里，载客 4438 万人次，毛收入 8468 万元。[②]

而法电每年营业收入的利润，从其范围的不断扩大就可知道梗概。法电利润额大得惊人，据巴黎总公司对股东大会的报告，1926～1937 年，每年的营业净利均在 2000 万法郎以上，其中 1928～1930 年每年更高达 3000 余万法郎。若以净利与资本做比较，营业最盛年度的净利竟达资本额的 62%

① 上海市档案馆编《上海租界志》，第 358 页。
② 上海市档案馆编《上海租界志》，第 428 页。

强。公司历年所得利润大部分分配给股东,股息最高年度达净利的 119.8%
(包括动用上年积盈分配)。① 1937 年,该公司营业利润有 660 万元之多。在
"八一三"淞沪会战前,有轨电车、无轨电车及公共汽车这一项总收入,每
天至多到 7000 元之数。②

表 3 – 15 上海全市电车公司统计 (1927 ~ 1933)

项别 营业区域		华商电气公司 沪南区	英商上海电车公司 公共租界	法商电车电灯公司 法租界
路线	1927 年	4	有轨 10 条,无轨 6 条	有轨 7 条,无轨 3 条
	1928 年	4	有轨 10 条,无轨 7 条	有轨 7 条,无轨 3 条
	1929 年	4	有轨 10 条,无轨 7 条	有轨 8 条,无轨 3 条
	1930 年	4	有轨 10 条,无轨 7 条	有轨 8 条,无轨 3 条
	1931 年	4	有轨 10 条,无轨 7 条	有轨 9 条,无轨 3 条
	1932 年	4		
	1933 年	4		
路线长度 (公里)	1927 年	16. 100		32. 022
	1928 年	16. 100		30. 565
	1929 年	16. 100		31. 065
	1930 年	16. 100		31. 133
	1931 年	16. 100		33. 099
	1932 年	16. 100		
	1933 年	23. 999		
车辆数 (辆)	1927 年	电车 42,拖车 8	电车 185,拖车 100	电车 64,拖车 17
	1928 年	电车 42,拖车 8	电车 185,拖车 100	电车 64,拖车 21
	1929 年	电车 42,拖车 13	电车 189,拖车 100	电车 74,拖车 24
	1930 年	电车 42,拖车 13	电车 199,拖车 100	电车 74,拖车 28
	1931 年	电车 42,拖车 13	电车 200,拖车 100	电车 81,拖车 35
	1932 年	电车 42,拖车 21		
	1933 年	电车 42,拖车 21		

---

① 上海市公共交通总公司、《上海法电工人运动史》编写组编《上海法电工人运动史》,中共
党史出版社,1991,第 7 页。
② 朱邦兴等编《上海产业与上海职工》,第 274 页。

续表

项别		华商电气公司	英商上海电车公司	法商电车电灯公司
营业区域		沪南区	公共租界	法租界
乘客数（人次）	1927 年	24241759	93807706	47604308
	1928 年	29115718	123325243	53755538
	1929 年	33954962	137431386	61340293
	1930 年	37053010	128564955	55266304
	1931 年	40630011	139800061	63662409
	1932 年	35036228		
	1933 年	36456888		
职工人数（人）	1927 年	589		567
	1928 年	585		579
	1929 年	597		684
	1930 年	609		761
	1931 年	662		789
	1932 年	956		
	1933 年	972		
收入（银元）	1927 年	484631.04		1246578.77
	1928 年	564240.15		1409479.25
	1929 年	663970.39		1622069.94
	1930 年	768011.24		1689493.24
	1931 年	894262.12		2209496.96
	1932 年	715090.14		
	1933 年	846267.76		
支出（银元）	1927 年	591291.66		
	1928 年	683184.33		
	1929 年	828628.00		
	1930 年	918952.31		
	1931 年	873015.50		
	1932 年	741078.76		
	1933 年	1057986.01		

注：华商电车一项因该公司自行发电，故未列入支出数内。

资料来源：《民国二十二年编上海市统计》，"公用事业"，第10页；《上海市统计补充材料》，第75页。

概而言之，法电公司最初规模较小，仅二路、五路等有轨电车及电灯而已，路程亦很短，发电量亦有限。经过数度扩充和厂址迁移，营业渐渐发达起来，由初创时的 300 万法郎，战前发展到 4000 万法郎以上，成为法租界独一无二的大企业和交通市政业的托拉斯。租界内市面的繁荣与百余万市民日常生活不能缺少它，所以它在法租界实际上握有莫大的权威。① 法租界在 1911 年刚刚通车时不过是 28 辆电车，拖车 4 辆；不到十年，电车增至 38 辆，拖车增至 14 辆。其后年年增加，利润也很可观。全面抗战爆发后，公共租界与法租界市内交通虽勉强维持，但与华界各通道为关卡堵住。因地界关系，各线路都在缩短，法商无轨电车十七路、十八路全部停驶。总之，有轨、无轨电车路线，战前华界及英、法租界共有 28 条路线，战时减少至 12 条路线。② 其时，大量难民自南市涌入租界，通往南市地区的部分路线受阻，法租界大世界游乐场附近被炸，公共交通全部瘫痪。战时，法商电车因法贝当政府战败投降，组织维希政府，投靠德日意轴心国阵营，上海日军当局给予盟国待遇，因而未受影响。1943 年，上海法租界被汪伪政府接收，法电公司与汪伪当局于 10 月 15 日达成协议，确认该公司继续在原区域内经营。日本投降后，法电恢复了原有规模。1947 年，法电公司的资本总值达 3.75 亿法郎，为开办时的 125 倍。至上海解放前夕，法电公司拥有有轨电车 62 辆，拖车 55 辆，无轨电车 38 辆，公共汽车 75 辆，行驶线路 12 条，总长达 57.4 公里，平均每日载客约 32 万人次。其时，法电职工总数达 3100 余人。③

---

① 朱邦兴等编《上海产业与上海职工》，第 273 页。
② 周源和：《上海交通话当年》，第 63 ~ 66 页。
③ 《上海法电工人运动史》，第 5 页。

第四章 华界电车业的经营与管理

全面抗战前，上海华界包括沪南区、闸北区、沪西区、江湾区、真茹区等区域，由于公共租界、法租界横亘市中心地域，因此上海市政建设，包括电车交通也只好分区发展。"上海电车共有三公司创办，租界地面则有英法两公司，南市地面则有上海华商电车公司。"华商电车公司创于1912年，创办者为陆伯鸿，资本20万两，在租界以外的南市经营。[①] 辛亥革命后，"帝制推翻，上海县城（南市）开始有拆城和兴半新式交通之举"。首先是沿城墙拆城，填筑护城壕，开筑民国路。1913年8月，华商电车开始运行，该公司前身为"内地电灯公司"，其通行"是为上海南市有电车之始"。[②] 上海华界电车路系统的建设，从计划到完工只用了几个月时间，完全没有依靠外国的帮助。[③] 华界电车通行虽迟于租界的英商、法商电车5年，但它是华人最早在上海经营公共交通事业的一家企业。

第一节 公司组织和设施建设

"上海南市内地电灯公司，前身是官办的发电厂，在前清光绪年间由马路工程善后局创办，厂址在十六铺老马路"，1904年归并"总工程局"，那时已有电灯1000余盏。次年，由张逸槎接归商办，改称"内地电灯公司"，把厂址迁到紫霞路。[④] 1912年春，内地电灯公司经理陆伯鸿等人向上海县主管申请创建南市有轨电车，同年6月经市议事会讨论批准，给予专利权30

---

① 《交通史·电政编》第3集，第60页。
② 赵曾珏：《上海之公用事业》，第53页。
③ 〔美〕费正清、费维恺编《剑桥中华民国史1912～1949》上卷，刘敬坤等译，中国社会科学出版社，1994，第730页。
④ 《上海各种公用事业概况（上海调查资料公用事业篇之二）：华商电气公司》，1949年3月，江南问题研究会档案，档号：Y12-1-78。

年，并签订合约，准许华商在南市辖区内行驶电车。公司创始，集股银 20万元。[①]

一 组织方式和人员薪酬

1912 年 7 月，上海南市市政厅市长莫子经、华商电车有限公司总经理陆伯鸿等签订《上海南市市政厅准许上海华商电车公司行车合同》。嗣南京国民政府成立后，上海市公用局对该合同予以追认。[②]

《上海南市市政厅准许上海华商电车公司行车合同》

第一章 缘起

第一条 上海南市市政厅按照本年六月议事会议决案，准上海华商电车有限公司在本厅所辖区域内驶行电车，其路线、筑桥、设轨、竖牌及将来驶行电车一切规则，与夫应尽之义务，应享之权利，均规定与本合同内，以资遵守。

第二章 遵守之责任

第二条 本合同即为正式契约一样，两纸由市政厅与电车公司各执一纸，彼此遵守，不得违背。

第三章 股本之招集

第三条 公司应遵照本合同之规定，另订招股简章，招集股本银20 万元，俟招之 10 万元，由市政厅核实后即行开办。

第四条 公司资本须集自华商，不得有外国人附股。

第四章 路线之规划

第五条 本合同所附之图，系目前规定之第一条路线，自十六铺桥沿浦滩迤南经大码头、董家渡、沪军营、苏路火车站以达高昌庙；其自高昌庙迤西至斜桥之路，续行规划。

第六条 将来城垣拆平之后，修筑宽大马路，公司可于此马路上铺设轨道，驶行电车；惟须先将办理情形报告市政厅，交议事会通过然后开办。

---

① 《上海南市市政厅准许上海华商电车公司行车合同》，1921 年 1 月，上海市公用局电车公司筹备处档案，档号：Q423 - 1 - 35 - 21。

② 《上海市公用局承认华商电车公司与上海市政厅所订合同》，1928 年 3 月 ~ 1934 年 12 月，上海市公用局档案，档号：Q5 - 2 - 821。

第五章　权利之享受及期限

第七条　公司依本合同之规定，得享受市政厅所赋之一切权利。

第八条　公司依本合同规定所享受之一切权利，以后未经市政厅认可，不得转送于他人。

第九条　如市政厅欲于他路上另设新轨道，驶行电车，必先将此项情形通知公司，以便知其是否依照本合同办法承造。

第十条　市政厅敷设之新轨道，如公司不愿承造，则市政厅有权另招他人承办，惟不能损害公司已有路线上营业之权利，且距离公司路线 200 密达（米）之内，他人不得另设电车轨道。

第十一条　凡公司中之轨路、电杆、电线及关于电车工程之各种车辆，皆有免纳市政厅税之权利。

第十二条　公司经市政厅允准，得在电车内收取张贴告白及印刷品费。

第十三条　本合同所许之一切权利，以 30 年为期。自公司开车之日计算（1913 年 8 月 11 日由东门高昌庙线通车）。期满后，或由市政厅购回自办，或招他人承办，或仍归公司续办，当为订合同办理。

第六章　对于市政厅之报酬

第十四条　公司于每日进款毛数内抽提 3%，为市政厅之报酬金。（附条：按照合同第十四条三厘报酬以三年为限，逾三年以五厘报酬）。

第十五条　市政厅每月应派员至公司检查进款账目后，其报酬金即于每月底汇缴，不得拖欠。

第七章　对于市政厅之义务

第十六条　在动乱之时或华界戒严之际，所有电车任市政厅随时使用，装载军队或运送战品等事。

第十七条　如市政厅于夜间照章停车后，须用电车装运工作上所需材料等物，公司均须应允。

第十八条　所有此项特别装运费，由公司与市政厅会同酌定。

第八章　设轨计划

第十九条　双轨中央距离一密达（米）。

第二十条　铁轨每一密达，重 45 基劳（华德为电力之单位，基劳即 1000 华德，约合 1 又 1/3 马力），该铁轨置于石子打成之基础上，再用石子筑平马路，一如市政厅所筑之马路。如日后市政厅将筑路之法改变，则公司必须照改变之法建筑。

第二十一条　双轨可置于满12密达阔之马路上，如不满12密达之马路欲置双轨，须经市政厅允准，方可照办；倘于满12密达之马路，中间有数处其阔仅10密达至12密达，而其长不满50密达者亦可铺设双轨。

第九章　关于电车之工程

第二十二条，电车用架空电线式，电力拖车用200至600瓦特。

第二十三条　在热闹之处，蓄电箱置在地中，僻静之处则置在路面。

第二十四条　电车两旁电杆，用铜质制成。

第二十五条　如于电力间断之时，公司可暂用别种拖力驶行电车。

第二十六条　凡路阔在24英尺之内，用伸臂铜柱。

第二十七条　凡广阔之路，则用二面拉紧铁丝钢柱。

第十章　电车之路程价目

第二十八条　电车内分头等、二等两种座位，如有两电车拖带而行者，则内一乘可作特别座位。公司应可开行专车，该车只备一种坐位。兹将公司拟收车价列左：（1）头等车价：第一站收铜圆三枚，第二站加收铜圆三枚，第三四站加收铜圆三枚，第五六站加收铜圆三枚，每站相去约一里半；（2）二等车价：第一站收铜圆一枚，第二站加收铜圆一枚，第三四站加收铜圆一枚，第五六站加收铜圆一枚。

第二十九条　车费价目，可由公司与市政厅两方接洽随时更改。

第三十条　所有电车价目、路程单，应于公司公事房内及电车内张贴；如有更改之处，宜广为通告。

第十一章　道路之权限

第三十一条公司如愿于市政厅所辖之道路、桥梁、安置轨道，修理换新及装置一切附属物件，须先经市政厅之允准；而市政厅得审时度势，以定相当办法。

第十二章　道路桥梁之修筑与保养

第三十二条　所有机道中央之马路，及轨道两旁距离50生的密达（即半密达）之马路，均归公司保养修理；其应修之马路，一经市政厅之通知，公司即须派人修理。

第三十三条　马路上打扫洒水，仍归市政厅雇人办理。

第三十四条　所有电车经过之桥梁及暗桥，不能任电车之重量者，须由市政厅设法改筑坚固，其费归公司担任。

第三十五条　将来市政厅开筑新马路，而电车必须经过者，如有建筑暗桥及桥梁之处，市政厅只认寻常之建筑费，所有因电车经过而建筑加坚之费，归公司担任。

第三十六条　如于未铺石子之路，而电车必须经过者，则该路自装设铁轨后，由市政厅铺石筑路，公司应偿还拆除建筑等费。

第三十七条　如河面上另筑桥梁而电车须由上经过者，则一切改造等费，应由公司担任；如拆桥面，置铁轨时，须在旁别置一桥，以通往来，得市政厅允准者，其兴造轨道桥梁之费，一切应有公司担任。

第三十八条　电车所经过之道路，如地面有不平或须修理，而阻电车之行驶者，则市政厅须于十四日前咨照公司，使别置一段轨道，或于近旁道路暂置轨道，以通往来，其费由公司自任。

第三十九条　公司于工作上必不得已而损及道路上一切阴沟水管，须由市政厅允准。立毕时由市政厅雇员修理，其费由公司担任。

第四十条　电车所经之道路，距离两旁轨道五十生的密达以外，由市政厅保养修理。

第四十一条　公司须维持保养汽电车所经过之道路桥梁、使常年稳固，不致损坏，如有损坏，须立即雇员修理，不得迟延，致生危险。

第十三章　对于他人或他公司权利之关系

第四十二条　如轨道造于公共地段、个人私产及他公司地段之上，尚事前未与该业主接洽者，倘该业主欲令公司拆去已造之轨道，公司即须照办；一切费用，均由公司自任。

第四十三条　电车轨道于安放、修理、换新或移动时所经之路，如有自来水管、自水火管及电线电话电灯等柱杆之阻碍，倘不得该物主之允许，丝毫不得移动；若已得物主之允许，而市政厅未能允准者，亦不得移动。

第四十四条　公司于工作时如损坏一切公物或私产，则市政厅有监理其一切工作之权，而公司须负赔偿损失之责任。

第四十五条　公司于工作时如损坏电话电报等线，及一切电气记号等各种建筑品。工毕时，公司须出资修理。

第十四章　对于公司之辅助

第四十六条　公司如遇经济困难时，可报告市政厅，由市政厅调查其实在情形，交议事会核议，应否设法维持。

第四十七条　公司铺设轨道，如用洋工程师在场指点，市政厅当妥为保护。

第四十八条　电车行驶迅速，各种车辆或因不及避让，致生种种危机，当由市政厅另订妥填章程，俾各遵守。

第四十九条　市政厅当知会警务处添订由电车行驶之道路上种种规则，预为防卫。

第十五章　对于电车各种之取缔 *
第十六章　营业之购回

第六十条　市政厅于叁拾年期满后，可将建筑品，活动及不活动材料，与电车电气等物，自行购回，欲于期满前或年先行咨照公司。

第六十一条　购回价值，应由市政厅与公司各请一公正人估计；如公正人两方不相允洽，则另请第三公正人出马解决。惟经第三公正人断定后，两方及应遵照。

第六十二条　市政厅购回后，如愿将此项营业辖权于别种公司，而电车公司声明愿意续办，则市政厅应尽先老公司；惟总须投标并规新章程之利便为断。

第十七章　公司所有物之转让与抵押

第六十三条　公司如欲将地产、机器、建筑及各种材料售让与中国银行及华商，均须由市政厅议事会议准，方可照办。其价可由公司自行订定；俟买卖手续完毕后，即与本合同断绝关系。

第六十四条　公司于不得已时，为维持营业计，可将公司产业抵借款项，惟须报告市政厅，交议事会议准。

第十八章　公司之代表

第六十五条　公司应由各股东公举一人总理公司中一切事宜，对于公司有代表之资格，时于合同负完全之责任。

第十九章　交涉之解决

第六十六条　市政厅与公司有交涉各事，或于建筑时，或于行政上，或于本合同条款，或于两方面权利，发生一切争端疑难问题，应由市政厅董事公交易叫议事会议决。

第二十章　合同之执持与修改

第六十七条　所有市政厅与公司往来之各种文件，及市政厅之认可证据，均须缮写，或用印刷，一方面由市董事会签字，一方面由公司代

---

* 详见本书第六章。

表签字，彼此各执一份为凭。

　　第六十八条　本合同如有不适用处应修改时，由市政厅与公司双方协议改订。①

　　上述合同对设轨路线电车工程、路程价目、道路权限等均有详细规定。华商电车公司第一条有轨电车线路，从小东门至高昌庙，于 1912 年 7 月举行试车礼，"而不意二次革命之风潮（讨袁战争）即起于是月间。上海党人迫攻制造局，交绥甚烈。而公司车路所经之区域适为战线所划入，于是正式开车之期不得不有待。而公司之车厂即于战事期内为炮火所损伤，此诚非意料所及。幸八月间，战事风云稍稍宁辑"。② 1913 年，该公司成立后着手电车工程的筹建。工程建设委托德国西门子公司承造，电车及建材设备均向其订购，同年 3 月动工建设。公司以每亩地价银 550 两购得沪嘉路 24.9 亩（16600 平方米）土地建造车场，并购有轨电车机车 12 辆、拖车 4 辆，6 月全面竣工。③ 公司"造路行车又皆操诸华人之手。此诚中国晚近交通史上所绝无而仅有者也。其借重外人之处，不过于工程进行际，请西门子公司总理谷吉尔氏为之督率。而路工告竣之后，仍聘该西人为公司顾问工程师而已"。1913 年 8 月 11 日，"南市电车始行正式开车礼。斯时，路工告蒇，电车星驰，实足为华界留一绝大之纪念。盖此路股本纯粹出诸华人，而今总理陆伯鸿氏之力为独多。陆为此路最初之主动，即运动官吏得其许可，而复为南市绅商曲陈此事之利益，竭力鼓励其意兴，于是二十万两之华股不久集事，而南市电车公司亦于以成，而南市电车之举行亦即于是时始"。④

　　华商电车通车时，轨道长 3.37 英里，环绕上海城旧迹一周，成立时只备电车 12 辆、拖车 6 辆，三年增资为 40 万元，1913 年与法电车公司订立合同。⑤ 合同中"民国路系环旧上海县城自小东门经新北门至老西门一段河

----

① 《上海南市市政厅准许上海华商电车公司行车合同》，1921 年 1 月，上海市公用局电车公司筹备处档案，档号：Q423－1－35－21。

② 甘作霖：《上海三电车公司之组织（续一号）》，《东方杂志》第 12 卷第 4 号，1915 年 4 月 1 日，第 13～14 页。

③ 上海市公用事业管理局编《上海公用事业（1840～1986）》，第 346 页；蔡君时主编《上海公用事业志》，第 318 页。

④ 甘作霖：《上海三电车公司之组织（续一号）》，《东方杂志》第 12 卷第 4 号，1915 年 4 月 1 日，第 12～14 页。

⑤ 《交通史·电政编》第 3 集，第 67 页。

浜，经前上海南市市政厅填平铺筑者，以其与法租界毗连"，于 1912 年与法公董局订立中法交界路权案，"将该路与法租界原有道路，合成一路彼此通行，华法民国路之名始此。其续订附件规定，该路如设电车可由华法两电车公司各设单轨一条，另订彼此便利交通办法益分任修路之费"。1918 年，华商电车公司与内地电灯公司合并，改称华商电气股份有限公司（简称华电公司），继续经营南市地区的公共交通事业，"行车事业即大更能"。① 电车公司也由陆伯鸿创办而自兼总经理。那时备有 1600 瓦的汽轮发电机一部，装在车站路，自行发电供给电车，并把多余的电售给"内地电灯公司"。②

1921 年 10 月，华电公司因营业发达，售票与司机不敷分派，拟添招售票、司机各职人员，并通告招雇，定于 3 日齐集公司听候考试选取。③ 同时，该公司按照上海市政府强迫教育的方针，拨发大洋 600 元设扫盲速成班，规定文盲工人两个月要识 600 个字，不及格者留级，并扣发工资奖金。④ 至 1934 年 3 月 25 日，公司假座北京路湖社开股东大会，到有股东共计 207098 权。首由主席王一亭报告开会宗旨，由总经理陆伯鸿报告 1933 年度营业状况，并经监察人张文彬报告上年度账略后，讨论本年度起对于公司内一切业务大加扩充、添设分厂、增加股本、扩充电车路线等数案。当经各股东一致通过，提交董事会切实履行后，又议决发息日期及对上年度公司营业上盈余款项如何分配。最后，当众票选张文彬等人连任 1934 年度监察人（见表 4 - 1）。⑤

表 4 - 1　1934 年度华商电气股份有限公司组织

常务董事	董事		监察人
姚紫若	陆隐耕	姚慕莲	李祖华
杜月笙	王云甫	朱季琳	张文彬
王一亭	冯炳南	叶鸿英	朱鲁异
顾馨一	黄涵之	郁葆青	贾季英
张效良	凌伯华	刘鸿源	艾祥麟
	朱吟江	朱志尧	经理
			陆伯鸿

资料来源：《上海市公用局关于华商等电车战前状况资料》，上海市公用局档案，档号：Q5 - 3 - 1044。

---

① 《上海南市市政厅准许上海华商电车公司行车合同》，1921 年 1 月，上海市公用局电车公司筹备处档案，档号：Q423 - 1 - 35 - 21。
② 《上海各种公用事业概况（上海调查资料公用事业篇之二）：华商电气公司》，1949 年 3 月，江南问题研究会档案，档号：Y12 - 1 - 78。
③ 《华商电车招雇售票与司机（定初三日考试）》，《申报》1921 年 10 月 1 日，第 15 版。
④ 朱邦兴等编《上海产业与上海职工》，第 381 页。
⑤ 《华商电气公司股东会》，《申报》1934 年 3 月 26 日，第 11 版。

嗣以营业需要，公司于 1935 年 10 月"勘定半淞园路、蒲滨为新电厂址"，并与西门子洋行订购 15000 瓦汽轮发电机两部，又向柏葛锅炉公司及斯可达洋行订购蒸汽锅炉等件。[①] 战前，公司职工人数共计一千数百人，其中职员 278 人，工人（长工）800 人左右，临时工（短工）经常有 100 多人，有时增到 200 多人。全厂工人实数为 735 人，其中包括外勤职员 40 人。工人的籍贯以苏北各县占多数，其次要算本地、宁波、无锡等籍。[②]

当时上海的电车公司一般规定定时进食。工人自己租赁简易平房或里弄旧房，也有住草棚者，或在停驶的电车上居住。电车工人、汽车工人中，司机、售票员最低工资只不过 20 余元，多的仅 30 余元，最高的是 60 元左右。其中华电待遇比法电好，法电又比英电高。[③] 如华电工人的工资按月计，每月总计达 32962.8 元，每一位工人可得平均工资 44.66 元。该公司工资等级非常之多，计分甲、乙、丙三种，共 35 级，最低 15 元，最高 150 元（见表 4-2）。[④] 如 1919 年，该公司"车务长将车务逐渐整顿妥善，故搭客倾跌行车碰撞等事业已减少"。同年 12 月，司机、卖票、查票等职员均由公司查照定章给发双俸，以示奖励。[⑤] 另外，花红亦以华电公司为最，1935 年度以每人每元工资可得 3.06 元，即每月工资为 40 元者，可得红利 120.4 元，全厂工人的分红共计 102969 元。"这一笔收入，是工人每年的黄金时代。"所以每到此时，"大家流露着分红的兴趣"。[⑥]

表 4-2　华商电气公司各级工资等级

单位：元

等级	甲种工资	乙种工资	丙种工资
一	150	76	38
二	140	72	36
三	130	68	34
四	120	64	32
五	112	60	30

① 《上海各种公用事业概况（上海调查资料公用事业篇之二）：华商电气公司》，1949 年 3 月，江南问题研究会档案，档号：Y12-1-78。
② 朱邦兴等编《上海产业与上海职工》，第 367～369 页。
③ 周源和：《上海交通话当年》，第 68～69 页。
④ 朱邦兴等编《上海产业与上海职工》，第 370 页。
⑤ 《华商电车公司消息》，《申报》1920 年 2 月 25 日，第 10 版。
⑥ 朱邦兴等编《上海产业与上海职工》，第 376～377 页。

续表

等级	甲种工资	乙种工资	丙种工资
六	104	56	28
七	98	52	26
八	92	49	24
九	86	46	22.5
十	80	43	21
十一		40	19.5
十二			18
十三			16.5
十四			15

资料来源：朱邦兴等编《上海产业与上海职工》，第 370～317 页。

二　轨道修筑及接轨

（一）轨道修筑

最初，华电公司电车行驶全路弧线（即弯曲处）32 处，其所用钢轨系向德国定造，凡一切材料及车辆钢轨均于 1912 年 5 月分别订购，钢轨迟至 1913 年运到。"盖因承运轮船驶经地中海时猝然失火，遂不得不折回亨堡，而公司工程乃亦稽迟。"至 1913 年 3 月钢轨即到，始克着手，"且钢轨未定之前，须由谷吉尔氏从事测量，此举亦非数星期不能告竟。然而六月杪全路造成，此不得不谓之迅捷也"。其时，华界电车路工所用德国钢轨分量极重，约每密重 100 基罗。钢轨所设处，掘濠约 500 粍（即毫米）长、390 粍阔，濠底填以石块而石尖则一律仰而上承，于是掩以石子及沙砾，捣击极坚，是谓钢轨基础。"凡设轨莫不有此敷设即可坚久。而轨面雨水亦可因而倾泻，每值两轨相接之处，其交点所在下层，必有加倍厚实水泥一片。至转辙器或分道机，必附有环舌二具，与铁路所用者相同。此所以减杀行车震荡之势，俾乘客得较为安适也。"[1] 该公司开办始，"即预为他日扩充之计，故轨道之阔度与电线之高度，悉与公共租界及法租界相同。以是而三公司如果联络提携，通车接轨，事固易易"。[2]

---

[1]　甘作霖：《上海三电车公司之组织（续一号）》，《东方杂志》第 12 卷第 4 号，1915 年 4 月 1 日，第 12～14 页。

[2]　甘作霖：《上海三电车公司之组织（续一号）》，《东方杂志》第 12 卷第 4 号，1915 年 4 月 1 日，第 15～16 页。

至 1917 年 10 月，华电公司所有已造未成的车站路轨道，业由尚文门前岔道起筑至习艺所附近，其经利涉桥之桥面暨桥墩工程概行告成，自习艺所至南车站北门的轨道约再迟 40 天定可竣工。此段轨道由尚文门以达车站止，共长 570 余丈，"将来老西门地方如有旅客欲至南车站与高昌庙地方，亦有专车行驶，只须在老西门与高昌庙二处加埋分路钢轨，即可通行"。唯钢轨尚缺少 26 根（每根长 4 丈 5 尺），如向外洋订购断难应急，由陆总理拟向法电车公司商借，以便铺接。所有路旁铁柱，欧战以前每根只需银 30 余两，斯时竟涨至 120 余两，"故该公司准定改用木柱（每根仅需五六元），一俟铁价稍贱，再行更换。公司自在城壕路铺筑轨道，开驶电车以来，行旅称便"。①

1920 年 9 月，该公司查得利涉桥至南车站北门口为止沿路设之轨道，因马路泥土松，轨道均已陷入泥内，"电车经过恐有出轨肇祸之虞，亟应将轨填高"，11 日起派匠将该处钢轨重行铺筑。② 同月，公司以电车轨道分歧各处往往路形低陷，拟将车轨从事翻高，其两旁马路亦一律修筑平坦。议决后先从民国路动工，翻筑以来已将北半城等处工程布置完备。拟在黄家渡迤南至沪杭甬车站一段砌竣后，再将中华路高昌庙一带次第工作各轨道中之分路处及轨道尽头处加捻紧螺母使松动，并派机匠用电火小机逐段摩擦，"使之平坦无阻，俾免意外"。③ 是年，该公司"各处车轨中心及轨道两旁之路面，今届已议定由公司担任修筑平坦，以利行驶而便交通"。④ 1921 年 10 月，公司"为扩充路线、推广开行电车起见，是以竭力整顿路轨"，又订购美国第二批钢轨 3000 吨，业已先后运沪。⑤

1928 年 5 月，上海特别市工务局函公用局为民国路接近法租界处路面尚未翻修，转饬华电公司限期修竣。"查民国路自小东门至新北门以西一带电车轨道两旁路面，除近华界一半已由华商公司翻修为砂石路面外，其接近法租界之一半弹街路面尚未翻修，非特有碍观瞻，且华界与法租界之界址极易混淆。"特请该公司速将民国路电轨两旁全部路面限期修竣，"以利交通而壮观瞻"。⑥ 继而，公用局、工务局、华电公司议决：（1）由该公司迅行

① 《华商电车工程之进行》，《申报》1917 年 10 月 22 日，第 10 版。
② 《铺筑南车站一带电车轨道》，《申报》1920 年 9 月 11 日，第 11 版。
③ 《华商电车公司修筑道路进行记》，《申报》1920 年 9 月 20 日，第 11 版。
④ 《华商电车公司消息》，《申报》1920 年 2 月 25 日，第 10 版。
⑤ 《华商电车扩充路线》，《申报》1921 年 10 月 29 日，第 14 版。
⑥ 《上海市公用局督促法商电车电灯公司修理民国路电车轨道及两旁路面》，1928 年 5 月～1929 年 5 月，上海市公用局档案，档号：Q5-2-906。

通知法商电车公司将民国路轨道北边路面即日动工照样修理，其轨道南边路面之洼下处由华电公司修复。（2）华商电车以后如有修理道路工程，应先呈报工务和公用局。（3）南车站路利涉桥以南轨道路面应由华公司即日动工修理。（4）华商电车修理轨道路面时，应由该公司工程处通知包工头注意工务和公用局章程，如再违章，一经查出严予处罚。[①]同年8月，该公司电车"轨道中间及两旁路面之修理工程，迭于工务局筹商办法，拟先分段进行，以期坚固完善"。[②]

嗣后，由公用局长黄伯樵、工务局长沈怡、华电公司经理陆伯鸿于1930年3月22日召开整顿电车轨道两旁道路会议，并议决：（1）电车轨道两旁分期加做坚固路基，以期一劳永逸。（2）民国路（自小东门至老西门）电车轨道路基应仿造东门路做法改筑。（3）民国路轨道工程应于本年9月底以前一律做好。（4）凡属柏油马路所有电车轨道两旁路面，应于本年4月底以前一律修整。[③]嗣后，华电公司对民国路、中华路等各路电车行驶轨道，整理坚固，重行撤换，建设水门汀底板枕木钢轨。如其"民国路一带工程，早经完竣"。其中华路一带轨道亦于1933年1月9日动工，先从老西门起建筑，"该项工程须约一年工竣，所用原料均向外洋采购，现筑之钢轨异常坚固耐久"，所需材料工程等预计80余万元。[④]随之，公用局、工务局、华电公司再讨论改筑电车轨道底脚，议决：轨道由尚文门起经老西门至东门路止，应由该公司立即开工改筑轨道底脚，并更换一部分钢轨，限于1933年10月底完成，其对市政府本年应缴的电车部分报酬金，由工务局会同公用局商情财政局同意延缓至次年缴付。中华路改筑电车轨道底脚工程应于1934年1月开工至年底完工，其应缴报酬金得援照前例。外马路改筑电轨底脚，应仍照原定计划于1933年3月10日开工至12月底完工。[⑤]

与此同时，华电公司"外马路自十六铺至董家渡一段轨道，系公司开

① 《上海市公用局关于华法商电车第一次请求加价》，1928年2~5月，上海市公用局档案，档号：Q5-2-873。
② 《上海市公用局关于华法商电车第二次请求加价》，1929年5~9月，上海市公用局档案，档号：Q5-2-872。
③ 《上海市公用局与工务局商定整顿华商电车轨道两旁路面办法》，1930年3~5月，上海市公用局档案，档号：Q5-2-864。
④ 《华商电车公司营业谈》，《申报》1934年1月10日，第11版。
⑤ 《上海市公用局关于华商电车加价及改筑轨道底角工程》，1931年6月~1933年3月，上海市公用局档案，档号：Q5-2-860。

办电车时最先铺设者，行驶既久损坏不堪"，爰于 1933 年 3 月开工调换新钢轨，并改筑钢骨水泥底脚，"以期久远"。12 月 12 日工竣，计完成董家渡至大码头上下行双轨 1032.256 米，大码头至十六铺下行线长 497.385 米。此外，民国路自小东门至小北门柏油路轨道路面时需修理，而轨道亦损坏不少，故于当年 8 月开工，逐段调换新钢轨改筑路底路面，至 12 月底工竣，完成单轨 1624.272 米。中华路西门至小西门一段路轨于 12 月内更换新轨、改筑路底路面，计完成双轨 475.441 米。和平路接轨工程原当年 4、5 月间通车，因改变英商五路电车及法商六路电车停车站，往返磋商至稽时日，至 9 月 20 日方始通车。① 该公司 1931 年 1 月呈公用局，"至于陆家浜路间开办无轨电车事项，须俟工务局将该路建筑坚固后或可从事进行，因该路原系浜基，填浜时多用垃圾填满，因此路底非常松拆，他项车辆在彼通行已感不便，无轨电车车身较重万难行驶，故开办无轨电车，一俟该路底角坚固然后进行"。② 1934 年，公司再呈该局，"陆家浜路前虽计划行驶无轨电车，惟因路基太松"，而需费达 90 万元之多，"故暂难实现"。③

简言之，当时上海特别市工务局、公用局调查华电公司敷设钢轨经历年期：自小东门至高昌庙路线，于 1913 年 8 月 11 日开始行车，计历时 14 年半；自小东门至老西门中华路线，于 1916 年 2 月 1 日开始行车，计历时 12 年；自小东门至老西门民国路线，于 1915 年 2 月 1 日开始行车，计历时 13 年；自老西门至高昌庙车站路线，于 1918 年 1 月 13 日开始行车，计历时 10 年。"至钢轨铺设及能行驶电车时期，在直路线均能行驶十四或十五年；在停车处及转湾或分路处，均能行驶五年或六年。"④ 其时该公司各路轨道年期最久者有逾 14 年。"公用局派员往华商电车公司调查轨道年期，知各路所敷电轨年龄不同……原有一定直路之轨可用十四五年，停车转湾及分道之轨只可用五六年，逾此期限即不适用云。"⑤

---

① 《上海市公用局调查上海电车公司》，1932 年 6～7 月，上海市公用局档案，档号：Q5－2－825。

② 《上海市公用局整顿并督饬推广华商电车》，1931 年 1～5 月，上海市公用局档案，档号：Q5－2－838。

③ 《华商电气公司发展沪西与市中心区交通》，《申报》1934 年 9 月 24 日，第 10 版。

④ 《上海市公用局核定华商电车钢轨敷设年限》，1928 年 2～4 月，上海市公用局档案，档号：Q5－2－841。

⑤ 《华商电车公司各路轨道之年期》，《申报》1928 年 3 月 15 日，第 19 版。

（二）铺筑双轨和接轨

1. 铺筑双轨

1917 年 6 月，华电公司拟在上海南市董家渡迤南至薛家浜一带将电车轨道改铺双轨，招工包筑。"悉此项钢轨等材，已陆续车运该处暂就路旁堆放，并由该公司函请该管一区一分驻所于开工之后，拨派岗警逐段保护，一面将该段添设双轨路线图式呈请工巡捐局，转知工程员会同前往该地规划一切。"① 至 1921 年 4 月，该公司"前向沪北某洋行在外洋订购钢轨及车底轮轴等类，现均次第运沪，由公司运回南市隙地堆放预备将勘定之路线内应放双轨地点，自薛家浜迤南达沪军营旧址及中华路由尚文门至老西门等处，均将改设双轨。旋因老西门直达沪杭车站一带俱系单轨，以致车辆迟滞乘客拥挤。故由该公司商由工程处拟在半淞园起至新建之煤屑路转达地方厅一段，均须添设单轨路线，先行开工铺设钢轨，将来工竣后，可由老西门起至高昌庙者，从煤屑路往南行驶出高昌庙开回老西门者，可从原有的车站路行驶，以便交通而免停顿"。② 即华商电车自十六铺直达高昌庙并南半城的中华路等处原有钢轨多属单轨，"公司拟改铺双轨并须加添车辆，以利交通。前在外洋订购钢轨、材料、车料、车轮、机械及车底等件业经先后运到，兹将应用材料悉数拨入应改双轨之路线上，实行动工铺设"。③

华电公司 1921 年 7 月将南半城一带路线改设双轨，"现该公司急待进行故就薛家浜至旧沪军营一段常路单轨，亦添加双轨惟勘明路面放宽形势，因沪军营旧扯沈姓房屋之墙有所阻碍，是以商请沈姓业主将墙角收进一二尺地位，一俟规划妥定，即须继续兴工"。④ 9 月，该公司在中华路推放双轨，"动工以来，小东门至小南门一段早已竣工通车，小南门至尚文门一带虽因中国电话局埋设地道线筒稍碍路工，近亦告竣，继续通车"。⑤ 中华路路线单轨加铺双轨动工以来，"已阅数月，近始告竣"。其又将沪杭车站迤南直达高昌庙的路线加铺双轨，以便放宽道路、加设双轨，"俾乘客往返便捷，已定即日兴工"。⑥ 由此，"所有中华民国两路双轨均已铺筑竣工，各路锈烂

① 《华商电车改筑轨道续记》，《申报》1917 年 6 月 13 日，第 10 版。
② 《华商电车扩充路线之预备》，《申报》1921 年 4 月 27 日，第 11 版。
③ 《华商电车添筑双轨之近讯》，《申报》1921 年 6 月 20 日，第 11 版。
④ 《华商电车增铺双轨之进行》，《申报》1921 年 7 月 27 日，第 15 版。
⑤ 《华商电车添设双轨之现状》，《申报》1921 年 9 月 5 日，第 14 版。
⑥ 《华商电车工程之进行》，《申报》1921 年 10 月 18 日，第 15 版。

轨道亦经换新"，定于 1921 年 11 月 1 日开工铺筑自薛家浜至望道桥一段双轨，"一俟是路双轨铺竣，即当筑造大东门至老西门城内之肇浜路钢轨，此路电车约在翌年春间当可开行"。① 是年 11 月，该公司开行外马路的电车，自小东门至薛家浜为止计长 4968 密达，"均已筑有双轨，电车往来可无停顿之虞。为便利乘客起见，自薛家浜起至高昌庙末站为止，再行铺筑双轨"，沿途加理钢轨亦有 4968 密达长，业于 10 日开工铺筑。所有经过陆家浜桥已动工改建桥面以期坚固，12 月中旬桥工当竣事。迨至工毕，即当拆建薛家浜桥梁，"惟安设轨道工程较为浩大，全路双轨埋竣必在当年底"。②

嗣后，工务局函公用局合并方浜、集水二路改筑新路一案，要求华电公司 1929 年 2 月 15 日起兴工开筑，"惟方浜路原有之电车轨道，按照新定计划应向南移动并须改铺双轨。所有轨道基础亦应照永久性质建筑，以期一劳永逸"。该公司"当即遵照筹备"，所需轨道已于 1928 年 12 月向西门子洋行经理的德国莱因爱尔勃钢铁机器联合公司订购，约 3 个月可到，"如届该路应行铺设轨道时不及运到，自当另行设法，绝不延误路工"。③ 至 1931 年 1 月，对于"高昌庙线敷设双轨"，该公司早有此项计划，"只因该处道路狭隘，一时无从着手，须俟放宽道路，即可敷设双轨"。④ 即高昌庙改筑双轨，公司"须待各路工竣方克举行，陆家浜筑路一时难实现，因公用局填路工程尚未妥善，外传公司将于该处行驶无轨电车，公司以路面恶劣，无轨车势难行驶，惟须待公用局填好路面后，决敷轨辟一线路"，各路修筑改革总计达 50 万元以上。⑤

华电公司 1933 年 11 月再呈文工务局，"查尚文路迤西黄家阙路路面狭隘，敝公司电车经过其间只能敷设单轨，于交通上诸感不便。兹值中华路黄家阙路转角处翻造房屋，拟恳工务局于规划该处路线时，设法酌予让进若干尺，俾得敷设双轨，以利交通"。该局即复：该路路面规定宽度为 15.3 米，

① 《华商电车扩充路线》，《申报》1921 年 10 月 29 日，第 14 版。
② 《华商电车改筑双轨之进行》，《申报》1921 年 11 月 20 日，第 15 版。
③ 《上海市公用局关于合并方浜集水二路改筑电车轨道及停止电车行驶》，1928 年 12 月～1930 年 1 月，上海市公用局档案，档号：Q5－2－880。
④ 《上海市公用局整顿并督饬推广华商电车》，1931 年 1～5 月，上海市公用局档案，档号：Q5－2－838。
⑤ 《华商电车扩充路线敷改双轨 增购马达车自制拖车》，《申报》1933 年 12 月 3 日，第 15 版。

足可敷设双轨，"现在该路转角处翻造房屋，已令照路线收让"。① 至 12 月，"公司自改革中华路民国路外马路等各路路轨以来，所有工程大部已告完竣。南阳桥高昌庙间之四路车及里外圆路之二路车，经过尚文门至大兴街间，因仅有单轨以致车行每须久待"，故改敷双轨，定于 8 日起筑。② 该公司以行驶二路、四路电车的尚文门至大兴街一段，"原有单轨致行驶交车时每多等待，特将该段敷设双轨。至于行驶三路车之中华路民国路段，全部轨道亦已修理竣工。公司方面拟待敷轨工程完毕后，于高昌庙之路轨改成圆轨，免抵站调头之麻烦"。③ 由此，中华路西门至尚文门一段更换新轨工程，于 12 月底按期完工。而所有尚文门至小东门间的路轨更换新轨、建筑路底路面工程于 1934 年 1 月 6 日开工，至 12 月 28 日完工，单轨计长 3530 米。尚文门黄家阙路口至大林路口一段路线原系单轨，因二路、四路电车在此经过，阻滞行车时间，于当年 6 月铺双轨，该段单轨计长 200 米。大码头至十六铺的北行线改行里马路，该项工程约翌年 2 月竣事。④

另"在半淞园门口起至高昌庙止之电车轨道原系单行路线，公司为整理路线便利交通起见"，决定 1935 年 8 月 10 日起改筑双轨，"但该处道路不甚宽展，不能敷设临时轨道，所有一、四两路电车在该段路轨上工作时期内不得不暂行停驶，即在半淞园门口掉头，以便工作"。⑤ 嗣后，高昌庙半淞园一段电车双轨完工。"因高昌庙半淞园路一段之行驶一四两路电车向以单轨，现为便利南市一带乘客交通迅速起见，故改筑双轨。特向德国计购最新式钢轨，坚固耐久，所费甚巨。该项工程已完全告竣，此后南市方面乘客更为便捷。该公司通告，一四两路电车自望道桥至高昌庙一段，自改筑双轨路线以来，业已工竣"，定 10 月 1 日起所有一路、四路电车一律恢复以前原有路线行驶。⑥

① 《上海市公用局关于华商电车敷设黄家阙路双轨》，1933 年 11～12 月，上海市公用局档案，档号：Q5－2－855。

② 《华商电车扩充路线敷改双轨　增购马达车自制拖车》，《申报》1933 年 12 月 3 日，第 15 版。

③ 《华商电车公司改良路线敷设双轨　尚文门段双轨七月底可竣工》，《申报》1934 年 6 月 27 日，第 12 版。

④ 《上海市公用局关于华商等电车战前状况资料》，上海市公用局档案，档号：Q5－3－1044。

⑤ 《上海市公用局关于华商电车自半淞园至高昌庙一段改筑双轨》，1935 年 8～9 月，上海市公用局档案，档号 Q5－2－856。

⑥ 《高昌庙半淞园一段电车双轨完工　一四两路电车恢复原状》，《申报》1935 年 10 月 1 日，第 15 版。

2. 轨道接轨

1918 年 8 月，华电公司在南火车站北门口起铺接电车轨道至沪军营东首原设轨道处，"以便电车直达高昌庙，现已完工。惟电线电柱尚未装接，公司因急欲通车已饬匠赶紧装设"。① 1928 年 3 月，上海特别市公用局令该公司关于电车移轨接轨及整顿各案，仰其迅行遵办：（1）迁移自老西门至金家牌坊电车路轨。工务局已奉市政府令饬赶速返修民国路，决定分段同时进行，为老西门至金家牌坊一段亟待该公司将车轨迁移中间后始可动土，应由该公司从速实行迁移。（2）老西门及小东门两端接轨，应由公司与迁移老西门至金家牌坊一段轨道同时克日兴工，以重路政。公司遂呈办理情事：（1）已由公司工程科与工务局第二科商妥，俟该局将迁轨图样送到公司后，当即按图兴工。（2）旧西门停车站，近实无相当余屋可租，不得已于谢源茂酒栈内租得一方地，现正从事装置，一俟工竣即行迁入。（3）前经公司车务主任与钧局谭科长当面接洽照图样办理，已在制造岔道铁轨，约 1 月内可以成事。② 是年 7 月，环城电车接轨问题，经市公用局一再催促，华电公司于 17 日于小东门、老西门两处同时动工，铺设轨道不日竣工。③ 11 月，民国、中华两路华商电车接轨，自 2 日晚起连夜工作，于 4 日夜完工。小东门外一段亦已于 8 日夜完工。公用局准 11 日起即可通车，"为南市市民造福不浅也"。④

1930 年 1 月，华电公司呈文公用局，"查小东门集水方浜新路现以筑成，该路最为宽阔，车马交通便利。敝公司为外滩电车将来接通中华路，构成一圆路形式，则新路西口转角处似应预为规划，将凸出之人行道及房屋（由土地局估定地价计值银 1120 元）酌量收进，俾利交通。并请转函工务局设法于该转角处留出接通轨道地位，至该地所需贴费，敝公司愿酌量担任"。10 日，公用局函工务核示，"集水方浜街电车轨道现以铺成，向北至民国路一段日内即可接轨通车，惟公司为便利旅客起见，拟同时将集水方浜街轨道两条向南与中华路轨道接通，俾可行驶圆路。但集水方浜街中华路转角处凸出过多，恐与辅轨行车诸多不便。现该处正在拆屋。该公司行驶中华

① 《华商电车工程之进行》，《申报》1918 年 8 月 7 日，第 10 版。
② 《上海市公用局关于民国中华二路华商电车接轨》，1927 年 11 月～1928 年 9 月，上海市公用局档案，档号：Q5-2-851。
③ 《环城电车接轨发轫》，《申报》1928 年 7 月 19 日，第 15 版。
④ 《民国中华两路华商电车接轨竣工》，《申报》1928 年 11 月 10 日，第 15 版。

路外马路圆路于交通确有便利，惟该转角地点能否再行收进若干尺，俾有行车相当宽度之处"。① 即"方浜集水两路，前经市工务局合并改建为东门路，其靠近中华路之一端原为华商电车掉头所在。但该处车马杂骤、交通繁复，电车于此掉头颇不相宜"。由此，华电公司呈请市公用局，"准将该处轨道迤南转湾与三路圆路接通，以便电车直接通过，减少停留之弊"。唯此该转角处路面须放宽95厘米始敷设轨，公用局会同工务局呈准市政府，并饬公司扩任收用土地补偿业主费用，公司已将该项补偿金1120元送缴财政局，并向工务局领得执照，克日动工接轨。"从此该处轨连贯一气，交通上益少障碍。"②

嗣至1931年1月，公用局"督促该公司将民国路中华路电车接轨通行，该公司因循一年有余，经本局以全力赴之，路告观成"。又1930年东门路落成，该公司请求接通该路与中华路轨道，"以便与外马路行驶圆路电车，当由本局商同工务局提出市政会议特准复更该段路线，现在轨未接通，车上未行。但该公司对于本身利益虽可不影，而本局对于民众之交通则不能置为不问"。为此再令公司迅将：（1）高昌庙线敷设双轨，在工事未竣前先增加车辆；（2）外马路与中华路圆路电车，克日接轨行驶；（3）陆家浜路无轨电车，从速进行布置。"仍将该公司在今后专利营业期内具体之推广计划切实筹议呈报，勿再延宕为要。否则本局为公众利益计，只能另取断然之手段以解决之也。"③

简言之，自1929年冬，上海市建筑东门路，经华电公司就该处敷设电车轨道，接通中华路与外马路。1933年夏，和平路筑成，乃开始建筑自方浜路至南阳桥经声周路达和平路止的电车轨道，于是年完成通车。于是，二路、四路电车均由西门直达方浜桥至南阳桥为终点，并将二路车扩充其路线，绕行外马路改为园路。所有路轨，业经该公司遂段调换新轨，改筑钢骨底脚。1933年完工者，有外马路十六铺至董家渡南行线及董家渡至大码头北行线，暨民国路小东门至老西门及中华路老西门至尚文门。1934年完工者，有中华路尚文门至小东门一段。1935年完工者，有大码头至十六铺之

① 《上海市公用局关于接通中华路与东门路电车轨道及收进该处路线》，1930年1～3月，上海市公用局档案，档号：Q5-2-847。
② 《南市东门路转角处将接通电车轨道》，《申报》1930年4月4日，第15版。
③ 《上海市公用局整顿并督饬推广华商电车》，1931年1～5月，上海市公用局档案，档号：Q5-2-838。

北行线路行里马路，铺设新轨工程等。[①] 从而，该公司"实事整理其于轨道底面工程，有改筑者有翻修者，悉遵工务局计划施工，此项工程所费亦属不赀"。[②]

三　电车轨站、杆线和车辆

华电公司所用电力取给自身的旧有机器房，内有 100 基罗华德的气机 2 具（1910 年前，电灯公司其所用引擎即此）。电车公司既接受此引擎，复另设一蓄电池及璧西诗式的附属发电机。此二者可以使车行时颠荡或波动的电流，不至影响发电机与蒸汽机。车行之际，如发电机或蒸汽机起有损坏，则可借蓄电池之力，使电车仍得行驶少时而不至于立时停顿。发电机共以 550 弗打电力供给于电车的空中线，而每一引擎能按照该路现时行车速度驱使电车 18～20 辆。该公司所造车厂适当沪杭甬车站之前，其大小可容电车 20 辆，而厂内又附有车务长事务所及修车房、油漆房、物料房等。"近复予厂之临近，另建一极大之事务所，以供公司经理部及书记部人员之办公，其地面积至为宽广。目前之余地，尚可以建筑一同等大小之车厂，及其他种种应用之房屋。车厂系以钢建，其工程及材料亦均由求新厂承办，式样甚佳而布置亦极完备。"[③] 该公司发电量常用电力为 80 基罗华德，预备 120 基罗华德。[④]

电车杆线。华电公司空中电线，所用者为横截面约 55 方粍的粗铜线，线为悬附于钢线的隔电器所支持。此等钢线，在双轨部分恒系于钢杆，而在单轨部分则多系于轨道两旁托柱（托柱即直立于路侧，其上端有枝外伸，如槎枒形）。距十六铺约 900 密达有添电传导线，"自公司机器房而联接于电车的空中线，该机器房固密迩城垣。而添电传导线，则恐空中线电气不足，而藉此以添注"。空中线及电车底盘所附各项机件，悉系英国西门氏发电机制造厂承造。[⑤] 至 1933 年，公司电车杆线：送火线 19/12 号 3 根、37/

---

① 《上海南市市政厅准许上海华商电车公司行车合同》，1921 年 1 月，上海市公用局电车公司筹备处档案，档号：Q423 - 1 - 35。

② 《上海市公用局关于华商电车加价及改筑轨道底角工程》，1931 年 6 月～1933 年 3 月，上海市公用局档案，档号：Q5 - 2 - 860。

③ 甘作霖：《上海三电车公司之组织（续一号）》，《东方杂志》第 12 卷第 4 号，1915 年 4 月 1 日，第 16 页。

④ 《交通史·电政编》第 3 集，第 72 页。

⑤ 甘作霖：《上海三电车公司之组织（续一号）》，《东方杂志》第 12 卷第 4 号，1915 年 4 月 1 日，第 14～15 页。

14 号 1 根，铁柱 643 根，水泥柱 60 根，共价值 113951.47 元。[1] 翌年，由
本厂至小北门电车送火线的电力不敷应用，于 3 月添加 37/14 送火线一根，
计长 3209 米。而"电车电线杆向有铁柱及水泥柱两种"，是年外马路电灯
线杆更换水泥钢骨高柱子后，该带电车电线一端亦即附挂于水泥高柱子的下
层，是以减少铁柱 59 根，水泥柱比上年增加 2 根。如一路（长路）计铁柱
208 根；二路（中华路）铁柱 174 根；三路（中华路）水泥柱 60 根，铁柱
22 根；四路（车站路暨和平路肇周路）铁柱 180 根。总计水泥柱 62 根，铁
柱 584 根，共价值 93465.34 元。[2] 1933～1934 年华电公司电车轨站和电车
杆线具体参见表 4-3。

表 4-3　1933～1934 年华电公司电车轨站、电车杆线

单位：米

电车	路线	电车轨站				电车杆线			
		1933 年		1934 年		1933 年		1934 年	
		单轨	双轨	单轨	双轨	单线	双线	单线	双线
一路	高昌庙至东门路	1069.9	8284	9760	—	626.3	9073.8	9760	—
二路	中华路小东门至老西门	—	5486	5294	—	—	5486	5294	—
三路	民国路小东门至老西门	2647	—	2610	—	2647	—	2610	—
四路	车站路大兴街至车站后路国货路及方浜路肇周路至和平路老西门	3522.1	2415.4	5964	—	1469.1	6521.4	5964	—

注：1933 年电车轨站价值 554029.52 元，1934 年为 666535.36 元；1933～1934 年电车站台为 13
个，1934 年单轨全长 23628 米。
资料来源：《上海市公用局关于华商等电车战前状况资料》，上海市公用局档案，档号：Q5-3-1044；
《上海市公用局调查上海电车公司》，1932 年 6～7 月，上海市公用局档案，档号：Q5-2-825。

　　车辆。华电公司的电车底盘"系英国联合电车公司所承造，大致与租
界所用者无甚殊异"，"其车身亦由求新制造厂承办，故亦与法界同"。[3]

① 《上海市公用局调查上海电车公司》，1932 年 6～7 月，上海市公用局档案，档号：Q5-2-
825。
② 《上海市公用局关于华商等电车战前状况资料》，上海市公用局档案，档号：Q5-3-1044。
③ 甘作霖：《上海三电车公司之组织（续一号）》，1915 年 4 月 1 日，第 15 页。

1917 年，"迨至车站路轨道铺竣后"，该公司所需电车由美国运沪的八轮车底 6 辆内，先行赶造 2 辆，"俾得在该路行驶所有配装车面工程，刻已由法工程师日夜监工催赶。其车面工料每部需银八百数十两，惟玻璃铜铁各器尚不在内"。① 至 1925 年，公司电车共 30 辆。其所行地点、辆数为：中华路 7 辆，民国路 4 辆，南车路 6 辆，常路 13 辆，共计 30 辆；内行驶常路 13 辆中，计马达车 9 辆，拖车 4 辆。② 1930 年，该公司拟添办无轨电车，先就陆家浜路开行。③"创办无轨电车既有益于民众交通，无损于公司营业。但查南市道路，二层电车似不相宜，兹按照图说向英国厂商索最新式一层四轮无轨电车图样"，公司候公用局核准后，拟先购置车 8 辆，行车路线先从陆家浜由黄浦滩起至斜桥，再由关桥经大东门、老西门达斜桥，"以后办有成效逐渐扩充，总期便利市民，增进公司收益，以附钧局维护商民之主意"。④

1933～1934 年，公司四轮马达电车由 30 辆增至 40 辆，八轮马达车 12 辆，拖车由 21 辆增至 25 辆，坐人汽车由 10 辆增至 14 辆，运货汽车由 11 辆增至 21 辆。1933 年车辆价值 415472.17 元，1934 年价值 497627.36 元。⑤ 既如此，该公司"车辆方面历年逐渐增加，并由公用局督促添挂拖车"，1913～1935 年底，电车由 12 辆增至 54 辆，拖车为 27 辆；行驶路线 4 路，计长 23.258 公里。⑥ 1936 年华电公司车辆尺寸见表 4 - 4。

除此之外，1933～1934 年该公司"固定资产"的屋房为：办事楼房 20 幢，住所楼房 2 所 18 幢，车厂 28 间，机房 12 间。新车厂 36 间，修理马达间 1 所，汽车间由 5 间增至 28 间。1933 年房屋价值共 472896.79 元，1934 年为 418797.85 元。⑦

① 《华商电车工程之进行》，《申报》1917 年 10 月 22 日，第 10 版。
② 《华商电车总数之调查》，《申报》1925 年 9 月 5 日，第 26 版。
③ 《上海市公用局整顿并督饬推广华商电车》，1931 年 1～5 月，上海市公用局档案，档号：Q5 - 2 - 838。
④ 《上海市公用局关于华法商电车第二次请求加价》，1929 年 5～9 月，上海市公用局档案，档号：Q5 - 2 - 872。
⑤ 《上海市公用局调查上海电车公司》，1932 年 6～7 月，档号：Q5 - 2 - 825；《上海市公用局关于华商等电车战前状况资料》，上海市公用局档案，档号：Q5 - 3 - 1044。
⑥ 《上海南市市政厅准许上海华商电车公司行车合同》，1921 年 1 月，上海市公用局电车公司筹备处档案，档号：Q423 - 1 - 35 - 21。
⑦ 《上海市公用局调查上海电车公司》，1932 年 6～7 月，档号：Q5 - 2 - 825；《上海市公用局关于华商等电车战前状况资料》，上海市公用局档案，档号：Q5 - 3 - 1044。

表 4 - 4　1936 年华电公司车辆尺寸一览

单位：（长/宽）英尺

制造年份	车号	头等		二等		备注
		长	宽	长	宽	
1912	1 ~ 12	9	6.2	14.6	6.2	头等、二等脚踏地板分别宽 4 英尺、4.4 英尺
1918	39 ~ 50	9	6.2	14.6	6.2	此车轮轴直径为 4.5 英寸
1918 ~ 1919	27 ~ 38	12.6	7.0	15.4	7.0	头等、二等脚踏地板分别宽 3.11 英尺、4.5 英尺，此车为八轮盘车，大、小轮轴直径分别为 5 英尺、3.5 英寸
1923	21 ~ 26	11	6.2	13.7	6.2	头等、二等脚踏地板分别宽 4.3 英尺、4.7 英尺，此车轮轴直径为 4.5 英寸
1933	13 ~ 20、51 ~ 54	9	6.2	14.6	6.2	此车轮轴直径为 4.5 寸
拖车	55 ~ 81	—	—	21.8	6.0	脚踏地板宽 3.6 英尺，此车轮轴直径为 4.5 寸

资料来源：《上海市公用局关于电车装钉限载乘客人数牌》，1935 年 5 月 ~ 1936 年 6 月，上海市公用局档案，档号：Q5 - 2 - 868。

第二节　运营路线和票制票价

上海"南市电车之路线始于小东门，经南市浦滩而止于浦滩之南端。由小东门至董家渡为双轨，由董家渡至沪杭甬车站则为单轨"，此单轨每隔 400 密达有一环线至沪杭甬车站。其自小东门以迄沪杭甬车站中间轨道约长 2.5 英里，既而推筑至江南制造局，约长 1.75 英里。[1] 华电公司"承办沪南电车，集股于民国元年"，于 1913 年 8 月敷设小东门至高昌庙线，1915 年 2 月敷设民国路线，1916 年 2 月敷设中华路线，1918 年 1 月敷设老西门至高昌庙线。[2]

---

[1]　甘作霖：《上海三电车公司之组织（续一号）》，《东方杂志》第 12 卷第 4 号，1915 年 4 月 1 日，第 13 页。

[2]　《上海市公用局整顿并督饬推广华商电车》，1931 年 1 ~ 5 月，上海市公用局档案，档号：Q5 - 2 - 838。

一 运营路线

南市电车工程进展很快，计自筑路以来为期不过 10 个月。1913 年 8 月 11 日，华电公司第一条一路有轨电车线路正式通车营业。"铺筑小东门至高昌庙一线轨道共分六站，称为第一路。"从小东门经外马路、沪军营路、车站前路、半淞园路至高昌庙，路线长 4.97 公里，配电车 12 辆。南市公共交通从此逐渐改变面貌，深受居民欢迎。1915 年 2 月 1 日，"添筑民国路一线，增长一英里三七。由小东门沿民国路至老西门之三路电车轨道完成，开始通车"，自小东门沿民国路至老西门南端（由于北侧路轨为法商电车企业所筑，该路线由两公司订约）各自筑轨，互通营业，自负盈亏。[1]

1916 年 1 月，开辟第三条线路，"自小东门沿中华路至老西门之二路电车轨道完成开行"。1918 年 1 月 13 日，"更筑自老西门至高昌庙一线，为第四路"，从老西门经中华路、黄家阙路、车站路至高昌庙。[2] 至 1918 年 1 月，公司共行车 4 路，4 条线路总长度 23 公里，配车 50 辆。[3] 1926 年上海华界电车运转系统见表 4 - 5。

表 4 - 5 1926 年上海华界电车运转系统

路线	起点	迄点	途经站点
本路线牌（红底黑字）	高昌庙	小东门	高昌庙—沪杭车站—沪军营—薛家浜—董家渡—大关桥—小东门
本路线牌（黄底黑字）	小东门	老西门	小东门—新开河—老北门—新桥街—老西门
本路线牌（白底黑字）	小东门	老西门	小东门—大东门—小南门—尚文门—老西门
本路线牌（绿底白字）	老西门	高昌庙	老西门—尚文门—地方厅—沪杭车站—高昌庙

资料来源：沙公超《中国各埠电车交通概况》，《东方杂志》第 23 卷第 14 号，1926 年 7 月 25 日发行，第 54 页。

---

[1] 上海市公用事业管理局编《上海公用事业（1840～1986）》，第 346 页；《交通史·电政编》第 3 集，第 71 页。

[2] 《上海南市市政厅准许上海华商电车公司行车合同》，1921 年 1 月，上海市公用局电车公司筹备处档案，档号：Q423 - 1 - 35。

[3] 蔡君时主编《上海公用事业志》，第 331 页。

然而，南市的中华路、民国路是由原旧城拆除后所建的主要干道，本可按照环形布局规划线路，但由于民国路北端为法租界，与法商电车仅在三路线路上互通营运，故仍受法商电车公司阻挠，致使电车分成三路、二路两段由小东门驶至老西门，市民由民国路至中华路或相反方向而行必须转换乘车，徒费车资，又失时间，给线网布局、居民乘车带来不便。据有关统计，十余年间受此不便和损失的累计达 1 亿人次。自上海市公用局成立后，决心促成二路、三路电车接轨。如 1927 年 11 月 2 日，该局认为华电公司"行驶民国路中华路二线之电车各为起讫、不便孰整，应由该公司迅行计划，将老西门及小东门两端接轨通车，以利交通"。[①]经努力，终于在 1928 年 11 月 11 日完成老西门至小东门的环城电车路全线通车，取名二路圆线。1933 年 9 月 20 日，由肇周路、中华路、黄家阙路、车站路、国货路、外马路、方浜路至肇周路的三路圆线，[②]"二路电车改驶圆路与四路电车至西门，均直达方浜桥、南阳桥经肇周路入和平路而回西门"，同于当日实行。[③]

至 1931 年，上海市公用局再令饬华电公司速将采用无轨电车及扩充路线计划，为薛家浜、新西区通行无轨电车（照本市建设讨论委员会提议，由南市经斜土路至徐家汇镇行驶电车），由其详细呈报。[④] 1935 年，该公司"厂址在沪南区南市车站，即上海华商电气公司之电车部分，行驶有轨电车线路四，自一路至四路此系华商股份，行驶沪南区域以内"。4 路线路总共路程 16 公里，轨长 20 公里；有电车 42 辆，拖车 21 辆；票价分头等、二等，拖车价同二等。至 1936 年，公司电车行驶路线长度为 23.24 公里，行驶车辆 81 辆（见表 4-6）。正可谓，"将来大上海建设计划成功，华商电车路线之发达当未可限量"。[⑤]

①　《上海市公用局关于民国中华二路华商电车接轨》，1927 年 11 月～1928 年 9 月，上海市公用局档案，档号：Q5-2-851。

②　周源和：《上海交通话当年》，第 65 页。

③　《上海市公用局调查上海电车公司》，1932 年 6～7 月，上海市公用局档案，档号：Q5-2-825。

④　《上海市公用局关于华商电车加价及改筑轨道底角工程》，1931 年 6 月～1933 年 3 月，上海市公用局档案，档号：Q5-2-860。

⑤　柳培潜：《大上海指南》，第 10 页。

表 4 – 6　上海华界电车交通（1927～1936）

项别	1927 年	1931 年	1936 年	1931 年比 1927 年增加（％）	1936 年比 1931 年增加（％）
行驶路线	4	4	4		
电车行驶路线长度(公里)	23.14	23.24	23.24		
行驶车辆(辆)	50	55	81	10	47

资料来源：《上海市公用行政之过去与现在》，赵曾珏《上海之公用事业》，第 82 页。

二　执行票价

上海华界的"南市电车，亦有头等二等之分，与法界相同"。[①] 即其时华电车票亦分头等、二等，车票尺寸规格和主要标记与英电相同，只是车票反面除印有注意事项外，还印有英文的等级票价。票价根据与南市市政厅合同制定。每站相距 0.75 公里，头等、二等票价一站分别为铜元 3 枚、1 枚。以后制定与调整票价，都要经市公用局核准，其他公交企业的票价制定与调整也都须经市公用局核准。[②] 如 1917 年，华电公司"惟二等车价似乎较昂。兹为体谅乘客起见，拟将车资略为酌减，如有搭客购买全路车票者只需铜元三枚，一俟公司议决即当实行。倘坐一二站者，仍照原定价格"。[③]

至 1928 年 4 月，华电公司再呈文公用局，认为现行电车价目系据 1926 年 3 月前市政厅所订合同第二十九条，"现在时异势迁，开支大非昔比，铜元兑价较前低落十之一五，煤价杂料则逐步增涨，工人工饭较前增加至一倍，照此情形，公司车务部分非但无发展希望，即现状亦不宜维持，现拟将车资价目以最低限度略为增加，联资弥补"。然公用局认为，该公司酌加票价理由有两点：成本加大，铜元价贱。但经详加审核：（1）其电车营业闻系亏本，但查公司电车每路行驶车数与每日行驶班次，尤足十年前所规定依例行车支配，应依据每时间乘客之多少，否则乘客多时车辆不能尽载，徒失营业之机会，乘客少时车位多属虚设，图耗电气人工。（2）公司电车轨道基础及两旁马路，工程原甚草率。至今不能谋彻底之改造，以期经久，仅随坏随修所费较多，收效殊微。（3）对于电车行驶路线，不能尽力推广。如小东门、老西门两处电车接轨，交通即便营

---

① 甘作霖：《上海三电车公司之组织（续一号）》，1915 年 4 月 1 日，第 15 页。
② 蔡君时主编《上海公用事业志》，第 363～364 页。
③ 《华商电车工程之进行》，《申报》1917 年 10 月 22 日，第 10 版。

业自佳，迭经职局令饬办理，至今迟迟不举。（4）该公司审查及购置材料不用科学方法，其所用职员鲜谙专门技术，致不能充分取得其效率。"凡此诸端均为技术与管理上问题，舍此不务改进以求营业上之发展，第欲酌加票价，以弥资本上之亏折，似非经商正轨。即营业亏本，不能完全归咎于成本加巨与铜圆价贱。且该公司电车历年增加票价已有多次，此次拟请增加之数亦复非细。而行驶华界电车尚有英商法商两种，该公司加价后，难免英法两商电车踵起增加，于民众负担尤有关系。爰拟由职局先指导该公司就电车部分技术及管理事项设法改善，俟将饬办各项一一实行，如仍亏本，经将各项账目查明属实，再行准其酌加票价。"故此次加价，未得当局应允。①

1929年8月，华电公司再呈文公用局，"自前年发生工潮以来，开支骤增，加之铜元暴落，电车部分未免亏蚀，故拟略加车资，聊作补宜塞漏之方"（见表4-7）。② 1928~1929年，该公司以电车营业亏耗，请求准予加价，"当本（公用）局指示加价非根本补救之道，发展营业，当从发展设施入手"。③

表4-7　1929年华电公司电车拟加车资

单位：铜元

分站	站名	头等		二等	
		1926年原价	1929年拟加	1926年原价	1929年拟加
一路（高昌庙路）	大关桥	6	7	3	4
	董家渡	6	9	5	6
	薛家浜	9	12	7	8
	沪军营	12	15	9	10
	火车站	15	19	11	13
	高昌庙	18	22	13	15
二路（中华路）	大东门	6	7	3	4
	小南门	6	9	5	6
	尚文门	11	12	7	8
	老西门	11	15	9	10

① 《上海市公用局关于华法商电车第一次请求加价》，1928年2~5月，上海市公用局档案，档号：Q5-2-873。
② 《上海市公用局关于华法商电车第二次请求加价》，1929年5~9月，上海市公用局档案，档号：Q5-2-872。
③ 《上海市公用局整顿并督饬推广华商电车》，1931年1~5月，上海市公用局档案，档号：Q5-2-838。

续表

分站	站名	头等		二等	
		1926 年原价	1929 年拟加	1926 年原价	1929 年拟加
三路（民国路）	新开河	6	7	3	4
	老北门	6	9	5	6
	新桥街	11	12	7	8
	老西门	11	15	9	10
四路（车站路）	尚文门	6	7	3	4
	地方厅	6	9	5	6
	火车站	9	12	7	8
	高昌庙	12	15	9	10

资料来源：《上海市公用局关于华法商电车第一次请求加价》，1928 年 2～5 月，上海市公用局档案，档号：Q5-2-873。

嗣自 1931 年 6 月，华电公司再呈公用局："寻常修理车辆机件材料大都购自外洋，近因关税增加，金价飞涨影响所及，出入匪细。"本市英法两租界电车车资价目自 1926 年同时更改以来，法租界已增车资两次，英租界增车资三次。"敝公司不得不将车资价格就最低限度略事增加，非敢言利，以维持成本而已。"此次拟加车价平均增加 36.45%。将法商二路、四路等同以六站比较，法商现行车价较华商拟加车价尚高 9.72%。华商电车现行车价于 1926 年春改订，系采当时铜元兑价每元平均 2300 文为标准，现铜元步跌均兑价 2800 文左右，仅就兑价已损失 21.7%。则此次拟加车价均计仅增加 36.45%。"除弥补铜元兑价损失外，现在工资倍增、材料飞涨，开支之大，迥非昔比，此次拟加车资为维持车务营业计，实为最低之限度。"嗣后，公用局则指出，"增加票价实为增加民众负担，纵有充分理由，未可率尔实行"。该公司请求加价原因为成本增加，但自营业报告 1930 年电车部分纯益有银二万六千数百元，与上数年不相上下。"况公司电气营业获利至钜，挹彼注此，尚无加价之必要。惟以为该公司电车营业确属不振，而之所以不振，则试比较特别区之法商英商电车之供求相应、努力服务，既可瞭然。苟能开源节流，竭力整顿，当不但无须加价或竟尚可减价"，故此次加价，亦未获准。[①] 拟加车价如表 4-8 所示。

[①] 《上海市公用局关于华商电车加价及改筑轨道底角工程》，1931 年 6 月～1933 年 3 月，上海市公用局档案，档号：Q5-2-860。

表 4 - 8　1931 年华商电车现行及拟加车价

单位：铜元

	头等						二等					
一站	8 / 6						5 / 3					一站
二站	8 / 6	10 / 6					7 / 5	5 / 3				二站
三站	8 / 6	10 / 6	13 / 9				9 / 5	7 / 5	5 / 3			三站
四站	8 / 6	10 / 6	13 / 9	16 / 12			12 / 9	9 / 7	7 / 5	5 / 3		四站
五站	8 / 6	10 / 6	13 / 9	16 / 12	19 / 15		15 / 11	12 / 9	9 / 7	7 / 5	5 / 3	五站
六站	8 / 6	10 / 6	13 / 9	16 / 12	19 / 15	22 / 18	17 / 13	15 / 11	12 / 9	9 / 7	7 / 5	5 / 3 · 六站

注：方格内下方为现行车价，上方为拟加车价。

资料来源：《上海市公用局关于华商电车加价及改筑轨道底角工程》，1931 年 6 月 ~ 1933 年 3 月，上海市公用局档案，档号：Q5 - 2 - 860。

至 1933 年 2 月，华电公司再呈文酌加电车票资，借以弥补，其间由工务、公用、财政三局会呈市政府并核准其增价。"惟公司改筑电轨底脚及更换钢轨之一切材料，须经公务、公用两局会同查验，如延不订购或对于工程有延误情形，则核准加价之议仍得取消。"翌月，铜元兑价逐步低落，较三个月前计相差 7% 强，"兼之各路电车轨道均须改做水泥底角，钢轨调换新轨，公司开支日增"。[1] 该公司电车营业"以年来工料递增、开支浩繁，而铜元兑价又继长增高，亏耗由巨，益以展放和平路线翻筑各路钢骨水泥底角，投资愈巨。所附年息亦愈重，爰一再呈请市公用局转呈市政府酌加电车票价，以资挹注"，于 1933 年 7 月 21 日终奉令核准，8 月 1 日实行（见表 4 - 9 至表 4 - 12）。[2] 9 月，公用局予以备案。[3]

① 《上海市公用局关于华商电车加价及改筑轨道底角工程》，1931 年 6 月 ~ 1933 年 3 月，上海市公用局档案，档号：Q5 - 2 - 860。
② 《上海市公用局调查上海电车公司》，1932 年 6 ~ 7 月，上海市公用局档案，档号：Q5 - 2 - 825。
③ 《上海市公用局关于二路华商电车展长路线改驶圆路》，1933 年 9 月，上海市公用局档案，档号：Q5 - 2 - 840。

表 4 – 9　华商一路电车价目（高昌庙—东门路，1933）

单位：铜元

高昌庙	南车站	沪军营	薛家浜	董家渡	关桥	东门路
5						
8	南车站					
7	5					
10	8	沪军营				
9	7	5				
13	10	8	薛家浜			
12	9	7	5			
16	13	10	8	董家渡		
15	12	9	7	5		
19	16	13	10	8	关桥	
17	15	12	9	7	5	
22	19	16	13	10	8	东门路

注：由高昌庙至东门路为上行车，由东门路至高昌庙为下行车；每方格内左下角号码即头等价目，右上角号码即三等价目（下同）。

资料来源：《上海市公用局关于华商等电车战前状况资料》，上海市公用局档案，档号：Q5 – 3 – 1044。

表 4 – 10　华商二路电车价目（圆路，1933）

单位：铜元

南阳桥	老西门	尚文门	地方法院	沪军营	薛家浜	董家渡	关桥
5							
8	老西门						
7	5						
10	8	尚文门					
9	7	5					
13	10	8	地方法院				
12	9	7	5				
16	13	10	8	沪军营			
15	12	9	7	5			
19	16	13	10	8	薛家浜		
17	15	12	9	7	5		
22	19	16	13	10	8	董家渡	
19	17	15	12	9	7	5	
26	22	19	16	13	10	8	关桥

续表

19/26	17/22	15/19	12/16	9/13	7/10	5/8	小东门					
	19/26	17/22	15/19	12/16	9/13	7/10	5/8	大东门				
		19/26	17/22	15/19	12/16	9/13	7/10	5/8	小南门			
			19/26	17/22	15/19	12/16	9/13	7/10	5/8	尚文门		
				19/26	17/22	15/19	12/16	9/13	7/10	5/8	老西门	
					19/26	17/22	15/19	12/16	9/13	7/10	5/8	南阳桥

注：红路牌，自南阳桥、尚文门经地方法院、沪军营、董家渡上行；黑路牌，自南阳桥、尚文门经小南门、小东门、董家渡下行。

资料来源：《上海市公用局关于华商等电车战前状况资料》，上海市公用局档案，档号：Q5-3-1044。

表4-11　华商三路电车价目（环城圆路，1933）

单位：铜元

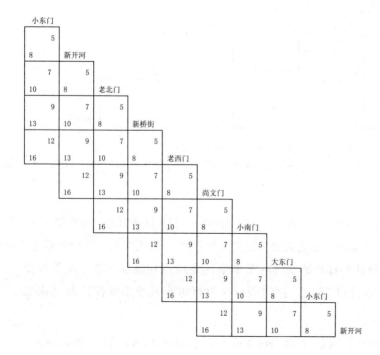

小东门									
5/8	新开河								
7/10	5/8	老北门							
9/13	7/10	5/8	新桥街						
12/16	9/13	7/10	5/8	老西门					
	12/16	9/13	7/10	5/8	尚文门				
		12/16	9/13	7/10	5/8	小南门			
			12/16	9/13	7/10	5/8	大东门		
				12/16	9/13	7/10	5/8	小东门	
					12/16	9/13	7/10	5/8	新开河

续表

12	9	7	5	老北门
16	13	10	8	
	12	9	7	5	新桥街
	16	13	10	8	
		12	9	7	5	老西门
		16	13	10	8	

注：由小东门经小南门至老西门为上行车，由小东门经老北门至老西门为下行车。

资料来源：《上海市公用局关于华商等电车战前状况资料》，上海市公用局档案，档号：Q5-3-1044。

表4-12　华商四路电车价目（高昌庙—南阳桥，1933）

单位：铜元

高昌庙

5					
8	南车站				
7	5				
10	8	地方法院			
9	7	5			
13	10	8	尚文门		
12	9	7	5		
16	13	10	8	老西门	
15	12	9	7	5	
19	16	13	10	8	南阳桥

注：由南阳桥至高昌庙为上行车，由高昌庙至南阳桥为下行车。

资料来源：《上海市公用局关于华商等电车战前状况资料》，上海市公用局档案，档号：Q5-3-1044。

另，华电公司于 1932 年 4 月首先向江南造船厂职工试售月票，每张银 4 元。1933 年 3 月起，"为适应乘客之需要，试售头等月票"，按月发行，定价每张银 5 元。[1] 该公司于当月 1 日开始发行电车季票，并经当局核准在案，头等季票按季发行，每张定价银 15 元。同时颁行《发行电车月季票规程》及《乘客

---

[1] 《上海市公用局调查上海电车公司》，1932 年 6～7 月，上海市公用局档案，档号：Q5-2-825。

购买电车月季票及乘客规约》。① 至 1937 年 5 月，公司再呈文公用局，"电车票价向以铜元为单位，自法币制度实施后，市上铜元流行日少，兹为推行辅币，便利计算起见，爰将各路电车票价通盘筹划加以整理，一律改为国币分数，以符法令。并闻租界电车，亦将有同样办理，至此次改订之票价，其站与站间以归纳为国币分数关系，比较原价故有或增或减，而全程平衡计算，实属有减无增，其民国路段票价亦经于法商公司协商同意"，拟于 6 月 1 日起实行并抄送改订电车各路价目表，"仰祈鉴核准予备案，以便如期实行"。②

除此之外，因华商电车"开办以来，向无发行电车月季票之举，乘客咸感不便。迭经有人商情试办自上海兵工厂、江南造船所职员得购月票外，知之者艳羡不已，求之者日众。近更有工务局职员亦来请购月季票者"，公司特请拟具发行月季票简章及购买月季票规约，定 1931 年 10 月 1 日起实行。如《上海电气股份有限公司发行电车月季票简章》，其中规定：

　　一、本公司发行电车月季票事宜，由车务科管理。

　　二、本公司发行电车月季票分二种：头等、二等。

　　三、头等电车票，按月发行一次，每月每张定价洋 4 元；二等电车票，按季发行一次，每季每张定价洋 9 元。

　　四、购买头等月份票者，于每月 1 日起至 5 日止，由购票人备具最近二寸半身像片二纸，亲自送到公司车务科先行填写购票单，方可售给月份票。

　　五、购买二等季票者，于每季开始月（1、4、7、10 月）每月 1 日起至 10 日止，由购买人备具最近二寸半身像片二纸，亲自送到公司车务科先行填写购票单，方可售给季票。购票时如已过每季开始之月份者，得按月份减收票价，但不满一个月者仍按一个月计。

　　六、如购头等月份票人亦愿按季购买者，得照本章第四条办理。

　　七、购买电车月季票人，所备像片二纸一粘票面一粘簿册，存车务科备查。

① 《上海市公用局关于华商电车与公共汽车发售月票》，1931 年 9 月~1935 年 1 月，上海市公用局档案，档号：Q5-2-876。

② 《上海市公用局关于华法商电车改订票价》，1937 年 5~7 月，上海市公用局档案，档号：Q5-2-871。

八、车务科所收电车月季票洋款，随时与所收票资汇解会计科入账。①

另，该公司还出台《乘客购买头二等电车月季票规约》，其中规定：

一、购有月季票之乘客，得乘本公司各路电车。惟一经上车须将该票出示售票人，如遇本公司车务人员查验时亦须交与验看。

二、购有月季票之乘客乘车时，如忘未携带月季票，不能交出验看时仍需临时购票。

三、月季票票面上所粘像片，本公司钉有硬印，如相片失落者得另备相片报请公司补粘补印，公司查核无讹，准其补印。如查票时发现无相片之月季票或有相片而无硬印者，除将该票吊销外，仍需临时购票。

四、此项月季票，均不得通融借用，违者除将该票吊销外，仍须临时购票。

五、此项月季票满期后如有续购者，务于期满三日内亲至沪杭车站路本公司车务科照章续购。

六、购票人对于电车一切章程，均应遵守。倘在车上违背车中章程，车务人员得将此项月季票收取送交公司车务科办理。

除此而外，月票上写明：×××今购贵公司×等电车月季票一纸，照章缴洋×元正，自×年×月×日起至×年×月×日止，在此期内搭乘贵公司电车，除遵守车内悬挂之乘客须知外，右开规约愿一律遵守之。×××（签名盖章、住址）。②

华电公司 1931 年 12 月还出台了《特别广告》，对购票资格的相关事宜再规定：（1）有免票乘客上车时，须将免票先交售票人验看，如遇查票等索阅务须随时交验。（2）幼童未满 6 岁者可免车资，6 岁至 10 岁者半票，按照所乘电车路线，头等至少需 6 分，二等需 3 分，10 岁以上照章不减。（3）坐客每遇公司人员或查票索阅车票，当时交验。（4）乘客无

① 《上海市公用局关于华商电车与公共汽车发售月票》，1931 年 9 月～1935 年 1 月，上海市公用局档案，档号：Q5-2-876。
② 《上海市公用局关于华商电车与公共汽车发售月票》，1931 年 9 月～1935 年 1 月，上海市公用局档案，档号：Q5-2-876。

票乘车或意图漏票者，经察觉后，应按照所乘电车之起点及所坐等位加倍计算，照章补票。（5）坐客携带物件有占一座位者，须另购一同价车票。（6）坐客务祈阅看所购之票，其数目是否与所出车资相符。（7）售票人须当面于该客上车之站标计于票上，坐客务须留意。（8）搭客于上车之前务须看明头二等字样，如欲坐二等而错入头等者，照章须购头等票。（9）售票人等对于坐客有非礼行为或营私舞弊者，该坐客当看明该售票号数报告本公司。[①]

第三节 营业损益和资本财务

1913 年 8 月，华电公司电车"开始两英里余之路线，现该路已与法界电车联络"。1917 年，公司呈经交通部立案。[②] 是年，其"营业极为发达，计南半城之电车，自小东门往南经大东门、小南门、尚文门直达老西门为止"，每日可售 370000 余铜元，洋 200 余元。[③]

一 营业损益

1918 年，华商"两公司合并后发电量日增，并与当时上海市府订立合约，特许原有沪南区外，将漕泾、泾行两全区及法华、蒲松两区内之一部分扩充为营业区域"，延长专营期限至 1960 年 12 月 31 日。[④] 1922 年，该公司电车收入铜元 8467011 枚；翌年总收入达 466200 元。[⑤] 再如，1926 ~ 1928 年公司电车收入车资约分别为 527955 元、481995 元、562854 元，付出工资占收入的 10% ~ 20%，可见其营业收益之良好（见表 4 - 13）。

---

① 《上海市公用局关于二路华商电车展长路线改驶圆路》，1931 年 12 月~1933 年 9 月，上海市公用局档案，档号：Q5 - 2 - 839。

② 沙公超：《中国各埠电车交通概况》，《东方杂志》第 23 卷第 14 号，1926 年 7 月 25 日，第 52 页。

③ 《华商电车工程之进行》，《申报》1917 年 10 月 22 日，第 10 版。

④ 《上海各种公用事业概况（上海调查资料公用事业篇之二）：华商电气公司》，1949 年 3 月，江南问题研究会档案，档号：Y12 - 1 - 78 - 69。

⑤ 沙公超：《中国各埠电车交通概况》，《东方杂志》第 23 卷第 14 号，1926 年 7 月 25 日，第 52 页。

表 4 - 13　华电公司 1926 ~ 1928 年电车收入与车务工资比较

年份	收入车资(元)	付出工资(元)	比较(%)
1926	527954.890	58115.800	占 11.01
1927	481995.445	87857.160	占 18.23
1928	562854.054	99877.750	占 17.74

资料来源:《上海市公用局关于华法商电车第二次请求加价》,1929 年 5 ~ 9 月,上海市公用局档案,档号:Q5 - 2 - 872。

再以 1930 年营业而论,华电公司全部纯益为 510512 元,其中电车部分纯益为 26528 元,"核与两年以前之情形,尚无大差"。[①] 1932 年,"受沪地战祸之影响,百业凋疲,公司间接损失亦属匪细。至电车营业,历年因工料激增铜元低落,致所入不敷所出,但电车轨道行驶已久多半损坏,不得不陆续更换新轨改筑坚固底角,以图永久"。1933 年,该公司电车车务收益共计约 820816 元,收入车资约 815364 元 (见表 4 - 14)。当年"洋价暴涨,超出沪埠民元年来最高纪录",是以兑合银元较 1931 年尚短收 46097.09 元。是年,车务费用共计 685486 元,以收益相抵,表面上可盈余 135328 元。唯尚有电车用电 3690400 度,以 4 分作价合 147616 元,"再除去一部分事务费用及股息等,方能得该部分确实收支及损益状况,故实际上仍无利益可言"。[②] 如其 1933 年营业,"电车无盈余,电灯营业颇称发达,约计盈余百余万元"。[③] 但 1933 年较 1932 年,该公司电车用电量增加 722600 度,电车行驶路程增 631109.105 公里,电车乘客增 1420660 人次 (见表 4 - 15)。

表 4 - 14　华商电气股份有限公司损益计算书 (1933 年度)

单位:元(法币)

损失之部	金额	利益之部	金额
发电费用	1279589.16	电务收益	
电务费用		电灯收入	2128513.91
(1)输电费	281090.94	电力收入	1010068.18
(2)给电费	110205.02	电热收入	18609.11

[①]　《上海市公用局关于华商电车加价及改筑轨道底角工程》,1931 年 6 月 ~ 1933 年 3 月,上海市公用局档案,档号:Q5 - 2 - 860。

[②]　《上海市公用局调查上海电车公司》,1932 年 6 ~ 7 月,上海市公用局档案,档号:Q5 - 2 - 825。

[③]　《华商电车公司营业谈》,《申报》1934 年 1 月 10 日,第 11 版。

续表

损失之部	金额	利益之部	金额
（3）营业费	98784.56	路灯收入	30609.52
（4）营业税	73408.71	包灯收入	11501.42
合计	563489.23	表租收入	502.94
车务费用		线路贴款收入	2000.00
（1）输电费	217332.06	窃电罚款收入	2385.30
（2）行车费	388314.05	杂项收入	2924.17
（3）营业费	39072.25	合计	3207114.55
（4）土地使用费	40768.22	车务收益	
合计	685486.58	（1）车资收入	815364.08
事务费用	382005.42	（2）广告收入	4500.00
杂项费用	200902.53	（3）赔偿收入	930.46
盈余	1018718.28	（4）杂项收入	21.00
		合计	820815.54
		杂项收益	
		收入利息	22417.38
		有价证券买卖利益	83.50
		股票过户收入	58.00
		售出料款	9120.81
		代修路收入	2218.18
		房地租收入	14741.78
		进料扣让	1771.22
		兑换盈益	50458.84
		杂项收入	1391.40
		合计	102261.11
总计	4130191.20		

注：电车全年用电计3690400度，因本公司自行发电，故不计入支出。

资料来源：《上海市公用局调查上海电车公司》，1932年6～7月，上海市公用局档案，档号：Q5-2-825。

表4-15　华商电气股份有限公司工程营业及经济状况比较

项目	1933年	1932年	增减
一、工程状况（电车）			
行驶线路	4	4	0
营业里数（公里）	23.999	16.1	增7.899
车轨长度（公里）	23.4244	20.0879	增3.3365

项目	1933 年	1932 年	增减
电车辆数（辆）	42	42	0
拖车辆数（辆）	21	21	0
二、营业状况			
电车用电量（度）	3690400	2967800	增 722600
电车行驶路程（公里）	3127308.900	2496199.795	增 631109.105
电车行程每公里平均乘客（人次）	11.65759	14.03582	减 2.37823
电车乘客（人次）	36456888	35036228	增 1420660
三、车务收益（元）	820815.54	689959.37	增 121856.17
车资收入（元）	815364.08	694172.27	增 121191.81
（1）电车收入以铜元计（枚）	245801406	199389509	增 46411897
（2）电车行程每公里扯收车资（元）	0.26072	0.27809	减 0.01737
（3）每客扯收车资（元）	0.02236	0.01981	减 0.00255
广告收入（元）	4500.00	4025.00	增 475.00
四、车务费用支出（元）	685486.58	569832.17	增 115654.41
输电费（元）	217332.06	175986.31	增 41345.75
行车费（元）	388314.05	324099.87	增 64214.18
营业费（元）	39072.25	35037.39	增 4034.86
土地使用费（元）	40768.22	34708.60	增 6059.62
五、薪水（车务）支出（元）	48138.35	44152.68	增 3985.67
六、工资（车务）支出（元）	352424.78	306103.80	增 46320.98

注：1933 年电车车轨长 25.8236 公里。

资料来源：《上海市公用局调查上海电车公司》，1932 年 6～7 月，上海市公用局档案，档号：Q5-2-825。

1934 年该公司电车营业：车务收益共计约 743844 元；收入车资约 736138 元（见表 4-16），与 1933 年度比较减少了 79226 元；乘客相比减少了 9692075 人次，相差 27%，"征诸英法两租界电车公司车资收入比较上年亦皆减少。考其原因，实由于沪市各业萧条，以致乘客减少"。是年，车务费用共计 930726.31 元，相较 1933 年增加了 245239.73 元。其骤增，由于行车费项下新增折销路轨约 100000 元。电车用电历年均不转账，自本年起一面列入车务费用输电费项下，一面列入电务收益电车用电收入项下，故本年度车务营业收支相抵，尚不敷 186882 元。[1] 但 1934 年较 1933 年，该公司电车用电量增加 299300 度，电车行驶路程增 120751.23 公里（见表 4-17）。

---

[1] 《上海市公用局关于华商等电车战前状况资料》，上海市公用局档案，档号：Q5-3-1044。

表 4 – 16　华商电气股份有限公司损益计算书（1934 年度）

单位：元（法币）

损失之部	金额	利益之部	金额
发电费用	1347988.56	电务收益：	
电务费用		（1）电灯收入	2356257.77
（1）输电费	297260.76	（2）电力收入	932848.32
（2）给电费	148024.61	（3）电热收入	25948.83
（3）营业费	125550.57	（4）包灯收入	12532.66
（4）报酬金	82527.13	（5）同业趸售收入	187246.07
合计	653363.07	（6）电车用电收入	159588.00
车务费用		（7）路灯收入	32147.32
（1）输电费	375229.17	（8）自用电度收入	79880.00
（2）行车费	481076.92	（9）表租收入	923.10
（3）营业费	37613.32	（10）追偿电款收入	5847.47
（4）土地使用费	36806.90	（11）杂项收入	3979.05
合计	930726.31	合计	3797298.59
管理费用	487366.95	车务收益	
杂项费用	141501.01	（1）车资收入	736137.96
盈余	1084137.95	（2）广告收入	6200.00
		（3）赔偿收入	1206.77
		（4）杂项收入	298.90
		合计	743843.63
		杂项收益	
		（1）收入利息	69010.20
		（2）有价证券买卖利益	143.52
		（3）股票过户收入	242.00
		（4）售出料款	13176.70
		（5）代修路收入	2230.34
		（6）房地租收入	14028.20
		（7）兑换盈益	3551.66
		（8）杂项收入	1559.01
		合计	103941.63
总计	4645083.85		

資料来源：《上海市公用局关于华商等电车战前状况资料》，上海市公用局档案，档号：Q5 – 3 – 1044。

表 4 - 17　华商电气股份有限公司工程营业及经济状况比较

项目	1934 年	1933 年	1932 年
一、工程状况（电车）			
行驶线路	4	4	4
营业里数（公里）	23.999	23.999	16.1
车轨长度（公里）	23.6280	23.4244	20.0879
电车辆数（辆）	52	42	42
拖车辆数（辆）	25	21	21
二、营业状况			
电车用电量（度）	3989700	3690400	2967800
电车行驶路程（公里）	3248060.130	3127308.900	2496199.795
电车行程每公里平均乘客（人次）	8.24024	11.65759	14.03582
电车乘客（人次）	26764813	36456888	35036228
三、车务收益（元）	743843.63	820815.54	689959.37
车资收入（元）	736137.96	815364.08	694172.27
（1）电车收入以铜元计（枚）	230726587	245801406	199389509
（2）电车行程每公里扯收车资（元）	0.22664	0.26072	0.27809
（3）每客扯收车资（元）	0.02750	0.02236	0.01981
广告收入（元）	6200.00	4500.00	4025.00
杂项收益（元）	103941.63	102261.11	
四、车务费用支出（元）	930726.31	833102.58	569832.17
输电费（元）	375229.17	363948.06	175986.31
行车费（元）	481076.92	388314.05	324099.87
营业费（元）	37613.32	39072.25	35037.39
土地使用费（元）	36806.90	40768.22	
五、薪水（车务）支出（元）	54834.66	48138.35	44152.68
六、工资（车务）支出（元）	374854.09	352424.78	306103.80

资料来源：《上海市公用局关于华商等电车战前状况资料》，上海市公用局档案，档号：Q5 - 3 - 1044。

　　至 1935 年，华电公司的有轨电车，全年行车里数达 3029216294 公里，全年收入 624966.47 元。[①] 深究而论，虽上海"租界与特别市则均有电车与公共汽车"，但据上海公用局调查，"上海各电车公司凡未兼营电气事业者，

---

① 《上海南市市政厅准许上海华商电车公司行车合同》，1921 年 1 月，上海市公用局电车公司筹备处档案，档号：Q423 - 1 - 35 - 21。

每年不免亏本也"。① 由此,华电公司的电车营业之所以能蒸蒸日上,与其电车用电自给自足不无关联。

二 资产和财务

上海华商电气股份有限公司"乃国人所营,以上海县旧城周围至十六铺一带为干线",资本金最初为 20 万两,1914 年增至 40 万元。② 1915 年,该公司增股银 13 万两,购入 1600 千瓦发电机一部自行供电。③ 1918 年两公司合并后,股本初定为 100 万银元,时隔两年招足股金,1923 年将股本增至 200 万银元。④ 至 1933 年底,公司资产约 8963684 元,当年盈余约 1018718元(见表 4–18)。是年,公司的普通股官红利 1 分 6 厘半,优先股官红利 2分 3 厘半;红股红利 1200 股,每股洋 12 元 7 角 5 分(见表 4–19)。

表 4–18 华商电气股份有限公司资产负债情况(1933 年 12 月 31 日)

单位:元(法币)

资产之部	金额	负债之部	金额
固定资产		股本	
基地	404520.69	(1)优先股	250000.00
房屋	472896.79	(2)普通股	3750000.00
机器锅炉	2095415.95	合计	4000000.00
杆线设备	411156.86	公司公积	461871.37
地线设备	493707.48	固定资产折旧准备	1202874.87
配电所及变压器	743469.44	固定负债	
灯户电表	415395.21	(1)长期借款	134972.03
电车杆线	113951.47	(2)职员五年人寿储金	46640.11
电车轨站	554029.52	(3)工人五年人寿储金	97709.15
车辆	415472.17	合计	279321.29
什器	82023.66	流动负债	
合计	6202039.24	活期存款	946031.23
流动资产		职员存款	16740.00

① 董修甲:《京沪杭汉四大都市之市政》,第 70 页。
② 沙公超:《中国各埠电车交通概况》,《东方杂志》第 23 卷第 14 号,1926 年 7 月 25 日,第 52 页。
③ 上海市公用事业管理局编《上海公用事业(1840～1986)》,第 346 页。
④ 蔡君时主编《上海公用事业志》,第 319 页。

续表

资产之部	金额	负债之部	金额
现金	23046.98	暂收款项	113516.10
银行往来	485214.15	保证金	41900.00
钱庄往来	289062.34	预存电资	524493.29
存放款项	235004.58	直流火表押柜	713.79
存出保证金	75000.00	存租	1780.60
未收电资	499578.04	保证金代用品	15000.00
未收租金	1134.00	未付客账	149932.07
期收款项	33285.45	未付票款	2546.89
暂付款项	1500.00	未付款项	10573.99
预付款项	572443.72	未付营业税	74487.22
材料	331978.02	未付土地使用费	15779.60
车票纸簿	2717.75	未付股息	9124.99
有价证券	61150.70	未付红利	12410.09
未收股本	150000.00	未付董事经理酬劳	59600.00
存出押租	529.50	合计	1994812.86
合计	2761645.23	盈余	
总计	8963684.47	上年滚存	6085.80
		本年盈余	1018718.28
		合计	1024804.08

资料来源：《上海市公用局调查上海电车公司》，1932 年 6~7 月，上海市公用局档案，档号：Q5-2-825。

表 4-19 华商电气股份有限公司盈余分配案（1933 年度）

单位：元（法币）

盈余		1018718.28
公积	提盈余 1/10	101871.83
		916846.45
股东官利	常年 8 厘	320000.00
纯益（提取）		596846.45
（1）股东红利		397897.63
（2）优先股红利		17905.39
（3）红股红利		15319.06
（4）办事员酬劳		66249.96
（5）工人酬劳		99474.41

资料来源：《上海市公用局调查上海电车公司》，上海市公用局档案，1932 年 6~7 月，档号：Q5-2-825。

　　再据 1934 年度《上海华商电气股份有限公司第十七届营业报告书》记载：公司本年根据股东会议决案添招股本 200 万元，自 7 月开始征收，业已如数收足。而"第公用事业，当以便利市民需要为原则，本公司是以不惜牺牲一切，仍积极扩充设备，结果收入尤不减于往年。惟电车营业自去年酌加票价以来，收入项下反觉低落，此中原因虽甚复杂，要亦为市面不景气所致"。[①] 至 1934 年底，公司资产约 10108437 元，本年盈余约 1084138 元（见表 4 - 20）。是年，公司的普通股官红利为 1 分 6 厘，优先股官红利为 2 分 3 厘；红股红利 1200 股，每股银 13 元（见表 4 - 21）。

表 4 - 20　华商电气股份有限公司资产负债情况（1934 年 12 月 31 日）

单位：元（法币）

资产之部	金额	负债之部	金额
固定资产		股本	
土地	406520.69	（1）优先股	250000.00
房屋	418797.85	（2）普通股	5750000.00
机器锅炉	1499835.84	合计	6000000.00
杆线设备	296078.60	公积	563743.20
地线设备	446680.16	长期负债	
配电所设备	741567.25	（1）长期借款	30769.23
电表	503922.81	（2）职员五年人寿储金	69794.65
电车杆线	93465.34	（3）工人五年人寿储金	140327.97
电车轨站	666535.36	合计	240891.85
车辆	497627.36	短期负债	
什器	41738.70	活期存款	1011105.30
合计	5612769.96	职员存款	3700.00
流动资产		用户保证金	605758.31
现金	53309.85	其他保证金	47900.00
银行往来	887923.32	直流火表押柜	683.79
钱庄往来	316761.02	应付账款	178700.86
存放款项	1530004.58	应付票据	5944.89
应收电款	525932.34	应付款项	7860.96

---

　　① 《上海市公用局关于华商等电车战前状况资料》，上海市公用局档案，档号：Q5 - 3 - 1044。

续表

资产之部	金额	负债之部	金额
应收款项	23757.81	应付报酬金	82527.13
期收票据	59628.35	应付土地使用费	17383.41
材料	431744.39	应付股息	5584.77
车票纸簿	3381.00	应付红利	12737.97
有价证券	20240.06	应付董监经理酬劳	60000.00
合计	3852682.72	合计	2039887.39
杂项资产		杂项负债	
企业投资	40100.00	暂收款项	148588.10
存出保证金	75000.00	存租	1780.60
预付款项	469724.39	保证金代用品	15000.00
暂付款项	55500.00	合计	165368.70
应收租金	1458.00	盈余	
存出押租	1201.90	上年滚存	14407.88
合计	642984.29	本年盈余	1084137.95
总计	10108436.97	合计	1098545.83

资料来源：《上海市公用局关于华商等电车战前状况资料》，上海市公用局档案，档号：Q5 - 3 - 1044。

表 4 - 21 华商电气股份有限公司盈余分配案（1934 年度）

单位：元（法币）

盈余		1084137.95
公积	提盈余 1/10	108413.80
		975724.15
股东官利	常年 8 厘	368620.43
纯益（提取）		607103.72
（1）股东红利		404735.81
（2）优先股红利		18213.11
（3）红股红利		15582.33
（4）办事员酬劳		67388.52
（5）工人酬劳		101183.95

资料来源：《上海市公用局关于华商等电车战前状况资料》，上海市公用局档案，档号：Q5 - 3 - 1044。

　　至 1935 年底，华电公司资产约 12561061 元，当年盈余约 1277236 元（见表 4-22）。到 1936 年底，公司用户统计达 50490 户。是年售电计 76127519 度，原有 20000 瓦发电设备已不胜负荷，临时向闸北水电公司购电补充。其原始资本 1918 年为 100 万元，至 1934 年 3 月第四次增资为止共 600 万元；1937 年 3 月增至 800 万元，计 80 万股。[1] 该公司在开始时电车尚可赚钱，电灯方面反而亏本，后经股东极力维持，营业日渐扩大。至沪战前资本金已达 800 万元以上，每年利润可获百余万元。电车方面营业最好的时候，每天亦可达到 3000 元，较之电灯部门稍有逊色。[2]

表 4-22　华商电气股份有限公司资产负债情况（1935 年 12 月 31 日）

单位：元（法币）

资产之部	金额	负债之部	金额
固定资产	8173437.37	资本及公积	6672157.00
电资产		实收资本	6000000.00
输电配电资产		法定公积	672157.00
用电资产		长期负债	547063.99
车务资产		长期借款	
业务资产		职工储金	
流动资产	3618288.48	短期负债	2004110.18
现金		应付燃料物料款	
银行往钱庄存款		应付票据，其他应付债款	
应收票据		存入保证金	
应收赔款		应付利息和股息	
结存燃料及其他流动资产		应付红利和未付款项	
杂项资产	69339.66	其他短期负债	
企业投资		杂项负债	2060492.4
存出保证金		林面和宋灯准备	
预付款项		预收和暂收款项	
暂付款项		存出保证金代用品，其他杂项负债	

---

[1]　《上海各种公用事业概况（上海调查资料公用事业篇之二）：华商电气公司》，1949 年 3 月，江南问题研究会档案，档号：Y12-1-78。

[2]　朱邦兴等编《上海产业与上海职工》，第 366 页。

续表

资产之部	金额	负债之部	金额
其他杂项资产		盈余 　长期滚存 　本期盈余	 1277236. 32
合计	12561060. 51		

资料来源：《上海市公用局关于华商等电车战前状况资料》，上海市公用局档案，档号：Q5 - 3 - 1044。

　　从而，随着电车的驰驶，上海华界南市地区东西向的线路得以畅通，华电"公司近年来加以积极整顿后，营业逐渐发达"。[1] 市公用局也进一步扩展电车事业，1933 年拟定全市电车计划，规划总投资预算达 1100 余万元。该计划分为三期，共拟路线 9 路。1937 年 6 月，鉴于无轨电车的建设成本较低，该局又计划改办无轨电车。故战前南市电车业起步略晚于租界，但 4 条电车路线的管理水平及运量都较高。可惜在抗战时期，南市沦入敌手，繁荣的电车事业惨遭蹂躏，电车铁轨、电车设备、电机全被日军拆除装运回国，南市电车建设损失殆尽，战后无法恢复。[2] 自沪战爆发后，华电公司电车奉令暂停行驶，而发电厂为避免日机轰炸于 1937 年 9 月下旬停止发电，暂向法商电车电灯公司借电转供用户，各工人除原有工作外，加紧避弹工作，堆设沙袋，以免机件损坏，因此职工薪金全薪至是年 11 月。[3] 概言之，八一三事变后，因战争爆发，华电公司被迫停业，华界"原有的公共车辆，如电车和公共汽车，在战时多数给敌人破坏"。[4] 即抗日战争全面爆发，华商电车公司原有的营业区域南市一带遭日军占领时，原有轨道、架空线等被拆除干净，以致租界以外的电车通行陷入瘫痪。

---

① 《华商电车公司添造新式轻气车》，《申报》1934 年 11 月 23 日，第 10 版。
② 周源和：《上海交通话当年》，第 65 页。
③ 朱邦兴等编《上海产业与上海职工》，第 384 页。
④ 赵曾珏：《上海之公用事业》，第 172 页。

第五章　电车交通与城市人口的互动

　　西方经济学界，英国古典经济学家马尔萨斯（T. R. Malthus）最早关注人口问题，并将人口与经济、社会问题联系起来。[1] 而城市人口是指常年居住在城市中的、与城市活动有关系的人口。城市人口是一切活动的主体，是城市经济发展的动力，是建设的参与者。城市规模通常以城市人口来表示，即"一定数量的城市人口，是城市物质生产和经济发展的重要条件"。[2] 早昔"罗马帝国，建水管、筑水池，以供市民清洁水料，是为公用事业之滥觞。洎乎十八世纪末叶，城市人口日趋膨胀，市政成为专门之学，公用事业亦为研究市政者所重视"。[3] 近代上海为中国第一大城市，而"交通为都市之血脉，而就上海市论，改善交通以达于流畅之地步，尤为首要之图。良以上海市人口之稠密，工商百业之繁兴，超乎国中任何都市之上，非先设法解决交通问题，不足以言复兴建设"。[4] 随着近代上海城市建设的加速和人口的持续递增，在公共交通中占主导地位的电车事业也取得了长足发展，两者共生共长，由此"电车为公众交通机关，上中下各级市民利用之"。[5] 其中，近代上海电车交通与城市人口产生密切的互动，进而推动城市社会持续发展。

---

[1]　可以确定，马尔萨斯是"人口论"最具代表性的人物，其在 1798 年出版的代表作《人口论》中就提出"两个级数"的理论："人口的增殖力无限大于土地为人类生产生活资料的能力。即人口若不加抑制，就会以几何级数增长，而生活资料仅仅以算术级数增长。"只要稍微熟悉一点算术知识就能够看出，后者的力量没法同前者相提并论。参见〔英〕马尔萨斯《人口原理（珍藏本）》，陈小白译，华夏出版社，2012，第 8 页。

[2]　张钟汝、章友德、陆健、胡申生编著《城市社会学》，第 148、112 页。

[3]　《十年来上海市公用事业之演进》，"弁言"，第 1 页。

[4]　赵曾珏：《上海之公用事业》，第 184～185 页。

[5]　养志：《上海电车急应改良之点》，《申报》1924 年 7 月 5 日，第 27 版。

第一节 电车交通与人口需求

半个多世纪前，美国城市社会学家豪默·霍伊特指出，城市发展形态在很大程度上受在城市主要发展阶段占主导地位的交通工具的影响。[①] 交通是因需求而产生，有需求就必然有供给，交通工具是为满足一定交通需求而产生的。[②] 而近代"科学化之城市设计，盖街道之如何开辟，港口之如何规划，电灯、自来水之如何设备，疆界之如何划分，以及其他各端，无一不有关于人口之数量"。[③] 自近代以降，"上海人口日增，故交通亦日益复杂"，[④] 由是"公共车辆对于市民之需要，既如此其殷迫，吾人宁可不予严切之注意"。[⑤]

一 适应人口需求

上海租界开辟初期，来沪的外国侨民数量有限。如 1845 年底，英租界内仅有外侨 50 人，1850 年增至 210 人。1853 年太平天国军队攻克南京，小刀会起义占领上海县城，大批华人为避战乱涌入租界居住。嗣后，"华洋杂居"改变了租界原先的人口结构，同时也使租界人口剧增，1853 年租界人口即超过 2 万人。1860 年和 1862 年太平军进攻上海时，租界内华人数量一度分别猛增到 30 万人、50 万人。太平天国失败后，租界内人口有所回落。1865 年 3 月，公共租界和法租界分别进行第一次人口统计，结果为：公共租界有外国人 2297 人，华人 90587 人；两租界中外人口共有 148809 人（由于相当一部分流动人口没有统计在内，不少华人担心多报人口会增加税收负担等，故实际人口远超过此数）。[⑥] 至 1890 年，公共租界有外国人 3821 人，华人 168129 人。1895 年华人为 240995 人，1900 年华人为 345276 人，1905 年华人为 452716 人。1909 年，该租界人口无论外国人还是华人均有较大增长，外国人为 13526 人，华人为 488005 人；1915 年华人为 620401 人。[⑦]

---

① 〔美〕罗伯特·瑟夫洛：《公交都市》，宇恒可持续交通研究中心译，中国建筑工业出版社，2007，第 70 页。
② 刘贤腾：《交通方式竞争：论我国城市公共交通的发展》，第 138 页。
③ 国都设计技术专员办事处编《首都计划》，1929 年编印，第 14 页。
④ 董修甲：《京沪杭汉四大都市之市政》，第 66 页。
⑤ 都：《上海之公共交通问题》，《申报》1935 年 7 月 21 日，第 7 版。
⑥ 上海市档案馆编《上海租界志》，第 4 页。
⑦ 《上海公共租界与法租界内之中国人数》，《东方杂志》第 13 卷第 3 号，1916 年 3 月 10 日，第 2 页。

1925 年，公共租界有 840226 人，其中外国人 29947 人，华人 810279 人；至 1936 年，该租界人口已超过 118 万人，其中华人超过 114 万人（见表 5 - 1）。

表 5 - 1　上海公共租界人口统计一览（1855~1937）

单位：人

年份	华人	外侨	总计	年份	华人	外侨	总计
1855	—	—	20243	1905	452716	11497	464213
1865	90587	2297	92884	1909	488005	13526	501531
1870	75047	1666	76713	1910	—	—	501561
1876	95662	1673	97335	1915	620401	18519	638920
1877	107812	2197	110009	1920	759839	23307	783146
1880	—	—	110009	1925	810279	29947	840226
1885	125665	3673	129338	1930	971397	36471	1007868
1890	168129	3821	171950	1935	—	—	1159775
1895	240995	4684	245679	1936	—	—	1180969
1896	345276	6774	352050	1937	—	—	1218630
1900	—	—	352050				

资料来源：《上海市各区人口比较表》，1930~1934 年，上海市公用局电车公司筹备处档案，档号：Q423 - 1 - 3 - 31；邹依仁《旧上海人口变迁的研究》，1980，第 90 页。

再如法租界。1849 年法租界设立当年，仅 9 位法人居于界内。1865 年 3 月，法租界进行第一次人口统计，界内有外国人 460 人，华人 55465 人；1890 年，有外国人 444 人，华人 41172 人。1895 年法租界人口调查总数为 5 万人，"这很可能比实际的数目少，因为华人唯恐加重租税的负担，尽可能少报居住同一房屋的人数"。[1] 1900 年法租界第二次扩张，面积扩充 1112 英亩，总面积达到 2135 亩，人口随即增加。1910 年，租界内外国人约 1476 人，华人 114470 人。[2] 1914 年，沪海道尹与法驻沪总领事签订《上海法租界推广条约》，法租界范围扩大到 15150 亩。这次扩充使法租界面积较 1849 年扩大 15 倍，租界内人口因此激增。1925 年，法租界人口再次大幅增加，因直奉江浙战争爆发，江浙两省及上海华界居民大举迁入法租界避难，租界内华人比 1920 年增加 12 万多人，外侨也增加近 4000 人。1925 年法租界共有 297072 人，其中外国人 7811 人，华人 289261 人。据 1928 年人口调查显

①　吴训义：《清末上海租界社会》，台北：文史哲出版社，1978，第 1 页。
②　上海市档案馆编《上海租界志》，第 4~5 页。

示，较 1925 年法租界仍有 6 万多人的增幅；1930 年较 1928 年又有 7 万多人的增幅。1936 年统计显示，租界内人口总数为 477629 人（见表 5－2），其中外国人为 23398 人。并且，1860 年后随着外侨人数和迁入租界的华籍居民人数的增多，租界内外的人口比例逐渐改变。如 1865 年前后，公共租界人口占上海人口总数的比例提高到 13.4%，法租界则提高到 8.1%，租界人口占上海人口总数的 21.5%。而开埠初的 1852～1853 年，华界、公共租界、法租界的人口分别占上海总人口的 99.91%、0.09%、不及 0.01%，而至 1937 年这一比例则依次变为 55.9%、31.7%、12.4%。[①]

表 5－2　上海法租界历年人口统计（1865～1937）

单位：人

年份	华人	外侨	共计	年份	华人	外侨	共计
1865	55465	460	55925	1928	348076	10377	358453
1879	33353	307	33660	1930	421885	12922	434807
1890	41172	444	41616	1931	440866	15145	456012
1895	51746	430	52176	1932	463342	16210	478552
1900	91646	622	92268	1933	478755	17781	496536
1905	96132	831	96963	1934	479294	18899	498193
1910	114470	1476	115946	1935	—	—	498193
1915	146595	2405	149000	1936	—	—	477629
1920	166667	3562	170229	1937	—	—	477629
1925	289261	7811	297072				

注：1935 年、1937 年法租界人数以 1934 年、1936 年的人数来替代。

资料来源：《上海市各区人口比较表》，1930～1934 年，上海市公用局电车公司筹备处档案，档号：Q423－1－3－31；邹依仁《旧上海人口变迁的研究》，1980，第 90 页。

　　可以确定的是，1908～1937 年，电车是上海市民首要的公共交通工具，乘客量远比公共汽车为多。如上海开埠初，"外国人之居留者为数至微，而租界华人尤寥落若晨星。故电车一物，在当日故绝不觉其需要。然自外人之航海东来，栖止沪上者即逐渐增多，而中国以太平军之乱，举凡缙绅巨贾、负贩细民，亦莫不视上海为乐土。而相率迁入于租界，于是而租界中聚居之地点，有自然展拓之势"。[②] 1906 年 2 月 15 日英商上海电车公司在接受布鲁斯·庇波尔公司转让前，在英国伦敦董事会上分析认为，如在上海经营有轨

---

① 上海市档案馆编《上海租界志》，第 117、120～121 页。

② 甘作霖：《上海三电车公司之组织》，《东方杂志》第 12 卷第 1 号，1915 年 1 月 15 日，第 10 页。

电车，定能获得很大的利益；许多当地人和外侨定会购买电车股票；电车定能从中国人身上得到很高的收入。① 由此，"当电车未通行时，此多数乘客正不识其作何状况，而此制之创行，却为一种极相需之投时利器。匪惟不嫌其太早，且当深惜其过迟"。②

斯时，"欲解决上海市之交通问题，当以建立有效之公共交通网为惟一要者，吾人所昕夕以求者，厥为在若干年间，使本市民众获得四通八达经济而舒适之公共车辆"。③ 如1922年6月3日，英商电车公司总理麦考尔即言电车扩张之必要，"上海乃分布货物之集中点且为实业发达之集中点，故其奇异之发展已造成迥异寻常之输运需求，如所拟扩张计划皆即实施，仅可应付现有之一部需要"。④ 以该公司载客数为例，"则电车发达之证，当更明显"。如1909年所载客为11772715人次，1913年则增至47686648人次，而预算1914年增至6000万人次，"观此可知乘客之递增，实有与年俱进之势"。且每年开始5个月通例为乘客清淡时，而1914年所载客有21582944人次，以视上年同期增多4312584人次。"上海电车之发达，即此已信而有证。"⑤ 嗣后，随着公共租界人口的增长，该公司再"因营业发达，为利便行人起见"，于北京路添设无轨电车，"日来电杆电线次第装设齐备，不日即可行驶"。其行驶地点自天后宫桥至郑家木桥，经过北京路福建路口，沿北京路迤西至北泥城桥止。而通行新闸的有轨电车路，"本来泥城桥畔只有单轨，现于该处已增铺双轨丈余，预备西藏路添设有轨电车时与之接连"。⑥至1919年，英电公司有轨及无轨电车载客共95038701人次，1920年为110833311人次，1921年为119558769人次，1922年为126684226人次。⑦

伴随国内外大量移民的涌入，上海租界人口急剧增加，电车运行已不敷需要，从而引致电车事业持续扩张。如1920年3月，公共租界工部局董事会在讨论交通问题时认为，"从南到北或从北到南，其交通流量使批准增辟南北路线已成为必要"。⑧ 同月，英电公司就三年内推广电车路计划呈送工

---

① 上海市公用事业管理局编《上海公用事业（1840～1986）》，第333页。
② 甘作霖：《上海三电车公司之组织》，《东方杂志》第12卷第1号，1915年1月15日，第9页。
③ 赵曾珏：《上海之公用事业》，第184～185页。
④ 《上海电车公司之扩张热》，《申报》1922年6月3日，第3版。
⑤ 甘作霖：《上海三电车公司之组织》，《东方杂志》第12卷第1号，1915年1月15日，第13～14页。
⑥ 《推广无轨电车将次实行》，《申报》1920年1月11日，第10版。
⑦ 沙公超：《中国各埠电车交通概况》，《东方杂志》第23卷第14号，1926年7月25日，第52页。
⑧ 上海市档案馆编《工部局董事会会议记录》第21册，上海古籍出版社，2001，第558页。

部局。第一年，有轨电车扩张：沿北四川路由电车路尽端展至虹口公园门口或王乐路（获准）。无轨电车扩张：（1）沿河南路由爱多亚路至北京路的无轨电车路线一条（除沿西藏路外，工部局不愿再有电车路线穿过南京路）；（2）沿福州路由河南路至西藏路的车路一条（获准）；（3）沿海宁路、克能海路由北西藏路至蓬路及沿蓬路由克能海路至百老汇路的车路两条（获准）；（4）沿爱而近路由北河南路到北浙江路，沿北京路由河南路至黄浦滩，沿西藏路由福州路至坟山路，沿广州路由西藏路至湖北路、麦根路，由新闸路至愚园路各车路（获准）。第二年，无轨电车扩张：（1）沿极司非而路静安寺路至圣约翰大学的车路（工部局为此路线一段在勃利南路与约翰大学间须经过极司非而村不甚适宜，碍难批准，唯余路可核准）；（2）沿麦根路由愚园路至戈登路，沿戈登路、宜昌路与小沙渡路由麦根路至苏州河，沿华德路由茂海路至韬朋路，沿吴淞路、汉璧礼路与新记浜路由北苏州路至东有恒路，沿东有恒路与兆丰路由新记浜路至岳州路，沿北四川路由电车路尽端至公园门以上诸路（获准）。第三年，无轨电车扩张：（1）沿杨树浦路由电车路尽端至杨树浦角；（2）沿西藏路由爱多亚路至苏州路；（3）沿北西藏路由北苏州路至海宁路；（4）沿北苏州路由北西藏路至北四川路（获准）。①

再据当时《工部局公报》载，"有轨电车则正在着手扩张，则仅预定延长二十三英里路线，及稍事增加其他复轨"。② 如公共租界 1910 年人口为 501561 人，1920 年人口增至 783146 人，十年间增幅为 56.1%。随着人口的骤增，"租界电车营业日趋发达"。如六路、七路电车自 1921 年增添以来，"尚觉不敷"。由该两路电车在 1921 年、1922 年比较，1922 年两路车行计 111587 英里，载客 2284809 人次；1921 年车行计 104518 英里，载客 2495523 人次。③ 自 1922 年 6 月 29 日至 7 月 5 日，该两路车行107901 英里，载客 2219055 人次；1921 年同期车行 105063 英里，载客 2241347 人次。④

既如此，随着城市人口大幅增长，人们对电车的需求持续增加。具如英

① 《工部局对推广电车路之准驳》，《申报》1920 年 3 月 30 日，第 10 版。
② 沙公超：《中国各埠电车交通概况》，《东方杂志》第 23 卷第 14 号，1926 年 7 月 25 日，第51～52 页。
③ 《电车营业之今昔观》，《申报》1922 年 5 月 28 日，第 15 版。
④ 《租界电车营业之比较》，《申报》1922 年 7 月 9 日，第 13 版。

电公司 1921 年 1 月 1~7 日，计电车行驶 93809 英里，乘客 2121008 人次；14~20 日，车行 92492 英里，乘客 2186006 人次；21~27 日，车行 94281 英里，乘客 2167581 人次。① 是年 6 月底，该公司上半年车行 2577394 英里，乘客达 59734650 人次，上年同期则为 2264500 英里、52047778 人次。② 至 1923 年 2 月，该公司电车乘客为 9511407 人次，连同 1 月乘客总计 20223970 人次。③ 3 月一周中，电车行驶里数 111992 英里，乘客总计 2397583 人次。④ 7 月，电车共行 512150 英里，载客 11427135 人次。当年 7 个月内，共行 3459379 英里，载客 77838293 人次。⑤ 1923 年全年乘客为 127854000 人次。⑥ 1926 年 1~6 月，公共租界电车共开行 11 条路线（见表 5-3），行车 3564828 英里，乘客 58352468 人次。⑦ 由此可见，其时电车行车里程和载客人次均在持续增长。

表 5-3　1926 年公共租界电车运转系统

路线	起点	迄点	途经站点
第一路	静安寺	公园靶子路	静安寺—卡德路—爱文义路—南京路—黄浦滩—北苏州路—北四川路—公园靶子路
第二路	卡德路	十六铺	卡德路—南京路—黄浦滩—十六铺
第三路	卡德路	东新桥	卡德路—新闸路—芝罘路—浙江路—东新桥
第五路	沪宁车站	西门	沪宁车站—浙江路—（法界）—西门
第六路	沪宁车站	沪宁车站	沪宁车站—浙江路—湖北路—广东路—黄浦滩—西华德路—吴淞路—靶子路—沪宁车站
第七路	沪宁车站	提篮桥	沪宁车站—浙江路—南京路—黄浦滩—西华德路—提篮桥
第八路	杨树浦	十六铺	杨树浦—百老汇路—黄浦滩—（法界）—十六铺
第九路	洋布局	十六铺	洋布局—十六铺
第十路	十六铺	汇山路	十六铺—外洋泾桥—黄浦滩—华德路—汇山路

---

① 《上海电车公司营业记》，《申报》1921 年 1 月 8 日、1 月 22 日、1 月 28 日，第 10 版。
② 《半年中电车公司营业记》，《申报》1921 年 7 月 8 日，第 14 版。
③ 《二月份公共租界之电车营业》，《申报》1923 年 3 月 5 日，第 14 版。
④ 《一周间之电车营业》，《申报》1923 年 3 月 19 日，第 14 版。
⑤ 《上月公共租界电车营业统计》，《申报》1923 年 8 月 3 日，第 15 版。
⑥ 《上年之电车营业》，《申报》1924 年 1 月 5 日，第 14 版。
⑦ 《公共租界电车之半年营业》，《申报》1926 年 7 月 3 日，第 15 版。

续表

路线	起点	迄点	途经站点
第十一路	洋泾浜外滩	公园靶子路	洋泾浜外滩—苏州路—北四川路—公园靶子路
第十二路	卡德路	靶子路	卡德路—南京路—黄浦滩—苏州路—北四川路—靶子路

资料来源：沙公超《中国各埠电车交通概况》，《东方杂志》第 23 卷第 14 号，1926 年 7 月 25 日，第 53 页。

1930 年、1935 年公共租界人口分别达 1007868 人、1159775 人。该租界人口总数已超百万。而英电公司"为应付增加之交通需求起见"，在 1931 年前的六年中增加车辆 103 辆，"某数路线之行驶车辆数目尚未达饱满之度，其他路线之车辆须经慎重之考虑始能增加，否则普通交通势必反受阻碍。对于增添车辆，未如能使普通交通迅速将马路放宽，以应付增加之车辆"。[1] 如至 1931 年底，该公司拥有各种车辆 300 辆，其中电车有轨机车 102 辆，拖车 100 辆，无轨机车 98 辆，行驶里程达 1567 万公里，年载客达 1.39 亿人次，有轨电车轨道线共长 2.87 万公里，无轨电车路线长 2.76 万公里。[2] 再如 1931～1932 年，该公司电车行驶里数分别为 9739936 英里、9407656 英里。而 1932 年电车所行路程数及载乘客量均比上年少，系是年初"中日两军曾在公共租界边界发生战争，而使电车服务缩减"。[3] 1933～1934 年，该公司电车行驶里数分别达到 10560351 英里、10655430 英里。[4]

再如上海华界，据统计，1852 年人口达 544413 人，1865 年 543110 人，1910 年 671866 人，1915 年 1173653 人，1927 年 1503922 人，1928 年 1516090 人，1929 年 1620187 人，1930 年 1692335 人，1931 年 1823989 人，1932 年 1572089 人，1933 年 1786623 人，1934 年 1914694 人（见表 5－4），

---

[1] 华文处译述：《上海公共租界工部局年报》（中文），1931 年，上海公共租界工部局档案，档号：U1－1－957。

[2] 上海市档案馆编《上海租界志》，第 421 页。

[3] 华文处译述：《上海公共租界工部局年报》（中文），1933 年，上海公共租界工部局档案，档号：U1－1－959。

[4] 华文处译述：《上海公共租界工部局年报》（中文），1934 年，上海公共租界工部局档案，档号：U1－1－960。

1935 年 2044014 人，1936 年 2155717 人。[①] 即至全面抗战前夕，上海公共租界、法租界和华界的总人数已达 385 万人之多，成为具有相当规模的国际都市（见图 5 - 1）。

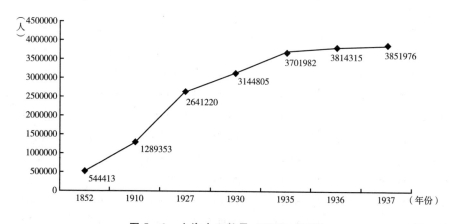

图 5 - 1　上海人口数量（1852～1937）

表 5 - 4　上海市华界各区人口比较（1930～1934）

单位：人

年份	1930	1931	1932	1933	1934
市中心分局	—	—	3952	4516	5307
吴淞警察所	18070	20100	13405	15438	16986
蕴藻浜警察所	27781	29323	23571	27759	29934
江湾警察所	31192	32695	19550	37598	30429
新闸分局	135714	149059	151643	195911	205058
蒙古语警察所	35725	43386	37762	48483	38472
恒丰路警察所	70549	69002	58986	69298	67790
真如警察所	29479	30769	29087	31415	32970
北站分局	103272	109178	19703	44777	63305
北四川路警察所	36740	41828	25321	37318	40179
永兴路警察所	84672	101559	18462	37652	52369
临平路警察所	98333	23939	68200	108869	129022
引翔港警察所	35987	39391	34556	37652	37286

①　邹依仁：《旧上海人口变迁的研究》，第 90 页。

续表

年份	1930	1931	1932	1933	1934
曹家渡分局	71083	72547	78632	91632	111050
蒲淞警察所	43566	45612	46633	49100	51320
徐家汇警察所	36799	29028	30933	33517	36327
漕泾警察所	29409	29931	30442	31511	33678
西门分局	156297	159949	160628	170249	174673
老北门警察所	71937	77224	74927	78614	79242
文庙路警察所	62347	66957	67336	68918	71888
十六铺分局	46016	48180	50491	44231	47042
董家渡警察所	68917	77285	79285	72317	79121
邑庙警察所	71815	75464	73334	78131	84898
巡道街警察所	63404	69303	68675	71627	71500
浦东分局	64810	70390	73789	72813	77234
杨家渡警察所	31093	34008	34788	35372	36718
洋泾警察所	36955	39842	42288	45040	45893
塘桥警察所	34928	37509	38506	40820	43859
杨思分驻所	21596	23711	25107	25181	25943
高桥分局	34410	35190	37333	39204	40542
东沟警察所	50245	51620	52844	52830	53668
合计	1692335	1823989	1572089	1786623	1914694

资料来源：《上海市各区人口比较表》，1930～1934 年，上海市公用局电车公司筹备处档案，档号：Q423-1-3-31。

既如此，随着人口增加，城市对电车的需求也继而展现。最初随着华商电车的行驶，"公司营业之发达，亦远过于当日之预算。乘客往来，常极拥挤，而尤以二等为最盛"。① 如1909 年、1921 年上海电车交通状况表显示：延长英里数公共租界分别为 16.3 英里、17.8 英里，法租界分别为 9.12 英里、9.87 英里，华界（1921 年）为 6.0 英里。同期运转辆数公共租界分别为 65 辆、182 辆，法租界分别为 32 辆、49 辆，华界（1921 年）为 42 辆。同期乘客数公共租界分别为 11000000 人次、

① 甘作霖：《上海三电车公司之组织（续一号）》，《东方杂志》第 12 卷第 4 号，1915 年 4 月 1 日，第 16 页。

120000000 人次，法租界分别为 7000000 人次、33000000 人次，华界
（1921 年）为 30000000 人次。①

　　至 1927 年上海特别市成立，11 月市公用局即令华电公司筹办电车，由
南市以达市政机关麇集的新西区。"本市新西区自市政府在该处成立后，最
近迁往辖已有本局与财政局两机关，其他如教育等局均有陆续迁址该区域
之议，且市政府大上海计划中促使该区特别改进，成为全市之模范。关于
路政各项已由工务局规划进行，关于交通方面者尚须充分准备，且该处既
为市政府及各局所在地点，此及内部职员以及各界人士往还者日众，犹有
尽先办理之需要。应由该公司筹办电车或公共汽车，经南市方面直通新西
区，以利交通。即于该公司营业上将来，定可收发达之效。"随之，公用局
再令该公司增加民国路电车，并就方斜路行驶电车。"查该两事既可便利市
内交通，亦属裨益公司营业，为此令仰该公司迅即筹议举办。"② 嗣 1930 年
6 月，国民党上海市第四区执行委员会常务委员赵少英等提议，"本市华
界电车仅限于南一隅，闸北仅数辆公共汽车行驶，行人交通即感不便，
且对于市政方面，亦不足以壮观瞻"，由此函请市政府在闸北筹办电车，
"以利交通"。③

　　至 1931 年 3 月，上海市政府建设讨论委员会为振兴沪南新西区商业，要求
通行电车："沪南新西区，即斜桥制造局路之西、龙华之东、徐家汇路之南、黄
浦为止，其土地面积倍于南市。新西区以斜土路为南北中心东西要道，自国货
路起至徐家汇镇止约长六千公尺，现虽有公共汽车，无如往来次数甚少，车价
昂贵，似于交通仍不能利便。除行驶电车外，别无善策。电车虽属亏本为数有
限，将来电车行驶交通利便，新西区房屋次第建造，铺户繁盛，人口增多，需
用电灯不可胜计，电灯获利较厚，补偿电车之亏，绰有余裕。请由市府转令
公用局转商电车公司顾全地方，早日实行。市府对于该段电车许以十年为期
免缴报酬金，以资优待。"④ 如 1935 ~ 1936 年，华电公司载客人数为

---

① 沙公超：《中国各埠电车交通概况》，《东方杂志》第 23 卷第 14 号，1926 年 7 月 25 日，第
　　50 页。
② 《上海市公用局令饬华商电车推广路线及增加车辆》，1927 年 11 月 ~ 1929 年 4 月，上海市
　　公用局档案，档号：Q5 - 2 - 837。
③ 《上海市第四区党部请办闸北电车》，1930 年 7 ~ 8 月，上海市公用局档案，档号：Q5 - 2 - 836。
④ 《上海市公用局关于新西区通行电车》，1931 年 3 月 ~ 1932 年 5 月，上海市公用局档案，档
　　号：Q5 - 2 - 834。

23097524 人次，法电公司为 48024373 人次，英电公司达到 112085248 人次。[①]

简言之，至 1932 年上海人口由最初数十万增至 300 余万，"全市交通组织亦续有改良。单就车辆一次而计，街道中来往如织。藉以代步运输用者，有数百年来如一日之手推小车及最新式汽车，其中相去诚不知有若干年代也。综计全上海所有之一切车辆，包括小车、人力车、电车、汽车等而言，其总数不下七万辆，此数不可谓不巨。然以全市三百万人口计，以此车辆之数目与欧美大都市之车辆数作比例，则仍觉瞠乎其后"。[②] 如据战前统计，每天在路上乘各式车辆来往的人约占总人数的 65%，其中乘公共车辆者占 45%（电车加上公共汽车），乘其他车辆的占 20%。[③] 从而，"今使执初次涉足于上海之人，而贸贸然语之曰，此风驰电掣之电车，为距近六年前之上海所绝无，则其人或且瞠目摇首而以为不可信。乘以租界中车龙马水，往来熙攘，而其最足以引人注目者，厥维电车。以电车驰骋之速，载客之多，凡租界中所号为至迅疾而至宽大之各项车辆举弗之及。吾人试为之瞑目索想，一追溯当年未通行电车时之景象何若，诚转有未易摹拟者也"。[④] 依前而述，人口稠庶则电车业存续发展，体现出该业对人口需求的明显依赖性。

二 因应人口压力

城市化后，城市的聚集力增强，人口膨胀带来人们的交通出行量急剧增大，给城市公共交通的压力不断增大。[⑤] 即人口增加给城市交通带来了巨大压力。由此引起的交通客运量猛增，加剧了乘车难、行车难的状况，有限的交通运送能力远满足不了超额的运量需求。[⑥] 如 20 世纪初，上海人口总数超过大部分欧美主要城市（见表 5-5）。以 1880～1920 年每 5 年人口增长为例：1920 年公共租界人口与 1880 年相比，增加了 612%；与 1900 年

---

① 《上海市年鉴》1937 年（下），"M"，第 22 页。

② 虞：《三十年来上海车辆消长录》，《申报》1932 年 4 月 6 日，第 15 版。

③ 《上海交通问题》（1947 年 1 月 16 日扶轮社演词），赵曾珏《上海之公用事业》，第 176～177 页。

④ 甘作霖：《上海三电车公司之组织》，《东方杂志》第 12 卷第 1 号，1915 年 1 月 15 日，第 8 页。

⑤ 闫平、宋瑞：《城市公共交通概论》，第 18 页。

⑥ 向德平：《城市社会学》，武汉大学出版社，2002，第 257 页。

相比，增加了 122%。与同期欧美的一些城市相比，其增长幅度是极为罕见的。并且，1935 年公共租界内人口比 1930 年增 151081 人。其中华人增 149463 人，外侨增 1618 人，住在界外马路的外侨增 826 人。具如 1870 年，日本人、英国人、俄国人、印度人、美国人分别为 7 人、894 人、3 人、0 人、255 人；至 1935 年则分别增至 20242 人、6595 人、3017 人、2341 人、2017 人。[①]

表 5-5　欧美主要城市与上海公共租界人口统计（1910、1920）

单位：人

城市	1910 年	1920 年	城市	1910 年	1920 年
罗切斯特（美）	218149	295750	开姆尼斯（德）	286455	303775
路易斯维尔（美）	223928	234891	汉诺威（德）	302384	310431
新奥尔良（美）	339075	387219	纽伦堡（德）	352675	532539
辛辛那提（美）	363591	401247	科隆（德）	513491	633904
布法罗（美）	423715	506775	公共租界（上海）	501541	783146

资料来源：《上海公共租界工部局总办处关于交通运输委员会第 1 至 14 次会议记录（卷 1）》，1924～1925 年，上海公共租界工部局档案，档号：U1-5-27。

与此同时，法租界人口亦快速增长。1895 年为 52188 人，1910 年增至 115946 人，1925 年再增至 297072 人。1910 年公共租界的人口为 501541 人，华界人口也达到 568372 人。而从 1890 年至 1927 年上海设市前，全市人口从 82.5 万人猛增到 264.1 万余人，37 年间增长了 2 倍多，年均递增率为 32‰，约为前 38 年平均增长水平的 3 倍，超过现代世界城市人口（1950～1975）增长约 31‰的水平。[②]

纵观近代上海历年总人口数，1852 年 544413 人，1865 年 691919 人，1910 年 1289353 人，1915 年 2006573 人，1927 年 2641220 人，1930 年 3144805 人，1931 年 3317432 人，1932 年 3133782 人，1933 年 3404435 人，1934 年 3572792 人，1935 年 3701982 人，1936 年 3814315 人，1937 年达

---

① 华文处译述：《上海公共租界工部局年报》（中文），1935 年，上海公共租界工部局档案，档号：U1-1-961。

② 张开敏主编《上海人口迁移研究》，上海社会科学院出版社，1989，第 29～30 页。

3851976 人。① 事实上，随着其时上海人口的膨胀，市民的交通出行量加大，对公共交通的压力随之显现。如 1908 年沪电车通行后，乘电车人数急剧增加，以公共租界的英电公司为例，有轨电车 1908 年通车至当年 12 月底，共行车 166 万公里、运客 5377201 人次。② 至 1914 年，其乘客"预料当在五千万人以上"。③ 1920 年，公司每乘客处所得之利自 4 角 1 分增至 6 角 9 分，"同时乘客之数亦多七倍"。1908 年电车始行时，英界居民总数约 49 万人，1920 年有 68 万人，约增 39%。然路轨仅增 7%，"故营业甚形发达，且定价低廉，车辆来往频繁，乘者日众。每时每里乘客之数，较英国各大城市为多。其原因恐系车辆与居民数量之比例，尚相悬绝也"。另创办初，其电车只有 65 辆，1919 年有机车 90 辆、拖车 70 辆、无轨车 7 辆。是年得工部局允准，添造拖车 15 辆、无轨车 7 辆，每车每年约行 2500 英里、载客约 50000 人次。④

并且，"沪埠商业日繁，户口日增，若公众交通之设备，不能与之相挈并进，非特窒碍。海上将来发展且于市民安全关系至深切，本埠公众交通首赖电车"。⑤ 电车兴办初，交通需求猛增与其运输供给不足间的矛盾就已十分突出。特别是在每日客流的高峰时段，租界内电车车厢十分拥挤，公共租界当局也注意到，"自有电车开始行驶以来，超载就相当严重"（见表 5-6）。⑥ 具如英商电车 1920 年行驶 4875562 英里（1919 年计 452538 英里），搭乘客 110833311 人次（1919 年计 95038701 人次）。又查 1921 年 1 月的一星期中计收 41055 元，除开支 11479 元外，净计收入 29575 元，一周中车行 86641 英里，乘客 1806925 人次。⑦ 1923 年，该公司"近以乘客拥挤，特将加价及坐位等新章重行订定"，发出通告：定于 9 月 1 日实行加价，2 分、3 分的车票统加 1 分，4 分、6 分、8 分车票加增 2 分，月季票加 2 元，"坐位"每车 30 人、拖车 40 人。⑧ 至 1932 年初，公司"各项车辆行驶经过路

① 邹依仁：《旧上海人口变迁的研究》，第 90 页。
② 上海市公用事业管理局编《上海公用事业（1840～1986）》，第 343 页。
③ 甘作霖：《上海三电车公司之组织（续一号）》，《东方杂志》第 12 卷第 4 号，1915 年 4 月 1 日，第 9 页。
④ 《英人在上海之企业》，《申报》1920 年 1 月 11 日，第 19 版。
⑤ 毅：《论本埠通行公共汽车》，《申报》1923 年 6 月 16 日，第 21 版。
⑥ 上海市档案馆编《工部局董事会会议记录》第 17 册，上海古籍出版社，2001，第 539 页。
⑦ 《去年上海电车公司营业记》，《申报》1921 年 1 月 14 日，第 11 版。
⑧ 《公共租界电车之新章》，《申报》1923 年 8 月 30 日，第 14 版。

程几达一千万英里"，是年所载乘客几达 14000 万人次；同年有电车 102 辆、
拖车 100 辆、无轨电车 98 辆，"倘再增添，则交通情形将达于充塞之点，在
街道上若干交错地点，将拥挤不堪"。① 由于电车发展无法完全满足人口的
急剧增长，电车拥挤异常。

表 5-6　公共租界电车乘客数及交通意外情况（1909~1918）

年份	乘客总数（人次）	十万人中遇意外者(人)	十万人中受伤者(人)	年份	乘客总数（人次）	十万人中遇意外者(人)	十万人中受伤者(人)
1909	11772715	72219	54	1914	55647238	626	27
1910	18751215	9218	82	1915	59749710	445	16
1911	27257250	1814	60	1916	69089432	493	97
1912	40734233	2410	85	1917	73461492	693	98
1913	47686648	108	3	1918	78683290	183	18

资料来源：《英人在上海之企业》，《申报》1920 年 1 月 11 日，第 19 版。

再如华界人口在 1915 年已超百万人（1173653 人），至 1927 年为
1503922 人，1929 年为 1620187 人，1930 年为 1702130 人，1931 年为
1836189 人，1932 年为 1580436 人，1933 年为 1795953 人（见表 5-7）。由
此，随着华界人口的迅速增长，华电公司自 1920 年元旦始，"车上均插国旗
五天，乘客之往返者颇形拥挤"。② 1935 年 5 月，上海市公安局十六铺分局
再函公用局，认为通行该辖境外马路的华商第一、二两路电车，"究竟每辆
规定载客若干，车上并无明白标示，每站乘客异常拥挤，殊易发生危险"。③
"近年来上海人口增多，车务问题遂至复杂。夫车辆之往返骤形拥挤，人力
车、马车、汽车也，无不日增月涌，即电车一项虽辆数有加，而乘客仍感拥
挤之困苦。长此以往，不独行旅艰难，实亦危险万分。"④ 从而，上海"公

① 华文处译述：《上海公共租界工部局年报》（中文），1932 年，上海公共租界工部局档案，
　 档号：U1-1-958。
② 《华商电车公司消息》，《申报》1920 年 2 月 25 日，第 10 版。
③ 《上海市公用局关于电车装钉限载乘客人数牌》，1935 年 5 月~1936 年 6 月，上海市公用局
　 档案，档号：Q5-2-868。
④ 陶：《解决上海车务的我见》，《申报》1922 年 4 月 15 日，第 21 版。

众交通，关系于市民安全至深切，举其最显著者，电车搭客困拥挤而肇祸事，层见迭出是也"。①

表 5 - 7　上海全市人口统计（1930~1933）

单位：人

年份	国籍	上海市（华界）	公共租界	法租界	总计
1930	中国人	1692335	971397	421885	3085617
	外国人	9795	36471	12922	59188
	合计	1702130	1007868	434807	3144805
1931	中国人	1823989	987397	440866	3252252
	外国人	12200	37834	15146	65180
	合计	1836189	1025231	456012	3317432
1932	中国人	1571089	1030554	462342	3063985
	外国人	9347	44240	16210	69797
	合计	1580436	1074794	478552	3133782
1933	中国人	1786622	971397	421885	3179904
	外国人	9331	36471	12922	58724
	合计	1795953	1007868	434807	3238628

资料来源：《民国二十二年编上海市统计》，"人口"，第 1 页；《上海市统计补充材料》，第 3 页。

简言之，"欲解决交通工具不足问题，必先调查实际需要"。根据战前估计，乘客次数约等于人口数量的 65%，其中电车乘客约占 25%，公共汽车乘客约占 20%，自备车辆出差汽车人力车等约占 20%。假定本市人口以350 万人计，则每日电车及公共汽车两项应有乘客 1585000 人次，假定电车每辆（拖车在内）每日载客 1500 人次，则疏运乘客 1585000 人次，应有电车及公共汽车 1060 辆。② 但当时的情事并非如此，公共交通车辆并不能满足人口的全部交通需求，为应此局，公共交通企业主要通过增设车辆、拓展线路的方式缓解客运压力。

1. 增加车辆

譬如英电公司 1913 年电车载客数较 1912 年多 700 万人次。按其 1913

---

① 毅：《论本埠通行公共汽车》，《申报》1923 年 6 月 16 日，第 21 版。

② 赵曾珏：《上海之公用事业》，第 159 页。

年行车收入表，"可见电车搭客无一星期不大见增加，搭客即多，则车辆自不能不增设"。故该年度所添电车共 15 辆。① 该公司总办海氏 1920 年 2 月在工部局会议提出对电车事务的建议："乘客挤立车中每抵一站客之上下，必较不拥挤之车需时为多，欲除此弊，须添置车辆。"工部局亦表赞成，"电车尽端宜加改良，俾减拥挤及可多驻车辆"。② 1926 年 1 月，公司董事部再"以公共租界内居民日益增多，所放车辆时有人满之患"，决议将添加无轨电车 200 辆，"以资应用"。③ 1932 年底时，该公司共有马达车 107 辆、拖车 107 辆、无轨电车 98 辆，共比上年增加 12 辆。1933 年，无轨电车再增至 99 辆。④

再如 1921 年，华电公司"所有外洋运到之车底车辆，适因该厂原有工匠不敷承做，故已添招工匠多名日夜赶工装配车身，俾路而竣工后，即可加添车辆，以便乘客"。⑤ 1927 年，公司议定由该公司将高昌庙一线增设双轨或增加车辆。⑥ 1929 年 1 月，国民党上海特别市第一区党务指导委员会函请公用局转饬该公司酌添车辆，以利交通。鉴于公司车辆甚少，乘客拥挤，交通颇感不便，经第三次党员大会议决呈请上级党部转函市政机关饬令公司添加车辆，以利交通。公用局指出，"该公司现在行驶车辆不敷供应"，据其报告已添备电车 6 辆，"由敝局派员检验合格后，即可行驶"。⑦ 至 1931 年 1 月，公司"现惟有增加拖车，以应急需，此项拖车正在订造"。⑧ 12 月，再增加电车车辆。"二路电车向系行驶中华路自老西门迄小东门止，兹为便利乘客起见。"该路将增加电车 5 辆，连原有 4 辆，共计 9 辆，并放长路线自老西门至小东门，经东门路沿浦滩，达薛家浜调头。"不特向在小东门掉头

---

① 甘作霖：《上海三电车公司之组织（续一号）》，《东方杂志》第 12 卷第 4 号，1915 年 4 月 1 日，第 9 页。
② 《租界电车之大计划》，《申报》1922 年 3 月 9 日，第 14 版。
③ 《公共租界将添无轨电车二百辆》，《申报》1926 年 1 月 12 日，第 10 版。
④ 华文处译述：《上海公共租界工部局年报》（中文），1932～1935 年，上海公共租界工部局档案，档号：U1-1-958、959。
⑤ 《华商电车增铺双轨之进行》，《申报》1921 年 7 月 27 日，第 15 版。
⑥ 《上海市公用局整顿并督饬推广华商电车》，1931 年 1～5 月，上海市公用局档案，档号：Q5-2-838。
⑦ 《上海市公用局令饬华商电车推广路线及增加车辆》，1927 年 11 月～1929 年 4 月，上海市公用局档案，档号：Q5-2-837。
⑧ 《上海市公用局整顿并督饬推广华商电车》，1931 年 1～5 月，上海市公用局档案，档号：Q5-2-838。

之障碍藉以免除，在老西门欲赴外滩或董家渡等处搭乘各埠小轮之乘客，既可直达，藉免掉车周折。即在薛家浜以北之乘客，欲往沪宁车站或公共租界而搭五、六路电车者，亦得在老西门衔接掉车，尤多便利。况一路电车小东门至董家渡一段乘客最多，今有二路车之调剂，不致如往日之拥挤矣。虽试行以来营业收入未见增加，在一般乘客莫不称便。"① 至 1933 年 8 月，二路电车改驶圆路，"路线放长必须增加车辆，俾维交通，而公司原有车辆已不敷支配，亟应添置新车以资应用"。②

至 1933 年 12 月，华电公司自夏季延长路线后，因原有车辆不敷分配，故向德国西门子洋行订购马达车 12 辆，并拟自制拖车 12 辆。"公司已打就图式呈公用局审核，一待核准即开始打造，将分配各路应用。"③ 翌年 11 月，经公用局派员查核，该公司共添置电车 12 辆、拖车 6 辆。④ 是月，再添造新式轻汽车行驶三路圆路，"兹悉该公司以路线加多，所有车辆深感不敷应用"，特仿照法租界新式轻车添造 4 辆，业经造竣走三路圆路正式驶行，"该车之构造座位既宽大而行驶亦稳快"。⑤ 至此，华电公司"比年以来，拆造旧式车，添造新拖车，不惜巨款"。⑥

2. 拓展路线

英电公司 1912 年共有电车 107 辆，年载客量 40734233 人次；1927 年车辆增至 190 辆，载客 119558769 人次。"现在有轨电车乘客拥挤，电车每英里载客比英美任何城市高出一倍以上，仅英国的格拉斯哥例外，那里有轨电车每英里载客约为上海的三分之二。租界当局只准有轨电车行驶 17 1/2 英里的路程，现已满载乘客。现在首要之事是工部局和电车公司应迅速达成协议，大大扩展公共交通路线。"⑦ 由此，该公司

① 《上海市公用局关于二路华商电车展长路线改驶圆路》，1931 年 12 月～1933 年 9 月，上海市公用局档案，档号：Q5 - 2 - 839。
② 《上海市公用局关于华商电车公司添置电车》，1933 年 8 月～1934 年 11 月，上海市公用局档案，档号：Q5 - 2 - 832。
③ 《华商电车扩充路线敷改双轨 增购马达车自制拖车》，《申报》1933 年 12 月 3 日，第 15 版。
④ 《上海市公用局关于华商电车公司添置电车》，1933 年 8 月～1934 年 11 月，上海市公用局档案，档号：Q5 - 2 - 832。
⑤ 《华商电车公司添造新式轻气车》，《申报》1934 年 11 月 23 日，第 10 版。
⑥ 《上海市公用局关于华商电车加价及改筑轨道底角工程》，1931 年 6 月～1933 年 3 月，上海市公用局档案，档号：Q5 - 2 - 860。
⑦ 徐雪筠：《上海近代社会经济发展概况（1882～1931）》，第 216～217 页。

于 1920 年 3 月、1921 年 1 月两次向工部局提出三年内扩张电车路计划，续请延长各路线：（1）爱多亚路与苏州路间的江西路驶行无轨电车折至河南路，经工部局许可将该路东展沿苏州路俾议办的北四川路与中区商市间，电车可经过改建的北四川路桥面相来往。（2）工部局主张展长静安寺路线，沿愚园路而达极司非而花园，以利便居住。公司目下可不必沿福煦路展至地丰路，再由该处北达愚园路、西达极司非而路，如日后有展长必要时，得再申请极司非而花园，则仍由静安寺路取道愚园路达之。（3）工部局主张将白克路展长线以卡德路为终点，电车公司因照此办法则未能深入西区不值为之，另议以卡德路与北京路间的爱文义路代之，以此路可较白克路利便，工部局拟将爱文义路北京路放宽至 70 英尺，并拟在西藏路与爱文义路交点处将爱文义路拔直。（4）东西华德路车辆拥挤宜设法疏松，公司主张华德路的无轨电车应不由西华德路而改由爱而考克路、昆明路、新记浜路与汉璧礼路衔接，工部局主张自汇山公园西沿华德路由保定路达塘山路西折达东汉璧礼路，避免经过监狱。（5）公司为分新闸路之车辆拥挤计，议将北苏州路展至该路尽端新闸桥将该段划入，工部局许展至距桥若干远之地点。[①] 至 1936 年 11 月 1 日，英电再新辟二十一路无轨电车，行驶戈登路、麦根路交叉处及平凉路、兰路交叉处之间，经过麦根路、卡德路爱文义路、北京路、四川路、北四川路、天潼路、汉璧礼路、塘山路、华德路、大连湾路平凉路等处。[②] 面对人口压力，租界当局亦认为"电车应与公共汽车合作，延长现有路线并改良设备，先当与毗邻市政当局洽商"。[③]

华电公司亦扩充电车路线，计划 1926 年 2 月从斜土路起，建筑轨道行驶电车，经漕溪路至沪闵长途汽车路第一桥止，"该处适当漕河泾镇东市南近新龙华车站东接龙华镇，每日黄包车往来徐汇等处，已有百余辆之多，将来轨道筑成，电车生意定必发达"。[④] 嗣因"中华路肇嘉璐口电车停站，搭客非常拥挤，该处北来电车，除华商三路园路外，尚有法商三、五、六路抵老西门时，俱停于该处站台，除法商六路外，均

① 《租界电车之大计划》，《申报》1922 年 3 月 9 日，第 14 版。
② 《两租界无轨电车展开》，《申报》1936 年 10 月 31 日，第 16 版。
③ 《公众运输问题》，《申报》1934 年 8 月 9 日，第 13 版。
④ 《华商电车扩充路线计划》，《申报》1926 年 2 月 21 日，第 14 版。

附带拖车。法商三、五路均以老西门为终站，乘客上下费时最多，且各路电车均在此处签票，故停留时间更长。如各路电车接踵而至，则后者必待前者开出站台后，再开至站台然后上下乘客，以上拥塞情形，非特乘客感受损失，且行车之时间亦不易支配均匀"，由此 1931 年 10 月市公用局酌改和平路整理电车轨道计划，特饬华电公司照办：在老西门中华路及方斜路两处，添筑停车岔道两段，并在方斜路添筑站台一处。如是，"法商五路停车不致妨碍其他各路行车，其他各路停车不致妨碍法商五路行车。再者，老西门系热闹区域，各路电车不宜在此掉头，查华商四路电车掉头地点殊不相宜，将来一、二、四路电车合并圆路计划实行时，可在方浜路、肇周路及和平路添铺轨道绕圈而行，可免掉头。且在方浜路西口，可与法商十七、十八两路无轨电车衔接，交通更形便利"。①

简言之，至 1927 年末上海市区共辟有电车线路 22 条，拥有有轨电车、无轨电车 354 辆（其中拖车 124 辆）。② 正如时人洞见，彼时电车已成为人们出行上下班的重要选择，即"盖以粗足自给之人，节衣缩食，视一钱如性命，而乃甘心舍此二三枚之铜币，无所顾惜，或且以工作往返，晨夕乘坐"。③ 从而，城市人口对电车业的殷殷需求得以展现。有见及此，伴随战前上海城市人口的增长，人们对电车业产生持续需求，从而为该业提供了良性的市场运行环境，并使之日增月长，达于极盛。④

第二节　电车交通与人口分布

不难发现，"交通者，乃人类利用地理状况之一种活动，人类为活动之主人，地理为活动之基础，至于交通事业则活动之现象也。故地理之状况及人类活动之程度，与交通有密切之关系"。⑤ 辛亥革命后，军阀战争造成上

---

① 《上海市公用局开辟和平路整理电车轨道》，1931 年 2～12 月，上海市公用局档案，档号：Q5－2－842。
② 上海市公用事业管理局编《上海公用事业（1840～1986）》，第 344 页。
③ 徐珂编撰《清稗类钞》第 13 册，中华书局，1986，第 6109 页。
④ 李沛霖：《公共交通与城市人口析论——以抗战前上海电车业为基点的考察》，《民国档案》2018 年第 2 期。
⑤ 盛叙功：《交通地理》，上海商务印书馆，1931，第 1 页。

海租界内人口激增，工商业及市政建设日益繁荣，推动城市公共交通的发展，市内有轨电车的线网布局逐步形成，南市地区拆除城墙，建中华路、民国路，1913 年 8 月华商电车开始运行，1914 年 11 月英商无轨电车线路通车。至 1927 年末，上海拥有有轨、无轨电车 354 辆，日均运客达 46.6 万人次。1912～1927 年，上海市区基本上形成一个较为完整的电车线网（包括公共租界、法租界和华界），电车与上海城市人口空间、人口密度的线性关联随之展现。

一　延展人口空间

空间上的聚集性总是城市的一种最本质的特征。因为城市意味着人类经济活动、社会财富、人类智力、社会生活在一定空间上的聚集，其是同乡村相对而言的。对此，"城市本身表明了人口、生产工具、资本、享乐和需求的集中；而在乡村里所看到的却是完全相反的情况：孤立和分散"。[1] 如美国学者 C. H. 霍伊特所强调的"扇形理论"，认为都市是由市中心沿着交通路线发展，呈放射状的扇形模式。[2] 城市空间是十分拥挤的，在这种拥挤的空间中的有效交通方式应该是公共交通。[3] 由此，城市公共交通线网规划目的是：（1）为城市居民提供安全、高效、经济、方便和舒适的服务；（2）提高公共交通运营效率，促进公共交通的发展；（3）建设良好的城市交通环境，推动土地开发和城市发展。[4] 目前学界研究成果表明，交通工具发达程度与城市规模有直接关联。如从城市边缘到城市中心的旅行时间，就是居民单程出行可能承受的最大旅行时间，城市的半径往往等于居民在一小时内所能到达的距离。[5] 而至全面抗战前，上海地区面积为 527.50 平方公里，其中华界为 494.68 平方公里，公共租界为 22.60 平方公里，法租界为 10.22 平方公里（见图 5－2、表 5－8）。

---

[1] 《马克思恩格斯全集》第 3 卷，人民出版社，1960，第 57 页。
[2] 转引自潘允康主编《城市社会学新论：城市人与区位的结合与互动》，天津社会科学院出版社，2003，第 71 页。
[3] 刘凤良主编《经济学》，第 187 页。
[4] 周里捷、姚振平：《大型活动地面公共交通运营组织与调度系统》，第 33～34 页。
[5] 丁贤勇：《新式交通与社会变迁：以民国浙江为中心》，中国社会科学出版社，2007，熊月之"序言"，第 2 页。

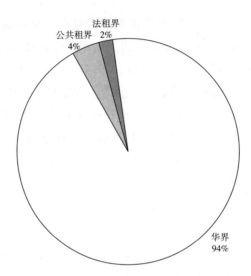

图 5 - 2　全面抗战前上海三界面积百分比

表 5 - 8　上海三界面积分布统计（1843~1937）

年份	华界		公共租界		法租界		全上海地区
	亩数	平方公里	亩数	平方公里	亩数	平方公里	平方公里
1843		557.29	832	0.56			557.85
1848		555.86	2820	1.99			557.85
1849		555.20	2820	1.99	986	0.66	557.85
1861		555.10	2820	1.99	1124	0.76	557.85
1863		554.66	3650	2.43	1124	0.76	557.85
1893		549.42	11506	7.67	1124	0.76	557.85
1899		534.49	33503	22.60	1124	0.76	557.85
1900		533.80	33503	22.60	2149	1.45	557.85
1914		525.03	33503	22.60	15150	10.22	557.85
1927~1937		494.68	33503	22.60	15150	10.22	527.50

注：1927~1937年上海辖区名义上扩大，但因一部分地区未管辖，实际上辖区比整个上海县的辖区反而减少。

资料来源：邹依仁《旧上海人口变迁的研究》，第92页。

譬如截至1915年10月16日，公共租界内华人有620401人，法租界内华人有146595人。"按公共租界共分中东西北四区，所寓华人，以北区为最多"，计151562人，次为中区，计141423人，又次为东区，计138956人，末为西区，计107274人，尚有81186人分布于洋行厂所、村庄茅屋、轮船小艇之间。① 至 1935 年，公共租界的中区为 132947 人，北区为 206578 人，东区为 456632 人，西区为 353286 人（见表 5 - 9）。可见，经过 20 年时间，中区和北区的人数变化并不明显，但东区人口增长 2 倍多，而西区由原来的末位变为排名第二。而这一人口空间延展，与新式交通的发轫和利便息息相关。即地理空间要转化为生活空间，首先需要便利的交通条件。如"上海市中之交通工具，属于公众普遍性者，除人力车及小车外，尚有电车及公共汽车两项。电车创设已久，路线如网，搭客称便。故在上海车辆交通中，实占一重要地位"。②

具如公共租界通行无轨电车初，"故置有汽车马车等者，辄以北京路添驶无轨电车为不便于己，但工部局于此不能有所厚薄，当统筹全局以图租界之发展，求运输之迅速与便宜谋各区域之交通相接，并减少行人之拥挤"。③ 1922 年，"公共租界交通日益发达，乃不得不将无轨电车加以扩充"，计扩充线路 10 条：北京路（自河南路至四川路二段）、福州路（西藏路至江西路）、四川路（北京路至北苏州路）、江西路（爱多亚路至北京路）、西藏路（北京路至苏州路）、西藏路（爱多亚路至福州路）、麦根路（新闸路至戈登路）、吴淞路汉璧礼路（自北苏州路至岳州路）、塘山路（汉璧礼路至麦海路）、西藏路至卡德路。最后三路于 1923 年初夏竣工，福州路、江西路、四川路三段于 1923 年春始通车。"此项工程浩大，工部局工程处除在各该处修换阴沟铺平路面外，并拟将石子路悉改为水门汀路，以便交通。此亦上海通上之好消息也。"④ 随着电车路线的增加，城市人口空间随之延展。

进一步言，随着路线布局和人口空间的拓展，电车公司的载客量日增月长。如 1922 年 9 月，英电公司搭客为 10662593 人次，该年 9 个月内共搭客 92320037 人次，1921 年同期搭客 88576688 人次。⑤ 是年，该公司"营业状况闻每年俱有进步，年利约二分左右"，每日每英里的乘客数约 19500 人次。又据 1924 年 5 月其伦敦年会报告载，"今后三年间预计敷设新路线十五英里，此后公共租界殆为电车路线所布满"。⑥ 至 1926 年 1 月，公司新添两路无轨电车。

① 《上海公共租界与法租界内之中国人数》，《东方杂志》第 13 卷第 3 号，1916 年 3 月 10 日，第 2 页。
② 虞：《三十年来上海车辆消长录（续）》，《申报》1932 年 4 月 13 日，第 15 版。
③ 《添驶无轨电车之覆文》，《申报》1919 年 1 月 16 日，第 10 版。
④ 《租界电车之大扩充》，《申报》1922 年 11 月 30 日，第 13 版。
⑤ 《公共租界电车收入之统计》，《申报》1922 年 10 月 3 日，第 15 版。
⑥ 沙公超：《中国各埠电车交通概况》，《东方杂志》第 23 卷第 14 号，1926 年 7 月 25 日，第 51 ~ 52 页。

表5-9 1870~1935年公共租界人口分布统计

单位：人

年份	外侨人口分布							华籍居民人口分布			总计
	中区	北区	东区	西区	界外筑路区域	浦东	鸦片烟船上	为洋行及外侨工作	居住在界内村庄	船户	
1870	46818	13538			52	45	52	4908	4154	7146	76713
1876	62287	18700				31	24	5687	3057	7549	97335
1880	69624	26325			164	27	32	5218	2541	6078	110009
1885	80087	32505			330	28	29	5864	4308	6187	129338
1890	100106	46408			389	38	34	7113	11520	6342	171950
1895	117482	106011			441	56		6991	8429	6269	245679
1900	116592	90308	61775	37603	80	124		10384	23853	11331	352050
1905	121742	136417	75508	67386	505	336		12458	37503	12358	464213
1910	124353	139040	90390	71581	1260	225		25646	36442	12604	501541
1915	143072	159994	141887	109971	2532	278		63150	51772	11264	683920
1920	150973	189147	205469	156269	3661	264		46525	20226	10612	783146
1925	122776	166442	265849	189571	7097	298		63730	10381	14082	840226
1930	132255	174117	353602	272865	9506			60523			1002868
1935	132947	206578	456632	353286	10332						1159775

资料来源：邹依仁《旧上海人口变迁的研究》，第93页；《上海租界志》，第121页。

三洋泾桥至海宁路间新设的无轨电车架线工程业已竣工，于 5 日营业；自卡德路至叉袋角间的无轨电车，亦于 10 日开车。① 翌年，公司将十六路无轨电车的电线由戈登路延长至曹家渡及小沙渡路后，"所有该路电杆电线等已装置就绪"，定于 1 月 1 日起由民国路直达曹家渡及小沙渡路。② 至 1935 年，英商电车的行车干线已基本布满公共租界各个区域（见表 5 - 10）。另"为促进沪东、沪西间交通便利起见"，1936 年该公司再新辟无轨路线一条，地址自小沙渡起至兰路止，经过宜昌路、戈登路、麦根路、爱文义路、北京路、四川路，自公平路转至兰路，"业已在公平路一带树立电杆，敷设横线"，约 8 月开始装置直线，10 月通车。③

表 5 - 10　英商电车路线中之干线（1935）

序号	路线详情
一	杨树浦路终点—百老汇路—西华德路—白渡桥—黄浦滩—洋泾浜
二	北四川路终点—北苏州路—黄浦滩—南京路—卡德路—静安寺路
三	洋泾浜—广东路—浙江路—沪宁车站前—靶子路—吴淞路—西华德路—白渡桥—黄浦滩
四	卡德路—新闸路—与第三线浙江路连接
五	无轨道线—福建路—北京路东部，沿河南路自北部达苏州河岸

资料来源：《交通史·电政编》第 3 集，第 73 页。

与此同时，电车的互驶亦促进公共租界与法租界的两租界人口空间延展。如 1908 年 3 月，上海第一条有轨电车客运线路开辟，两个月后法租界开办电车。公共租界和法租界当年就开办有轨电车 11 条线路，覆盖面西起徐家汇，东至杨树浦，横跨两个租界和越界筑路区域。④ 而因最初公共租界与法租界的电车道互不相通，跨区乘客必须换车并另购车票，甚为不便。为此英电公司开办后不久，即向法电公司提出互通电车的建议。1912 年 8 月两公司开始互相通车，最初通车不通票，在行驶人对方的路线时，乘客须重新购票。1913 年 8 月 5 日，两公司签订合同，对互通路线、行车时刻、售

① 《公共租界新添两路无轨电车》，《申报》1926 年 1 月 6 日，第 13 版。
② 《无轨电车将直达曹家渡》，《申报》1926 年 12 月 24 日，第 15 版。
③ 《英商电车公司辟新路线自小沙渡起至兰路止》，《申报》1936 年 8 月 13 日，第 13 版。
④ 《上海公路运输史》第 1 册《近代部分》，第 36~37 页。

票、结算等做出规定，从此跨区乘客无须两次购票。① 是年，公共租界英商电车"与法租界接轨通车，尤足为扩充营业之善策。又闻法公司已于华界之电车公司订通车之约。果而则三公司将来可以互相提携，联络进行。自沪杭甬车站直达公共租界之终点，胥得通行无阻，惟上海交通史上开未有之盛，是岂仅公司之利，抑亦沪人莫大之幸也"。② 翌年，公共租界、法租界及华界的南市，"今已一律通行电车。其路线之延长，统以单路核计，实已有四十余英里。其所用之电机及车辆，均完全为近时最流行最新式者"。③

继而，作为两租界交界的爱多亚路，"曾经两租界议定苟未经预先商妥任何一方，不得开驶电车，按洋泾浜填平后迄今六载，察该路情形颇可筹办无轨电车"，工部局为便利大众起见，致函法公董局请赞助此议，由两租界电车公司合办无轨电车，"从黄浦滩直至长浜路或其他认为适当之马路"。无轨电车路既经核准，则电车公司需缴造路费每英里银 25000 两，俾重行筑路，以合电车行驶。④ 1927 年 8 月，公共租界与法租界的十七路、十八路无轨电车，"前因铁网阻隔不能互驶已近四月。其十八路无轨电车日前已交互开驶"，25 日起公共租界的十七路电车亦由岳州路经过大世界而至斜桥。⑤ 斜贯两租界南北的十七路无轨电车，原系自公共租界昆明路至法租界斜桥，1936 年将扩展路线至金神父路底打浦桥止。通车后，该路车将在菜市路折入康悌路经薛华立路至金神父路打浦桥，但对斜桥交通并无影响，因有十八路车以该处为终点。"该段扩展路线因不甚长，对中区与法租界西南区之距离，将因此缩短不少。"⑥ 从而，法电公司自是年 11 月 1 日将十七路无轨电车，实行由菜市路、康悌路口经康悌路、薛华立路、金神父路至打浦桥，所有新价目表张贴于车内。⑦ 法租界有轨电车如四路、五路、八路与公共租界衔接，共同驶行；无轨电车的十七路、十八路亦然。⑧ 至全面抗战前夕，英电公司为便利公共租界与法租界间交通起见，再创设一新路线，以劳勃生路、小沙渡路交界处为起点，

① 上海市档案馆编《上海租界志》，第 421 页。
② 甘作霖：《上海三电车公司之组织（续一号）》，《东方杂志》第 12 卷第 4 号，1915 年 1 月 15 日，第 9 页。
③ 甘作霖：《上海三电车公司之组织》，《东方杂志》第 12 卷第 1 号，1915 年 1 月 15 日，第 8 页。
④ 《工部局对推广电车路之准驳》，《申报》1920 年 3 月 30 日，第 10 版。
⑤ 《两租界无轨电车已恢复互驶》，《申报》1927 年 8 月 26 日，第 14 版。
⑥ 《十七路无轨电车将扩展新路线下月中旬即可通车》，《申报》1936 年 9 月 22 日，第 12 版。
⑦ 《两租界无轨电车展开》，《申报》1936 年 10 月 31 日，第 16 版。
⑧ 柳培潜：《大上海指南》，第 21 页。

沿小沙渡路、新闸路、西摩路至福煦路，而与将由法电公司新辟的无轨电车路线相连接。① 简言之，"法界电车与公共租界接轨后，成效殊佳"。②

华界人口空间的延展。1911 年，华界当局打算筹建通到江南制造局的有轨电车路线。"这些新的有轨电车路线横贯全市，将为城镇发展提供极大的帮助，电车路线最后也将可能通往闸北地区。"1913 年，南市区内已有电车行驶，第一条电车路线从法租界东捕房到江南制造局，后来又环城延伸至中华路和民国路，路线大约长达 10 英里。③ 1921 年，华电公司拟将电车推广至闸北一带，派工程员按址丈勘后，"公司前已与某洋行订定合同定购车机及车底轮轴等类，现闻车底六辆下月左右先行运到，一俟到沪即可从事装配车面，积极筹备"。④ 其拟在闸北组织电车分公司，"在彼设置轨道预备行驶电车，已勘定路线绘图打样积极进行，并在外洋订购钢轨电杆车底车辆等一切材料，现已将头批钢轨数百吨运沪设法运往闸北，此项工程即将开始"。⑤ 嗣后，该公司因上海新西区市政发展，居户日多，且有交涉公署、道尹公署设立，"官商往返交通，颇不便利"。故公司董事会议决，将电车推广由老西门直达新西区，并向外洋订购八轮大车底车厢 12 辆，"日前运沪设法装配先行招商投标承办工程，并铺设钢轨将路线由斜桥方面衔接至瑾记桥为止，现正亟谋规划，积极进行"。⑥

至 1927 年 11 月，《上海特别市市政府公用局行政大纲暨实施办法》规定："市政府现正编订大上海计划，对于南市电厂督促平收老西门小东门电车应速接轨，一面在南市开一路线接通新西区，行驶电车或公共汽车。"⑦ 1933 年 8 月，市公用局拟订水陆交通两大公用事业计划，"关系将来本市各区繁荣，极为重大"：南市电车设法通至吴淞，其计划即就南市现有电车，经沪西中山路至闸北直通江湾（市中心区）而达吴淞。"此项计划原为建设市中心区计划之一，故装置电力、敷设电轨以及某段驶快车、某段驶慢车等，皆已有相当预算规定。"⑧

① 《无轨电车新线》，《申报》1937 年 6 月 3 日，第 15 版。
② 甘作霖：《上海三电车公司之组织（续一号）》，《东方杂志》第 12 卷第 4 号，1915 年 1 月 15 日，第 12 页。
③ 徐雪筠：《上海近代社会经济发展概况（1882～1931）——海关十年报告译编》，第 163、216 页。
④ 《闸北兴办电车之筹备》，《申报》1921 年 3 月 27 日，第 11 版。
⑤ 《闸北电车材料已抵沪》，《申报》1921 年 4 月 28 日，第 11 版。
⑥ 《华商电车推广至新西区讯》，《申报》1924 年 8 月 8 日，第 15 版。
⑦ 《上海市公用局拟订 1927 年度施政大纲》，1927 年 8 月～1927 年 11 月，上海市公用局档案，档号：Q5-3-908。
⑧ 《本市两大交通计划》，《申报》1933 年 8 月 4 日，第 14 版。

　　由此，华电公司于 1931 年 10 月再扩充董家渡电车路线。"公司因整顿营业、扩充电车路线、便利交通起见，除原有一、二、三、四路电车照常开驶路线外，近将董家渡至西门及小东门一段路线建筑竣事。将西门开行至小东门间的二路电车，推广开行。"原有西门至小东门二路电车，往返共 4 部，现加车 3 部，共为 7 部。"故将小东门转湾道轨道新路线，已接受通车。该项路线扩充有三点原因：（1）董家渡系轮渡码头、浦东川沙及周浦等处旅客或乘沪闵南柘长途汽车之衔交通，或至租界搭乘电车缚至京沪路火车亦甚便利，该处为行旅集中要道，故不得不推广路线。（2）公司对于中华路至东门口路轨不必掉头，致免阻碍。（3）圆路之电车经奉公用局指导，补行新路、推广营业、便利交道。"① 1933 年 9 月，该公司电车新路线通车，同时开行二路圆路——和平路至南阳桥新电车路线，于 20 日晨起正式通车。同时将由老西门至薛家浜的二路改为二路圆路，分红牌、黑牌两种。悬红牌者，由南阳桥、小西门、地方厅、沪军营、薛家浜、小东门、小南门返南阳桥。悬黑牌者，由南阳桥、小西门、小南门、小东门、薛家浜、沪军营、地方厅返南阳桥。公司除在各车公布详细办法外，并在各大站悬牌公告，以便乘客。至于由老西门至高昌庙的四路，20 日起已行驶新路线，可免在老西门调头之烦。"凡新路线通车的二路圆路及四路，均由老西门驶至方浜桥转入肇周路，再折湾至和平路至老西门，至于新路线之轨道均加用水门汀，故甚为坚固。"②

　　再因"本市人口日益繁密，华租界交通实有联络之必要。结果以本市南北交通颇为重要，惟沿黄浦江一带，交通器具已甚拥挤，拟自沪南经西藏路以达沪北"，1934 年 10 月，公共租界工部局、法租界公董局和上海市政府、工务局、公用局一并召开华界与租界交通联络问题会议，商定事项：（1）关于南北交通积极办法，所最切盼的路线为自沪南江边码头起，经新肇周路、肇周路、敏体尼荫路、西藏路、北西藏路至北火车站，折而向东沿淞沪铁路行驶高架电车至江湾后，改为平地行驶直至吴淞。即自南北两火车站间行驶高架电车，同时将新民路界路等加以整理。（2）除上述高架电车计划外，"应由三市政机关会商东南西北全部交通线如何互相联络沟通，以期爽达，并与获有专利权之三区交通营业机关商定现有的电车及公共汽车互

---

① 《华商电气公司扩充董家渡电车路线》，《申报》1931 年 10 月 17 日，第 15 版。
② 《华商电车新路线昨日正式通车》，《申报》1933 年 9 月 21 日，第 11 版。

通办法，界本市电车及公共汽车可以经过特区，直达沪北"。①

简言之，公共交通能够成为城市和地区强有力的塑造者。② 1927 年底，上海有轨电车、无轨电车线路为 32 条（包括英法联运 7 条、法华联运 1 条）。其中英商有轨电车 11 条，无轨电车 7 条；法商有轨电车 7 条，无轨电车 3 条；华商有轨电车 4 条。③ 有轨、无轨电车线网所及东面到外滩、杨树浦，南端到高昌庙，西首到静安寺、徐家汇，北段到北站、虹口公园等各个地区，为上海城市公共交通布局奠定了坚实的基础，为居民乘车出行提供了方便。伴随电车业持续发展，上海此前分散各区域成为一个紧密联系的整体，电车业对城市空间结构演进影响至巨。随着城市面积扩张和服务人口增加，作为新式公共交通的代表——电车已成为城市化进程的必然需求，与近代上海城市人口空间的延展交相演替。

二　平衡人口密度

一般而论，城市人口数量、人口密度分布、城市用地形态会对公共交通产生直接或间接的效应。人口指标对城市发展具有关键的标识作用。公共交通在区域内影响城市土地开发的分配，而不是影响土地的数量。即城市的密度、汽车与道路的供应和公共交通的出行比例内在联系十分密切。④ 由此，现有的公交线路一般是根据乘客的需要开通的，与城市用地布局长期作用，已经趋于稳定，有一定的固定客流，而且对城市居民的居住地、工作地的选择产生深远的影响。⑤ 其如自 19 世纪 90 年代中期以后，西方国家取得在华设厂权，外国资本加速在沪设厂的步伐，上海租界的城市格局发生新变化。原先公共租界北部和西部比较偏僻的地带相继变成工业区，大批农村人口涌进，租界人口密度迅速加大。公共租界被划分为东、西、北、中四区。东区是以提篮桥和杨树浦为主的原美租界，面积 16193 亩。西区是 1899 年公共租界扩张后所包括的沪西一带地区，面积 11450 亩。北区是以北四川路为中心邻近北火车站的虹口地区，面积 3030 亩。中区则是以南京路为中心的原英租界，面

---

① 《上海市公用局与租界市政机关讨论全市交通联络问题》，1934 年 9 ~ 11 月，上海市公用局档案，档号：Q5 - 2 - 1151。
② 〔美〕罗伯特·瑟夫洛：《公交都市》，第 59 页。
③ 上海市公用事业管理局编《上海公用事业（1840 - 1986）》，第 344 ~ 348 页。
④ 〔美〕罗伯特·瑟夫洛：《公交都市》，第 70、52 页。
⑤ 王静霞、张国华等：《城市智能公共交通管理系统》，第 114 页。

积 2820 亩。英租界开辟及公共租界建立初期，租界内大部分人口集中居住在中区，随着租界的逐步发展，东区、北区人口大量增加，至 1895 年三个区人口数几乎相等。[1] 1900 年，公共租界 67.5% 的人口集中在中区、北区，而东区、西区人口仅占 32.5%。但 1925 年在界内总人口增长 1 倍多的前提下，中区、北区人口比例降为 38.9%，而东区、西区人口比例上升为 61.1%。[2]

　　尽管租界屡经扩张，但面积增长始终赶不上人口增长，于是出现人口日益密集的现象。在公共租界内，苏州河与虹口接壤的北区人口最为密集，其次是中区。1920 年，世界人口密度最大的城市——纽约的人口密度为 696人/英亩，而公共租界北区的人口密度与纽约相差不大。时人曾有预测，按这种增速，到 1950 年人口将达到 176 万人，人口密度为每英亩 310 人。[3] 1900～1935 年公共租界各区人口密度统计见表 5-11。此后东区、西区人口增加速度超过中区。中区人口 1900 年为 11 万余人，1935 年为 13 万余人。同期，东区增加 40 万人，西区增加 30 多万人。至 1935 年，公共租界内 70% 的人口集中于东、西两区。1930 年公共租界人口密度达每平方英里 113920 人，超过当时世界上人口密度最高的城市伦敦。[4] 由此，随着移民涌入，公共租界人口的区域分布有由高度集中于租界中心区域向周边地区扩散的趋势。

表 5-11　1900～1935 年公共租界各区人口密度统计

单位：人/平方公里

年份	中区	北区	东区	西区
1900	61364	44503	5651.9	4864.6
1905	64075	66545	6908.3	8717.5
1910	65449	67825	8269.9	9260.1
1915	75301	78046	12981.4	14226.5
1920	79461	92267	18798.6	20215.9
1925	64619	81191	24322.9	24524.1
1930	69608	84935	32351.5	35299.5
1935	64109	100770	41777.8	45703.2

注：人口密度指每平方公里人口数。
资料来源：邹依仁《旧上海人口变迁的研究》，第 97 页。

---

[1]　上海市档案馆编《上海租界志》，第 121 页。

[2]　丁日初主编《上海近代经济史（1895～1927）》第 2 卷，上海人民出版社，1997，第 434 页。

[3]　《上海公共租界工部局总办处关于交通运输委员会第 1 至 14 次会议记录（卷 1）》，1924～1925 年，上海公共租界工部局档案，档号：U1-5-27。

[4]　上海市档案馆编《上海租界志》，第 121、5 页。

伴随上海工商金融贸易的繁华和交通的繁忙，上海道路变得狭小了，公共交通问题日益突出，即便道路高度密集的公共租界中区和西区也是如此。① 而人口总数和密度的大幅度增长，要求更多的交通工具来解决客运问题，这也是新式交通增长的因素之一。如 "上海租界所用之电车，形式极为合宜，凡稠密区域及外区道路有放宽及伸直之机，即当实行之。因道路之利便，苟不扩张，则足妨碍上海前途之迅速发展也"。② 其时，英电公司在线路开辟前即已提出一份线网布局的设想。如 1906 年，公共租界苏州河北端沿黄浦江是码头和工厂、提篮桥，商市繁荣，人口集中，是东区居民点；西区静安寺是沪上一古老市集，居民众多，英籍犹太富商哈同在附近购置了大片土地，准备建房出租；邻近的爱文义路及小沙渡路（今西康路）上的红砖楼房为西区外侨集居点；南京路（今南京东路）是公共租界最繁华的商业大街，与静安寺路连接，五光十色，是 "十里洋场" 的中心；外滩是各国洋行的总汇，英、法等国领事馆都设立于此；虹口，百老汇路（今大名路）、熙华德路（今长治路）、吴淞路及靶子路（今武进路）一带，是沪东另一外侨居住区；从浙江路桥过苏州河的北端，是沪宁、沪杭铁路线的枢纽站。该公司以公共租界的分布特点，规划了相应的电车线网。③

如果说人口密度的增大为提高人际交往率提供了可能的话，那么社会互动率的增加则将这种可能变为现实。近代上海市民的社会互动量极大，早在清末即已十分频繁。如 1909 年公共租界内的电车每日载客 3 万多人次，且因当时的有轨电车线路不能适应租界内人口不断向周边区域扩散的需要。与有轨电车相比，无轨电车所特有的优点即有利于其线路随时不断向租界边缘区域延伸。工部局也认为："无轨电车扩展，其最令人满意之处在于它能在人口稠密地区和稀少地区之间提供经常而迅速的交通工具，而不是集中发展人口已经稠密的地区。"④ 由此，1919 年 9 月英电公司拟定扩充无轨电车路计划，"俾租界中重要实业区域与收聚货物及分布货物各集中点，得由电车联接并扩张……现有无轨电车路经过至少二十四条马路，达十二或十三英里

① 徐雪筠：《上海近代社会经济发展概况（1882～1931）——海关十年报告译编》，第282页。
② 《租界电车之大计划》，《申报》1922 年 3 月 9 日，第 14 版。
③ 上海市公用事业管理局《上海公用事业（1840～1986）》，第 335～336 页。
④ 上海市档案馆编《工部局董事会会议记录》第 20 册，上海古籍出版社，2001，第 660 页。

长"。① 1924 年 8 月 10 日，该公司再"以公共租界中区南北交通尚不敏捷"，特于江西路辟一新无轨电车十六路，由三洋泾桥江西路口起经江西路至北京路转向西行，依原有河南路至北泥城桥一段路线为止，计行驶车 6 辆，站名为福州路、南京路、北京路、老闸桥、福建路、北泥城桥，票价头等为 3 分、4 分、6 分，三等为 2 分、3 分、4 分。②

进而，近代上海"本埠电车路线大半集中于市，故居民藉电车为往还者，皆卜居于电车附近处，以是市繁而户口愈密。公司计划规定路线十条，纵横租界全区，故此后居处距城市稍远者，既无跋踄之虞言，且以远避尘嚣为幸。欲谋城乡户口过剩之弊法，莫善乎此"。③ 即上述人口的区域分布及其变化趋势是电车企业进行营运线路布局的主要依据。20 世纪初，公共租界的英电公司线路主要分布在人口密度最高的中区和北区，即一路、二路、四路、五路、六路、七路。然随着东区、西区人口密度的逐年迅速增长，至 1933 年该公司开辟的 20 条电车线路中，通往东区、西区的有三路、四路、七路、八路、十二路、十六路、十七路、十八路、十九路、二十路等 10 余条路线之多。

再如法租界建立初期，5 万多人集中居住在英租界和城厢之间的狭小地带。随着界址不断向西扩张，人口数量增加，居民开始分散居住。1936 年，法租界内人口约 48 万人，其中约 1/3 集中在霞飞捕房区，1/3 集中在卢家湾捕房区，另外 1/3 则分散居住在小东门、麦兰、福煦、贝当捕房区（见表 5 - 12）。④ 至 1935 年，法租界人口密度达到每平方公里 48747 人（见表 5 - 13）。1927～1937 年，上海地区总面积为 527.5 平方公里。而 1927 年与 1937 年这两年，上海城市总人口分别为 264.1 万人、381.5 万人，每平方公里分别为 5001 人、7230 人。人口密度如此之高，在当时的世界各大城市中也属罕见。⑤ 而近代以来租界人口分布的区域性变迁，有利于电车线网的布局区域相对合理化，从而有助于界内各区之间的人口总体上趋于平衡。

---

① 《扩充无轨电车之计划》，《申报》1919 年 9 月 8 日，第 10 版。
② 《江西路昨日起行驶无轨电车》，《申报》1924 年 8 月 11 日，第 13 版。
③ 毅：《论本埠通行公共汽车》，《申报》1923 年 6 月 16 日，第 21 版。
④ 上海市档案馆编《上海租界志》，第 121～122 页。
⑤ 邹依仁：《旧上海人口变迁的研究》，第 90～92 页。

表 5 - 12 1936 年上海法租界人口分布统计

单位：人

区别	华人人口	外侨人口	合计
小东门捕房区	7370	65	7435
麦兰捕房区	64153	524	64677
霞飞捕房区	154692	1069	155761
卢家湾捕房区	131688	10012	141700
福煦捕房区	71570	8535	80105
贝当捕房区	24758	3193	27951
总计	454231	23398	477629

资料来源：邹依仁《旧上海人口变迁的研究》，第 94 页。

表 5 - 13 1865～1935 年上海人口密度统计

单位：人/平方公里

年份	全上海地区	华界	公共租界	法租界
1865～1866	1240	980	37758	73585
1914～1915	3600	2236	30362	1457934
1930	5943	3441	44596	42545
1931	—	3712	45364	44620
1932	—	3195	47557	46825
1933	—	2088	44596	42545
1935	7000	4134	51317	48747

资料来源：邹依仁《旧上海人口变迁的研究》，第 97 页；《民国二十二年编上海市统计》，第 1 页；《上海市统计补充材料》，第 3 页。

譬如法租界，与公共租界不同，人口较少，商业店铺集中在公馆马路（今金陵东路）与霞飞路（今淮海中路）东段，西部为住宅区，徐家汇是上海西南集镇，中国居民众多，又是天主教会宗教活动区。早期，有轨电车多以十六铺为中心的东部商业区为起点，呈放射状向西南面的卢家湾、斜桥一带和西面的霞飞路直至徐家汇一带的居民区延伸。法商电车以十六铺为起点，以浙江路为中心，以公馆马路、宝昌路（今淮海中路）为主要干线，向西延伸经善钟路（今常熟路）、福开森路（今武康路）至徐家汇，向南由浙江路经民国路（今小北门）、方斜路、斜桥、徐家汇路至卢家湾。至此，法租界内 10 万居民所需的公共交通得到解决。[1] 具如法电公司，1909 年电

---

[1] 上海市公用事业管理局编《上海公用事业（1840～1986）》，第 338 页。

车乘客为 4474500 人次；1912 年、1913 年车行分别为 990342 英里、1105000 英里，乘客分别为 12299708 人次、14778000 人次。"此考之近两届，而足证其营业之进步者也。其过去四年间，法电每日载客之平均数而一为比较，则所谓进步者乃益显见。"再如 1909～1913 年，其日载客平均分别为 12300 人次、19760 人次、23200 人次、33700 人次、40290 人次。[①] 至1926 年，法租界电车运转已基本覆盖租界内的主要区域（见表 5－14）。

表 5－14　1926 年上海法租界电车运转系统

路线	起点	迄点	途经站点
第二路	十六铺	徐家汇	十六铺—洋泾浜—公馆马路—霞飞路—徐家汇
第四路	十六铺	善钟路	十六铺—洋泾浜—公馆马路—霞飞路—善钟路
第五路	斜桥	沪宁车站	斜桥—西门—东新桥—湖北路—浙江路—沪宁车站
第六路	十六铺	斜桥	十六铺—洋泾浜—公馆马路—东新桥—民国路—方斜路—斜桥
第七路	小东门	西门	小东门—新开河—老北门—东新桥—西门
第十路	十六铺	卢家湾	十六铺—洋泾浜—公馆马路—霞飞路—吕班路—卢家湾

资料来源：沙公超《中国各埠电车交通概况》，《东方杂志》第 23 卷第 14 号，1926 年 7 月 25 日，第 53～54 页。

20 世纪 20 年代后，为适应法租界内居民往来公共租界的需要，此时新开辟的电车线路多通过与英商电车联运等方式，由上述居民密集区伸展到外滩、静安寺、北火车站、提篮桥等公共租界的工商业区域，如有轨电车四路，无轨电车十四路、十六路、十七路等，从而使两个租界的公共交通网基本连为一个整体。时人亦论，"以言上海公共交通就表面观，不可谓不发达。综计公共租界有有轨电车十路、无轨电车七路；法租界有有轨电车七路、无轨电车一路；南市方面有电车四路。此在数年以前，原亦足敷行驶，惟今兹情形，略有出入。以上海地面之辽阔，昔所视为偏僻之境者，顷以住户纷纷迁往，实际已成半热闹区。而上述各项车辆，大都行驶于中心地带，未能收利便均沾之效。尤以法租界之各项路线，局于一隅，几使大部分之居民咸沦于不便利情况中。此外关于公共租界与法租界间之南北道，殊少沟通之行车路线，亦为一显著之缺憾。吾人鉴于公共车辆攸关民生之殷切，为僻

[①]　甘作霖：《上海三电车公司之组织（续一号）》，《东方杂志》第 12 卷第 4 号，1915 年 1 月 15 日，第 10～11 页。

区之住户利益计"，从而向市政当局提出要求增辟路线，多放车辆。①

　　再如华界的线网布局。1911 年辛亥革命后，上海绅商们利用有利的局势加快城市现代化和基础建设：拆除老城城墙，修建连接各华界间的有轨电车线路。20 世纪 20 年代初，华界内道路无论是长度还是质量都远逊于租界，公共交通也严重不足：闸北区根本没有公交车，穿越南市老城的有轨电车无法与租界的电车线路对接。② 由此，"目下各埠已经通行电车之处，其一部或全部皆属于租界或仅限于租界区域以内，即其证也。然有志之士俱认改良交通为必要之图，故急起直追者亦颇不少"，因而，华界 1922 年自商办闸北水电公司成立以来，即有建筑闸北电车之议。③ 随之，1931 年 3 月上海市政府建设讨论委员会为振兴沪南新西区商业，拟请通行电车。"沪西一带以徐家汇镇及龙华较为热闹"，由此拟定电车路线为：自外马路陆家浜路口起，经陆家浜路、斜桥制造局路、康衢路、龙华路、龙华镇，再由中山路转入斜土路、天钥桥路而达徐家汇镇。随之，公用局拟用 6 辆无轨电车通行。④

　　至 1933 年 8 月，因"市中心区之交通问题，关系于市中心区之繁荣"，故上海市政府派公用、工务、公安等三局长会商设置市中心区电车计划，"该项计划必需经长时间之研究。盖其路线既长，经费亦巨，必须求得最经济办法，使能于短期逐步实现"。⑤ 当时市公用局拟之水陆交通上两大公用事业计划，"关系将来本市各区繁荣，极为重大"。其一为南市电车设法通至吴淞，"计划即就南市现有之电车，经沪西中山路至闸北直通江湾（市中心区）而达吴淞。此项计划，原为建设市中心区计划之一，故装置电力，敷设电轨以及某段驶快车，某段驶慢车等等，皆已有相当预算规定矣"。⑥ 1934 年上海华界各局所人口密度统计见表 5 - 15。翌年，华界每平方公里达 4134 人，一些接近市中心的区域普遍超过 1000 人/平方公里。据 1936 年人口地区分布和密度统计，华界面积为 494.51 平方公里，人口为 2127295 人，人口密度为 4302 人/平方公里。如同年华界 30 个警察局、所分辖人口中，有 17 个超过华界平均标准，

---

① 都：《上海之公共交通问题》，《申报》1935 年 7 月 21 日，第 7 版。
② 〔法〕白吉尔：《上海史：走向现代之路》，第 104、154 页。
③ 沙公超：《中国各埠电车交通概况》，《东方杂志》第 23 卷第 14 号，1926 年 7 月 25 日，第 47、60 页。
④ 《上海市公用局关于新西区通行电车》，1931 年 3 月~1932 年 5 月，上海市公用局档案，档号：Q5 - 2 - 834。
⑤ 《徐佩璜谈市中心区电车计划》，《申报》1933 年 8 月 15 日，第 16 版。
⑥ 《本市两大交通计划》，《申报》1933 年 8 月 4 日，第 14 版。

占 56.7%，超过万人者则有 15 个，占 50%。蒙古路、老北门、邑庙等警察所所辖每平方公里人口更分别达到 179836 人、132789 人、144177 人。①

表 5-15　上海市（华界）各局所人口密度统计（1934）

局所别	面积(平方公里)	人口数(人)	人口密度(人/平方公里)	局所别	面积(平方公里)	人口数(人)	人口密度(人/平方公里)
市中心分局	5.85	5307	907.16	漕泾警察所	31.00	33678	1086.39
吴淞警察所	13.28	16986	1288.77	西门分局	10.98	174673	15986.61
蕴藻浜警察所	27.88	29934	1073.67	老北门警察所	0.65	79242	121910.77
江湾警察所	28.95	30429	1051.09	文庙路警察所	0.83	71888	86612.05
新闸分局	16.07	205056	12760.30	十六铺分局	0.76	47042	61897.31
蒙古路警察所	0.35	38742	153888.00	董家渡警察所	1.23	79121	64332.02
恒丰路警察所	1.03	67790	65815.53	邑庙警察所	0.60	84988	141496.67
真茹警察所	35.30	32790	933.99	巡道街警察所	0.76	71500	94078.95
北站分局	8.38	62305	7554.30	浦东分局	5.38	77334	14355.76
北四川路警察所	0.45	40179	89286.67	杨家渡警察所	3.81	36708	2543.40
永兴路警察所	1.20	53369	44474.17	洋泾警察所	21.03	45893	2182.26
临平路警察所	9.18	129023	14054.90	塘桥警察所	14.84	43859	2955.46
引翔港警察所	18.13	37286	2056.59	杨思分驻所	21.85	25943	1187.31
曹家渡分局	16.85	111050	2584.57	高桥分局	45.81	40542	885.00
蒲淞警察所	77.26	51320	660.83	东沟警察所	62.98	53668	852.14
徐家汇警察所	12.45	36327	2917.83	附注	上海市公安局 1934 年 12 月调查统计		

资料来源：《上海市各区人口比较表》，1930～1934 年，上海市公用局电车公司筹备处档案，档号：Q423-1-3-31。

其间，华电公司再开办南阳桥至中山路电车，于 1936 年完成。"公司年来除开辟二路圆路及展长二四路电车至南阳桥外，并计划开辟西区交通及贯通市中心区交通办法。最近首先开辟自南阳桥起，经唐家湾、斜桥、制造局路、朝西由斜土路过徐家汇，再由徐家汇西展至土山湾间之有轨电车"，全线长约 20 华里。"俟土山湾与南阳桥轨道工竣通车后，再行由该处展至沪西中山路，以便与市中心区直达"，建筑费用共 30 万元业已预备，路线亦经划就，定 1935 年动工，分三期进行。"向德购新车计划已得市党局核准，

---

① 邹依仁：《旧上海人口变迁的研究》，第 95～96 页。

各项工程已积极筹备，所有车辆不敷应用将再向德国定造新式机车一打，专充是项新线之用，每辆车价须一万数千元。"① 最终华界当局"在市政建设方面还是取得了一些进步，如道路延展，公交完善，闸北有了公交车，老城的有轨电车也与租界的电车接上了轨"。② 简言之，其时上海公共交通企业由外商资本垄断的局面得以改变，华界电车事业有了新的开拓和进展，城市公共交通的面貌在改观，车型、车种逐步得到充实和更新。

综上以观，"交通工具和城市的密度是互动的"。即人口密度大的地方只适合公共交通方式，只适合多人坐一辆车，尤其对一个规模很大、人口密度很大的城市来说，公共交通毫无疑问将是一种重要的选择。③ "讲到在现代都市中，交通问题实不容存在。为什么一住在西区的市民，每天要到东区去买日用品？为什么在南区工作的人要住在北区？现代都市计划中最要紧的是邻近制度，而不是集中制度，使每一市民只在邻近区域活动，而不需要花多大时间流浪在街上，每一区域里分配着平均的居民，那么交通问题自然也可不再发生了。"④ 由此，纠正城市人口空间分布的不均衡，就意味着优先发展公共交通，使最不方便的地理区域与整个城市生活连为一体。⑤ 战前伴随城市区域扩张和人口增长，上海电车业继续发展，其对人口空间延展和人口密度平衡的影响也随之凸显，进而使城市人口布局的整体性、协调性得以持续显现。

第三节　电车交通与人口流动

人口流动是一个城市充满活力的显著标志。一般而论，"整个城市生活都处于流动的条件之下：迁移、居住流动、空间专门化造成的每日出行"，⑥ 而交通和通信、电车和电话、报纸和广告——总之，这些促使城市人口既频繁流动又高度集中的一切，正是构成城市生态组织的首要因素。⑦ 曾有学者指出，近代以来"上海就一直维持着城市人口多元化的快速流动"。⑧ 因之，

---

① 《华商电气公司发展沪西与市中心区交通》，《申报》1934 年 9 月 24 日，第 10 版。
② 〔法〕白吉尔：《上海史：走向现代之路》，第 160 页。
③ 郑也夫：《城市社会学》，上海交通大学出版社，2009，第 135、141 页。
④ 《上海交通问题》（1947 年 1 月 16 日扶轮社演词），赵曾珏《上海之公用事业》，第 178 页。
⑤ 〔法〕伊夫·格拉夫梅耶尔：《城市社会学》，徐伟民译，天津人民出版社，2005，第 97 页。
⑥ 〔法〕伊夫·格拉夫梅耶尔：《城市社会学》，第 81~82 页。
⑦ 〔美〕R. E. 帕克等：《城市社会学》，宋俊岭等译，华夏出版社，1987，第 2 页。
⑧ 〔法〕白吉尔：《上海史：走向现代之路》，第 58 页。

电车业兴起及运行，不仅改变了上海市民静态的生活方式，使城市人口流动愈为频密，也为社会互动创造了有利条件。①

一 运载职业出行

城市人口主要有几类，其基本人口是指在工业、交通运输、行政、财经、文教等单位工作的人员，它对城市规模起决定性作用。服务人口指在为当地服务的企业、行政机关、文化、商业服务机构工作的人员，它的多寡是随城市规模而变动的。② 而城市的机器大生产使人们的生产活动和日常生活从空间上隔开，劳动场所和生活居住场所处于不同空间，人们要在不同空间里完成各种日常生活活动。③ 人口迁移是往返于住地和劳动场所间的城市人口有规律的早出晚归钟摆式移动。④ 随着城市的规划和发展，就业空间发生转移，人们居住地与就业地之间的距离被拉大，直接反映在通勤交通工具和通勤耗时上。这要求城市公共交通系统必须随着就业空间的变化及时变化，以满足城市产业发展的需要。⑤ 而可以确定的是，真正构成公共交通稳定乘客群的是大规模的职业人口。因为"职业选择的多样化，为人们提供着可供选择的广阔生活空间，这必然会带来人口的频繁流动和生活空间的不断变换"。⑥ 由此，职业人口规律性的出行需求与公共交通生存性客流⑦共契共通。

譬如近代以降，"上海为缙毂中外之巨埠，其殷闻与繁荣，在全国都市中最具优越之势。一般谋事之人，以其出路较广，机缘易得，即相率为尾闾之洩。甚至原有职业者亦且舍其所骛，来图别栖。而新置各类机关，大都不供膳宿，此大批被雇用阶级自不得不携眷挈孥，别谋赁处，无怪上海人口之日趋于激增也"。⑧ 此期人口"所以增进这样的快"，一个重要原因是"上

---

① 李沛霖：《公共交通与城市人口析论——以抗战前上海电车业为基点的考察》，《民国档案》2018 年第 2 期。
② 张钟汝、章友德、陆健、胡申生编著《城市社会学》，第 149 页。
③ 向德平：《城市社会学》，第 225 页。
④ 张钟汝、章友德、陆健、胡申生编著《城市社会学》，第 129 页。
⑤ 闫平、宋瑞：《城市公共交通概论》，第 18 页。
⑥ 向德平：《城市社会学》，第 225 页。
⑦ 公共交通客流构成可分两大类：生存性客流、生活性客流。前者主要由职工上下班和学生上下学乘车构成，其动态特点是运量大、规律性强、缺乏弹性，为基本客流。后者主要由居民的购物娱乐、就医访友等生活需要构成，其特点是时间分散、稳定性较差、富有弹性（《城市公共交通管理概论》，第 172～173 页）。
⑧ 都：《上海之公共交通问题》，《申报》1935 年 7 月 21 日，第 7 版。

海工商业发达，资本家所需要的劳动者也因之而多，内地一般居民就纷纷的
到上海来适应这个需要，其间所得的职业较优的人，不但自己居留上海，很
多把全家老小也都从内地搬了出来"。① 由此，"沪市虽为我国最大商埠，工
商业虽已发达，但工商人实较工商业为多"，"加之各乡农民就食于上海，
日甚一日"。② 可以确定，近代上海城市发展对人口产生的吸附效应，为电
车业的存续提供了丰裕客源。如英商电车公司总办海氏于 1920 年 2 月工部
局会议提出建议："上海为实业之出产及分配中心点，宜有无限之劳工以助
其发展，故廉费之运输实为与此有关甚重要之点。"而"因乘客众，各路
（电）车费以划一为宜，但福州路与北京路如行无轨电车，则南京路各站车
费不妨重订，以分南京路之乘客，惟当先加试行后再决定增加南京路之车
费"。③ 至 1935 年，公共租界（不含界外马路）的职业人口总计达 1149443
人，其中外侨 28583 人，华人 1120860 人。其中工业 207315 人，商业
186305 人，家庭及其他服务业 58726 人，列居前三（见表 5 - 16）。

　　1930 ~ 1936 年上海华界的人口职业构成亦呈现一些特点。1936 年，
职业人口最多的是家庭服务业 480275 人，其次是工业 460906 人，又次
是商业 189932 人，此三项占职业总人口的 50% 上下（见表 5 - 17）。此
情亦与公共租界职业人口结构相类。进一步言，城市就业率的高低直接
决定公共交通的发展程度。由于工作时间的普遍要求，城市职业人口日
常的出行高低峰时段更为明显。特别在出行高峰期，大量人口需要在同
一时间段出行，而且由于城市空间距离的不断扩大，众多人口必须借助
公共交通工具才能按时到达工作场所。如 20 世纪二三十年代，随着工作
时间制度在上海各行业较为普遍地实行，职工们日常上下班，如邮政业
员工，除住在邮局周围的人外，"稍远的固然可以步行，较远的因了时间
的关系，就不得不乘电车及公共汽车，每日由劳苦工人汗血所得输送到
资产阶级囊肿的，虽然好象为数无多，但日积月累，每人付出的总和，
就可得惊人的数字。假如在内地乡村，没有电汽车之类，也得走，但在
交通发达的都市上海，普通人如不坐'稳快价廉'的电车，而宁愿步行，
那是没有的事"。④

---

① 　徐国桢：《上海生活》，第 13 页。
② 　董修甲：《京沪杭汉四大都市之市政》，第 80 页。
③ 　《租界电车之大计划》，《申报》1922 年 3 月 9 日，第 14 版。
④ 　朱邦兴等编《上海产业与上海职工》，第 468 页。

表 5－16 1935 年公共租界户口之职业统计

单位：人

职业别	界类	外侨	华人	总计
农业与园艺	公共租界	10	1150	1160
	界外马路	4		
工业	公共租界	2466	104849	207315
	界外马路	880		
商业	公共租界	2977	183328	186305
	界外马路	871		
银行金融及保险业	公共租界	224	10604	10828
	界外马路	216		
运输与交通业	公共租界	370	13523	13893
	界外马路	80		
专门职业	公共租界	1188	14634	15822
	界外马路	507		
政府及市政公务员	公共租界	1773	7989	9762
	界外马路	263		
海陆军	公共租界	271	410	681
	界外马路	164		
事务员	公共租界	1429	3627	5056
	界外马路	724		
家庭及其他服务	公共租界	1476	57250	58726
	界外马路	377	3706	4424
美术家游艺员及运动员	公共租界	718		
	界外马路	59		
杂项	公共租界	15681	619790	635471
	界外马路	6187		
	公共租界总计	28583	1120860	
	界外马路总计	10332		
	合并总计	38915	1120860	1159775

注：海陆军一项中野营及营舍中之防军不在其内，杂项下列人数大半为家属及儿童。

资料来源：华文处译述《上海公共租界工部局年报》（中文），1935 年，上海公共租界工部局档案，档号：U1－1－961。

表 5 – 17 华界人口职业统计（1930 ~ 1936）

单位：人

职别	1930 年	1931 年	1932 年	1933 年	1934 年	1935 年	1936 年
农	164421	169266	168240	183698	188170	195258	173648
工	323273	356992	325615	397281	417255	448880	460906
商	174809	184381	149222	177174	175176	185912	189932
学	73387	82073	54303	71110	75567	86369	79684
党	1845	243	323	314	271	292	486
政	4700	4751	4473	5156	5838	6316	6352
军	759	619	280	343	368	416	563
交通	21560	23639	18842	21340	21420	23535	30766
新闻记者	83	80	57	60	55	66	68
工程师	219	248	127	170	167	168	211
律师	173	184	131	130	136	148	212
会计师	48	45	29	44	41	40	53
医士	1553	1697	1393	1515	1570	1633	1925
士兵	1451	2715	1448	1867	2025	1967	2850
警察	4629	4976	6780	6846	6514	5945	6317
劳工	93671	108224	110382	139738	148019	149666	157539
家庭服务	339824	377390	318135	368068	389936	413678	480275
学徒	67814	70207	42237	45109	48767	49924	54752
佣工	50856	57489	50249	61328	66441	69840	76502
杂业	59054	70116	62100	69489	70825	71930	74894
无业	308206	308654	256723	285828	296133	320416	347382
总计	1692335	1823989	1571089	1836608	1914694	2032399	2145317

资料来源：《民国二十二年编上海市统计》，"人口"，第 5 页；《上海市统计补充材料》，第 5 页。1934 ~ 1937 年数据，引自邹依仁《旧上海人口变迁的研究》，第 106 页。

并且，彼时"上海是国际港埠，也是国内工业中心，至于上海为工业中心一点，因为我国最大的工业是属于轻工业的纺织工业，而全国纱锭现约五百万枚，其中在上海的约占半数"。[1] 与欧美国家的大城市一样，上海的工人聚居区都被移到城郊接合部：北面的闸北和东面的杨树浦，西面在公共租界边界的极司非而路（今万航渡路）一带及华界的曹家渡，南面分布在南市的周边地区。[2] 就工厂开设的区域而言，大部分集中在公共租界东北部杨树浦沿黄浦江一带和西北部苏州河沿岸。20 世纪 30 年代中期，公共租界内有各类工厂 3421 家（见表 5 – 18），占全上海工厂总数的 2/3。

---

[1] 赵曾珏：《上海之公用事业》，第 87 页。
[2] 〔法〕白吉尔：《上海史：走向现代之路》，第 175 页。

表 5 - 18　1935 年公共租界内工厂分类

工厂分类	工厂数（家）	工人数（人）	工厂分类	工厂数（家）	工人数（人）
木工业	98	2010	化学物品及其类似之制造业	191	4225
家具制造业	23	918	衣服业	226	13765
五金业	167	2602	皮草及橡皮业	36	1039
机器及五金制造业	1108	19051	食物、饮品及烟草业	155	25886
海陆空运输所用舟车、飞机等业	20	1292	纸料、装订、印刷及摄影业	663	17730
砖、瓦、玻璃业	45	1637	科学器械、乐器、金银及宝石业	22	640
自来水、煤气及电气业	5	362	其他制造业	95	4311
纺织业	567	75242	总计	3421	170704

资料来源：华文处译述《上海公共租界工部局年报》，1935 年，上海公共租界工部局档案，档号：U1 - 1 - 961。

　　例如，1894 年上海的产业工人为 36220 人（占当时全国产业工人总数的 47% 左右）。20 世纪初，上海产业工人增至 40000 余人。到 1928 年，仅上海纺织等八大行业的工业企业已拥有产业工人 223681 人。随着民族企业的逐步发展，上海民族资本家人数亦不断增加，后来增加到好几万人。[①] 据统计，1914～1928 年 15 年间，上海共开设工厂 1229 家，及至 30 年代发展更快，仅 1930 年开设工厂即达 837 家，工人总数达 201265 人，其中主要是移民。[②] 再据 1931 年上海全市工厂及作坊数，公共租界的东区 265 家、西区 136 家、中区 156 家；法租界全区 251 家；华界的闸北东区 285 家、闸北西区 289 家、南市一带 188 家、南市及浦东 117 家，合计 1687 家。华界 1928～1930 年各类工业的工人数分别有 223680 人、285700 人、312914 人（见表 5 - 19）；1932 年工厂数 1666 家，工人数 212822 人，资本数 139447714 元（银元）；1933 年工厂数 5418 家，资本数 478293341 元，工人数 299585 人。[③] 其时，上海为中国第一工业城市，产业劳动者数目几占全国总数 1/6。全国产业劳动者总数为 350 万人，而上海则有 60 万人以上。[④] 诚如学者认为，上海职业人口中占最大比重的是

---

① 邹依仁：《旧上海人口变迁的研究》，第 30 页。
② 罗志如：《统计表中之上海》，中研院社会科学研究所，1932 年印行，第 63 页。
③ 上海市地方协会编《民国二十二年编上海市统计》，"工业"，第 1 页；《上海市统计补充材料》，第 52 页。
④ 朱邦兴等编《上海产业与上海职工》，第 1 页。

工人。据统计，20 世纪 30 年代工人占 1/3 强，成为上海职业结构中"最大比例的就业人口"；次为商业人口，占 20% 以上。职业人口中，工、商两类占 50% ~ 60%。[①]

表 5 – 19　上海全市（华界）各业工人数统计（1928 ~ 1930）

单位：人

项目	1928 年	1929 年	1930 年	项目	1928 年	1929 年	1930 年
木材制造类		1886		纺织工业类	170522	208333	226202
家具制造类			205	服用品类	1958		221
冶炼工业类	930	1649		皮革品类	554	1850	
机械及金属制品类	6652	9755	12520	饮食品类	15000	31945	33518
交通用具类	137	6248	956	造纸印刷类	10441	14800	
土石制造类	1243	3043		饰物仪器类	84		
建筑工业类	968		3036	其他工业类	3538		16533
动力工业类	3226		1481				
化学工业类	8368	6101	18242	总计	223680	285700	312914

注：1928 ~ 1930 年劳工中，男性分别为 76248 人、84786 人、44953 人，女性分别为 126795 人、173432 人、148188 人，童工分别为 20637 人、27432 人、16131 人。1934 年劳工中，男性 127232 人，女性 122498 人，童工 5366 人，学徒 27044 人，未分者 17445 人，劳工合计 299585 人。

资料来源：《民国二十二年编上海市统计》，"劳工"，第 1 页；《上海市统计补充材料》，第 60 页。

工业化发展促进了城市的经济繁荣和就业，对人口产生吸附效应，从而为公共交通发展提供了丰富客源，并使公交乘客群体不断扩张，因为"城市中的工人希望增加公共交通"[②]。以前上海"几乎只是一个贸易场所，现在它成为一个大的制造业中心。如果联接生产中心的交通工具变得更为充裕，这种制造业活动是否还能维持下去？""如果要有足够的劳动力，使现有工厂能够继续生产，新厂能够开工，就必须适当解决房租和住房问题。工业区和郊区间的良好、迅速而又廉价的交通设施也十分需要。"[③] 具如电车初行之始，公共租界工部局董事会即认为："鉴于工资的增长趋势，工厂工人将

---

① 陶冶：《近半个世纪上海城市职业构成的演变和三四十年代人口经济属性再探讨》，《上海研究论丛》第 8 辑，上海社会科学院出版社，1993，第 243 页。

② 刘凤良主编《经济学》，第 185 页。

③ 徐雪筠：《上海近代社会经济发展概况（1882 ~ 1931）——海关十年报告译编》，第 158、209 ~ 210 页。

争相乘坐电车，这一时刻来到大概不会太远。"① 1920 年，工部局指示租界无
轨电车宜扩张下述诸地段：沿白克路由卡德路至西藏路，以减轻安寺路与南京
路电车乘客拥挤；沿愚园路由静安寺路至极司非而公园或至极司非而铁路车站；
极司非而路接至小沙渡路，以该处工厂林立，"此路筑成颇便工人往来"。②

　　同时，在上海产业工人当中，棉纺织工人的数目是相当可观的，1937
年八一三事变前中外纱厂职工将近 20 万人。③ 20 世纪 20 年代末，曾有研究
者对曹家渡一带纱厂工人家庭的生活程度进行了一次调查。在被调查的 230
家工人家庭中，有交通费支出的 202 家，每家全年平均花费交通费 3.38 元，
占家庭总支出的 0.9%。在各项交通费中，以电车费最多，平均每家每年约
1 元；在这 230 家中，有电车费支出的共 185 家。如按家庭的每月收入状况
分组，平均每家每月交通费随着家庭收入增加而上升：月收入少于 20 元的
家庭，每月电车费为 0.04 元；月收入在 20～29.99 元的家庭，电车费为 0.06
元；月收入在 30～39.99 元的家庭，电车费为 0.09 元；月收入在 40～49.99 元
的家庭，电车费为 0.11 元；月收入在 50 元以上的家庭，电车费为 0.15 元。④

　　由表 5-20 可知，其时上海纺织业工人的工资属于中等水平。既然该业
工人已将电车费用作为日常支出，同理，其他各业工人亦可将电车作为出行的

表 5-20　上海市（华界）各业工人每月实际收入平均数（1928～1930）

单位：元

业别	1928 年			1929 年			1930 年		
	男	女	童	男	女	童	男	女	童
木材制造类（锯木业）	19.46			19.25			19.05		
冶炼工业类（翻砂业）	23.43			23.81			25.61		
机械及金属制品类									
（1）机器业	28.95			29.53			24.28		
（2）电机业	23.16	18.47	11.72	23.40	12.72	12.95	24.36	14.79	
交通用具类（造船业）	33.32		11.28	38.20		15.25	35.64		15.39
土石制造类									
（1）玻璃业	16.18		9.06	16.25		9.44	17.91		9.68

①　上海市档案馆编《工部局董事会会议记录》第 21 册，第 558 页。
②　《工部局对推广电车路之准驳》，《申报》1920 年 3 月 30 日，第 10 版。
③　朱邦兴等编《上海产业与上海职工》，第 35 页。
④　杨西孟：《上海工人生活程度的一个研究》，北平社会调查所，1930 年编印，第一部分，第
　　81～82 页；第二部分，第 6 页。

续表

业别	1928 年			1929 年			1930 年		
	男	女	童	男	女	童	男	女	童
（2）水泥砖瓦业	15.90			19.09			17.36		
动力工业类									
（1）电气业	27.48			25.89			24.54		
（2）自来水业	25.24			27.97			31.28		
化学工业类									
（1）皂烛业	17.72	9.47	15.58	18.72	8.75		20.76	10.07	
（2）油漆业	16.60		9.00	18.37		11.51	18.90		11.70
（3）火柴业	20.06	5.26	9.17	21.39	5.51	11.38	21.82	5.35	9.82
（4）搪瓷业	16.21	6.35		18.03	8.31		19.13	9.71	
（5）化妆品业	18.38	12.16	10.67	19.65	8.76		21.90	9.79	
纺织工业类									
（1）缫丝业		15.12	9.16		13.21	8.37		10.55	6.42
（2）棉纺业	15.17	13.59	8.58	15.28	12.50	8.07	15.21	12.23	8.35
（3）丝织业	25.45	16.77	10.58	30.31	20.17		29.58	18.16	
（4）棉织业	21.25	11.61	15.75	23.54	11.69	18.09	23.03	14.45	16.93
（5）针织业	17.55	14.84		18.83	15.41		21.71	15.07	
（6）毛织业	15.40	8.36		16.54	9.43		15.46	9.00	
（7）漂染业	20.44			21.60			22.59		
皮革品类（制革业）	17.25	12.89	9.40	20.39	12.32	4.81	23.68	15.11	8.57
饮食品类									
（1）面粉业	17.11			17.61			18.63		
（2）榨油业	15.84			17.28			17.43		
（3）制蛋业	20.42	13.72		20.89	11.65		20.48	10.27	
（4）调味罐头业	24.40	8.28		25.81	11.25		23.58	9.12	
（5）冷饮食品业	19.10			18.94			17.94		
（6）烟草业	21.32	13.78	6.15	23.86	12.82	9.38	26.49	15.41	12.54
造纸印刷类									
（1）造纸业	21.14	8.92	10.16	20.60	8.72	9.46	21.94	8.44	
（2）印刷业	44.72	29.06		47.50	31.24		44.47	76.80,	

注：根据上海特别市工资指数编制及社会局业务报告。

资料来源：上海市地方协会编《民国二十二年编上海市统计》，"劳工"，第 2 页。

主要工具。如当时许多烟厂工人，"住在闸北每天要到兰路、华德路做工，住在租界中区的工人，到提篮桥一带做工，来回需两个钟头，早上怕迟到不能进厂，有时坐坐电车"。在丝织工人中有一部分是青年，"接受都市文明较为容易，在手头有钱的日子，衣食住行等有些带小资产阶级色彩，有的西装革履，行坐车（电车、黄包车），吃包饭，类似学生生活"。① 至 1934 年，公共租界交通委员会仍讨论"延长（电车）路线问题，须视与毗邻两市府当道商洽结果如何，方能计及陆家嘴码头工人"。② 不难发现，"假如电车工人和建筑工人人为地控制他们的劳动量，那么，电车路线的延伸就会被抑制，筑路工人的雇佣数便会减少，很多工人和其他阶层的人本来是可以乘车进城的，现在却不得不步行……"③ 由是看来，"劳动力在交通未便的时候，只局限于狭小地域之内。现代交通发达以后，不但劳动者移动容易，即住居于数千里外的劳动者亦可短时间中，来往于产业地带"。④

所以然者，随着职业人口的持续增加，电车业的运载客量也逐年上升。如英电公司 1921 年有轨及无轨电车行车里程共 863 万公里，载客 119558769 人次。⑤ 1922 年有轨电车载客 119986752 人次，行驶 5605477 英里；无轨电车载客 6697474 人次，行驶 248502 英里。1923 年、1924 年电车行路分别为 6103255 英里、6526186 英里，载客分别为 127854000 人次、127113790 人次。⑥ 1927 年、1930 年、1931 年电车乘客分别为 93807726 人次、128564955 人次、139800061 人次。⑦ 1936 年，上海全市市内交通客运量已达 1362622113 人次，平均每日 4542074 人次，已超过上海人口的 1.5 倍。即是说，平均每个上海人每日乘市内交通工具外出 1.5 次。如以职业人口计，则上海 200 万职业人口人均每日乘市内交通工具往返两次。上海街头每日繁忙的各色交通工具，构成了一幅大上海市民互动的图景。上海现代交通运输事业的发达，极大地扩大了人际交流的范围，提高了交流的频率。⑧ 可见，城市改造人性。城市生活所特有的劳动分工和细密的职业划分，同时带来了全新的

① 朱邦兴等编《上海产业与上海职工》，第 591、142 页。
② 《公众运输问题》，《申报》1934 年 8 月 9 日，第 13 版。
③ 〔英〕马歇尔：《经济学原理》，刘生龙译，江西教育出版社，2014，第 564 页。
④ 金家凤：《中国交通之发展及其趋向》，正中书局，1937，第 5 页。
⑤ 上海市档案馆编《上海租界志》，第 421 页。
⑥ 《电车去年收入之报告》，《申报》1925 年 1 月 12 日，第 16 版；《公共租界电车去年营业之报告》，《申报》1926 年 1 月 5 日，第 9 版。
⑦ 华文处译述：《上海公共租界工部局年报》（中文），1931 年，上海公共租界工部局档案，档号：U1－1－957。
⑧ 忻平：《从上海发现历史——现代化进程中的上海人及其社会生活（1927～1937）》，第 225 页。

思想方法和全新的习俗姿态，这些新变化在不过几代人的时间内就使人们产生了巨大改变。① 而对于近代上海职业人口的规律性出行，电车这种交通工具起到了重要的运载作用，扩大了人际交流的范围，提高了交流的频率，最终使城市人口流动生生不息。

二　交流商业活动

美国芝加哥学派代表人物 E. W. 伯吉斯曾提出城市空间"同心圆"理论，认为：城市空间的拓展是竞争的结果，城市的发展呈放射状，由中心到边缘循一环一环地同心圆发展。城市可划为五个环状的区域：第一环为中心商业区，是城市布局的中心，交通四通八达，土地极其有限，用地较少的银行、百货商店、剧院等在此立足。而城市商业区的规划，原则是有与居住区相通的、便捷的交通线路。② 不难发现，城市交通和通信的新方法——电车、汽车、电话和无线电——已经不知不觉而又飞速地改变了现代城市的社会组织和工业组织。这些新方法是商业密集的沟通手段。它们改变了零售商业的整个性质，使郊区居住区逐渐密集，并使大的百货商店诞生于世。工业组织和人口分布中的这些变化同时也带来了城市人口的习俗、情感和品格的变化。③

全面抗战前，上海为东亚第一大城，约计 75 万平方英里地区的商货，"大都经由本港吞吐转运，全国金融工商胥以本市为中心"。④ 上海之所以可以成为国际港埠都市，因其在国内外交通上所处地位优越，它在海洋交通上面对太平洋，在沿海交通上位于南北海岸线中心，在内河交通上则位于扬子江出口。上海的进出口船舶吨位，依照 1935 年的统计为 1700 万吨，与东亚各埠比较，仅次于神户、香港，居第 3 位；与美洲各埠比较，仅次于纽约、洛杉矶、旧金山，居第 4 位；与欧洲各埠比较，仅次于伦敦、利物浦、安德威伯、汉堡、鹿特丹，居第 6 位；与南洋各埠比较，则居第 1 位；而在全世界 24 个大埠中，居第 11 位，"其他国内港埠，无一在内"。⑤ 从而，近代

---

① 〔美〕R. E. 帕克等：《城市社会学》，第 265 页。
② 张钟汝、章友德、陆健、胡中生编著《城市社会学》，第 18~19、162 页。
③ 〔美〕R. E. 帕克等：《城市社会学》，第 23 页。
④ 《本市交通改进计划撮要》（1947 年 11 月 10 日），赵曾珏《上海之公用事业》，第 279 页。
⑤ 赵曾珏：《上海之公用事业》，第 87 页。

"五十年来，上海因了对内对外贸易上的发展，已变成中国一个最繁荣的都市"。[1] 如 1928～1933 年，上海直接对外贸易总值已分别达 91082803 关平两、988686714 关平两、992409356 关平两、1111044038 关平两、1041830547 关平两、1051978048 关平两（见表 5-21）。

表 5-21　上海直接对外贸易总值（1928～1933）

单位：关平两（国币），%

项目	1928 年	1929 年	1930 年	1931 年	1932 年	1933 年
洋货进口	548607889	624645823	679741710	833567598	795161405	736219840
土货出洋	362220148	364040891	312667646	277476440	246669142	315758208
总计	910828037	988686714	992409356	1111044038	1041830547	1051978048
占全国对外贸易货值总数的百分比	41.59	42.76	44.64	46.83	42.99	53.37
进口贸易货值总数	946118008	937062814	1015496355	1177195924	—	—
出口贸易货值总数	955640131	936474805	931893479	908353030	—	—

资料来源：上海市地方协会编《民国二十二年编上海市统计》，"商业"，第1～2页；《上海市统计补充材料》，第40页。

再如 1923～1934 年，上海贸易总值占全国总值的一半左右，而其海关税收亦由 1928 年的 33659347 关平两增至 1933 年的 176197170 关平两（见表 5-22），这均表明上海作为全国工商业中心的重要地位。在对外贸易和工业发展的同时，上海租界内商业经营的规模也逐渐扩大。"至上海租界，因有六十年之长久历史，又因我国连年战争，内地商人多喜于租界内创办工商业，故租界当局，对于农工商业之改善与提倡，虽未注意，而租界内之农工商业，仍日见发达。"如法租界，"大工厂大商店较少，犹可勉强敷衍，至公共租界，地域广大，工厂商店太多，故该租界内巡警处则不易应付矣"。[2]

---

[1] 王一木：《行路难！行路难！》，《申报》1938 年 10 月 13 日，第 14 版。
[2] 董修甲：《京沪杭汉四大都市之市政》，第 73、78 页。

表 5 - 22　上海历年税收统计（1928～1933）

单位：关平两（国币）

项目	1928 年	1929 年	1930 年	1931 年	1932 年	1933 年
进口税	24344835	56858907	72964463	115434519	77218241	147100475
出口税	5574143	8431082	9248901	4621069	2065970	5389849
复进口税	917350	1087256	1370320	—	—	—
内地子口税（入）	395295	399509	398772	—	—	—
内地子口税（出）	427250	471009	481069	—	—	—
船钞	2000470	2195229	2179955	2311477	1919932	3315322
转口税	—	—	—	2168728	3455839	5381034
赈灾附加税	—	—	—	633120	5705110	7508682
进出口附加税	—	—	—	—	1725536	7501807
总共征收	33659347	69442993	86643483	125168916	92180630	176197170

资料来源：上海市地方协会编《民国二十二年编上海市统计》，"商业"，第 12 页；《上海市统计补充材料》，第 45 页。

　　不啻如此，"以上海商业之地位于全国为重心，于全世界亦居重要位置，居民至数百万，人文极盛、辐辏殷繁，则市民固宜谋如何使安居而乐业之者，于公用使如何享受而乐承之者，此固人人认为绝对必要之事业。且人生所需衣食住行，每患其不均，惟此共用之权利则凡属市民人人均得而享受之无间于各种阶级，此则诚有合于民生主义之要素者"。[1] 即上海"在我们中国是一个工业与商业最繁荣的都市，同时它的各种公用事业的规模在国内亦是第一。因此，工商业的繁荣促进了公用事业的发展，而公用事业的发展亦促进工商业的繁荣，其间因果关系亦是相互的"。[2] 从而，"欲使工商各业得以从容发展，自以改进市内交通，使各业从业人员利便往来为第一要义。此不仅关系本市前途，亦且于全国经济息息相关"。[3] 具如 1901 年 6 月，法国总领事巨赖达通知法租界公董局，认为应用便利交通的办法以达到繁荣市面很重要，敦促公董局加快电车的筹建速度。[4] 巨氏还认为发展电车交通是

---

[1]　《上海市公用局拟订 1927 年度施政大纲》，1927 年 8～11 月，上海市公用局档案，档号：Q5 - 3 - 908。

[2]　赵曾珏：《上海之公用事业》，"序"，第 1 页。

[3]　《本市交通改进计划撮要》（1947 年 11 月 10 日），赵曾珏《上海之公用事业》，第 279 页。

[4]　上海市公用事业管理局编《上海公用事业（1840～1986）》，第 332 页。

达到租界繁荣的唯一手段。①

　　再如 1917 年，侨商马应彪投资 200 万港元在公共租界南京路浙江路口建成先施公司，开设大型百货商场，商场面积达 1 万多平方米，经销商品达 1 万余种。先施公司成立一年后，郭氏家族也集资 200 万港元开设永安环球百货公司，规模超过前者。此后，丽华、新新、中国国货、大新公司等相继开设。至 20 世纪二三十年代，南京路已蜚声海内外，成为全国规模最大的商业街。密集的人口和较高的消费能力，使租界内商业占据上海商业的半壁江山。据统计，1933 年上海共有商店 7.2 万家，平均每平方公里有商店 136.5 家，而公共租界和法租界内有商店 3.4 万家，平均每平方公里有 1939.3 家，其密度为全市平均值的 7.5 倍。② 由此，上海市内逐渐形成许多著名的商业区，主要集中在租界区域（见表 5-23）。其时，租界商业区的街道乍看起来像是一个古怪的马戏场，熙熙攘攘，活跃得令人难以置信。人们在公众场所干着各自的行当。他们高声呼叫，比手画脚，在车水马龙的街道穿来穿去。他们担惊受怕地在新旧汽车和为了挣几个钱拼命奔跑的人力车夫之间争行，小心翼翼地走过粪车成行的静安寺路，面带嘲讽的神情从喷着香水、衣着考究、腿部裸露的中国太太们身旁走过……③

表 5-23　上海全市分区计划（1932）

区别	地域	区别	地域
行政区	江湾	住宅区	江湾附近商业区内
工业区	吴淞江蕴藻浜一带		江湾大场之间
	高昌庙沿浦之处		公共租界跑马厅以西
	陆家嘴洋泾镇附近		徐家汇以东
	真如大场之沿铁道一带		杨树浦陈家嘴一带
商业区	公共租界		梵王渡徐家汇之西
	法租界		浦东高桥镇一带
	北部沿浦一带以及引翔之北宝山之南		接近工业区地域
	浦东沿码头一带		

资料来源：上海市地方协会编《民国二十二年编上海市统计》，"土地"，第 5 页。

---

① 上海市档案馆编《上海租界志》，第 428 页。
② 上海市档案馆编《上海租界志》，第 15 页。
③ 熊月之等主编《上海通史》第 9 卷《民国社会》，上海人民出版社，1999，第 423 页。

具如公共租界的福州路、北京路、西藏路、南京路、四川路，还有法租界的法大马路、霞飞路各类名店大店汇集。此外，静安寺、城隍庙、曹家渡等街区也是店铺聚集，形成一定的商业规模。商业繁盛、日常商业行为频密，使城市人口流动性大为增强。这一点亦可从百货公司的经营状况得到反映。以 20 世纪 30 年代南京路上的先施、永安、新新、丽华、大新五大百货公司为例，至 1936 年五大公司营业额合计达 2674 万元（法币），较开业初期各公司的营业总额 1375 万元，增长了 94%。[1] 商业区位于公共租界的中心区域，沿外滩及其内侧开设了银行、房地产公司、保险公司和精品店。如 1934 年上海人口为 335 万人，而华洋杂处中外银行资本达 17 亿元。[2] 其时，沿途拥有 200 多家商店的南京路是上海最热闹的商业大街。在这个到处是金融业与服务业的地区，从 1900 年起，每平方公里的人口就达 6 万人之多。人口不断增长，土地价格更是扶摇直上。[3] 至 1933 年，公共租界的商号为 22818 家，法租界为 11239 家，全市商号总计 72858 家（见表 5-24）。

表 5-24　上海全市商号分区及主要外商贸易商社统计（1933）

区别	商号总数（家）	商号国别	贸易商社数
沪南	16435	英	440
闸北	14357	美	412
公共租界	22818	德	105
法租界	11239	日	—
其他各区	8009	法	98
总计	72858	意	1055

资料来源：上海市地方协会编《民国二十二年编上海市统计》，"商业"，第 1 页。

商业繁荣引发城市人口日常流动的增强，为电车发展创设了良好的经营环境。交通业逐渐畅达，使城市经济活跃起来，涌现很多工厂、商家等。而

[1] 上海百货公司等编《上海近代百货商业史》，上海社会科学院出版社，1988，第 112~113 页。

[2] 《上海人口 335 万——与统计的疏漏》，1934 年，革命历史刊物档案，档号：D2-0-2748-67。

[3] 〔法〕白吉尔：《上海史：走向现代之路》，第 174 页。

企业发展又必然带动交通业、商业等的发展，并创立巨大城市，使人口密集起来，大量人口盲目向大城市集中。[①] "如果人们还是决定上街购物，往往住宅附近就有电车和本地火车直接通往城市中心的大型商业店铺。"[②] 事实上，电车企业一开始就把人流量很大的主要商业网点作为其开设营运线路的主要依据。例如，一些著名的人流量大的商业场所，电车企业争相在其附近辟设线路。具如英商电车 1925～1926 年分别行驶 5631319 英里、1202 万公里，分别载客 104893221 人次、120174130 人次。[③] 其 1932～1934 年分别载客 108845656 人次、119669536 人次、119687484 人次。1935 年共载客 115201428 人次，其中有轨电车 79269717 人次，行驶 7233955 英里；无轨电车 35931711 人次，行驶 3393177 英里。[④] 至此，经过南京路上的永安、先施等著名百货公司的已有英商电车的一路、二路、三路、五路、六路、七路等。经过著名的大世界游乐场的有法商电车十七路、十八路等线路。1921 年 7 月，法电公司对于加驶无轨电车积极进行，"计由斜桥以西沿菜市路北驶至白而路折而东，再沿敏体尼荫路北抵大世界"。[⑤] 法商电车载客 1915 年为 16196552 人次，1920 年为 34109295 人次，1925 年为 44329853 人次。其电车 1927～1931 年分别载客 47604308 人次、53755538 人次、61340293 人次、55266304 人次、63662409 人次。[⑥] 至 1936 年，法商电车行车 545 万公里，载客达 4438 万人次。[⑦] 电车线路开通，在为广大市民提供便利生活的同时，也带动了他们的休闲愿望和意识。如 1930 年，公共租界在一年内公园游客总数竟达 200 余万人次之多。其中外滩公园达 59 万多人次，该园最多时一天有近 3000 人次；而沪西的兆丰公园虽比较偏远，但有多条电车、公共汽车线路延伸至此，因而游客人数也很多，最多时一天有 13000 余人次，一年达 46 万多人次。[⑧]

---

① 张钟汝、章友德、陆健、胡中生编著《城市社会学》，第 130 页。
② 〔英〕马歇尔：《经济学原理》，第 243 页。
③ 《公共租界电车去年营业之报告》，《申报》1926 年 1 月 5 日，第 9 版；上海市档案馆编《上海租界志》，第 421 页。
④ 华文处译述：《上海公共租界工部局年报》，1932～1935 年，上海公共租界工部局档案，档号：U1－1－958、959、960、961。
⑤ 《法租界开驶无轨电车之进行》，《申报》1926 年 7 月 12 日，第 15 版。
⑥ 上海市地方协会编《民国二十二年编上海市统计》，"公用事业"，第 10 页。
⑦ 上海市档案馆编《上海租界志》，第 428 页。
⑧ 张辉：《上海市地价研究》，正中书局，1935，第 76 页。

在华界，至 1933 年商号已达 30792 家。1936 年 8 月，上海有关部门统计市区（华界）一定范围内各类商业、服务业的分类情况，从中可以窥见商业发展的空前盛况：市区"甲种商业"，计有旅馆 133 家，交通 266 家，饮食店 3618 家，洋货店 873 家，粮食 1078 家，车行 239 家，绒线业 434 家，五金器皿 1528 家，书局 143 家，娱乐场所 118 家，其他 11268 家，共计 19698 家。"乙种商业"，计有食货店 4165 家，烟店 1168 家，酒店 665 家，燃料行 1238 家，衣帽鞋袜 1157 家，藤竹木器业 2524 家，杂货 2501 家，缝衣店 2389 家，车行 467 家，浴室 106 家，理发所 982 家，其他 2582 家，总计 19944 家。市区甲、乙两种商业共有 39642 家、55 个行业。[1] 商业区域的繁盛，引致华界电车路线和车辆扩充，载客日众。如 1921 年 9 月，华商电车公司"尚文门至老西门一段工程，刻正上紧建筑中，是处地点甚为热闹，乘客较他处为多，深恐现有车辆尚属不敷周转，将俟全路竣工后加增车辆，以期往返敏捷"。[2] 嗣其电车一路、二路"本行驶外马路。近因公司鉴于里马路自东门至大码头街一段，市况渐呈繁荣，故拟将小东门至高昌庙行经外马路（东门路至大码头街）间之双轨拆除一条，改经专马路行走"，于 1935 年 1 月通车。[3] 由此，该公司 1922 年电车乘客数为 3283045 人次[4]；1933 年乘客达 36456888 人次[5]；1934 年乘客共 26764813 人次[6]；1935 年行车里数 3029216294 公里，乘客数为 23097524 人次[7]。

进一步言，随着电车路线渗入商业及周边区域，沿路沿线地价飙升。"都市地价，于有建设之都市，概日见增高。譬如上海公共租界之土地，在数十年前每亩不过十数元至数十元而已，今日增至数十万元者已经颇多。上海私人因投机于土地而发财者，不一而足。"[8] 如在公共租界工部

① 熊月之等主编《上海通史》第 8 卷《民国经济》，上海人民出版社，1999，第 63 页。

② 《华商电车添设双轨之现状》，《申报》1921 年 9 月 5 日，第 14 版。

③ 《华商电车辟新线》，《申报》1934 年 7 月 28 日，第 12 版。

④ 沙公超：《中国各埠电车交通概况》，《东方杂志》第 23 卷第 14 号，1926 年 7 月 25 日，第 52 页。

⑤ 《上海市公用局调查上海电车公司》，1932 年 6~7 月，上海市公用局档案，档号：Q5-2-825。

⑥ 《上海市公用局关于华商等电车战前状况资料》，上海市公用局档案，档号：Q5-3-1044。

⑦ 《上海南市市政厅准许上海华商电车公司行车合同》，1921 年 1 月，上海市公用局电车公司筹备处档案，档号：Q423-1-35-21。

⑧ 董修甲：《京沪杭汉四大都市之市政》，第 152 页。

局每年的税收收入中，地税和房捐是大项。地税的征收基于土地的价格和数量，随着租界地域范围的不断扩大和土地的增值，地税收入逐年递升。在 19 世纪 40 年代，公共租界每公顷土地的价格约为 1 两银子，20 年后暴涨到 30 两（沿外滩的地价高达 60 两）。[①] 1897 年地税收入为 10 万余两，占工部局总收入的 17%；1900 年即达 21 万余两；1905 年超过 30 万两，占总收入的 22%；1908 年为 68.5 万两，占总收入的 28%；1919 年超过 100 万两。1865～1911 年，租界内土地价格在 46 年里增长了 6 倍，而自 1911 年以来的 20 年里竟增长了 4 倍多。从 20 世纪 20 年代开始，土地价格低者每年上涨 15%，高者将近 100%，进入 30 年代更是成倍上涨。[②] 如公共租界 1865 年的土地估价面积仅 4310 亩，每亩平均估价为 1318 两。1933 年的土地估价面积增至 22330 亩，每亩平均估价高至 33877 两。不到 70 年的时间，每亩平均地价增长了 25.7 倍，而其中中区地价的增值率更远不止此数。[③]

具如至 1932 年上海"年来地价大增"，公共租界西区较 1912 年前增长了 8～12 倍。南京路黄浦滩转角汇中西饭店的地基，1910 年时每亩约值银 10 万两，已增至 40 万两。大华饭店的地皮房屋，1925 年前仅售 80 万两，近售至 237 万余两。亚尔培路地皮，亦已涨至每亩 2 万两。博物馆路兰心影院的地基，则售至每亩 116000 两。"年来租界内新造之房屋至多，因地价与建筑材料之昂贵，故房租亦较前大增"：上等洋房较 1925 年约增 30%，新造者亦较一年前增加 10%；至于中国式房屋，4 年来房租增 20%～30%，而旧屋翻造者或增至 75%。[④] 1932 年时，该租界中区的地价已达每亩 170000 两（见表 5－25）。同时，华界"上海特别市有鉴于都市土地价增高之趋势，故有市中心区之计划，预先于地价甚低之时先收土地，以备建设市行政公署等之用"。[⑤] 1927～1930 年，上海市政府征收的土地税由 27000 元增至 871000 元。[⑥]

---

① 〔法〕白吉尔：《上海史：走向现代之路》，第 29 页。

② 上海市档案馆编《上海租界志》，第 9、16 页。

③ 张仲礼、陈曾年：《沙逊集团在旧中国》，第 35 页。

④ 徐国桢：《上海生活》，第 97 页。

⑤ 董修甲：《京沪杭汉四大都市之市政》，第 152 页。

⑥ 徐雪筠：《上海近代社会经济发展概况（1882～1931）——海关十年报告译编》，第 295 页。

表 5 - 25　公共租界、法租界分区地亩价值比较

区别	每亩市价(两)		
	1916 年	1925 年	1932 年(该年依据现状估计)
中区	45000	85000	170000
北区	18000	35000	70000
东区	6500	11000	22000
西区	6000	10500	21000
大西区	500	4000	8000
新西区	150	1300	2600

注：大西区指公共租界与沪杭甬铁路间之地亩而言，新西区指沪杭甬铁路之西而言。

资料来源：上海市地方协会编《民国二十二年编上海市统计》，"土地"，第 4 页。

事实上，其时便捷的电车交通已成为沪上中外房地产商进行房地产开发的基本依据。如斯时出版《上海地产大全》即向房地产投资者建议，"距离公路远近若何，该路上有否公共汽车及有轨无轨电车等通行或尚未通行，而当局是否在规划中"，是决定房地产价格的关键因素。[1] 之所以如此，是因为电车路线所到之处，房地产业、工商业随之繁荣。如公共租界北区的北四川路一带，"民元时这里一片荒凉，居民稀少，现在房屋栉比，已成繁盛的市肆"，自工部局 1926 年 "把马路放阔成一直线，通行电车到靶子场后，百叶荟萃，五光十色，有'神秘街'之称，骎骎直驾南京路，因此地价飞涨，和十年前售价相较，超十数倍"。[2] 至 20 世纪 30 年代初前后，"平民的住处，大半都在闸北南市或杨树浦一带，因为那些地方的房租，比较起来要低一些"。[3] 由此居住地与工作、商业场所等距离越来越远，当时 "上海已发展为实际上真正的大城市之一，随之而发生的结果是市区的扩大，城市居民在一般生活费用支出之外，又增加一笔不小的车费负担。从家里到办公地点的车费以及从商店、市场送货到家的运费，现已成为所有居民每月极为可观的一项支出"。[4]

此情，诚如时人所论，"我国城镇之大，动数方英里或数十方英里，人

---

[1] 陈炎林：《上海地产大全》，1933 年编印，第 192 页。

[2] 王定九、丁燮生：《上海顾问》，中央书店，1934，第 371 页。

[3] 徐国桢：《上海生活》，第 48～49 页。

[4] 徐雪筠：《上海近代社会经济发展概况（1882～1931）——海关十年报告译编》，第 230 页。

口由数万以达数十万，无不恃徒步，以为交通更加以肩与苦力喧其间，故常
有街市拥塞不通之患。夫城镇本商贾营业贸易之地以无交通之故，则市镇繁
盛之地亦半为商场半为民宅。若使商场纯为商场，人民环商场四围之外而安
其居，非有城市之交通乎。可城市路线短少，绝少桥梁，电车能力特优，实
不拘乎路之平斜，静而少声、洁而无尘，安妥而易见利"。① "旅居上海之
人，舍富有者勿论。关于日常生活之衣食住行四者，殆无不疾首蹙额于宅赁
之昂贵。盖衣食两项所费虽属不赀，犹得视个人之力量，留伸缩之余地。惟
房租负担丝毫不容假借，最苦无法应付，房租之差率以所在地之热闹与否为
衡。中户人家既不堪聚居，复难胜巨额之独任，往往下迁偏僻窝远之处，以
期减轻负担，顾实际上与所服务之机关差距太远，出入亦殊感不便。可资以
代步者自为车辆。而汽车非通常人所能问鼎，人力车又不适用于远距离。唯
一合于理想条件老，只有电车与公共汽车耳，所谓'迅快稳廉大众可坐'
之标语固，吾人所心许默认者也。"②

　　随着电车业发展，战前上海城市人口流动愈为频密。表 5－26 显示，上
海市 1930 年迁入 254530 人，徙出 148769 人；1931 年迁入 306712 人，徙出
208706 人；1932 年迁入 473228 人，徙出 199042 人；1933 年迁入 458270
人，徙出 295779 人。依拙见，这种大幅度的人口流动，如缺失大众化的交
通工具——电车予以承载，显然无法实现。"近代交通在一定程度上打破了
人口迁移的原有地区界限"，其 "不仅大大增加人口迁移的强度，还直接制
约人口迁移的方向，地区发展的不平衡性也随之增强了"。③ 从而，城市人
口的频密流动，需要大众化的交通工具予以承载，因为公共交通正是随客
流、道路条件、气候等不断变化的随机服务系统。④ 据《上海市年鉴》统
计，1936 年仅华界、租界四大公共电（汽）车公司的全年载客量已达
773880470 人次。⑤ 进而可以确定，上海是华洋杂处、万物汇集的繁荣宝地，
经济活动离不开交通动脉，同样交通周流活跃又促进经济繁荣。自 1908 年
电车开始运行以来，上海许多工厂、商业设施、高楼大厦也都在这个时期逐

---

① 少琴女士：《城镇交通应注意电车之我见》，《申报》1924 年 1 月 26 日，第 22 版。
② 都：《上海之公共交通问题》，《申报》1935 年 7 月 21 日，第 7 版。
③ 姜涛：《中国近代人口史》，浙江人民出版社，1993，第 256 页。
④ 王静霞、张国华等：《城市智能公共交通管理系统》，第 46 页。
⑤ 这四大公司为华商、英商、法商电车公司和华商公共汽车公司，参见《上海市年鉴》
　　(1937 年上)，"M"，第 22 页。

渐崛起。其间，上海经济走上高速发展的时代，而电车交通与城市发展复合共存，亦为上海人的互动创造了极为有利的条件。

表 5 - 26　上海市市民迁入徙出人数统计（1929~1936）

单位：人

年份	迁入			徙出		
	男	女	合计	男	女	合计
1929	109341	80764	190105	36793	29506	66299
1930	145670	108860	254530	85562	63207	148769
1931	178963	127749	306712	121874	86832	208706
1932	272733	200495	473228	117697	81345	199042
1933	268161	190109	458270	179509	115270	295779
1934	248790	167287	416077	188202	128403	316605
1935	300765	219232	519997	299799	199182	498981
1936	244971	169950	414921	188393	138361	326754

注：寄居于本市之外国人不计在内。

资料来源：上海市地方协会编《民国二十二年编上海市统计》，"人口"，第6页；《上海市统计补充材料》，第5页；邹依仁《旧上海人口变迁的研究》，第121页。

撮要述之，"一切经济的进化都是由于人口的增加，从渔猎期到农期，从家庭工业到工厂工业，从工厂工业到机器工业，以及附属于他的分工制度与劳资阶级，都以人口增加为其原因。总之，无论哪一种社会现象要能影响及其他种社会现象，必定要经过人口的关键。由此看来，我们可以结论说：'人口变迁是一切社会变迁的枢纽'"。① 而总的来说，城市效率更高，它们能最大限度地使用能源，交通便捷，劳动力市场灵活、高效，产品、思想、人力资源流通顺畅。② 并且在大部分公交都市中，起决定作用的设计理念是城市是为人而建立的，发展高质量的公共交通与这一理念非常符合。③ 全面抗战前，上海是中国第一大都市和经济中心，作为城市化进程重要动因和公共事业核心系统的电车事业，不仅保证其城市功能正常运转，更与城市人口紧密关联。电车交通不仅持续满足人口增长的需求，并对缓解人口压力做出

---

① 胡鉴民：《人口变迁与社会变迁》，孙本文编《中国人口问题》，世界书局，1932，第81页。

② 〔美〕瓦戈：《社会变迁（第5版）》，王晓黎等译，北京大学出版社，2007，第86页。

③ 〔美〕瑟夫洛：《公交都市》，第307页。

积极反应，且为城市人口空间的延展和人口密度的平衡做出贡献，进而有助于职业人口的规律性出行和商业区域的频密交流，使城市活力持续凸显。①所以然者，电车交通与城市人口的交错共生、相依发展，不仅为近现代上海公共交通体系发展夯实基础，同时使近代上海城市化进程更形加速，亦投射近代中国城市向现代递嬗的独特掠影。

---

① 李沛霖：《公共交通与城市人口析论——以抗战前上海电车业为基点的考察》，《民国档案》2018 年第 2 期。

第六章　电车交通与城市治理的关联

从理论上讲，城市治理是城市政府与非政府部门相互合作促进城市发展的过程。[1] 而西方学者亦从不同角度对城市治理做出界定。[2] 即城市政治、经济、文化运作所需的设施，包括庞大的国家机器和社会管理设施，而"完整的交通网络、供水排污、电力照明系统等社区基础设施更是必不可少"。[3] 由此，交通从来就是社会有组织的活动，管理是交通的灵魂。[4] 近代前的中国没有现代意义的城市治理，其源于西方，它是随租界开辟、近代城市管理理念和模式的引进而逐步发展起来的。自 1843 年上海开埠，随着西方侨民进入和租界辟设，西方相对成熟的近代城市建设理念和管理模式也逐步被移植，城市交通治理即为其中之一。而作为近代西方城市治理模式的先行区，全面抗战前"上海交通便利极矣，汽车、马车、电车、人力车到处皆有"，[5] 其交通治理伴随城市人口大幅增长和交通工具数量急剧增加而发展，其轨迹反映了近代中国城市现代化的独特历程。在这之中，城市交通治理作为近代上海城市基础性管理和维持社会公共秩序的主要内容，是维系城市有效运行的重要环节，也是培养近代都市居民法制意识的启蒙课堂。

---

① J. Pierre, "Models of Urban Governance: The Institutional Dimension of Urban Polities," *Urban Affairs Review*, 1999, 34 (3).

② 勒加勒认为，城市治理一方面是整合和协调地方利益、组织和社会团体的能力；另一方面是代表地方利益、组织和社会团体形成对市场、国家、城市和其他层次政府相对一致的策略的能力。弗里德曼则认为，城市治理是城市和城市区域决策得以制定和落实所牵动的社会过程，它包括公共领域的三组行动者：（地方）国家、企业资本与市民社会。转引自罗月领《城市治理创新研究》，清华大学出版社，2014，第 13 页。

③ 吴增基等主编《现代社会学（第 4 版）》，上海人民出版社，2009，第 252 页。

④ 黎德扬等：《交通社会学》，中国社会科学出版社，2012，第 8~9 页。

⑤ 英：《我所希望于上海交通者》，《申报》1923 年 6 月 23 日，第 22 版。

第一节　管理机构和人员训验

公共交通发展促动城市经济繁荣，使社会嬗变步伐加快，但人口密集亦给城市带来严重的交通问题。近代"就整个上海来说，最大的问题莫过于道路和市内交通了"。① 如至 1932 年，"上海公共租界中现有之车辆为数殊可惊人"，计有公共汽车 120 辆，电车 299 辆，汽车 7000 辆，人力车 20000辆，脚踏车 22000 辆，塌车 10000 辆，小车 10500 辆，"一日之间来往马路之上为数不知几许。故马路上交通之管理，实为一件极大困难之事"。② 车辆增加必然导致交通事故的增长，交通形势恶化成为现实。如何才能有效降低交通意外的发生率，管控并减少其危害？管理当局加强交通治理已势在必行，进而对近代上海城市发展和社会秩序产生重大影响。

一　管理机构与法规

交通规则是人们交通活动的秩序，没有规则或规则不健全，交通活动不可能正常进行。从社会学意义上讲，规则对于人的社会化及交通活动特别重要。遵守交通规则，交通就会安全顺利运行；违反和破坏交通规则，必然会发生交通事故甚至重大事故，给生命财产造成损失或重大损失。③ 1853 年，英国颁布世界上第一部交通法规；1903 年，美国交通学专家威廉·伊诺起草美国第一个交通法规《驾车的规则》。"交通法规创设，是进行城市交通管理的先决条件。"④ "一旦有了快速的交通和通讯工具，这些工具又变成刺激行政管理机构更加集中的因素。"⑤ 随着近代上海城市交通的复杂性加剧，迫切要求当局制定较为系统的交通法规，并设立专事管理交通的行政机构，以便有效规范和约束道路上的人与车，确保辖区内交通有序和市民安全。

（一）公共租界

近代以降，"上海之地位既日见重要；不仅在国内占据政治上，经济上，文

---

① 徐雪筠：《上海近代社会经济发展概况（1882～1931）——海关十年报告译编》，第 215 页。
② 虞：《三十年来上海车辆消长录（续）》，《申报》1932 年 4 月 13 日，第 15 版。
③ 黎德扬等：《交通社会学》，第 77、87 页。
④ 许英：《城市社会学》，齐鲁书社，2002，第 247 页；周源和：《上海交通话当年》，第 121 页。
⑤ 〔美〕刘易斯·芒福德：《城市发展史——起源、演变和前景》，倪文彦等译，中国建筑工业出版社，1989，第 393 页。

化上优越地位，即就国际观察亦含有深刻的意义。谓‘上海为中国问题之启钥’，盖无人得以否认；而谓上海公共租界（Shanghai International Settlement）又为上海问题之启钥，殆亦有同程度之真确”。① 而上海租界“监理公用事业之行政机构，昔在公共租界为工部局，在法租界为公董局”。② 公共租界中的市政机关为工部局（Shanghai Municipal Council）。该局成立于 1854 年英、美、法三界合并管理之时。其董事由最初的 5 人增至 1930 年的 14 人。工部局之重要行政，皆取决于 14 位董事组织的董事会。董事会有董事长或称总董 1 人。工部局以事物性质不同，设立各处：警务处、卫生处、工务处、教育处、财务处、公共图书馆、音乐队、华文处、商团。同时于董事会之外，又设警备委员会、工务委员会、公用委员会、学务委员会、交通委员会等各种委员会。③

具如 1845 年地皮章程规定，英租界设立初即雇佣华人数名为更夫，由领事管辖，以鸣警报更。1848 年，英租界扩充，更夫改组为 20 名。1854年，更夫遂一变而为巡捕，即为警察之滥觞。是年 7 月，聘请曾任香港巡捕房高级职员的克列夫登（S. Cliftion）来沪就任第一任捕房总巡，月薪 150元，并着其尽量罗致“优良”巡捕同来。随即指定服务规则 17 条。巡捕职务颇为纷杂，除警务之外，举凡道路的整洁和燃灯、有碍公众的事物的取缔以及奉领事命令搜查军器的输入和解除华人武装、协助征税、筑路，都在其内。其管辖范围，一如工部局，包括英、法、美三国租界。④ 19 世纪五六十年代，公共租界制定《警务守则》，设立道路检查员，加强交通管理。⑤ 19世纪 80 年代后，《租界例禁》增加 6 条，其中 3 条与交通管理有关。⑥ 而工部局通过专门的规章对交通进行管理，始于 1903 年。当年印行《公共租界工部局治安章程》（次年中文发行），其中有《马车行执照》10 条、《机器车执照》9 条、《自用马车执照》6 条、《自用东洋车执照》6 条、《东洋车行执照》14 条、《小车执照》11 条、《马路章程》17 条。⑦ 这个《治安章程》及同年印行《公共租界工部局巡捕房章程》包含较为完善的交通治理的内容，成为公共租界日后制定交通法规的基本依据。

---

① 徐公肃等：《上海公共租界制度》，第 5 页。
② 赵曾珏：《上海之公用事业》，第 53 页。
③ 徐公肃等：《上海公共租界制度》，第 117～119 页。
④ 蒯世勋：《上海公共租界史稿》，第 347 页。
⑤ 上海市档案馆编《上海租界志》，第 588～589 页。
⑥ 黄式权：《淞南梦影录》，《上海滩与上海人丛书》，上海古籍出版社，1989，第 146 页。
⑦ 上海市档案馆编《上海租界志》，第 704 页。

嗣后，由于新出现的机动车车速加快，较非机动车更难管理，因此而产生的交通事故也不断增多。由此，工部局"新定行路章程六十一则"，定于1921 年 1 月 1 日起实施新章，"对于汽车行驶管理较前更为严密"。[①] 在社会各界的强烈要求下，1921 年一部为管理、控制、指导、疏通公共租界内以及租界外属工部局所有道路交通往来的规章，经工部局董事会讨论后于 1 月 1 日公布。这部《交通规则》最初有 61 条，曾于 1923 年 11 月、1931 年 6 月做过两次修改，其中的规定更为严格细密。如 1923 年在末尾增加 1 个条款，其内容涉及行人和驾驶者的行为规则及车辆行驶、停泊等各方面。《交通规则》的出台标志上海第一部交通法规正式产生，为当局的交通管理提供了更为有效的法律依据，是其治理措施法制化的进一步体现。

与此同时，上海都市交通问题的特征逐步呈现：车辆尤其是机动车数量骤增，道路狭窄，人车争道，交通事故大幅上升。基于此，为顺应新形势下交通治理的需要，1921 年成立隶属于公共租界工部局警务处的交通股，并由 1 名督察员和 2 名巡官组成，专司交通管理和交通事故的记录统计。第一任负责人由警务处处长帮办斯平菲尔德兼任，此后机构负责人都由警务处长帮办兼任。职责包括执掌交通股、检查车辆、办理车辆执照、起诉交通违章人、维护交通秩序。[②] 至 1927 年，交通股人员得以增加，主管人员包括 2 名警务处处长帮办、1 名督察长、1 名正巡官、2 名巡官、5 名副巡官及 5 名探长。新增的交通巡官主要负责：规范统一界内的管理举措；根据新定交通规则，加强机动车管理；改进和规范交通信号；管理车辆停放和照明。[③]

交通股成立后，鉴于人员不足，无法满足交通治理任务迅速加重的现状，1924 年 6 月成立公共事业委员会（原名电车委员会），主要是为工部局与英商电车公司订立营运合同提供咨询服务，并代表工部局与该公司进行谈判。后职权范围扩展至电话、煤气、自来水等其他公用事业。[④] 同年 12 月 17 日，"因发展界内交通事业"，工部局再成立公共租界交通委员会，"法工部局及中国警厅均在被邀之列"。该会宗旨为：调查及研究租界内各种交通状况；提议办法以便应

---

① 《工部局新定之行路章程》，《申报》1920 年 12 月 24 日，第 10 版。

② 《上海公共租界工部局交通委员会会议录（第 1 册）》，1924 年 12 月～1926 年 7 月，上海公共租界工部局档案，档号：U1－1－160。

③ 《上海公共租界工部局总办处关于中国汽车总会索取红绿灯使用办法事》，1927 年，上海公共租界工部局档案，档号：U1－3－3349。

④ 上海市档案馆编《上海租界志》，第 193 页。

付现在及将来之交通需要与此后 30 年上海之发展。① 第一届交通委员会委员多数是英国人，后来吸纳一些有声望的华人，如虞洽卿等。此外，美国人也逐渐参与进来，但其成员总数基本保持在 10 人左右。1925～1926 年，该委员会每周定期召开一次例会。自 1927 年，会议频率明显下降，而且不固定。1935 年 12 月 10 日，交通委员会召开最后一次会议，随即该机构被撤销。②

交通委员会作为工部局的咨询机构，没有决策权。它所提供的建议必须由工部局董事会审议通过后方可生效。但历次交委会所提建议有不少被工部局采纳，主要有：拓宽道路；实施新的建筑章程，限制房屋高度以求与道路宽度相平衡；施行单向交通并加以推广；实行快慢交通工具分道行驶；单线电车轨道制度；启用新的交通信号设施；加强专职交通巡捕的配置；增加执照捐以限制使用人畜力的旧式交通工具；增加有效的交通法规；派人去美国参观一些大城市，以了解那里的交通状况；禁止车辆超载；除单行道外，交通繁忙地区禁止街边停车；翻修电车停靠站；减少外滩和西藏路之间的电车停靠站。③ 具如 1925 年 2 月至 1926 年 3 月交委会会议所邀人员中，西人侨民 Burkill 提出，人力车禁止双线行驶，禁止在电车轨道上行走；拘留违章者。侨民 Moleyneux 提出改良交通的速行办法有：翻修电车站台；成立中心区特别交通部；取消人力车。④ 1926 年 6 月，交委会提交工部局的一份有关上海交通问题的综合报告中，从租界内交通现状和规划的道路系统、道路特征、交通改善的进程和步骤、车辆状况、交通管理的警备力量、停车点及水路运输等七个领域，分现状和建议两部分阐述。在此报告中，该会提出规划及应对措施：至每年底提出道路改进规划及措施，交通改进规划每年公布一次，如新建和拓宽道路；中等道路的宽度按 60 英尺计算，人行道宽度应不小于整条道路的 1/6；交通繁忙的岔路口应设置中间分车岛，以利穿越马路时行人停留安全；应于电车停车站设立安全岛。⑤ 至 1931 年 4 月，交委会、公共事业委员会及英商电车公司为解决公共运输车辆拥挤状况，还曾召开联合会议，该公司提议工部局

① 《工部局拟组织交通委员会》，《申报》1925 年 1 月 18 日，第 15 版。
② 马长林等：《上海公共租界城市管理研究》，第 160 页。
③ 马长林等：《上海公共租界城市管理研究》，第 160～161 页。
④ 《上海公共租界工部局交通委员会会议录（第 1 册）》，1924 年 12 月～1926 年 7 月，上海公共租界工部局档案，档号：U1-1-160。
⑤ 《上海公共租界工部局总办处关于交通委员会的报告（卷 1）》，1924～1926 年，上海公共租界工部局档案，档号：U1-3-2589。

应迅速放宽道路，并在苏州河上添建桥梁，以改变交通拥挤状况。①

再如 1934 年，由工部局工务处处长提出公众运输问题，交由交委会核议。其一，改良电车问题。电车特许合同系永久性质，唯满第 35 年（即 1940 年）时或其后每满 7 年时，工部局得预先 6 个月通知，"以收买此项业见发达之营业。买价以仲裁议定之公允时价为准，但并不因强迫收买或因该公司既得营业上信誉，而于买价之外，酌给任何偿额"。工务处处长以为电车宜如何改良，应先决定有轨制度，"固业经多数城市弃而不用，但就本埠情形而言，倘欲废止有轨电车，而代以较为满意之其他办法，当有困难"。其二，废除有轨电车。工务处处长提议将有轨电车废除而代以双层无轨电车，并增设无轨电车路线与现有无轨路线联络，其比与有轨路线联络为易。但该会某委员提出，"无轨电车缓于双层公共汽车之处安在，该处长称行驶无轨电车之费用，此行驶以石油发动之车辆为廉"。最终，各委员详细讨论的结果是：（1）电车公司与公共汽车公司应彼此合作而不竞争，"关于此须由三市区当道协商办理。应由工部局设法与毗邻的法租界及上海市政府当局合作，俾关于公众运输服务之必要改良，得协定一种通行办法。现在三市区之交通联络极感缺乏，但三区市府当局倘能将彼此所有困难开诚讨论，结果或能拟具一种有价值之策略。穿越公共租界之南北交通路线，现殆完全在中区之内，亟应推展至西区，现时各路有轨及无轨电车之缺乏联络与合作亦是一种缺点"。若将外滩的有轨电车轨道移近江边，则可将外白渡桥改筑放宽至 80 英尺。但将有轨电车改为双层，因所有轨道过狭，该处长不能赞同，"无轨电车因可停于路旁，因系便利于交通。但因有人力车之故不能靠路旁行驶，凭高悬电线而行驶之无轨电车有一种缺点，即因其行动为电线所限制乃不能如公共汽车之于开行时互相超越"。（2）工部局应改良公众运输便利，向华界及法租界市府当道做初步商洽，并应询问电车公司对于改良设备有何准备。（3）将现有电车路线延长、改良设备，"同一重要"。②

近代上海的交通治理最初由治安巡捕监管，此后随着管理范围的扩大，人员和机构逐渐扩张，经历了从建立、发展到逐步完善的过程。从租界辟设到 20 世纪前很长一段时间里，公共租界交通以使用人力（如轿子、独轮车、人力车）、畜力（如马车）为主，交通事故的严峻性远不及机动车所

---

① 上海市档案馆编《上海租界志》，第 421 页。
② 《公众运输问题》，《申报》1934 年 8 月 9 日，第 13 版。

为。为此，租界当局没有设置专责管理交通人员。在 19 世纪八九十年代，公共租界出现交通巡捕，其主要职责是维护交通秩序、管理行人和车辆。这也是工部局交通治理向近代化迈进的重要标志。如 1879 年工部局年报中记载："静安寺路，于夏季增派二捕，以禁阻车马之疾驰狂奔。"1882 年工部局年报又云："车辆之行经静安寺路者，为数有赠，因已增派四捕，沿路管理交通并禁阻车辆之拥塞。"1884 年 6 月，工部局于静安寺路及其邻近诸路上，除原有管理交通的华捕外，另行派设洋巡长 1 人、印巡长 1 人、印捕15 人；并于界外卡德路租屋一所，作为巡捕房。从此，工部局在越界道路上有了巡捕房，有了不仅管理交通的巡捕。① 再如，1909 年工部局公布关于租界交通问题的专题报告。报告引用英国伦敦皇家交通委员会的另一份报告，为公共租界的交通管理提供借鉴，并指出租界交通管理所存在的一些缺陷。这些缺陷主要集中在人员配备及交通设施方面，包括：（1）街道过分狭窄及这些街道原本并不是按正规方案铺设。（2）使用的有轨电车不灵活，不能在主要街道设置终点站。（3）随意停车现象严重。（4）对汽车驾驶员的管理不严格。该报告建议给汽车驾驶员颁发一种新执照，上面写明驾驶员的姓名地址、车主的姓名地址、汽车式样、机车号码，并贴有驾驶员的照片，另以中英文写明颁发执照的条件和驾驶员应遵守的所有交通规章。（5）强调交通密集的重要原因之一是载货（人）车辆效率低下，交通管理须依赖捕房交通勤务人员来避免事故，而不是通过个人互相谦让来进行管理。②

由此，"以往因两租界各自为政关系，公共车辆大率不能贯通，而车辆行驶东西多而南北少至不均匀。本市交通以中区最为拥挤，考其原因，属于先天者，由于道路之隘狭不匀；属于后天者，由于交通警力之不足及公共机动车辆较少，而速率不一之各种车辆则过多"。③ 其间，随着租界区域的扩大，人口膨胀，交通工具尤其是机动车类型和数量的增加，公共租界对专职交通巡捕的需求日增。为应此需，自 1910 年开始，工部局对专职交通管理人员做出正式配置。该年度专职从事交通管理的捕房人员，西捕有正副巡官各 1 人、巡长 2 人、巡捕 5 人，印捕有巡长 8 人、巡捕 89 人，华捕有巡长 4人、巡捕 98 人（其中 43 人负责人力车管理），合计 213 人。这些专职管理人员

---

① 蒯世勋：《上海公共租界史稿》，第 423 页。
② 上海市档案馆编《上海租界志》，第 589 页。
③ 赵曾珏：《上海之公用事业》，第 160 页。

的职责是对辖区内交通与车辆进行检查，对行驶的车辆进行监督，对违章行为进行处罚。1917 年，工部局警务处设立交通巡警，其编制包括正巡官 1 人、副巡官 2 人、西巡长 10 人、印捕 100 人、华巡长和华捕 209 人，合计 322 人。1921年初，工部局所属独立的交通股成立，同时开设一个汽车驾驶学校，其职员由捕房 1 名西巡长、1 名西捕及 4 名华人机修工组成。[①]

其间，1917 年租界施行双重巡捕管理。中心线北面归公共租界巡捕管辖，南面则由法租界巡捕执掌。因暂缺乏西捕监督，交通治理主要由印捕和华捕承担。[②] 如其时，"车马往来最繁杂之处，要算南京路浙江路的相交地。那边指挥车马的印度巡捕，不是站在路中，是站在一个依铁杆悬空而筑的小台上（安全岛），离地约有一丈多高，台的左右两面和前面，都围以短铁栏，后面是一张狭狭的小铁梯，上面是个伞形的平圆盘是防备雨水下淋的。据高临下，四面奔集拢来的车辆可以一览无遗"。[③] 再如 1920 年 9 月，工部局华捕正巡官发出布告："近有华捕等在差时，于马路来往车辆有无破坏路政章程并不加意留神。本正巡奉总巡旨意再为告诫尔等须知，身为巡捕宜尽心竭力为捕房供职，尚有一般华捕在路走差时不知所抱是何宗旨，惟望钟点到后即可落差。此等习惯务宜革除，近年以来马路车辆日见加多，而管理路政一节亦非常紧要。嗣后凡关于路政之事，华捕中有办理勤慎者即将下级升期提前，如任意懒惰、办事疏忽，即将下期升级延迟。各华捕凡见往来车辆有犯租界章程，须随时报告，由此则可日形减少，是以各华捕务必带小簿子一本见各项车辆违犯情事者，宜即将号码抄下。"而各华捕尤须注意的 7 条中，即有小塌车及挑夫等须靠近路左边行驶，亦不准在电车轨道处行驶，此事皆宜严行禁止。[④] 客观而论，尽管华捕和印捕上岗前接受过指导，但因缺乏西捕监督，值班效率不高。

专职交通巡捕分布在不同街区的警岗，不许无故离岗。其首要任务是管理特定区域、街道的交通，提高交通治理效率，主要职能包括清除道路障碍、检查车辆执照、指挥车辆通行、拘捕交通违章者等。至 20 世纪 20 年代，公共租界专职交通巡捕人数日益增长。如 1922～1925 年工部局各捕房

---

① 上海市档案馆编《上海租界志》，第 589 页。
② 《上海公共租界工部局总办关于交通规则问题、〈LANNING 上海史〉第一卷的印行问题与总巡、LANNING 等人的来往书信》，1918 年 2～4 月，上海公共租界工部局档案，档号：U1－2－539。
③ 徐国桢：《上海生活》，第 61 页。
④ 《预防车辆危险之布告》，《申报》1920 年 9 月 20 日，第 10 版。

专职交通巡捕总数，西捕、印捕、华捕 1922 年分别为 5 人、97 人、212 人，共计 314 人；1923 年分别为 7 人、152 人、260 人，共计 419 人；1924 年分别为 6 人、152 人、279 人，共计 437 人；1925 年分别为 8 人、154 人、289 人，共计 451 人。他们分布在中央捕房、静安寺捕房、虹口捕房、老闸捕房、戈登路捕房和普陀路捕房等租界各处。① 再如 1923 年各捕房巡捕总数为 2377 人，1924 年为 2384 人，1925 年为 2639 人。即 1923～1925 年，交通巡捕分别占该年度总巡捕数的 17.6%、18.3%、17.1%。尽管人数呈增长势，但仍不能满足交通治理的一般需求。交通巡捕不足主要表现在一些方面：许多十字路口配备交通警察不足；较多依赖普通巡逻巡捕报告及处理违反交通规则、道路障碍、车辆检查等情况。② 基于当时交通形势，1927 年即有人提出：交通巡捕应组成一个独立部门，尽量与普通巡捕职责相析置，并配有执行长官全责解决交通问题。交通巡捕数将按照治理需要稳步增长，直到增至 33% 左右。但此提议招致工部局董事会部分成员反对，指出由于警务经费不足，迄至 1927 年底增加 10%，则尚可考虑。③

另，鉴于专职人员不多，无法跟上交通治理任务加重的现状，工部局警务处于 1927 年 10 月成立特别交通队，其中有 1 名西捕和 13 名华捕，于租界中心区繁忙地段监督车辆和行人。仅 10 月 3 日一天，就报道交通违章所造成的阻塞事故 47 起，并送交中央捕房处理违章人。随之，在高峰时段，这支执法队伍被分派到北京路、汉口路等处执勤，除维持交通秩序外，向司机、行人、马夫及人力车夫等散发宣传手册，加强交通安全教育和宣传。④即至 1930 年，"警察处为规模最大之组织"，服务人员达 4879 人，其中巡士（包括交通警察）日籍 143 人、印籍 594 人、华籍 2936 人。⑤ 再至 1934 年，西捕督察员增至 14 人，专职交通巡捕、印捕及华捕的总数达到 576 人。⑥

① 《上海公共租界工部局总办处关于交通运输委员会第 26 至 42 次会议记录（卷 3）》，1924～1925 年，上海公共租界工部局档案，档号：U1-5-29。
② 《上海公共租界工部局总办处关于交通运输委员会第 15 至 25 次会议记录（卷 2）》，1924～1925 年，上海公共租界工部局档案，档号：U1-5-28。
③ 《上海公共租界工部局总办处关于中国汽车总会索取红绿灯使用办法事》，1927 年，上海公共租界工部局档案，档号：U1-3-3349。
④ 《上海公共租界工部局总办处关于捕房特别交通队报告事》，1927～1928 年，档号：U1-3-3383。
⑤ 徐公肃等：《上海公共租界制度》，第 122 页。
⑥ 《上海公共租界工部局总办处关于提议改进交通管理事与上海汽车公会等来往函》，1933～1939 年，上海公共租界工部局档案，档号：U1-4-2445。

机器脚踏车巡逻队于 1931 年 7 月 16 日开始执行任务，至 1935 年终仍利用脚踏车队巡逻，"以制止行驶车辆不顾危险以及开车人之违反其他交通规则，并于车辆拥挤时，使其依此前进"。而公共租界各式车辆数目 1935 年又比往年为多，"惟所发生意外事件及致命事件之数目，为近数年来之最少者，良堪满意。该年工部局警务处对于公用车辆内乘客之拥挤，经特别注意，并以捕房之切实查禁，拥挤之情形确已减少"。①

战前就公共租界工部局投入警务处的经费而言，相较华界及其他城市，投入较多。1931 年 4 月纳税华人会曾做过统计：1911 年警务处经费为854499 元，1930 年增至 5651955 元，1931 年的预算为 6708790 元。20 年间警务处经费增加 80%。② 1931 年工部局收支预算表显示，经常支出为16939870 元，而警务处支出达 6708790 元，是各项支出中最高的。③ 其时，"欧美各都市之街道上除十字路口，概有指挥车辆行人之警士一二人外并不常见警察。至我国各都市则满街警察，而争闹窃物之事日日有之。此非欧美各都市警士有特别维持治安之能力，实欧美各都市之警士受有适当之科学训练之故"。而见"上海两租界之警士较有精神，指挥交通，亦尚得力"。④ 从而，警务经费增长蕴含交通管理经费的增长，这亦说明公共租界当局对交通治理的重视，是上海公共租界交通治理当时领先于全国的主要原因。

（二）法租界

公共租界工部局与法租界公董局，"均分多处办事"。⑤ 如 1869 年 10 月，公董局制定最早的《法租界公董局警务路政章程》。1875 年再公布《人力车章程》、《马车章程》（1878）、《手推车规程》（1888），从内容到形式均完全照搬工部局的有关规章。法租界市政建设和交通运输业发展相对缓慢，由此而产生的交通问题也出现较晚。1904 年 2 月，公董局曾经成立一个检查华人机动车驾驶员的委员会，因当时机动车并不普及，委员会规模和作用都较小。直到 20 世纪 20 年代前，公董局未设立管理交通的专门机构。至 1921 年 9 月，公董局总监提出在中央捕房设立一个交通股，管理在法租界内日益增多的人力车。1924

---

① 华文处译述：《上海公共租界工部局年报》（中文），1935 年，上海公共租界工部局档案，档号：U1-1-961。
② 《上海公共租界工部局总办处关于华人纳税会对警务处的评论》，1931 年，上海公共租界工部局档案，档号：U1-3-4098。
③ 徐公肃等：《上海公共租界制度》，第 140 页。
④ 董修甲：《京沪杭汉四大都市之市政》，第 123 页。
⑤ 董修甲：《京沪杭汉四大都市之市政》，第 1 页。

年底公共租界交通委员会成立时，公董局委派了一名成员参与工作，以协调法租界内的交通管理问题。1930 年警务处改组后，中央、宝建、霞飞、麦兰、东门各捕房都设立交通股，负责管理辖区范围内交通。另，出于对交通问题从整体上进行研究的目的，公董局也在 1930 年 6 月成立交通委员会，公董局督办、警务处处长、捕房总巡、交通股股长都是该委员会成员。委员会首次会议主要讨论车辆噪音、规范马路上停车、设置安全岛等问题。[①]

自 20 世纪 20 年代开始，法租界因机动车辆增多，交通事故频频发生，由此 1921 年 3 月 18 日《法租界公董局各车行驶章程》（共 40 条）正式颁行。至 1925 年，法租界交通事故所造成的伤亡比例为 401∶29，1926 年为 551∶33，1928 年为 524∶42，1930 年为 592∶46。为此，公董局于 1928 年 5 月制定并实施第一个完成的交通规章。该章程共 39 条，分为《交通规则》和《有关公共道路的若干特殊条款》两个部分。[②] 这些规则亦成为交通管理者执法的重要依据。

（三）华界

华界的管理机构"在市区初为工巡捐局，嗣为市政厅，故均为兼理性质，初无专设之机构"。即 1921 年前，"市区内各项公用事业，因陋就简，与当时租界相形见绌"。迨 1927 年国民政府在上海成立特别市政府，黄伯樵受命创设公用局，"筚路蓝缕，积极推进，不数年间成绩斐然，一切规制不让租界专美于前"。[③] 如是年 7 月 7 日，蒋介石表示，"上海特别市，非普通都市可比。上海特别市乃东亚第一特别市。无论军事、经济、交通等问题无不以上海特别市为基础，若上海特别市不能整理，则中国军事、经济、交通等则不能有头绪……上海之进步退步，关系全国盛衰，本党成败"。[④] 其时，上海市特别市政府分工务、公安、卫生、财政、社会、教育、公用、港务、土地、九局与秘书处、参事室。[⑤] 公用局于 1927 年 7 月 8 日随市政府而设，"其职掌规定于本市政府组织规则者。计有三项：水电交通；民营及其他政府机关经营之公用；公营业之经营管理"。[⑥] 具如是年 11 月 17 日《上海特

---

① 上海市档案馆编《上海租界志》，第 589~590 页。
② 上海市档案馆编《上海租界志》，第 594~595 页。
③ 《上海市公用行政之过去与现在》，赵曾珏《上海之公用事业》，第 81 页。
④ 《蒋介石于上海特别市成立大会上训词》，《申报》1927 年 7 月 8 日。
⑤ 董修甲：《京沪杭汉四大都市之市政》，第 1 页。
⑥ 上海市公用局编《十年来上海市公用事业之演进》，第 1 页。

别市市政府公用局行政大纲暨实施办法》中明确该局管理职责："本局职司公用，举凡一切水电交通及其他公用事业，均在本局职掌范围以内。"（1）目前即拟举办者：改良并添设全市路灯；设置街路交通信号；就交通要道设置电钟统一时刻；订定一切商办水电、交通及其他公用事业之取缔条例；订定一切商办水电、交通及其他公用事业之技术人员资格检定规则；规定一切商办水电、交通及其他公用事业之营业价目；督促改良一切商办水电交通及其他公用事业；取缔外人越界经营水电事业。（2）至相当时期再行举办者：增设普通电车路线并计划高速度电车路线等。①

由此，公用局"厘定其职掌，是为上海有主管公用事业行政机构之始。惟当时租界存在，公用局行使职权只限于市区，范围狭小，事务亦较清简"。② 1927 年 8 月，《上海特别市公用局宣言》中强调："公用事业之关于市民安全幸福者甚大……所谓危害及于市民者，若自来水之不清洁、电气设备之不完备、交通车辆之失态，此种原因或以公司但顾营业或以公司设备不周、经验不足，凡此本局认为与人民有绝对之关系，自在取缔之列。而一方于取缔之外，本局更自建议于公司使何自以免去其危害……所谓不便于市民者，大都因管理之未能尽善，本局因图市民之便利尤当注意于此，使公司于行政组织中力图简捷，以期市民不特可公有公享而更得种种之便利，如收款之方法地点，交通线之分路分站等……此公用事业之关系及于卫生、工务、公安者綦夥，本局当在市政府范围之下，同与各该局随时联络进行，务使于清洁管理、公路运输、车辆、电话等事，在在为适当之管理，谋人民之便利，以期发达市政健全之上海市，无使以华界各处即落租界之后而冀其发达，假以岁时，得与欧美新造之都会媲美。"③ 其着手从两方面整饬区域内公共交通：一为建设全市公共汽车，二为扩展电车路线。④

嗣因"陆上交通之管理，关系道路秩序、车辆行旅之安全，至为重要。本市对于各种车辆章程业经分别厘订，交通管理倘无专则规定，各车行驶仍少遵循，官厅取缔亦失根据。市公用局有鉴于斯，特参酌本市租界交通规则

---

① 《上海市公用局拟订 1927 年度施政大纲》，1927 年 8～11 月，上海市公用局档案，档号：Q5 - 3 - 908。

② 赵曾珏：《上海之公用事业》，第 53 页。

③ 《上海市公用局拟订 1927 年度施政大纲》，1927 年 8～11 月，上海市公用局档案，档号：Q5 - 3 - 908。

④ 《上海市年鉴》（1937 年下），第 6 页。

及东京道路交通条例等"，1928 年 8 月 1 日由市政府颁行《上海特别市陆上
交通管理规则》，规则有 11 章，共 81 条。① 同日，公布《上海特别市商办
公用事业监理规则》：（1）公用事业范围照特别市组织法第十条规定，即交
通（如电车、公共汽车、长途汽车、轮渡航渡及其他水陆交通事业）、电
气、电话、自来水（包括自流井）、煤气等。（2）本市区内公用事业，在市
政府成立前已归商办者有水厂 2 家、电厂 6 家、电车 1 家、长途汽车 5 家、
电话 1 家。市政府成立后，归于商办者有公共汽车 2 家，"是本市商办公用
事业前途，正有增无减"。第九条再规定，凡商办公用事业机关，对于市政
府应尽各项义务：每年缴纳纯利项下 10% 营业税；缴纳其他本府所规定捐
税。② 第十条规定，凡商办公用事业应纳保证金，存入市政府所指定银行，
其保证金额以资本总额规定，如资本总额分别在 80 万元以上、40 万 ~80 万
元、20 万 ~40 万元、10 万 ~20 万元、5 万 ~10 万元和不满 5 万元，应缴保
证金分别为 1% 、2% 、3% 、4% 、5% 和 6% 。③ 第十一条规定，除一般监督
取缔外，公用局对于商办公用事业有下列各项职权：饬令撤换技术上或与经
营公用事业有重要关系的不称职职员；稽核账目；列席股东会董事会及其他
重要会议旁听；执行其他与监督取缔有关系的事项。④ 第十三条规定，市政
府对于商办公用事业得加入市股或收归市办，其办法与商办机关商定（现
本市内商办公用事业公司，订有营业年限者如华商电车 30 年，至 1941 年 6
月满期）。第十四条规定，商办公用事业如违背本规则或其他本特别市所公

---

① 《上海特别市陆上交通管理规则》，《申报》1928 年 8 月 9 日，第 24 版。
② 如华商电气公司与上海南市市政厅所订合同第十一条规定：关于电车工程之各种车辆，皆
　有免纳市政税之权利。该合同经本市政府认为继续有效后，仍许该公司之继承者华商电气
　公司，继承享受此权利。
③ 各公司纷纷反对，请愿于市参事会，结果由市参事会酌拟为先已成立之各公司减半缴纳，
　且为数甚微。如华商电气公司资本 300 万元，应缴保证金 1% ，仅 3 万元，减半又 1.5 万
　元。至主管官厅令商办公用事业公司缴纳保证金，成例甚多。如上海法租界公董局对于法
　商电车电灯公司征取保证金 10 万金佛朗，合国币 6 万余元。
④ 本市民营公用事业种类甚多，主管局实行监督取缔，两年来亦以称著成效。可举数例证实，
　如华商电气公司之工程部分，组织殊不完密，无常川驻厂之工程师，故最近亦有机械损坏，
　事前毫无览察，临事一无补救，不得不减少发电。致一部分电车及全部使用马达工厂，悉
　归停顿。经济损失，为数至巨。该公司本为本市电业之巨擎，且兼营电车，因其主管人员
　兼职太多，精神不能专注，又移用公司款项，被股东举发，尚未了案。如革新设备，增加
　电车等项要务，迭经主管局督促，历久不见实现。而公用事业公司营业价格之增减，与市
　民负担有关。其收支是否核实，又与本市营业税等收入有关。官厅对其账目，自应有稽核
　之权。如美国伊里（利）诺州公用事业委员会职权十项，其中一项为检查及稽核账目，又
　一项为用取一切图样文件账册单据财产清账暨其他簿记。

布各项法令时，公用局得呈准市政府予以下列处分：（1）撤销其营业权优先权等权利一部分或全部。（2）没收其保证金一部分或全部，没收后应再如额缴定。（3）其他相当之处分（详见上海特别市违背商办公用事业监理规则处分细则，本市区外的公司如法商电车公司，均已切实遵守）。①

再如 1929 年 12 月 21 日，公用局、财政局会拟市政府与市内交通事业公司订立合约的主要条件是：（1）对于缴纳报酬金一事，可将有轨与无轨电车分别办理，至如电车公司皆无车捐支出，报酬金成数应可加高，以昭公允（如各公司应缴纳报酬金，为使用市公路天空埋管架线的代价，此金应作为公司营业支出一种，即自总收入中支出，而不应从纯利中支出。例如，法商电车公司缴给法公董局原收入 5%；英商电车公司缴给公共租界工部局电费总收入 5%；华商电车公司缴给市政府总收入 5%）。（2）公司应向市政府缴纳营业税。（3）公司应向市政府缴纳保证金为履行合约之担保，其成数可以股本为标准。（4）公司票价、折旧及公积金成数年限增减，举办工程、购置机器、车辆之图样标准及合同均应经市政府核准。（5）市政府有尽先购买公司股票、稽核公司账目、列席公司各项会议及勒令撤换公司溺职职员之权。（6）公司有受主管局指导推广路线及预先扩充车辆，以应付未来需要的义务，倘公司资本缺乏、无力扩充改良致妨碍公共需要者，市政府得随时收管。（7）公司应绝对遵守一切法令及主管局指导取缔，倘有违抗或累犯情事，市政府得随时收管。（8）公司营业期满，应将厂屋机器车辆轨道及其他附属品，并公司为敷设轨道或行驶车辆而购置的土地及修造道路，一律无代价交与市政府，倘在合同期满前，市政府欲将公司收回，应与公司以相当之代价（此为欧洲通例）。②

简言之，城市区域内的地方人口和地方组织机构往往以某种随地理、交通线、地价而定的特殊方式聚集组合起来。③ 如自 1927 年起，上海华界的车辆均经市公用局办理登记检验，发给牌照等手续。至 1936 年底，全市登记车辆共为 106887 辆。是年底，公用局水电交通事业登记共计 214551 起。该局监督下交通事业，计华商电气公司、华商公共汽车公司、法商电车电灯公司（沪南

---

① 《上海市公用局规定商办公用事业监理规则及其处分细则案》，1928 年 5 月 16 日~1936 年 4 月 21 日，上海市公用局档案，档号：Q5-3-685。
② 《上海公用局与财政局拟定市府与公用事业公司订立合约的重要条件案》，1929 年 11 月 22 日~1930 年 3 月 22 日，上海市公用局档案，档号：Q5-3-1815。
③ 〔美〕R. E. 帕克等：《城市社会学》，第 111 页。

区法商电车）等。① 当时华界"如所有车辆都依交通规则行驶，实在是很有益的事，现在市政府正在训练交通警察，以加强交通管制"。②

二 人员训练与考验

近代上海"现在市政当局所遭遇之种种困难中，要以交通问题为最严重。又如本市车辆共有十八种不同之型式，自最近代化之汽车以至最古老之手车同时在街头行驶，由于速率之悬殊，遂使交通管制感受极度困难。此外尚有两种原因，一为若干驾驶人之漠视交通规则，一为一般市民之缺乏交通常识"。③由此，战前上海管理当局对于驾驶者和行人的考验与训练，则尤显重要。

（一）对驾驶者的训验

近代"都市交通日趋复杂，推其原因，不外人口日增，车辆拥挤之故。查我国各都市之车辆较外国为尤多，在现在外国各都市中，除电车与公共汽车外，只系私人汽车而已。但在我国都市既有人力车又有大板车与马车，复有私人汽车，公共汽车与有轨及无轨电车等，车辆种类实属太多。加之车夫未有相当训练，随意放置车辆毫无秩序，致一市各街道上只见各种车辆，横冲直撞毫无规矩"。④由此，对驾驶者的训练和考验至为关键。

具如上海"迩来车辆肇祸案之激增，半因由于行人之不慎，而大半实在开车者之疏忽。在去年（1929）九个月中，已有这许多人因行路而送命，因行路而受伤，可见在上海走路的危险了"。⑤而前述公共租界《交通规则》第5～6条及第11～31条即对车辆"驾驶者"行为做出具体规定：（1）开车人使用道路时应注意各项，不准有不正当行为或疏忽疾驰致他人生命危险，不准占路致阻碍交通，须遵照巡捕指示记号而行驶等；（2）驾驶车辆时须靠近路左旁开行，向右转弯时须大转弯向其中线之左而入新路，不准在路上兜转及将车与他车并肩而行等；（3）在上海总会、市政厅、跑马总会、拜经堂、兰心大戏院、新中央大戏院、奥林匹克大戏院、爱普卢电影院、新卡尔登咖啡馆等一些特殊地点附近停车注意事项；（4）司机通过各种手势向其他车辆示意，要有左、右拐弯或停车、前行等动作；（5）车辆的各种装置有缺

---

① 上海市公用局编《十年来上海市公用事业之演进》，第62、1～4页。
② 《上海交通问题》（1947年1月16日扶轮社演词），赵曾珏《上海之公用事业》，第177页。
③ 《改进上海交通之方针》（1947年10月10日），赵曾珏《上海之公用事业》，第186页。
④ 董修甲：《京沪杭汉四大都市之市政》，第118～119页。
⑤ 徐国桢：《上海生活》，第59页。

陷及装运货物不恰当或超载乘客时，禁止行车等。第 32~46 条亦做相应限制，即未领取工部局或法公董局执照者不准在大路开驶摩托车，载货载客不得过分损害路面，不得任意喧闹，不得酒后驾驶以及限速行驶和限时停靠等。[①] 1931 年，根据交通形势变化，工部局对《交通规则》部分内容进行增补。如第十条修正为：马路上开车人或行人，须立即服从值班巡捕命令或其信号，并须遵照一切管理行为或指示交通途径的交通信号。第三十六条修正为：机械行驶的车辆，其所载物件不得超过此项车辆执照条款所规定大小。日落及日出间，悬挂燃着红灯一盏，使其红光及于所载物件的后部及其两旁。第四十六条修正为：每日自上午 8 时至下午 6 时，开车人不得在四川路与南京路交叉处或中央路与南京路交叉处的任何方向，将其车辆向右转，但星期日及公共休假日不在此限。[②] 由见，1931 年修订后的《交通规则》对开车人规定得更为细化，措施更加严格。

并且，对于"驾驶人员的考验工作等，均应经常严格的施行"，[③] 即"开车执照的颁发必须经过极严格的考验，市政当局对于应试者的开车手段，身体状况以及年龄的等等都须十分注意"。[④] 如 1922 年，工部局车务处创用精巧小模型，为证实车辆肇祸之用。"凡本埠所行驶之各种车辆，均照其分寸作一缩小之模型，即街上停车处及电线杆路旁树木及中西巡捕等，亦照样仿制成型。肇祸后，即于出事地点绘一详细图样，由在场者自述其目睹情形。盖乡人每于对质之时不能申说清楚，既有模型之助俾有依据，故因此探得真相者已数见不鲜。马路之模型用木塞板制成，故各车辆等均可用针插于其上，迨捕房讯究既明乃将该盘奉诸会审官员而谳定之。现车务处备有三套模，型每套各件均备尚有一大式模型，置于工部局汽车夫养成学校为教授汽车夫之用。"[⑤] 具如上海"初行电车时，惨祸频闻"，英电公司"为保护公众安全起见，于此颇加注意。近来所提倡'平安为先'之政策，成效甚

---

① 《上海公共租界工部局总办处关于修订和增订交通规则事》，1933~1937 年，上海公共租界工部局档案，档号：U1-4-2467。
② 《上海公共租界工部局总办处关于修正交通规则事》，1929~1931 年，上海公共租界工部局档案，档号：U1-3-3685。
③ 《行的安全》（1947 年 9 月 9 日本市交通安全宣传广播词），赵曾珏《上海之公用事业》，第 183~184 页。
④ 遂初：《汽车肇祸问题的分析》，《东方杂志》第 25 卷第 6 号，1928 年 3 月 25 日，第 104 页。
⑤ 嵩：《捕房讯究车辆肇祸之新法》，《申报》1922 年 9 月 30 日，第 23 版。

佳观"；^① 至 1914 年，该公司华人"司机人与管车人尤极擅长，以道路之拥挤如彼，乘客之繁盛如此，而六年以来肇祸之事卒不多见，斯不得不归功于行车之得人也"。^②

至 1922 年，公共租界汽车夫犯反各种交通规则，被人控告者有 1521 人；汽车夫考验合格给以驾驶执照者有 633 人。存案者共 4522 人，"按近年来汽车夫之需要已供过于求。惟每月车夫薪工仍有加无减，上海汽车夫薪工颇不一律"，富有经验者每月可得 80 元，"至于普通汽车公司驾驶人所入极微，居于生活程度较高地位，殊不敷个人之用度"。1922 年汽车执照发出统计 3038 张，其中 2095 张为自备车，342 张为公共车。^③ 且工部局对于发给汽车驾驶执照，"手续颇为严格。受试者不论为华人或西人，须经过眼目及耳听的测验。然后再经戈登路站的考验，合格者乃给以临时车照"。此项执照只能在靶子路北、卡德路西、茂海路东一段驾驶。临时执照每月更新，直至得到全照为止。1930 年，领全照者计车主驾驶 4774 人，车夫 1642 人，注册汽车夫 12458 人（见表 6 - 1）。^④ 据 1936 年（战前最繁荣时代）统计，当年公共租界发给汽车夫开车执照 823 张，但登记的汽车夫已达 20103 人。^⑤

表 6 - 1　1931～1935 年公共租界工部局开车执照

年份	发给车主开车照会（张）	发给汽车夫开车照会（张）	注册汽车夫（人）	汽车夫照会被注销（张）	汽车夫照会被停止（张）
1930	4774	1642	12458	—	—
1931	5104	1282	13783	34	163
1932	—	—	15000	—	—
1933	367	1249	16249	16	128
1934	369	1604	17854	21	230
1935	335	1464	19318	23	220
1936	—	823	20103	—	—

资料来源：华文处译述《上海公共租界工部局年报》（中文），1931～1935 年，上海公共租界工部局档案，档号：U1 - 1 - 957、959 - 961。

---

① 《英人在上海之企业》，《申报》1920 年 1 月 11 日，第 19 版。
② 甘作霖：《上海三电车公司之组织》，《东方杂志》第 12 卷第 1 号，1915 年 1 月 15 日，第 18 页。
③ 嵩生译：《一年来上海车务情形》，《申报》1923 年 3 月 24 日，第 21 版。
④ 虞：《三十年来上海车辆消长录（续）》，《申报》1932 年 4 月 13 日，第 15 版。
⑤ 周源和：《上海交通话当年》，第 68 页。

次如法租界。1921 年《法租界公董局各车行驶章程》正式颁行，其中第一条规定：各车须沿左边行走，行走逾缓、应逾靠近路边。如与越过前面之车，须在其右边越过，唯电车不在此列。开行或停歇之电车，须在其左边越过，倘在其右边越过，应悉任其咎。如欲由左边越过前面开行或因乘客上下而停歇之电车，各驾车人须缓行谨慎。如其必要，应即停行，直至道路通行为止。在各路转角以及妨碍交通之各处，不准越过他车。如遇来车，须在本车右边，至少让出半路。第三条，各驾车人须由左边行至各路转角，缓缓而行，十分小心。遇必要时，应即停行，俾利横路交通。第七条，各驾车人须立即服从巡捕所发一切记号或命令。如巡捕嘱令停行须即止步。第二十六条，驾车人不应用喇叭、钟或其他警号，致妨公众。第二十七条，各驾车人须用以下记号：（1）予将停止，将右臂高举或横伸，以手上下起落；（2）予将由右边转弯，将右臂横伸；（3）予将由左边转弯，将右臂横伸，向左面摇动；（4）予一直行去，将右臂向前面伸出；（5）汝来或汝过，将右臂横伸，并用手向他人可走之方向摇动；（6）倘机汽车在左边开行，则须用左手作号。第二十九条，无论何人如无驾车凭证，不准开驶机汽（器）车。法租界居民所用之驾车凭证由法捕房发给，该居民须领取法租界公董局执照；公共租界居民则由公共捕房发给，并领取该租界执照。驾车人至少须有 17 岁，方可投考领取此项凭证。第三十条，酒醉之人或因种种缘故认为不健全之人，不准开驶机汽车。[1]

至 1929 年 1 月，法公董局再通过一个规章，对培训司机和技师的驾驶学校提出更为严格的条件：对于车辆，要求教练车必须首先到交通股进行登记，并随时保养好车辆；对于学员，要求首先在学校办理临时许可证才能开始上课，在没有教练的情况下不准开车；对于教练，规定必须有车务处办理的许可证，并要求其具有丰富的驾驶经验和有关知识。另，对一些妨碍公共交通的行为也加以限制，规定不准在圣母院路和金神甫路之间进行驾驶教练，不准在公共道路上放置教练用石块、木块等。[2] 至 1931 年，法租界并拟另订专章，"凡汽车夫与自开汽车之主人，均须检验目力与听力，藉以决定其适合开车与否"。[3]

再如华界。1927 年 9 月，上海特别市公用局函致公安局，"警察如见电车乘客上下未妥，而车手私自开车者，由警察随时加以取缔，抄录该车号码

① 上海市档案馆编《上海租界志》，第 714～716 页。
② 上海市档案馆编《上海租界志》，第 594 页。
③ 《法租界繁盛马路将建停车场》，《申报》1931 年 9 月 1 日，第 19 版。

通知该公司惩办"。① 而前述《上海特别市陆上交通管理规则》第三章 "车辆驾驶人" 第十八条规定：有下列情形之一者，不得驾驶车辆：患有碍作业疾病者；年在 17 岁以下或 50 岁以上者（汽车司机人年龄不受 50 岁以上限制）；酒醉者。② 嗣因 "本市年来汽车辆数日增，汽车驾驶人及匠徒亦随之增多；而此类驾驶人之技术，与旅客安全关系最切"，市公用局于 1928 年拟定管理汽车司机人规则，呈奉市政府核准公布。1929 年 5 月，开始办理登记及考验，发给牌照。是年 10 月 1 日起，在华界驾驶汽车者，如查无本市司机执照，即行照章处罚。③ 如 1930 年 4 月《上海市管理汽车司机人规则》第八条规定，"汽车司机人应于领照日起每满一年，将执照送请公用局审验一次，每次应纳手续费一元。市公用局现查各司机人领照已满一年而未遵章送请审验者为数尚多，昨特布告各司机人，如所领执照已届一年应即呈验，否则一经查出，当照该规则第九条第九项处罚不贷"。④

至 1930 年 5 月，公用局取缔电车、公共汽车公司雇用传染病者卖票。"查电车、公共汽车售票人员与乘客时多接触，如有传染疾病极易流布，亟宜预先检验，以重公众卫生"，由此，令饬华电公司等 "将电车、公共汽车服务人员一并去医院检验，方能从业"。⑤ 至 1931 年 11 月，公用局登记市内汽车司机在 12200 人以上。⑥ 简言之，截至 1932 年 6 月底，上海全市电车公司共有 3 家，两家在租界。登记汽车司机 12895 人，登记车辆共 75301 辆（1931 年终总数内有汽车 6835 辆）。⑦ 至 1934 年 6 月底，全市电车公司 3 家，公共汽车公司 3 家，登记汽车行 62 家，登记汽车司机 17936 人，登记车辆共 93287 辆。⑧

（二）对行人的宣扬

"我国各都市中之市民，对于行路未受相当之训练，于两旁之人行道上不肯行走，偏偏拥入于车马所行之道，致各道路之上，车与车相冲，人与车

① 《上海市公用局整顿老西门外电车交通》，1927 年 7 ~ 10 月，上海市公用局档案，档号：Q5 - 2 - 887。
② 《上海特别市陆上交通管理规则》，《申报》1928 年 8 月 9 日，第 24 版。
③ 上海市公用局编《十年来上海市公用事业之演进》，第 69 页。
④ 《汽车司机执照》，《申报》1930 年 4 月 20 日，第 15 版。
⑤ 《上海市公用局取缔公共汽车电车服务人员传染病》，1930 年 5 ~ 7 月，上海市公用局档案，档号：Q5 - 2 - 491。
⑥ 《公用局修正管理汽车司机人规则》，《申报》1931 年 11 月 17 日，第 15 版。
⑦ 上海市地方协会编《民国二十二年编上海市统计》，"公用事业"，第 1 ~ 2 页。
⑧ 上海市地方协会编《上海市统计补充材料》，第 72 ~ 73 页。

相撞之事，时时得闻。"① 长期以来，中国人形成了随意行路的习性。尽管当局一再强调，车辆中行，行人傍走，但传统习惯难以改变。为确保居民的行路安全和道路畅通，公共租界工部局于 19 世纪 60 年代初开始铺设人行道，实行人车分道。1861 年，首先在花园弄、马路、纤道路、北门街等主要干道铺设人行道。1863 年规定：今后凡净宽 22 英尺的街道，18 英尺为车行道，4 英尺为人行道；宽度超过 22 英尺的街道，其人行道也按比例增加。这项工程在各条街道翻修时陆续进行。② 至 1865 年，南京路、外滩、江西路、宁波路等主要街道先后铺设人行道，实现人车分道，不仅确保了行人安全，亦使车辆行驶速度加快。1873～1897 年，工部局逐段铺筑碎石路面并拓宽，部分路段铺设人行道。进入 20 世纪，租界内道路交通状况越发严重，捕房总巡在 1917 年度报告中指出：作为主干道的爱多亚路适合快速交通，但事实上并未达到预期效果。主要因素有：（1）洋泾浜未通路前，下层民众居住在道路边拥挤的肮脏的简陋房屋里，无法适应第一水平的大道。（2）许多行人在碎石路上行走，缘于人行道的不充分性及间断性，并且一些道路没有人行道。③

随着租界发展，交通问题逐渐复杂化，车辆及行人数量日益增多。如 1919 年对每日进入公共租界中心商业区（不包括界内）的单程车辆和行人进行调查（见表 6-2）："目前对这种与日俱增的车辆、行人拥挤的问题，还没有相应的解决办法。过去一有机会就零敲碎打的加宽一些马路。唯一可行的大胆设想是用无轨电车载客运货。看起来，无轨电车似乎特别适用于上海的环境条件：街道狭窄；低工资的中国居民占绝大多数；有一座世界上数一数二的发电厂。但工部局于电车公司的意见不能一致，因而街道阻塞的情况依旧严重，到现在还没有采取任何措施。"④

表 6-2 1919 年公共租界中心商业区每日车辆、行人数量

项目	数量	项目	数量
行人（人）	145500	马车	3200
人力车（辆）	66100	自行车	2600
独轮推车（辆）	7700	电车	1560
汽车（辆）	5100	卡车	870
手推车（辆）	3500	牲畜	360

资料来源：徐雪筠《上海近代社会经济发展概况（1882～1931）——海关十年报告译编》，第 218 页。

① 董修甲：《京沪杭汉四大都市之市政》，第 119 页。
② 上海市档案馆编《上海租界志》，第 443 页。
③ 《总巡 1917 年的报告》，1917 年上海公共租界工部局档案，档号：U1-2-540。
④ 徐雪筠：《上海近代社会经济发展概况（1882～1931）——海关十年报告译编》，第 218 页。

其时，面对飞驰而过的车辆，行人肆无忌惮地在街道上穿行的现象非常普遍。就连华界当局都认为，这种现象之所以存在，主要在于交通规则并不齐备，行人根本不重视，他们不知道应当在人行道上行走。[①] 如 1925 年 10 月 15 日公共租界工部局交通委员会第 19 次会议中，即有西人抱怨：华人使用道路自私，不考虑其他人安全或便利与否，缺乏基本的交通意识。例如，驾车超越行人时，令人愤懑，原因在于仅有按喇叭才能迫使其让出一点道路，因为他们知道你不敢撞上。因而，驾车者开驶缓慢甚至慢慢挪动，导致司机比行人还紧张。但如遇到下雨天，则完全不同。因为行人不希望被泥水溅到，会尽可能地为驾车人腾出一定空间。上述行为可称为自私或无知，但基本说明了华人缺乏交通意识。[②]

由见，"上海人对于在马路上东张四望的行路者，有一句形容他们的俗语，就是叫做'望野眼'。所谓望野眼者，意思一个人在行走的时候，并不注意于马路上车辆行人来往的交通情状，却把心思放在别处，不是左右看热闹，便是上下打量着人，走起路来慢洋洋地，漠不关心。在闹市中行走，后而尽管汽车捏着喇叭呜呜的叫，他老人家却是行若无事的也不知避让。在汽车交通发达的大都市里，一星期里不知要发生岁多起"。[③] 具如 1922 年 6 月，公共租界所有电车肇祸案，"全系搭客在电车行动时跳上跃下有以致之，汽车出事者大半亦由行路者之自召，非驾驶人之咎"。[④] 翌年，该租界马路上车辆肇祸总数 4467 起，受伤数 1974 起，死亡数 89 起，"大都系路人自不经心致肇祸端者，什居八九。若行在马路上，留以前后车辆宁缓勿急，则肇祸次数必可大减"。即以伤重致死 89 起而言，据事后调查其中 64 起，"实完全为死者自取之祸"，"若能自为留意，则今日犹在人世也"。[⑤] 再如 1926 年 11 月，上海总商会函请工部局改善电车办法，"以电车肇祸中，于驾驶员漫不经心，未尽正确。查警务处按月按年之报告肇祸统计，由于行人不慎及人力车拥挤者居多数"。[⑥] 由上可见，行人交通安全意识的淡漠和自身肇祸，是交通事故的主要原因。

---

① 〔美〕魏斐德：《上海警察，1927~1937》，章虹等译，上海古籍出版社，2004，第 44 页。
② 《上海公共租界工部局交通委员会会议录（第 1 册）》，1924 年 12 月~1926 年 7 月，上海公共租界工部局档案，档号：U1-1-160。
③ 陵韵：《统制行人》，《申报》1936 年 9 月 9 日，第 25 版。
④ 《六月份公共租界车辆肇祸表》，《申报》1922 年 7 月 15 日，第 26 版。
⑤ 毅：《上年本埠车辆肇祸统计》，《申报》1924 年 3 月 22 日，第 21 版。
⑥ 《改善电车乘客上落办法之函复》，《申报》1926 年 11 月 22 日，第 11 版。

基于此，公共租界的宣扬工作随之展开。如"工部局条告有云，马路如虎口，当中不可走。吾人宜切记斯言，在阶沿上行走最为稳妥"：（1）欲横过马路，宜先左右一看，有无车辆驶来。（2）若横过马路之中，适有快车驶来，不及避让者，直立路中小待，俟其既过再行。（3）即使汽车驶来不及避让，宜镇静不可惶，或立定待其让过。（4）电车停处前后不可立，防其忽动。（5）上落电车，宜观察前后车辆。（6）马车前不可立，恐马惊窜伤人。（7）黄包车夫车资须先言定，夜半或荒僻地不可乘坐黄包车。（8）妇孺老幼遇危急时，当竭力扶助。（9）在路上一切行动悉遵定章，即不致肇祸。[①] 随之，有人散发"上海行路须知"传单给过路市民，"所言颇与行人有益"，详细说明过马路应注意事项：（1）凡欲穿过东西马路（如大马路之类）由南向北时，必先向东一看（马路南边，汽电各车由东向西），行时再向西看（马路北边，汽电各车由西向东）若无车马往来，方可穿过。由北向南者，反是。（2）凡欲穿过南北马路（如河南路之类），由东向西时必先向北一看（马路东边，汽马各车由北向南），行时再向南看（马路西边，汽马各车由南向北）。（3）凡过马路时，切不可在电车刚过之后，随即穿过，恐对面来车为电车遮蔽，不知有人穿过，最属危险。[②] 1926 年的《上海指南》中亦指出，"车之行走在路须循左而行，如欲转弯或横过马路，前面适有行人，车马既可举手为号，令其略停"。当电车、汽车成为交通主角时，规定更为详细。[③] 以上宣传内容，主要是提醒市民可能发生的意外，过马路时须时时留意。

同时，工部局除向公众散发宣传安全第一的图片广告和传单外，1922年巡捕房组织的关于"安全第一"的宣传活动在上海首次出现，一部由英美烟草企业制作提供的关于在美国乱穿马路引起事故的影片在上海巡回放映。工部局还聘请一名以说书为职业的华人，在工厂和茶座向文化程度较低的社会阶层宣讲关于交通安全第一的故事。[④] 如 1932 年，该职业宣讲员赴各工厂及茶楼演讲共 768 次，均以"行路宜求安全"为讲题，听众大都为工厂工人，总计约 35560 人。1933 ~ 1934 年，宣讲员仍赴各工厂、茶楼等处演讲，均以此为讲题。1935 年，职业宣讲员增为 2 名，仍赴茶楼、工厂

---

① 无愁：《我之行路谈》，《申报》1923 年 6 月 16 日，第 21 版。

② 《上海行路须知》，《申报》1921 年 1 月 24 日，第 11 版。

③ 周源和：《上海交通话当年》，第 127 页。

④ 上海市档案馆编《上海租界志》，第 590 页。

等处，演讲行路宜先求安全，布告经分发并张贴于各区者共 6000 份。① "上海公共租界与法租界及上海特别市之道路交通，竟成至为拥挤，极不易解决之问题。惟上海租界当局，则皆对于交通问题切实考究。对于行人与车辆之行走，除警察指挥外，更装红绿指路灯以协助之。有时更有'马路如虎口，当中不可走'之触目惊心的标语，以训练市民，指导各市民须各就人行道上行走，更常时对于警察授以指挥交通之方策，故上海租界交通日有进步也。"②

　　此外，1934 年 1 月，上海妇女联合会还函致工部局总办：静安寺路、卡德路、同孚路、白克路等无人行横道，机动车行驶靠近红绿灯，行人无法安全横越街道，"贵局既然已经眼见此问题多时，望及时采取安全措施"。是年 5 月，中国银行职员亦向总办提出建议：应反复劝诫华人不要乱穿马路或在街头任意溜达，以便引起其重视；对于类似于世界其他城市的行人安全岛，应加以大力添设及整修。③ 同年 8 月，工部局交通委员会详细讨论保护界内街道上步行人的两种办法：（1）关于穿越街道或在街道上徘徊的危险，应在冲要地点，广为揭示。（2）应仿照其他著名城市的办法，划定一种步行人穿越街道时的安全地带。但警务处处长报告，"在街道上遭逢意外事件而受伤之步行人，大都为不识字者，故揭示危险之通告，是否有用颇属疑问。步行人之遭遇意外事件，非常在街道之交叉处乃由于车辆疾行之际，急图超过其前以穿越马路。现时办法系由以演购为业之宣购员、向民众演购'行路宜先求安全'之法，大多数之重要马路交叉处均有以黄漆为记之步行道，但用之者颇少。至于筑造安全站台一层，则以界内马路类皆狭窄，加以主要通衢如南京路及静安寺路均有电车轨道，殊无设置此项站台之余地。即步行人在街道上遭逢之意外事件，发生于不准横过马路之地点者大概占十分之九"。由此，"惟步行人交通问题已日见重要，当仍由警务处处长随时注意"。④ 即流量比较大的岔路口，则设立红绿灯，并告诫人们："欲保安全维秩序，认明红绿两边灯。"⑤ 由此，面对日益复杂的交通形势和舆论压力，

① 华文处译述：《上海公共租界工部局年报》（中文），1932～1935 年，上海公共租界工部局档案，档号：U1-1-958、959、960、961。
② 董修甲：《京沪杭汉四大都市之市政》，第 119～120 页。
③ 《上海公共租界工部局总办处关于交叉路口的交通管理与行人安全事》，1933～1942 年，上海公共租界工部局档案，档号：U1-4-2444。
④ 《讨论行人安全办法》，《申报》1934 年 8 月 10 日，第 14 版。
⑤ 顾炳权：《上海洋场竹枝词》，上海书店出版社，1996，第 289 页。

公共租界工部局警务处加强对专职交通管理人员的指导，"众人抱怨街道路口对行人缺乏管理，原因在于值班巡捕无权离开岗亭制止行人在街道中随意行走。为更好管理路口交通，必须增加巡捕值班"，但最根本的解决方法还是教育公众自觉遵守交通规则，日后行人堵塞交通及占用车道者应被立即拘捕。[①]

华界的宣扬和管理工作亦在进行。"上海特别市政府对于我国市民认识最深，一面注意市政之改善，一面尤注意市政之宣传。当其成立之初，除发行周报月刊外，更有法规汇编、业务报告、市民须知各种刊物之印行，并有市政宣传、市政演讲会之举行。"[②] 如特别市成立初，工务局即担任修复人行道毁损之处或加以改造，卫生局担任维持人行道清洁，公安局担任取缔居家或店铺在行人道工作或起坐或安设器具。"公用局担任稽查所见上述情形，随时分别报告各局核办，业经市政会议通过，会同召关系各局执行，拟就民国路、中华路、共和路、大统路、恒丰桥，新闸桥等处严格办理，一面订定罚则，以资执行。"[③] 嗣《上海特别市陆上交通管理规则》第九章"道路及人行道"第 77 条规定：（市民）等候电车，不得立在路中。[④] 而因华电公司"老西门外换票亭，占用人行道公地，违背本市整顿人行道规章"，公用局令知该公司撤销，"照法商电车办法租用店屋，应由该公司即日迁让"。[⑤] 简言之，其时上海"警务当局看着未免有些寒心，便在全市中发起一种安全运动，用宣传、演购、指导、教育等各种方法，晓喻大众，使他们在马路里走的时候各自小心，避免发生惨案。自从这运动以后成绩还算不差，今年的行人死亡率就大见低减"。如 1936 年上半年 5 个月中，行人因汽车肇祸而丧生计 196 人，而去年同期却有 257 人。[⑥]

综上所述，"吾人生活在现代社会里，除了衣食住外，'行'也很占重要的一项，因之交通工具随之增加其重要性。但是在交驰奔逐，肩摩毂击的情形之下，交通秩序就发生了问题。问题是什么呢？那就是'纷乱和不安全'！在

① 《上海公共租界工部局总办处关于提议改进交通管理事与上海汽车公会等来往函》，1933~1939 年，上海公共租界工部局档案，档号：U1-4-2445。
② 董修甲：《京沪杭汉四大都市之市政》，第 28~29 页。
③ 《上海市公用局拟订 1927 年度施政大纲》，1927 年 8~11 月，上海市公用局档案，档号：Q5-3-908。
④ 《上海特别市陆上交通管理规则》，《申报》1928 年 8 月 9 日，第 24 版。
⑤ 《上海市公用局关于民国中华二路华商电车接轨》，1927 年 11 月~1928 年 9 月，上海市公用局档案，档号：Q5-2-851。
⑥ 陵韵：《统制行人》，《申报》1936 年 9 月 9 日，第 25 版。

这种人为的'纷乱'状态之下，'不安全'便成为必然的后果"。而上海城市管理当局"对于本市的交通秩序和市民的生命安全，是付着管制和保障的责任的"；一面力求改善交通，确保安全，一面强制守法，取缔越轨，改善交通，确保安全：统一交通管制；改善交通设备；增加公共车辆；养成市民行路习惯；养成市民公共观念——牺牲个人便利，顾及公共利益。① 由此意义上说，规制交通行为与人员训验不无联系。即近代上海当局实施交通治理，对维护城市交通秩序环境和城市功能正常运转而言是十分必要的。

第二节　电车行驶和停放管控

进入 20 世纪，中国"都市交通日趋复杂，车辆停放问题，行驶问题，与行人行路指挥问题等，均为世纪所不须特加注意者，但现在则成为各都市，至不易解决之问题矣"。② 随着西方较为先进的道路交通管理理念被逐步引入租界，上海都市电车行驶和车辆停放的治理需要不断强化，以适应城市交通近代化渐次发展之需。

一　电车行车管控

（一）行车速率

城市机动车辆造成的祸害包括噪声、大气污染、安全事故、步行不便和普遍出现的拥挤等。③ "城市街道运输量之有关因素甚多，如街道之宽阔，街道地位之有效使用（如禁止停车等），公共车辆之数量及性能，但最应注意者即行车之速度。""行的安全"主要包括：厘定交通规则；限制车辆速率；查验车辆性能；取缔不规则车停和任意滥摁喇叭；取缔道路上不合规定的摊贩和障碍物。④ 其时，"上海之电车虽属交通之利器，但亦为害人之利器。因行驶过速，乘客太多，不顾群众之安全"。⑤ 1891 年公共租界工部局为缓解车辆过多造成的市中区道路堵塞状况，在几条路面不宽的主干道实行

① 《行的安全》（1947 年 9 月 9 日本市交通安全宣传广播词），赵曾珏《上海之公用事业》，第 183～184 页。
② 董修甲：《京沪杭汉四大都市之市政》，第 118 页。
③ 〔英〕K. J. 巴顿：《城市经济学——理论和政策》，第 105 页。
④ 赵曾珏：《上海之公用事业》，第 280、184 页。
⑤ 无愁：《上海试行新式电车》，《申报》1923 年 11 月 17 日，第 23 版。

车辆分流措施。1905 年，英商电车公司的合同规定，合同内任何条文均不得限制工部局在有轨电车所经道路上管理交通的权力。工部局则可随时制定规章管理有轨电车的营运及电车速度，乘客上下车、乘车等方法，公司若违反规定将受处罚。1911 年，工部局规定在租界内行驶的汽车时速不得超过 15 英里，1912 年在部分道路实行单向行驶。[①]

具言之，如 1908 年 6 月公共租界工部局捕房卜总巡特谕《捕房管理电车定章》，其中规定：（1）电车不得行驶过速，以免公众危险；（2）除有意外之事，电车只准停于限定之处，即由总巡所允准者且有标记指明，白底红记之标是为必须停止之处，白记之标是为照搭客所欲停止以便上落之处；（3）凡遇十字路或转弯之处，须要谨慎缓行，若非遇有不测之事不得停于十字路口之中，又除尽头处不计外，所有电车只准停于路中，足敷搭客从速上落不准过久。[②] 至 1914 年，英商无轨电车每车每日行驶 39.71 英里（63.93 公里），营运车速规定为 5.31 英里/时（8.55 公里/时）。[③] 即英商电车速度，"以每小时行十八英里为率"。[④] 而法租界电车"就行车平均速度而言，法租界户口之繁密，视公共租界为远逊，故车务亦较清闲。而行车之速度，则反以是而增高"，车行所需之电力则每英里亦较增至 10%。[⑤] 1933 年 9 月，公共租界工部局警务处通告各车主，"意外事件之所以增多，系由于开车过速及冒险，尤以在西区界外马路各处为然，务各注意，捕房遇有开车玩忽情形，辄从严究办"，结果超速的司机人经控究者达 130 人。[⑥]

在华界，前章所述《上海南市市政厅准许上海华商电车有限公司行车合同》（1912 年）第五十二条规定：市政厅当会同公司，订定驶行电车及开行速率等章程。第五十三条，市政厅随时可订立治理电车章程，应于两星期内登上海日报，俾众周知。其关于应订章程各项：（1）管理使用车上警铃；（2）如市政厅视为发生危险之处，可令电车即行停驶；（3）管理电车上乘

---

① 上海市档案馆编《上海租界志》，第 426、18 页。
② 《上海工部局捕房上海电气电车有限公司关于捕房管理电车定章及电车公司规则》，1908 年 6 月，上海市公用局电车公司筹备处档案，档号：Q423 - 1 - 14 - 1。
③ 上海市公用事业管理局编《上海公用事业（1840～1986）》，第 347 页。
④ 甘作霖：《上海三电车公司之组织》，《东方杂志》第 12 卷第 1 号，1915 年 1 月 15 日，第 13 页。
⑤ 甘作霖：《上海三电车公司之组织（续一号）》，《东方杂志》第 12 卷第 4 号，1915 年 1 月 15 日，第 10 页。
⑥ 华文处译述：《上海公共租界工部局年报》（中文），1933 年，上海公共租界工部局档案，档号：U1 - 1 - 959。

客上下之法与车上布置合式与否；（4）管理电车之速率；（5）各项中英二文合列之印刷品应在电车内及别处张贴；（6）市政厅应订公司违反以上各项章程，罚款分 5 元、10 元两种。① 即其"意在减少祸端、不在增多罚金，即取缔电车宜于繁盛地点酌减速率、展长时间，速力减则避让易时间长，则于大站卖票人可下车照料。客上下未毕不开车，避让易照料周，则祸端少而杀伤减矣。凡此举属地面公安，故注意而整顿之责在维护治安之当局"。②

具如 1927 年 9 月，公用局要求电车行驶于西门斜桥间方斜路中时，"因该路旁在医院学校（行人中妇孺甚多），车应慢行，并于凡医院学校前应树立慢行标志，晚间并须燃灯"。③ 1928 年 11 月，华电公司"因整理扩充营业便利交通起见，将中华路民国路的西门及小东门两站接通，定名为中华民国圆路"，每日开行三路电车 8 部。此项工程于 9 日完备工竣，并定于 10 日下午由车务总管等督同司机人先行试车一辆，并在中华路民国路沿城周围开驶，试验通车行驶速率及坚固稳妥，11 日实行开驶。④ 是年，市公用局再规定：华商电车"行经工务局正在修理之各马路，应开慢车"。⑤ 嗣该局"以本市交通情形日益繁复，各项规章以及各处信号非赖岗警严厉执行，无以收整理之实效"，函请公安局通饬岗警，注意下列各点：（1）电车、公共汽车除特别事故外，不得在未到站前，随时停车或开门；（2）马路转弯处，车辆行驶不得过快；（3）机动车辆驾驶者，无司机执照不得驾驶并处以罚金；（4）各种车辆，不得超过规定载重或人数限制等。⑥ 据 1936 年 8 月《上海华商电车有限公司调查表》显示：平路行车最高速度每小时 13 公里；平均行车速度每小时 12 公里；平均电力消耗（每车公里或英里的千瓦小时数）1.34 度；电价（每千瓦小时的分数）2.5 分；平均车价（每车公里或英里的分数）每公里 1.07 分；平均设备折旧率 5%。⑦

① 《上海南市市政厅准许上海华商电车公司行车合同》，1921 年 1 月，上海市公用局电车公司筹备处档案，档号：Q423 - 1 - 35 - 21。
② 无用：《车辆与生命》，《申报》1922 年 2 月 12 日，第 15 版。
③ 《上海市公用局整顿老西门外电车交通》，1927 年 7 ~ 10 月，上海市公用局档案，档号：Q5 - 2 - 887。
④ 《民国中华两路华商电车接轨竣工》，《申报》1928 年 11 月 10 日，第 15 版。
⑤ 《上海市公用局关于华法商电车第一次请求加价》，1928 年 2 ~ 5 月，上海市公用局档案，档号：Q5 - 2 - 873。
⑥ 《市公用局注意整饬交通》，《申报》1930 年 4 月 13 日，第 15 版。
⑦ 《上海市公用局关于中国建设银公司调查电车》，1936 年 8 ~ 9 月，上海市公用局档案，档号：Q5 - 2 - 827。

(二) 载客和路线

载客限定。如前述公共租界《捕房管理电车定章》相关规定:(1)遇有意外必当速即报知巡捕,车中拾得各物须交与公司转报捕房。(2)车中遇有患传染症之搭客,须由公司员役嘱其出车,由公司报知工部局卫生员,非经卫生员许可其车不得再用。(3)诸色人等不得故意将其所乘之车行于轨道,以致无故碍电车行驶。(4)凡行车人管车卖票人查票人等于上差时,须穿号衣或挂铜牌,将其数显出。(5)凡遇车中搭客或无论何人有违背以上各章程或以下所开公司规例者,巡捕须尽力帮助公司与公司员役。① 英商电车初期载客有限额,搭客已满即悬牌告示。租界电车头等 6 位,三等 40 位,坐满悬牌,不准站立,不再上客。稍后铁柱旁的这些红、白牌子都写明是几路电车的上落站。② 嗣后,英商最初通行的无轨电车全程 2 站,南京路(今南京东路)为中途站,票价每站头等银 2 分,二等 1 分。无轨电车开办初仅 7 辆车,车厢内分隔为两个等级,车厢内设 28 座,限载 70 人。③

譬如 1923 年 9 月 14 日,公共租界工部局控告英商电车公司违反工部局章程,电车多载搭客及不将每车应载人数显明漆书车上,由英领署警务公堂开庭审讯。即老闸捕房西捕头克里干氏 8 月 16 日在南京路拦阻一电车偕其他警员登车,查头等车内的搭客立者 15 人、坐者 14 人,三等车内的搭客立者 33 人、坐者 17 人,且尚有二三人先令下车。彼于点明人数后即放车前行,按照章程,头等车多载 13 人,三等车多载 20 人,且未书明应载人数(头等车客华人仅两三名,余悉外人;三等车内外人仅 1 名,余悉华人)。自新章实行后,巡捕对于电车多载搭客无法阻止,非于车口设门不可。被告律师美克洛特以工部局与电车公司订有合同,而今工部局以新章更改合同条件及以刑事案起诉公司,故当请注销此案。④ 两日后,捕房控电车公司一案,英公堂宣布判决,根据交通章程第 29 条"有管理上落电车及车内安适",第 36 款"盖交通问题乃在公众安全而非求搭客舒适",再据工部局与公司的合同第 26、29、41～42 诸款,"工部局制定章程之权并未受有限制"。根据以上各项,判为工部局有权制定章程取缔公司,而交通章程第 36

---

① 《上海工部局捕房上海电气电车有限公司关于捕房管理电车定章及电车公司规则》,1908 年 6 月,上海市公用局电车公司筹备处档案,档号:Q423 - 1 - 14 - 1。
② 周源和:《上海交通话当年》,第 128～129 页。
③ 上海市公用事业管理局编《上海公用事业 (1840～1986)》,第 347 页。
④ 《工部局控上海电车公司》,《申报》1923 年 9 月 14 日,第 15 版。

款乃系适当判定者，因此公司当日应援照附律第 29 款，处以 10 元罚金。①
再如 1935 年 7 月，工部局卫生处以"时届夏令，疾疫盛行，为避免传染起
见"，限令界内电车等不得超过规定载客数额，以重卫生，"并由捕房及
卫生处派员赴各地巡视，如遇违犯者，即登车查点予以处罚。故连日各
项车辆，均不敢多载乘客并加开班次。惟车辆载客过多，乘客上下亦属
妨碍交通，且限制乘客实施后，凡车辆上被窃事件可免发生。故工局当
此禁满届后，仍将加以限制"。②

　　再如华界。1928 年 12 月，市工务局为计划建筑本市桥梁，函请公用
局将华商电车各项载重量等详细查复。"查本市桥梁上多有电车经行，敝
局于计划此项构造时，非预将其钢轨之剖面暨每尺之重量及其敷设方法，
并电车本身及所载之重量将来最大之载量、车轴相距之宽度等各节研究
明晰无由着手，特函请贵局查明详细并希附图说明，俾资参考。"由此，
华电公司致公用局，"电车经过之桥梁现除陆家浜桥正在填塞外，只有外
马路开泰桥一座，兹就两处做法绘图呈送"。③ 1934 年 4 月，工务局再因
"沪南外马路开泰桥即将重建，所有经过该桥之华商电车，其最大尺寸及
各个车轮之距离与所受最大重载，均应详查明确，以便设计"。后该公司
呈明：电车最长车身为 10.6 米，各车轮距离为 4.7 米，最大重载连乘客
为 11 吨半。④ 翌年 5 月，公安局函公用局饬令华电公司"制一限制乘客人
数牌，钉于车门之旁，以示限制而免危险"。即"查电车限载乘客牌，确有
规定之必要，固现尚无规定"。1936 年 6 月，公用局函达公安局：电车限载
乘客牌业已规定，令行华电公司具领钉用。经数度与公司商洽及实地查勘各
车之构造及车身大小，拟定限载人数，制就磁牌，相应检同样牌 35 块。⑤
据是年 8 月华电公司调查：车辆总数 81 辆（现用 42 辆、备用 39 辆）。每辆容
积：座位 32 座、38 座、42 座；立位 24 人、30 人、34 人。平均载客成数：约
40%。车上马达定量（电工率及电压）：每车 2 座，合计 50 匹、70 匹、80 匹。

①　《电车公司被控之结果》，《申报》1923 年 9 月 16 日，第 14 版。
②　《公共租界电车公共汽车不敢多载乘客》，《申报》1935 年 7 月 1 日，第 16 版。
③　《上海市公用局调查电车钢轨通过桥梁做法及重量》，1928 年 12 月～1929 年 3 月，上海市
　　公用局档案，档号：Q5-2-892。
④　《上海市公用局关于工务局调查华商电车尺寸及重载》，1934 年 4 月～1935 年 6 月，上海市
　　公用局档案，档号：Q5-2-891。
⑤　《上海市公用局关于电车装钉限载乘客人数牌》，1935 年 5 月～1936 年 6 月，上海市公用局
　　档案，档号：Q5-2-868。

电车不载客、满载客时重量：平均 6 吨半、10 吨半。[①] 各车构造、各车限载见表 6 - 3。

表 6 - 3 1936 年华商电车公司限载乘客

单位：千克

车号	辆数(辆)	头等(人)		二等(人)		限载人数(人)	载重共计
		坐	立	坐	立		
1～12	12	14	8	20	12	54	3240
13～20	8	14	8	20	12	54	3240
21～26	6	16	10	20	12	58	3500
27～38	12	18	12	22	14	66	4000
39～50	12	14	8	20	12	54	3240
51～54	4	14	8	20	12	54	3240
55～81	拖车 27	—	—	36	40	76	—

资料来源：《上海市公用局关于电车装钉限载乘客人数牌》，1935 年 5 月～1936 年 6 月，上海市公用局档案，档号：Q5 - 2 - 868。

行驶路线规定。一般而论，市政当局通过修路、建桥以及修建电车线路来改善运输条件时，会产生这样一个问题："是否应该对这些设施收更高的费用，以便提供可观的纯收入，并减轻市政承受的利息税率压力，还是更低些，以便增加消费者剩余。"[②] 而战前公共租界工部局规定，英电公司电车"车轨不宜靠近路侧。一足妨碍店铺营业。二电车由路中偏向路侧时，往往碍及路侧缓行之车辆。三车客上下不便，百老汇路、杨树浦路、北四川路过浙江路桥之路应敷设双轨。就经验而论，凡最狭之处如敷设双轨则拥挤并迟缓之弊，可较单轨为轻"。[③] 再如前述《上海南市市政厅准许上海华商电车有限公司行车合同》第 50～51、57 条规定：所有电车拖车式样，均须经市政厅查验允准后，方可使用；其车厢之洞，不得过英尺 6 尺 6 寸。凡引电箱须由市政厅指定坚固地段，方可安设。市政厅应禁止凸轮车行驶于电车轨道范围内，派稽查员携市政厅所给稽查券，不论何时何车，可以查验车上机器、电气及各种器具；如查有不适用、不稳固之处，一经市政厅函知，公司

---

① 《上海市公用局关于中国建设银公司调查电车》，1936 年 8～9 月，上海市公用局档案，档号：Q5 - 2 - 827。
② 〔英〕马歇尔：《经济学原理》，第 396 页。
③ 《租界电车之大计划》，《申报》1922 年 3 月 9 日，第 14 版。

应即设法修理。① 随之，《上海特别市陆上交通管理规则》第 33、45 ~ 46 条规定：凡值电车停驶乘客上下之际，车辆不得经过其左侧。任何车辆不得利用电车轨道行驶。（电车等）使用拖车以一辆为限。②

具如 1928 年 7 月，上海特别市公安局、工务局、公用局呈市长张定璠，会拟取缔载重车辆利用行驶电车轨道行驶罚则。"查市内塌车粪车等载重车辆，往往一轮或两轮贴合电车轨道行驶，以期减轻拉力，结果易使车轨及两旁路面损坏倾陷，且遇电车经过时，每以车重不便避让，酿成彼此冲撞及阻断交通之危险，实于道路工程、行旅安全、交通管理均有妨碍……且电车轨道倾陷后，责令公司修复，公司往往藉口官厅放任重车在轨道行驶，推诿延宕，于执行职权尤觉困难。不得已，拟略较重之罚则，以后遇查有载重车辆利用轨道行驶者"，由公安局予以罚款 5 元或拘役 5 日处分，再度查出除照前项处分外，再将牌照交由公用局撤销，绝不宽贷。次月，市长指令并准办理取缔载重车辆利用电车轨道行驶罚则，"仰即会衔，布告周知"。③

（三）行车装置

前述公共租界《捕房管理电车定章》规定：（1）凡电车前后右边之栅门必须常开；（2）每车于日落后日出前，须燃点有分别灯二盏，一在前一在后，其上须将该车号数标明，每车亦须备危险灯两盏，不通电线以便电气断绝时需用；（3）每车须备警钟，以便车近路口暨别项需用时间，应即鸣报但无故不得鸣击；（4）除以尽头处或势不得已时，两车同在一轨，相距不得在 80 码之内。④ 再据前述《法租界公董局各车行驶章程》第 32、35、37 ~ 40 条规定：各车如无法租界或公共租界工部局号牌，不准在路上往来，此号牌须遵依执照上章程所订款式，钉在车上。各车须常备警号一枚，以能警告其方向为度。此警号须由捕房核准，机汽（器）车禁用汽笛、铜锣、叫子等物。每车不应有一辆以上的拖车，而缆长不得过 1 丈 6 尺。各车如经巡捕观照以后，不准在并非停车之处停歇。机汽（器）车切宜预防泄气，禁止机汽车突然泄气。凡违以上章程者，处以 1 ~ 100 元罚金，由该管法庭

---

① 《上海南市市政厅准许上海华商电车公司行车合同》，1921 年 1 月，上海市公用局电车公司筹备处档案，档号：Q423 - 1 - 35 - 21。

② 《上海特别市陆上交通管理规则》，《申报》1928 年 8 月 9 日，第 24 版。

③ 《上海市公用局取缔载重车辆利用电车轨道行驶》，1928 年 7 ~ 9 月，上海市公用局档案，档号：Q5 - 2 - 893。

④ 《上海工部局捕房上海电气电车有限公司关于捕房管理电车定章及电车公司规则》，1908 年 6 月，上海市公用局电车公司筹备处档案，档号：Q423 - 1 - 14 - 1。

定断。如若再违，罚金可以加倍，执照仍可暂时收回或竟行吊销。①

基于行车和乘客安全，当局要求电车企业安装铁栅门。如 1922 年 5 月，公共租界工部局议董开会，议决防杜电车拥挤办法："各车司机者的站台当与乘客完全隔断，应令电车公司取必要方法达此目的。新车中所设的太平门（铁栅门）与同类机关如试行真正有效应，令电车公司于旧车中一律装置。"② 至 1924 年，租界各路电车鉴于乘客任意上下易肇危险，特将车前车后装设栅门，抵站时由售票人启闭车。开行时，栅门锁闭不得擅开。"惟公司主面因售票人既司售票又司栅门，恐乘客拥挤时难于兼顾，特将栅门改良，车前由司机人掌管即在车前装置木柄向上扳门，自能开下抑则门即紧闭，车后三等座仍由售票人掌管。"3 月 4 日，行驶静安寺路至靶子场的 B28 号一路车已装置新栅，"大致试用数日，即将全体更换"。③ 时人对此而论，"今者上海竟以试行新式电车，亦云幸矣，闻此次改良之电车系于踏板处添置铁栅门一座，并添雇员司，除司机人外有查票者一人，司启闭铁栅者一人，车后一人兼管拖车之铁栅，每到一站乘客先下后上座位既满则禁止上落，故无拥挤之虞，亦无跳车之险。此种办法可谓良矣。吾以为此等车辆已极安全、不必试行，各车尽可照式改良断无祸患，嘉惠乘客"。④

具如 1927 年 9 月，上海特别市公用局致函英法商电车公司，"电车加置铁栏，非上下时不得开关"，并将"老西门换票亭即日改狭，以不妨碍人行为限。西门方斜路一带电车轨道已经损坏者，概由法商电车公司立刻更换新轨"。凡经过华界的各路电车及拖车在 10 月 20 日前，"一律须装添铁栅门，以免危险"。⑤ 即电车安置铁栅"原为乘客安全起见，租界各路电车多有此设备。惟驶行华界之华法电车尚未装置铁栅"，公用局有鉴于装置必要，曾于同年 10 月会同公安局邀集华商及法商公司议决举行，"时逾半载，该公司等尚未办竣复"。⑥ 翌年 3 月，公用局再令华电公司，"电车上照公共租界电车式样装置铁栅门一案，前经令由该公司制造一辆，由本局查看合格，应将新旧各电车一律继续赶装应用。令仰该公司分别遵照办理，若再有玩延情事，

---

① 上海市档案馆编《上海租界志》，第 716 页。
② 《工部局议董会之议案》，《申报》1922 年 5 月 19 日，第 13 版。
③ 《租界电车之又一改良》，《申报》1924 年 3 月 5 日，第 15 版。
④ 无愁：《上海试行新式电车》，《申报》1923 年 11 月 17 日，第 23 版。
⑤ 《上海市公用局整顿老西门外电车交通》，1927 年 7～10 月，上海市公用局档案，档号：Q5-2-887。
⑥ 《上海市限令电车装置铁栅》，《申报》1928 年 6 月 21 日，第 19 版。

则于必要时惟有强制执行。因电车每日开驶出外，故此项铁门须逐辆更换装置"。①

至 1928 年 5 月，公用局严限华、法商电车公司在 6 月 15 日前一律装齐，"如届时查有尚未装竣者，则为保护乘客安全计，不得不令其停驶"。并函请公安局通令该管区所遵照，自 16 日起如各电车有未竣铁栅门者，"一律禁止行驶，以维公安"。② 由此，"华法电车在华界行驶限期装置铁栅门事，已分行函令遵办"。据法商电车公司函称，铁栅门已于 4 月 12 日委公益协记厂制造，共交货 20 扇。该公司"为乘客安全起见，竭力兼工"，6 月 15 日所有尼卫而式（Nivelles）电车（即中间上下者）、勃吕歇式（Brusle）电车及所有拖车装配工程装配工竣。然华电公司因"厂内工人不敷分配，欲包与厂外工人承做，厂内工人又加以阻拦，现虽决定包工承制，但仍非短时期内所能竣事。且法公司经理面呈目前需两车辆、时须修理"。7 月 20 日法电公司"所有行驶华界的电车及拖车应装铁栅门，一律配全"。③ 嗣至 1929 年 8 月，华电公司"电车及拖车应装铁栅门并门上应装之锁，已经陆续装齐"。④ 从而，公用局再函公安局，"行驶民国路各电车业已装设铁闸门，但事实上开行时仍未实行关闭，应烦贵局转知各管区岗警严重取缔，以符装设铁栅之本旨"。⑤ 由是，经当局"督促华商公司装置电车铁栅门，建设沿线月台，于是乘客上下益臻安全"。⑥

二　车辆停放管理

不难发现，大都市的拥挤密集这一事实是无可否认的。可以从马路上的车辆时常停顿而看到拥挤，其结果是大量车辆聚集在市中心。⑦ 城市当局对于"规定车辆行驶之时间、地点，尤其是客货车之停留地点，应有适当的

① 《上海市公用局关于民国中华二路华商电车接轨》，1927 年 11 月~1928 年 9 月，上海市公用局档案，档号：Q5-2-851。
② 《上海市限令电车装置铁栅》，《申报》1928 年 6 月 21 日，第 19 版。
③ 《上海市公用局督促法商电车装设铁栅门》，1928 年 6~7 月，上海市公用局档案，档号：Q5-2-899。
④ 《上海市公用局关于华法商电车第二次请求加价》，1929 年 5~9 月，上海市公用局档案，档号：Q5-2-872。
⑤ 《上海市公用局督促法商电车装设铁栅门》，1928 年 6~7 月，上海市公用局档案，档号：Q5-2-899。
⑥ 上海市公用局编《十年来上海市公用事业之演进》，第 76 页。
⑦ 〔美〕刘易斯·芒福德：《城市发展史——起源、演变和前景》，第 403 页。

规定"。① 从而，在汽电车增多后，当局应"选定某些位置供汽车或其它车辆停放"。②

（一）停车站台

最初，公共租界上的电车是没有"上落站"之名而有"上落站"之实的。它在马路的铁柱上相隔一定的距离挂上一块牌子，铁柱上装有红箍为标志，牌子上写有往来地址、价目。电车开到有红箍的铁柱旁便停下，而不管有无乘客上下。此外，沿路隔一定距离的铁柱上箍有白色牌子，乘客也可举手为号，车即暂停，电车公司对乘客非常客气。③ 英商电车公司在线路起讫站和中途中心站设置 2 平方米以内的木板亭，供站务员（即线站调度员）和记时员工作，亭内仅有电话联络设备。线路每隔 300～500 米设一停车站，供乘客上下，停车站又分正式站与招呼站两种，正式站必须停车，招呼站凭乘客招呼停车，无人招呼则不停。停车站标志漆在本公司的电线杆上，后用站牌装在电线杆上。有轨电车停车站，在宽阔的道路上设置"安全岛"（候车月台），供候车者站立。④

至 1932 年，公共租界"电车及公共汽车之聚集于黄浦滩及南京路各停车处附近，殊多妨碍。开驶时之衔接而行，尤足阻碍其他一切车辆之来往。欲使目前之拥挤情形，稍见疏通，其必要办法在于废除某某数处之电车站或令其迁移至其他地点。如此办理，当可使各辆电车与公共汽车之开行，不致如目前之常见彼此衔接"。⑤ 是年 11 月 25 日，"租界电车委员会主席称，近见斜桥总会前，由电车下车之旅客颇为危险。该处无足月台，而停车处与路旁相离又近，汽车驶过时对于下电车者，不免危险"。工部局交通委员会拟即此事交行车股办理与电车公司商酌，"将车站略向东或向西移动"。⑥ 1935年，又颁布关于停车新规则若干条，"并将南京路及静安寺路等处之电车站台撤除若干处，结果为在交通忙碌之时，拥挤之情形以减少若干"。⑦ 1937

---

① 《行的安全》（1947 年 9 月 9 日本市交通安全宣传广播词），赵曾珏《上海之公用事业》，第 184 页。
② 上海档案馆编《工部局董事会会议录》第 20 册，上海古籍出版社，2001，第 668 页。
③ 周源和：《上海交通话当年》，第 128～129 页。
④ 蔡君时主编《上海公用事业志》，第 385 页。
⑤ 华文处译述：《上海公共租界工部局年报》（中文），1932 年，上海公共租界工部局档案，档号：U1 - 1 - 958。
⑥ 《公共租界内交通问题》，《申报》1932 年 12 月 9 日，第 13 版。
⑦ 华文处译述：《上海公共租界工部局年报》（中文），1935 年，上海公共租界工部局档案，档号：U1 - 1 - 961。

年，工部局又分别对《交通规则》第 21、27、41、44 ~ 46 条等条款进行修订，对超车、为火警车让道以及公共汽车、电车应如何停靠站台等做出进一步规定。①

上海特别市公用局、公安局、法租界、华商、法商电车公司代表于 1927 年 10 月 14 日举行联席会议，议决老西门电车停车站地点及实行日期：凡一切电车自 18 日清晨第一次车起，须遵照公用局所指定的停车站停车。② 12 月 5 日，公用局再函法商电车公司，为方斜路、民国路设置电车站台。"查民国路、方斜路一带交通冲要，车马众多，电车站乘客上下拥挤，尤易发生危险。本局为维持乘客安全起见，特函请贵公司在方斜路各大站设置站台，以防危险，如民国路一段，并请贵公司会同华商公司办理。"由此，法商公司呈"将在所定地点兴筑木质站台，查该项站样系与法租界霞飞路所建者相同，颇为适用。站台两端各立一柱，俾便贵局路政处悬挂红灯，以示往来车辆"。嗣，公用局复"迅行设置试用"。1928 年 1 月，公用局再函法商公司在麋鹿路东口尽先安设电车站台。"按公安局第二区署报告，以麋鹿路东口外，为各项车辆出入华界及法租界要道，南北行驶之电车又均在该处停站，站台一项实有从速安设之必要，以便搭客上下而免危险。查民国路电车各站台应设站台地点，麋鹿路车站属在应设站台之列，贵公司尽先在该处依样安设站台。"该公司呈送水泥站台图样，"敝公司华界站台两头系用生铁柱子，其上电灯则由地下线通电"。③

至 1936 年 8 月，法电公司再建电车停车站台，"为增进乘客上下车辆安全起见，已在法大马路大自鸣钟前，建筑新式钢骨水泥停车站台，两端装有金属之半圆形柱指示灯。该柱平面装置刻花厚玻璃四块，上端一块为红色、下端三块为白色，高的四尺余，内置巨电电灯于夜间开放，则光芒照射。各种车辆往来有所指示，即可绕道而行，乘客上落得以安全，其他各处将逐步改建新式站台"。④ 10 月，电车站台竣工。该公司"为利便各站乘客上落起见，将各处电车站台加长改建新式站台，现已陆续将大自鸣钟、黄浦滩、西

---

① 吴景平等：《抗战时期的上海经济》，第 129 ~ 130 页。
② 《上海市公用局整顿老西门外电车交通》，1927 年 7 ~ 10 月，上海市公用局档案，档号：Q5 - 2 - 887。
③ 《上海市公用局督促法商电车在民国路方斜路设立站台》，1927 年 12 月 ~ 1928 年 11 月，上海市公用局档案，档号：Q5 - 2 - 900。
④ 《法租界电车站台建停车站》，《申报》1936 年 8 月 6 日，第 12 版。

新桥街、大马路、东新桥街口人马路、八仙桥、小菜场等处站台后改筑竣工，用最新式之标指挥车辆来往而便利"。①

在华界，1920 年华电公司即应沪南工巡捐局要求，于十六铺桥附近电车站口装设月台，"俾便乘客在彼守候上落上用，皮包围下用铁柱设灯两盏，其地面铺砌水门汀厚约五六寸。自开工以来业已竣事，往来各客无不称便。故该公司拟再在各处站口以马路宽阔车辆拥挤之处，推广装设"。② 继而，《上海特别市取缔道路规则》（1927 年 11 月）第六条规定：车辆马匹在道路暂欲停顿时，须遵照规定停置地点暂时停顿。但时间不得过久，以免逐增拥挤。其停车场所，由公用局规划指令钉立标识牌，以资遵守。③ 再据《上海特别市陆上交通管理规则》第五章"停车"第五十二条规定，车辆停放地点应注意下列各项限制：（1）距离人行道侧石，不得过 1/10 米；（2）距离交叉口转角或桥梁等，不得在 5 米以内；（3）距离火警机关消防龙头等，不得在 3 米以内；（4）距离电车站，不得在 20 米以内。④

至 1928 年 3 月，华电公司"四路电车自老西门驶赴高昌庙，行经小西门外，停在中华路方斜路转角地方，致乘客上下均在马路中间，易与车马冲突，发生危险"。公用局告知该公司设法纠正，并由"本局制就改良放置该处停车站台及岔道图样，应即发交该公司迅行遵照，以利交通"。⑤ 后"查老西门外电车将来接轨后，交通便利，地处要冲"。该局指示，"所有该公司以前在该处所立之停车站，如须重行建筑，应于事前绘具图样呈报本局俟核准后，再行动工"。1929 年 7 月，华电公司拟添筑站台。"老西门南首为南北交通要道，车马行人往来如织，原设二四两路电车站台以不便交通，业经拆除。而自圆路通轨以来该处倍形拥挤，各车乘客上下更多危险。爰拟添筑站台于轨道西首，然照此办法对于三路乘客上下最为便利，对于二四路乘客仍便于下而不便于上，且核之其他先进国通常惯例，似以未尽妥洽，因此一再迁延。但该处非有站台无以保乘客之安全，因此不得不变通成例，仍照原议办法在轨道西首建设站台，电车到站时东首铁门一概不准开放。所有二

① 《法租界电车站台竣工》，《申报》1936 年 10 月 18 日，第 11 版。
② 《华商电车公司添设月台》，《申报》1920 年 12 月 18 日，第 11 版。
③ 《上海特别市取缔道路规则》，《申报》1927 年 12 月 15 日，第 20 版。
④ 《上海特别市陆上交通管理规则》，《申报》1928 年 8 月 9 日，第 24 版。
⑤ 《上海市公用局关于民国中华二路华商电车接轨》，1927 年 11 月～1928 年 9 月，上海市公用局档案，档号：Q5－2－851。

三四路乘客均在该站台上下，以保安全"，此举得到公用局允准。①

再至 1930 年 4 月，公用局令华电公司迁移东门路一路电车停站。"查十六铺东门路北边空地已由本局划为停车场所，业在着手布置。该处与该公司一路电车外马路东门路口停站距离密迩，易致拥塞，令仰该公司即将该处停站移设里马路口，并加筑站台，以便乘客。"29 日，令饬华电、沪南两公司的电车、公共汽车"应即同时迁停，以利交通及应建站台，似着赶速完竣为要"。② 公用局鉴于沪南公共汽车各路停车地点，"按诸目前交通情况颇多不甚适宜之处，且往往与电车停站距离过密，致车辆通行诸受阻碍，实澈底整理之必要"。当经派员勘定应行移设地点，申饬公司克日动公迁移，计第一路、二路须设移停站 16 处，第十三路、十九路其在薛家浜外马路口之华商电车双轨岔道一段。该局以在此调换拖车于交通颇感不便，并饬华电公司撤除南移至距口 15 米处，"且将电车停站地点与公共汽车停站互相调换，以期通畅"。③ 至 1935 年，该局还规定：公共汽车停站三路可向南移至东门路口以南，四路移停东门路上，或全部移至民国路电车站台以北，"则交通情形当可较好，倘仍未见改良，再令电车移站"。④

（二）停车场所和标志

其时，"上海缺少南北间的大道，同时苏州河上的桥梁，也嫌不够，更需要的就是在这个大都市的外围，要有环市的大路，这样可使所有车辆，不一定要穿过市区，而市区的车辆终是最稠密的。最后要指出的，就是上海缺少足够的停车场，大多数的办公大厦，都没有停车场的设备，因此许多车辆只能停在路上"。⑤ 1924 年 6 月，公共租界工部局颁行《公共租界停车章程》，其中对各路和一些地点各车一概不准并排或横排、可排车的时间、开车人在载明各地段停车让乘客上下等情事做出相应规定。同期，法租界公董局亦颁行《法租界停车章程》，规定在车马往来众多之路上，停车者及无论

① 《上海市公用局关于民国中华二路华商电车接轨后建设老西门站台》，1928 年 10 月～1929 年 8 月，上海市公用局档案，档号：Q5－2－881。
② 《上海市公用局为整理十六铺东门路交通饬还电车公共汽车停站》，1930 年 4 月，上海市公用局档案，档号：Q5－2－889。
③ 《市公用局整理沪南公共汽车停站》，《申报》1930 年 5 月 13 日，第 15 版。
④ 《上海市公用局关于整顿东门路交通迁移法商电车掉头地位等事项》，1935 年 9 月～1936 年 2 月，上海市公用局档案，档号：Q5－2－890。
⑤ 《上海交通问题》（1947 年 1 月 16 日扶轮社演词），赵曾珏《上海之公用事业》，第 176 页。

何种车辆，一概不准久停。①

至 1933 年，公共租界"巡捕控制交通之困难，仍见增加。其主要原因之一，为行驶于通衢之各式车辆数见日增"。仅就汽车而论，五年来增加 42%。"多数街道均甚狭隘拥挤。且因缺乏其他之适宜停车地点，乃使大宗车辆停列于路旁，而为交通之阻碍。"② 翌年，各式车辆数目均比上年为多，且"多数街道仍甚狭隘，尤以拥挤之区为甚。车辆之久停道旁，大为各种交通之阻碍。惟在忙冗时间，主要通衢之交通并未发生严重之延误。计及一切所有关系，本年公共租界内之交通情形，尚堪满意"。③ 是年，工务局禁止停放车辆地点：（1）静安寺路南边、沿跑厅一段，每日上午 12 时至下午 1 时、下午 4 时半至下午 6 时，禁止停车。（2）河南路西边、三马路、四马路之间，每日上午 12 时至上午 12 时半、下午 1 时半至下午 2 时半、下午 4 时半至下午 5 时半，禁止停车。（3）江西路东边、三马路、四马路之间，每日上午 8 时至下午 6 时，禁止停车。以上逢星期及休假日，均不限制。④

至于华界，华电公司开业时，老西门一带各路电车轨道交叉，电车停、开无序，且无一定停车地点，使乘客难以捉摸。后由公用局规定设置停车标志、停车时间，以保证乘客安全。⑤ 即老西门，"五路交错，本系南北往来之孔道，路线最为复杂而停驻初无定所，行人殊感不便"。市公用局整顿市内交通，"首及此地，乃将停车地点分别规定。近来有条不紊，行人便之"。⑥ 具如《上海特别市市政府公用局行政大纲暨实施办法》中规定：改装电车停车标志，由本局绘具图样，交由各电车公司照制装设，业已分别办理。⑦ 其时，华商电车服务周到，只要搭客举手，无论何处司机立即停车，比较方便，如要下车则一定要在红箍或白箍处方可。具如 1927 年 9 月，公用局致英、法商电车公司，"查老西门一带各路电车轨道交错，开停无序，且无一定之停车地点，改上下乘客视为畏途。敝局为维持交通及乘客安全起

① 《法界及公共租界之停车章程》，《申报》1924 年 6 月 21 日，第 26 版。
② 华文处译述：《上海公共租界工部局年报》（中文），1933 年，上海公共租界工部局档案，档号：U1 - 1 - 959。
③ 华文处译述：《上海公共租界工部局年报》（中文），1934 年，上海公共租界工部局档案，档号：U1 - 1 - 960。
④ 《工部局改订交通章程各款》，《申报》1934 年 12 月 30 日，第 12 版。
⑤ 蔡君时主编《上海公用事业志》，第 385 页。
⑥ 悟：《上海公用局整理汽车方案》，《申报》1928 年 7 月 14 日，第 30 版。
⑦ 《上海市公用局拟订 1927 年度施政大纲》，1927 年 8～11 月，上海市公用局档案，档号：Q5 - 3 - 908。

见，拟即设置停车标志并规定停车时间"。27 日，公用局及法、华电车公司和公安局代表列席议决：（1）法商及公共租界电车经过华界者驶入华界时，绝对服从华界规章。（2）在西门设立停车站，会同勘察地点再定。（3）竖立停车标志，法商代表允许照办，至标志图样依公用局制定办理。（4）华商法商公共租界电车之经过西门者，须将路线名称订正，以免路数不同易于混淆乘客匆促而不能辨认。嗣公用局、公安局、法租界、华商、法商电车公司商会老西门电车停车站的停车标志定于 11 月 1 日一律装齐，其路线号数由该两公司双方自行商定后通知公用局。① 是年 10 月 19 日，公用局令华商公司赶造齐全老西门一带电车站的停车标志，"在五日内一律装竣为要"。②

继而，1930 年 4 月公用局再令沪南公共汽车公司移设停车标志。"查该公司在东门路外马路所设三路停车标志地点，与华商电车现迁停站前后，接连车辆易致拥塞"。经派员勘察，以迁设里马路以西东门路 50～52 号门牌中间，"最为适宜"。③ 1933 年，"以老西门和平路筑通以后，交通益形繁复"，当局经装置交通指挥灯，并划定车辆停止线及禁止车辆停放线。④ 至 1935 年 6 月，"年来市内车辆日增，交通亦趋繁复，各重要路口颇有秩序紊乱之处"，经切实整理，将人力车停车场重行勘定，并就重要交通各路口装置交通指挥灯，"以期交通秩序可以良好，市民行旅得以便利"。另重勘停车场："本市沪南、闸北如老西门、实山路等处，最近交通日益敏复，营业人力车候客之故每多流荡路中，甚至争夺乘客对于交通情形颇不适宜，亟应规定停车场所，以资改善。"由公用局会同公安局、工务局派员于 6 日前往沪南、闸北实地勘察，决定在沪南区设置停车场 23 处，闸北区 17 处。"所有交通标志并已由公用局商请工务局装置，预计最近期内即可完竣。"⑤ 一言以蔽之，战前上海城市交通治理，"如电车站之更正也，交通标

---

① 《上海市公用局整顿老西门外电车交通》，1927 年 7～10 月，上海市公用局档案，档号：Q5 - 2 - 887。
② 《上海市公用局整顿老西门外电车交通》，1927 年 10 月，上海市公用局档案，档号：Q5 - 2 - 888。
③ 《上海市公用局为整理十六铺东门路交通饬还电车公共汽车停站》，1930 年 4 月，上海市公用局档案，档号：Q5 - 2 - 889。
④ 上海市公用局编《十年来上海市公用事业之演进》，第 73 页。
⑤ 《公用局整理本市交通》，《申报》1935 年 6 月 28 日，第 11 版。

志之设置也……关于水陆交通之一切规章也，枉不加以深切之考量与研究"。①

第三节　交通肇事和违法惩治

随着交通运输事业的发展，机动车给人类的运输和行动带来快捷与方便，但道路交通事故也随之而来。道路交通安全问题已经成为一个世界性的问题。② 迨及近代，发达国家的交通事故持续迭现。③ 不可否认，"世界愈进化，人类之生命愈尊贵，而杀人之机会愈夥多。……试以车辆言，电车也、汽车也，今日肇祸杀伤人之利器也。夫于肇祸杀伤人之后，科以罚金剥其自由死者，不可复生为神几何，曾不如事前注意，由当局详查实况反覆研究，妥订专章，资为取缔"。④ 全面抗战前，交通繁忙增加了事故发生的频率，由此"上海街衢中车马频繁，稍一不慎便易肇祸"。⑤ 从而，交通肇事的统计和违法行为的惩治，成为城市管理当局的治理要务。

一　交通肇事及统计

（一）电车肇祸事故

亚洲开发银行高级交通专家吉诺曾言："道路交通事故是人类的悲剧，能够引发一系列健康、环境和社会问题，对国家经济发展战略造成重大影响。"⑥ 20 世纪初，随着上海电车出现，"往来如织密如麻，满眼汽车与电车。谁说中华生命重，噬人虎口日增加"。⑦ 其时，"上海的马路，固然是这

---

① 悟：《上海公用局整理汽车方案》，《申报》1928 年 7 月 14 日，第 30 版。
② 据世界卫生组织统计，1998 年全球交通事故死亡人数超过 117 万人，2000 年全球共有 126 万人死于交通事故，占各种事故死亡人数总和的 1/4，这意味着每 50 秒就有 1 人死于交通事故。在一些工业发达国家中，全国总死亡人数中有 4% 死于车祸。据该组织统计，2000 年全球交通事故每年造成的经济损失高达 5180 亿美元，许多国家交通事故造成的损失超过全国总收入的 1%（参见黎德扬等《交通社会学》，第 423～424 页）。
③ 具如当时美国每 4 人即有 1 辆汽车。但 1926 年这一年，美国人被汽车碾死者即达 25302 人，重伤的则有 759060 人，由此"发生的生命上的损害，却也足使人惊惧了"（参见遂初《汽车肇祸问题的分析》，《东方杂志》第 25 卷第 6 号，1928 年 3 月 25 日，第 102 页）。
④ 夗用：《车辆与生命》，《申报》1922 年 2 月 12 日，第 15 版。
⑤ 《街车肇祸之统计比较》，《申报》1931 年 1 月 12 日，第 14 版。
⑥ 转引自黎德扬等《交通社会学》，第 385 页。
⑦ 顾炳权：《上海洋场竹枝词》，第 264 页。

样的阔而平，可是这马路完全是有车阶级的势力，坐的车子愈漂亮势力也愈大，至于徒步而行的路人，是只能在路的两旁走走。要是不知轻重的也要在中央踱几下，可就有性命之忧了；汽车，电车，哪一辆不能把你撞一个头破脑碎？所以在上海走路，从好的方面说固然舒服，从又一方面说，却是不能无所危险的"。① 即战前上海"全埠汽车、电车已达万余号，往来既多其速，尤以电车、摩托车为最可怖，行人偶不介意，辄有碾毙之虞"。"工部局曾张贴布告，谓马路如虎口，故戏作竹枝词曰：'班荆道左莫延俄，此日春申市虎多；生死关头争顷刻，电车刚去汽车过；谁说中华生命重，噬人虎口日增多。'"② 由此，电车事故和伤亡持续迭现。

具如公共租界，1909 年 2 月 4 日晚，德国领事署书记员瑞慕坐自行车至公共租界百老汇路兆丰路口时，被 21 号电车撞翻，"跌破脑门，血流不止"，虽由"捕车送捕房，转送公济医院"，但终因"医治无效，昨晨毙命"。巡捕房"将该电车司机人张渭池拘入，押侯解廨讯办"。③ 1920 年 3 月 31 日 8 时许，绍兴人赵官生在公共租界福建路行走，"被英商某号无轨电车撞倒碾折腿骨，受伤甚重"，当由老闸捕房 1229 号华捕到来雇人力车送往医院医治，"一面抄录电车号数呈报捕头候示"。④ 至 1922 年 6 月 10 日下午 2 点，英商三路第 58 号电车驶经新闸桥西，一年四五岁小孩避不及滚入车下，幸 17 号司机人立刻停驶将车一颠，"小孩倾入救命板上，得无伤害"。⑤ 同日上午 10 时，自沪宁车站至提篮桥的英商七路电车，行至大马路日升楼转弯处，因轨道灌油太多，电车滑轨而不能转弯。虽经司机人及卖票人下车设法，然仍毫无效果。"而后来车辆大受影响，日升楼至垃圾桥满停电车几如一字长蛇阵，交通亦为之暂断，停至十分钟光景，不得已乃直驶大新街绕道五马路外滩而去。"⑥

至 1932 年 1 月 23 日晚 10 点，租界华捕在戈登路中华女子体育学校门前右首，适被自南朝北的十六路 215 号无轨电车出道向人行路侧撞来，"其地有电话及电线两柱相距咫尺，氏夫避在电线之北，该车迎面撞去，将氏夫

---

① 徐国桢：《上海生活》，第 57 页。
② 汤伟康、杜黎：《租界 100 年》，上海画报出版社，1991，第 129 页。
③ 《电车撞毙洋员》，《申报》1909 年 2 月 6 日，第 11 版。
④ 《无轨电车碾伤行人》，《申报》1920 年 4 月 1 日，第 11 版。
⑤ 《租界电车昨日之两新闻》，《申报》1922 年 6 月 11 日，第 16 版。
⑥ 《租界电车昨日之两新闻》，《申报》1922 年 6 月 11 日，第 16 版。

撞夹在电话柱之上"。当时数十人推车不动，后由公司驶来专门修车的红色车子，始将出道车拖开，氏夫在撞夹中历时 40 余分钟之久，顿时昏去不省人事。此车肇事后，旋由捕房派车将氏夫送至沈家湾巡捕医院，其"左膀右腿肉均离骨不见，救治无效，延至当夜约在一点半钟死去"。① 1937 年 5 月 3 日 8 时，二路电车 B 字 162 号自静安寺路驶赴十六铺。其时适驶至南京路四川路口，"车头下面地轴轮齿突然损坏，不能开动片刻，间自西驶东一路、二路、七路等电车均不克通过，咬尾衔接达十余辆之多"，约历 20 分钟之久，"始经公司派西工头麦德生前来加以修理即行竣事，交通始行恢复"。② 是年 6 月 21 日下午 3 时许，二十一路无轨电车驶经里虹桥堍，忽将一年 50 余岁老者撞倒，当场毙命。肇祸司机经岗捕带入捕房，老者尸身移至斐伦路验尸所，"侯翌日晨特一法院检验"。③

在法租界，1921 年 12 月塌车夫徐石头推车至西门外小菜场嘴角，法商五路电车 47 号司机人驾车不慎，将徐撞伤脑门，致毙，报请地方厅派员验明听候讯究。"该处各商号当时目睹肇事情形，以该司机玩忽业务，大抱不平，联合多数商家投该厅具禀请为死者伸雪。曾由该厅备文饬警移请法公堂协传该司机"，于翌年 1 月 21 日到厅审讯。④ 1927 年 8 月 18 日下午 4 时，十八路第 132 号无轨电车行至菜市路辣斐德路口南首，突有妇女张李氏从成裕里弄内跑出行至马路中，而该路无轨电车正由南向北驶来，司机不及停车向右首路边驶让，而车底救命板开车者一时心慌亦未及落下，将张李氏撞倒卷入车底，脸右边撞得血肉模糊，车轮幸未碾着要害，只将衣服压着，嗣经人救出，"当该车向右驶让已冲上子路，将由北向南路人王永富撞伤右胸右肋，当由巡捕到来抄录号码，所有开车、伤妇一并带入卢家湾捕房"。⑤ 1930 年 6 月 3 日晚 8 时，住麦阳路财福里口大饼店楼上的张阿福，出外行经霞飞路杜美路口，适有法电 149 号司机人所驾 41 号电车驶来，"讵张从车前冲越马路，致被撞倒头部受伤血流如注，当由巡捕查见抄录号码将受伤人车送仁济医院因伤过重，抵院已气绝身死。当将尸体转送同仁辅元堂验尸

---

① 《无轨电车撞死华捕之交涉》，《申报》1932 年 1 月 27 日，第 16 版。
② 《南京路昨晨电车接成长蛇历刻余钟始恢复因车下轮齿损坏》，《申报》1937 年 5 月 4 日，第 15 版。
③ 《无轨电车撞毙老者尸身升斐伦路验尸所》，《申报》1937 年 6 月 22 日，第 12 版。
④ 《电车撞毙塌车夫案之昨讯》，《申报》1921 年 1 月 22 日，第 11 版。
⑤ 《法租界无轨电车撞伤妇女》，《申报》1927 年 8 月 19 日，第 14 版。

所，一面回捕房报告捕头"。次日上午，由法捕房车务处饬探查传家属尸妻张朱氏到案，报请法公堂审官莅所验明尸体。[①]

再如华界，1927 年 7 月 25 日 6 时半，华商 2 号电车甫自厂中开出至小东门后折回高昌庙，驶至外滩大码头自来水亭子前面，"因为时尚早，居民均在甜乡中，故开驶较平时为速"，不料前面有十六铺施敦记板木号的施小庆（31 岁），背后又有摇划子的于金生（40 岁），清晨出外至附近茶馆内吃早茶，同在轨道上缓步，当车踽踽而行，电车驶来竟将后面的于金生撞倒，车由人身冲过，又将前面的施小庆倒依样而前，致又撞及一黄包车夫，迭伤三人。司机"惊魂方定，急即停车。其时岗警亦到，帮同将于、施拖出，已经周身是血气息，仅属至黄包车夫因所伤尚微，自投医院求治"。岗警将该车 92 号司机人袁华山拘获，连同伤者一并带入一区警署，"当因于等受伤甚重，立命送上海医院医治，迨进院时即气绝身死。惟施伤势亦入危境，恐有生命之虞"。该署当传尸母于朱氏及施弟等为原告，即连司机人一并解地检厅奉检察官研讯一过，判袁收押，当即带同检验员莅院分别验明伤死各人，填具伤格命尸属收殓。[②]是年 12 月 16 日 7 时余，华商第一路第 4 号电车由高昌庙站开驶往北至半淞园附近，适有车站路 8 辆大电车由西门驶达该处，因天有浓雾而地点又值单轨，4 号车 47 号司机丁阿林已打红灯阻止来车，不料大车上 98 号司机误以为前面并无来车，比及瞭见 4 号车到，急打倒车，无如轨道内潮湿滑溜车，仍随势直前致将 4 号车上的月台撞损大半，47 号司机见势不佳急闪避车门，然左脚已进车门而右脚竟遭轧住，因而脚骨受伤痛极跌倒。尚有该车 101 号卖票人，"亦轧伤两手背，尚无大碍。幸为时尚早，坐客稀少未肇巨祸"。电车公司闻报，一面急派人将丁送至新普育堂医治，据医生察视骨已损碎，恐成残废，一面将 4 号车拖回修理。其疏忽 98 号司机人将予以应得处分。[③]

至 1934 年 11 月 5 日下午 3 时半，浦东杨家渡八旬老人顾福生渡浦来沪，行经大东门迆北育才学校门口，突有青年一人骑乘市府 23934 号自由车，将该老人撞倒于该处电车轨道，适逢华商第 46 号电车经 64 号司机驾驶而来，"一时不及停车，竟将顾头部辗伤甚重，旋即停车"。经该公司稽查员及市公安局邑庙警

① 《法商电车撞毙张阿福》，《申报》1930 年 6 月 5 日，第 15 版。
② 《华商电车撞伤人命》，《申报》1927 年 7 月 26 日，第 14 版。
③ 《华商电车昨晨互撞》，《申报》1927 年 12 月 17 日，第 15 版。

察所 36 号岗警刘绍武设法将电车下的顾福生救出，急送南市三泰码头上海医院疗治。据该院医生诊察，该老人流血过多、神志不清、性命危殆。"但当时骑自由车之人见肇祸后，畏罪弃车潜逃无迹，乃将该车及肇祸人开车号数及出事情形，报告所长备案，并查究顾之家属住址，以便通知。"① 1936 年 10 月 2 日 7 时许，南市大通公司天裕轮船工人绍兴人黄一兴（年 41 岁）由船登岸，拟往附近购买物品，"讵行未数武适有某号华商电车疾驰而过，黄一时欲避不及被撞倒地，滚入电车下层，脑浆迸裂、气息仅属。当经司机者会同岗警设法拖出，亟车送上海医院疗治"，奈因受伤过剧，于中途毙命。②

再至 1937 年 4 月 9 日下午 3 时半，南市国货路沪闵南柘长途汽车公司上海总站门口，有华商二路圆路第 19 号电车驶经该处，"忽因走电失慎，当即燃烧直至新普育堂进修中学门口，始经该车司机发觉，急即将电流关闭，奈已不及收拾火已向上直冒，车上乘客均纷纷向车窗跃下，一时秩序大乱，交通顿即阻断。而后开到之电车先后相继连接，迨经救火车闻警赶至，始奋勇将火扑熄"。时有乘客中年妇人某氏手中尚抱一小孩亦因不及躲避，由车窗跃下，因一时立足不稳而跌仆倒地，头部当场跌破一洞，血流如注。而小孩则未受伤，亦不幸中之大幸，后经行人将该氏扶起，由氏自行唤车投附近医院医治。③ 5 月 27 日下午 3 时，本地人朱其生（51 岁，住南市紫霞路铭新里 12 号）乘丁邦行黄包车往北行至民国路丹凤路口，适有 10026 号公共汽车驶来。丁车赶紧避让至电车轨道旁，适电车亦同时驶到，致将朱由车撞跌倒地。不料公共汽车刹车后退，致朱之足部骨碾断昏厥，经冯家善岗警立即救护至南洋医院，察得伤势颇重，恐有生命危险且受伤人嘱送宝隆医院救治，"现尚未脱离危险，当将司机顾文奎带入警所，转解法院讯办"。④ 6 月 25 日，南市民国路的农圈电车线忽然受损，以致华商二路、三路、圆路电车完全停顿。华电公司虽饬修理电线，但以天雨修理费时，"故在大东门至小南门一段里外圈电车均为塞住，在中华路上仍完全停顿，直至中午始将电线修复"，照常行驶。⑤

（二）车辆肇祸统计

1909 年，公共租界英电公司通车第一年，电车乘客共 11772715 人次，遭遇

---

① 《大东门华商电车辗伤八旬老人》，《申报》1934 年 11 月 6 日，第 12 版。
② 《电车辗死人命》，《申报》1936 年 10 月 3 日，第 14 版。
③ 《电车失慎乘客跌伤》，《申报》1937 年 4 月 10 日，第 11 版。
④ 《电车、公共汽车撞黄包车乘客跌伤甚剧》，《申报》1937 年 5 月 27 日，第 12 版。
⑤ 《南市电车昨一度停顿霉雨连绵电线受损》，《申报》1937 年 6 月 26 日，第 16 版。

意外者和受伤者每百万人中分别有 46 人、19 人；1918 年，电车共载乘客 78683690 人次，遭遇意外者和受伤者每百万人中分别有 7 人、3 人。[1] 而据工部局车务处 1922 年 6 月报告，该月汽车、电车、别种车辆肇祸，因伤致命者 631 人。[2] 1930 年，公共租界内发生车辆肇祸案件 10973 起，比上年增 1000 余起。法租界内亦有 1205 起，但比上年减少 550 余起。因此，身死、受伤者于公共租界内分别有 142 人、4005 人，法租界内分别有 46 人、592 人，"此仅就两租界而计，若斯之众言之，诚堪骇人。至于最易肇祸而死伤最众之时季，大致在六七月间"。[3] 1931 年，公共租界所有 11948 起交通意外事件中，有 8863 起损害程度极微。在受伤害的 4570 人，有 3575 人系属轻伤。"而大多数伤害案件发生，系由行道者之疏忽愚昧或慢不注意交通情形所致。"本年 143 起致死案件内，经证明有 109 起，"其被害人为完全咎由自取"。[4]

再据公共租界工部局警务处报告，1932 年 1 月 1 日至 8 月底止，车辆肇祸案件共 7555 起，丧生者计 83 起。上年同期，车辆肇祸共 8188 起，死者 77 人，伤者 2887 人。若在十年前，则一个整年的车辆肇祸事件统计不过 2866 起，因肇祸而死者 82 人、伤者 1315 人。故以 1932 年八个月来车辆肇祸与十年前的一整年相比较，所增已有 3 倍余。在 1926 年，其一整年的车肇祸案亦只有 7713 件。[5] 据车务处计数视之，1932 年车辆肇祸案较之 1931 年 "自当减少"，截至 12 月 27 日总计 11893 起，致命者计 133 人，受伤人数为 4212 人。[6] 1932 年街道上意外事件 12016 起，其中 11342 起，"因其伤害或损害程度均极微细，经归入轻微意外事件一类"。情节较为重大者计有 674 起，致人死亡者 134 起。在致死案件中，"其被害人之经证明全属咎由自取者"，共有 83 名，因穿过或使用道路时漫不经心而发生的案件计有 84 起。关于步行人的意外事件，其主要原因有：疏忽；不注意交通情形；冒险行走；缺乏道路常识。[7] 兹将该年每月车辆肇祸数目列表 6-4。

---

① 《上年电车乘客之统计》，《申报》1919 年 1 月 9 日，第 10 版。

② 《六月份公共租界车辆肇祸表》，《申报》1922 年 7 月 15 日，第 26 版。

③ 《街车肇祸之统计比较》，《申报》1931 年 1 月 12 日，第 14 版。

④ 华文处译述：《上海公共租界工部局年报》（中文），1931 年，上海公共租界工部局档案，档号：U1-1-957。

⑤ 沛：《八月份公共租界车辆肇祸案统计》，《申报》1932 年 11 月 2 日第 27 版。

⑥ 摩亚：《一九三二年公共租界车辆肇祸统计》，《申报》1933 年 1 月 1 日，第 53 版。

⑦ 华文处译述：《上海公共租界工部局年报》（中文），1932 年，上海公共租界工部局档案，档号：U1-1-958。

表 6 - 4   1932 年公共租界车辆肇祸统计

月份	肇祸案数目（件）	身死者（人）	受伤者（人）	月份	肇祸案数目（件）	身死者（人）	受伤者（人）
1	1042	10	314	7	1085	13	422
2	551	14	191	8	1011	13	429
7	829	12	279	9	1116	9	399
4	971	9	354	10	1094	11	368
5	1077	9	396	11	1159	11	428
6	989	9	367	总计	10924	120	3947

资料来源：摩亚《一九三二年公共租界车辆肇祸统计》，《申报》1933 年 1 月 1 日，第 53 版。

公共租界 1933 年所有交通意外事件共计 13571 件，其中 13043 件属于轻微性质，人及车辆仅受微伤。致人受伤的事件共有 4495 件，内有仅致人受微伤者 4072 件。致人死亡的事件中，有 74 件经认为或证明为死者自身错误。① 是年 10 月，法租界车务处公布界内车辆肇祸共 214 起（见表 6 - 5），较之 1932 年 10 月、1933 年 9 月呈现递增趋势。其中，人命案件 2 起，一在麋鹿路，另一在福煦路，受伤而送院医治计有 21 人，送院包扎计有 57 人，在捕房内包扎计有 8 人，行人被撞倒计 7 人。②

表 6 - 5   法租界 1932 年 10 月、1933 年 9 月、1933 年 10 月车辆肇祸情况

类别	1932 年 10 月	1933 年 9 月	1933 年 10 月
有人命案肇祸次数（次）	2	4	2
各种肇祸次数（次）	191	182	214
受伤送院医治人数（人）	17	20	21
受伤送院包扎人数（人）	30	47	57
受伤而在捕房包扎人数（人）	4	7	8
脚踏车肇祸次数（次）	30	22	22
被脚踏车撞倒行人数目（人）	7	6	7

资料来源：《法租界十月份车辆肇祸案》，《申报》1933 年 11 月 5 日，第 12 版。

---

① 华文处译述：《上海公共租界工部局年报》（中文），1933 年，上海公共租界工部局档案，档号：U1 - 1 - 959。

② 《法租界十月份车辆肇祸案》，《申报》1933 年 11 月 5 日，第 12 版。

1934 年，公共租界的交通致人受伤的意外事件占意外事件总数的 33%。该年共有意外事件 13557 件，其中 13021 件属于轻微性质，人及车辆仅受微伤。致人受伤的意外事件共有 4462 件，内有仅致人受微伤者 4112 件。[①] 电车肇祸次数则由 1924 年的 668 次增为 1933 年的 1491 次（见表6-6）。

表 6 - 6　公共租界交通意外事故统计（1924~1933）

年份	1924	1925	1926	1927	1928	1929	1930	1931	1932	1933
交通事故（件）	6085	6537	7713	8127	8648	9691	10973	12948	12016	13571
因伤人数（人）	2439	2364	2872	2963	3087	3447	4005	4570	4250	4495
致死人数（人）	94	74	124	123	111	141	142	143	134	107
电车										
登记车辆（辆）	195	216	277	285	289	289	299	300	312	312
肇祸次数（次）	668	1109	1506	1239	1457	1481	1366	1743	1402	1491
公共汽车										
登记车辆（辆）	18	34	47	72	86	109	144	130	159	162
肇祸次数（次）	0	306	493	341	503	692	784	1105	1261	1032

资料来源：《上海公共租界工部局总办处关于提议改进交通管理事与上海汽车公会等来往函》，1933~1939 年，档号：U1-4-2445；华文处译述《上海公共租界工部局年报》（中文），1931~1933 年，档号：U1-1-957、958、959。

1935 年，公共租界致人死伤及损害财产的意外事件共计 9632 件，其中损害财产及使人受伤者 827 件（包括致命 25 起），仅损害财产者 5862 件，仅使人受伤者 2943 件（包括致命 60 起）。是年意外事件发生地点如马路交叉地点，受伤者 741 人，死亡者 10 人；其他地点受伤者 3177 人，死亡者 75 人。上述受伤者中，有 18 名捕房官警于执行职务时受伤。[②] 在当年的意外事件中，电车造成轻微损害 416 件，致死 3 人（见表 6-7）。而关涉意外事件的原因，其中以横过街道的受伤和致死者最多（见表 6-8）。

---

① 华文处译述：《上海公共租界工部局年报》（中文），1934 年，上海公共租界工部局档案，档号：U1-1-960。
② 华文处译述：《上海公共租界工部局年报》（中文），1935 年，上海公共租界工部局档案，档号：U1-1-961。

表 6 – 7　1935 年公共租界损害车辆、财产及伤亡之意外事件

车别	轻微损害（件）	重大损害（件）	行人			乘客及车夫		
			轻伤	重伤	死亡	轻伤	重伤	死亡
电车	416		72	11	3	8	1	
公共汽车	211	6	19	12	9	1		
运货汽车	432	14	174	40	26	40	8	6
自用汽车	2581	50	884	87	18	48	9	
公用汽车	476	19	229	26	6	24	2	1
机器脚踏车	110	1	65	10	1	28	2	
人力车	1967		191	9		552	25	3
脚踏车	1242		561	20	2	340	28	5
塌车及小车	158		174	12		181	9	4
其他车辆	21		12	1	1	2	1	
装置之物	457	4						
行人所有物件	71							
总计	8142	94	2381	228	66	1224	85	19

资料来源：华文处译述《上海公共租界工部局年报》（中文），1935 年，上海公共租界工部局档案，档号：U1 – 1 – 961。

表 6 – 8　1935 年公共租界意外事件原因

原因	受伤者	致死者	原因	受伤者	致死者
横过街道	1938	46	开车时漫不经心	110	
自人行道上步入街道	196	4	酒醉时开车	4	
相撞	149	5	越过停留之电车	3	
在街道上游戏	129	1	骑乘脚踏车之漫不经心	402	4
制动机有缺点	13		越过车辆	31	
由车辆上跌下	56	8	车辆转弯	24	
车轮滑溜	53	2	由于人力车或其他车夫漫不经心	594	3
自车辆后面冲出	111	6	其他原因	61	3
开车时不顾危险	44	3	总计	3918	85

资料来源：华文处译述《上海公共租界工部局年报》（中文），1935 年，上海公共租界工部局档案，档号：U1 – 1 – 961。

再据公共租界工部局车务处报告，1936 年全年车辆肇祸案虽见增加，"而因此殒命之人数，实为已往十年中之最低者"。是年，肇祸案共 9520 起，受伤者共 3634 人，"此为已往五年中之最低数"。1936 年死者共 84 人，

1935 年为 85 人，1934 年为 120 人，1933 年为 107 人，1932 年为 134 人。[1]
揆厥原因，伴随机动车辆大幅增加，一段时间内租界交通事故呈上升趋势，
但至 1933 年前后逐而递减；且 20 世纪 30 年代事故致死率与 20 世纪 20 年
代相较，亦有下降。相较同期欧美城市，租界交通事故致死、伤率较低。如
纽约（1931）、伦敦（1931）、洛杉矶（1928～1929）、公共租界（1933）
的致死率（1/100 万）分别为 15.9、16.5、25.7、10.7；致伤率（1/100
万）分别为 769.8、679、950、449.5。[2] 并且，法租界 1937 年 1 月各种车
辆肇祸统计达 242 件，计重伤送院者 31 人，轻伤送院者 38 人，在捕房包扎
后即归家者 1 人。而 1936 年 12 月共 252 件，死 2 人，1936 年 1 月则为 270
件，死 1 人。若与 1937 年 1 月相较则多 28 件，"足征法租界内之车辆肇祸
已逐年减少"。[3] 同样，1927～1937 年，公共租界的交通意外事件总数由
8127 件减为 6601 件，受伤人数由 2968 人减为 2572 人，致死人数由 123
人减为 85 人（见表 6 - 9）。而这些情事是在城市车辆大幅增加的态势下
呈现，这不能不说是城市当局治理交通的一种成效。

表 6 - 9　1927～1937 年公共租界交通意外事件统计

年份	意外事件总数(件)	受伤人数(人)	致死人数(人)	年份	意外事件总数(件)	受伤人数(人)	致死人数(人)
1927	8127	2968	123	1933	13571	4495	107
1928	8648	3087	111	1934	13557	4462	120
1929	9641	3447	141	1935	9632	3918	85
1930	10973	4005	142	1936	9520	3634	84
1931	12948	4570	143	1937	6601	2572	85
1932	12016	4250	134				

资料来源：华文处译述《上海公共租界工部局年报》（中文），1931～1937 年，上海公共租界
工部局档案，档号：U1 - 1 - 957、958、959、960、961、962、963。

二　违法行为的惩治

问题实质在于，交通运输业存在外部效应（Externality），即运输经济活

---

[1]　《公共租界去年车辆肇祸死者较往年减低》，《申报》1937 年 1 月 23 日，第 16 版。

[2]　《上海公共租界工部局总办处关于提议改进交通管理事与上海汽车公会等来往函》，1933～
1939 年，上海公共租界工部局档案，档号：U1 - 4 - 2445。

[3]　《法租界一月份车辆肇祸统计较去年同月少廿八件》，《申报》1937 年 2 月 6 日，第 16 版。

动所造成的他人或社会的额外负担和额外好处。比如负担，运输工具运行带
来的噪声、废气污染以及交通堵塞、交通事故等。实践证明，交通运输业作
为特殊行业，政府干预和调节是必要的。① 伴随交通工具增加，交通事故与
日俱增，由此惩治违法行为成为当局交通干预和治理的重要保障，亦成为培
养近代市民法制意识的实践课堂。

当时，"美国城市所有街道上之意外事件，均有分类及列表之详细记
录，以便断定其肇祸原因，深信美国城市之警务处当乐将所用类别与分析街
道上意外事件之办法相告"。关于此项办法，实于上海"本埠交通管理问题
之研究大有裨益"。② 具如美国洛杉矶警署"新制一刑具专用以处罚开车过
速之人。该刑具形如鸟笼可装载于机器脚踏车旁，将犯者锁闭笼中，由警察
驶行街市示众"。③ 而 1916 年 11 月 29 日召开的上海公共租界工部局董事会
会议上，西人约翰斯则提出：有必要在驾驶执照上记下违反规章事件的次
数。华人司机所必须遵守的执照记录方法，西人司机也应遵守。警务处应把
所有违章事件都记录下来，保存在捕房案件内。④ 实际上，当时工部局车务
处于"各车肇祸十二分注意矣。该处备有上海地图数幅及各种街道车样等，
一车肇祸之后均可以图表演，其详情且于地图各路上"。如该路有撞死行人
者即以黑针指示，伤则以白针，而无伤则以绿针置之，并指明为何种车辆所
肇祸。若电车发生针上用红珠，汽车用蓝珠，人力车或小车均用黄珠，拖车
与搭车则用银珠，马车用淡绿珠，不在此例者仅用一针，故工部局于"各
车来往无处不加注意，且此表设立后，何处最易肇祸、每月何车肇祸几次均
可立刻查得，而预防之法亦可易于入手"。⑤

随着交通工具增加，道路愈加显得拥挤复杂，行车事故与日俱增，因此
英、法两电车公司都设置专业机构，由专人负责行车事故的处理工作。英商
电车企业组织机构中设有赔偿部，后改称意外事故部。该部的职责是为行车
事故而上公堂打官司，群众称之为"讼师间"。公司规定，凡电车司机发生
行车事故、架空事故及电车出轨事故，售票员发生"门客伤"事故，不论
事故大小，有责无责，均由事故者本人下班后到公司填写事故报告回答询

① 黎德扬等：《交通社会学》，第 299 页。
② 《讨论行人安全办法》，《申报》1934 年 8 月 10 日，第 14 版。
③ 丁祖泽：《开车过速之新惩处》，《申报》1925 年 2 月 14 日，第 21 版。
④ 上海市档案馆编《工部局董事会会议记录》第 19 册，上海古籍出版社，2001，第 690 页。
⑤ 《工部局统计车辆肇祸之方法》，《申报》1922 年 9 月 16 日，第 24 版。

问，然后由公司派员处理，确定责任，进行赔偿或追偿，并将处理结果报告主管人员。事故发生后的处理程序：填写事故报告；在事故记录簿上摘要登记；分析事故原因，确定责任；在车务处的个人考绩记录上予以记录；由分管安全工作的部门通知车务部予以扣奖。凡因责任事故被判刑入狱，刑期在 8 个月以内者，每月工资照发；超过 8 个月者，其超过日期不给工资。缓刑不影响工资。如发生后车撞前车者，立即开除。重大行车事故的责任确定和判刑均由租界有关部门处理决定。一般事故和停车场场内事故由企业决定处理。① 1916 年 2 月，经英商电车公司请求，将电车规程订入"租界地皮章程"附律中，说是因为无此法律根据，其规程难于实施，工部局于是准其所请。工部局重订的附律第三十三条，把交通规程 24 条关于一切行车、坐车等事悉行规定，并明白规定该附律不仅适用于"租界界至以内，亦且适用于界外一切工部局大小道路"，违反者每次罚洋 50 元或监禁 1 个月，而此罚例得于任何违反者受管法庭上即决实施。②

根据公共租界捕房车务处统计，至 1929 年 9 个月来共出事 7087 起，伤 2472 人。"查车辆最易肇祸地，仍为南京路外滩，南京路西藏路口，外白渡桥堍，北四川路，百老汇路及杨树浦等处。"③ 因为马车、人力车等非机动车辆的肇祸后果一般不及电车、汽车等机动化交通工具，由此对后者的违章处罚也相对严厉并附相应的处罚标准。以下事实即反映此点，如"丁德和开驶电车不慎，撞坏胡阿福之黄包车，判罚洋五元"。再如 1929 年 2 月 26 号晚 6 时半，陈小仁在汉璧礼路被 167 号无轨电车撞伤碾毙，尸属延朱鸿烈律师对于该车司机倪世璋（山东人）提起控诉，要求抚恤。经临时法院继续开庭，而同时被该车撞伤右手的邢英来亦到案，诉称受伤之手虽已医愈但成残废，请求救济。经推事审核之下，判决司机拘役 14 天，小仁之母按月补给赡养费洋 6 元，以两年为限，英来一次给医药费洋 10 元完案。④ 1932 年 1 月 23 日晚 10 点，租界华捕张秀甫在戈登路中华女子体育学校门前右首，适被十六路 215 号无轨电车撞死，有同差 3095 号华捕在场目见。"据闻该号电车向来机件不灵，业已肇祸多次，司机人均不敢轻易驾驶。此次祸端，公司方面之不能防患未然、玩忽人命之咎实无可辞其责"，氏夫六旬父

① 上海市公用事业管理局编《上海公用事业（1840～1986）》，第 341 页。
② 《一九一八年工部局报告》"附律草案"，转引自蒯世勋《上海公共租界史稿》，第 460 页。
③ 徐国桢：《上海生活》，第 58 页。
④ 《无轨电车伤毙人命案讯结》，《申报》1929 年 3 月 10 日，第 16 版。

母函请普陀路巡捕房"俯念人道，优给抚慰金，俾该家属暂时苟延生命"，并向电车公司提出严重交涉，"依照法律年龄赔偿张秀甫一生杀害生命之损失，保障人民以后行路之安全"。①

再如 1937 年 1 月 19 日晚 8 时，杨树浦捕房中四捕在所辖境内巡查，在杨树浦路松潘路口见有十八路电车经过，遂上车搜查。结果在乘客朱阿（通州人）身畔，抄出鸦片烟土 5 包，带回捕房。调查得悉朱系河间路 16 号门牌世界橡皮厂主卢菊臣的雇仆。该项烟土系卢所嘱购，遂由华探目等前往查抄，当抄得烟枪一支、烟灯一只、鸦片烟及吸烟所用的器具，乃将卢菊臣及其妻卢李氏拘捕，带回捕房。经捕房律师依禁烟条例起诉于特一（公共租界）法院，由推事开弄五庭宣判朱阿处罚金 40 元，卢李氏处徒刑 3 月准以 2 元折算一日易科罚金，卢菊臣无罪，烟土没收。② 是年 3 月 27 日下午 2 时许，沪西曹家渡警察分局警士李源奉命派在白利南路五角场指挥往来车辆。因十六路无轨电车 83 号司机不听指挥，将司机号码抄录，该司机下车将李源太阳穴殴伤后，跃上电车逃逸。李即返局报告局长，"旋因伤势颇重，车送宝隆医院医治，迄今尚未痊愈"。出事后，局长即通知英商电车公司速将该司机送局讯问，"讵该司机竟抗传不到"。该局即备文呈请地方法院检察处票传该司机予以严办，7 月 3 日法院签出传票，准于 5 日上午开庭讯问。③ 即在执勤中，交通巡捕把违章车辆的车牌号码抄录后再上报捕房，由捕房发送违章报表，作为起诉时传唤之用。④

简言之，公共租界 1927 年交通违章被起诉者为 1297 人，其中外人 65 人，华人 1232 人。1930 年车辆违禁判罚（被控）者，华人 7055 人，西人 337 人。马路上发生车辆肇祸案计 11000 起，因此丧生者 142 人，受伤者约 4000 人。⑤ 1931 年，工部局指印检验处收到各项指印共 28897 件，其中 7351 件证明曾经定谳有案。此项数目为该处自 1910 年成立以来，"任何一年所有之最大数目"。其中，汽车夫为领取开车执照事送到指印件数 5628 件，验明曾经犯罪者指印件数 692 件。杂项（捕房仆役请求服务俄人保镖、

---

① 《无轨电车撞死华捕之交涉》，《申报》1932 年 1 月 27 日，第 16 版。
② 《电车中查获带烟乘客讯明判惩》，《申报》1937 年 1 月 28 日，第 15 版。
③ 《无轨电车司机殴伤警士被传》，《申报》1937 年 7 月 4 日，第 16 版。
④ 《上海公共租界工部局交通委员会会议录（第 1 册）》，1924 年 12 月～1926 年 7 月，上海公共租界工部局档案，档号：U1 - 1 - 160。
⑤ 虞：《三十年来上海车辆消长录（续）》，《申报》1932 年 4 月 13 日，第 15 版。

公共汽车司机人及阍巡士等）送到 1242 件，验明犯罪者 447 件。是年，租界内外人被控为违反交通章程者共 703 人，华人被控者 6983 人。[①]

再据公共租界交通股所记录的违反交通规则报告显示，1932 年共有52069 件，1933 年有 53034 件。1933 年经向法院起诉的违反交通规则案共有 8495 件，所被控究之人，计有外侨 650 人、华民 7845 人。1932 年经向法院起诉的此项案件共 6216 件，被控究之人，计外侨 615 人、华民 5671 人。[②]1934 年共有 48941 件，经向法院起诉的违反交通规则案共有 8668 件，所被控究之人，计外侨 595 人、华民 8073 人。[③] 1935 年共有 27042 件，经向法院起诉的违反交通规则案共有 9435 件，此比其他任何年份为多。是年，"警务处对于情节不重之违犯交通规则案件仍照向来办法，以书面警戒；其案情之细小者即于违犯之时口头警戒，因此时间大见节省"。[④] 1936～1937 年交通违章案件被报告者分别为 26686 件、32831 件（见表 6-10）。

表 6-10　1927～1937 年公共租界交通违章案件统计

年份	交通违章被报告数（件）	华民被起诉人数（人）	外侨被起诉人数（人）	被起诉案件数（件）
1927	—	1232	64	1297
1931	39681	6983	703	7686
1932	52069	5671	615	6286
1933	53034	7845	650	8495
1934	48941	8073	595	8668
1935	27042	8237	1198	9435
1936	26686	7738	993	8731
1937	32831	6088	861	6949

资料来源：上海市档案馆编《上海租界志》，第 593 页；华文处译述《上海公共租界工部局年报》（中文），1935～1937 年，上海公共租界工部局档案，档号：U1-1-961、962、963。

---

① 华文处译述：《上海公共租界工部局年报》（中文），1931 年，上海公共租界工部局档案，档号：U1-1-957。
② 华文处译述：《上海公共租界工部局年报》（中文），1933 年，上海公共租界工部局档案，档号：U1-1-959。
③ 华文处译述：《上海公共租界工部局年报》（中文），1934 年，上海公共租界工部局档案，档号：U1-1-960。
④ 华文处译述：《上海公共租界工部局年报》（中文），1935 年，上海公共租界工部局档案，档号：U1-1-961。

　　除此而外，交通违章保释金正式出台。为确保交通规则的实施，工部局还与公共租界会审公廨达成协议，由捕房负责向违反交通规章的车主或司机发送传票，由会审公廨审理。会审公廨交通法庭每周开庭一次，但是由于大量类似案件增多，难以及时处理。1926 年 2 月，工部局又发出通告，凡被指控违反交通规章的违章者，可采用交纳保释金的方式免除其必须出庭答辩。保释金将按照法庭的命令来处罚，并要求在 48 小时之内交给发出传票的官员或者警务处交通股（见表 6 - 11）。[1] 且为避免巡捕滥用职权，会审公廨与警务处达成协议：巡捕只能根据标准代收保释金，并无处罚权。工部局立场：尽管对警务处而言，交纳保释金的做法并没有多大帮助，但这样能够便利违章者，同时亦减少会审公廨交通法庭的日常工作量。[2]

表 6 - 11　1926 年公共租界各种违章交纳保释金数额

单位：元

违章项目	保释金额	违章项目	保释金额
无尾灯	3	无前灯	5
无灯	8	在南京路和四川路街角处右转弯	3
在爱多亚路和西藏路街角处不绕过巡捕岗亭	3	尾灯未显示红色	2
牌照无灯照明	2	喷射烟雾	1
只有一个前灯	2	在车前牌照上未装磁漆圆牌	2
在南京路上停放空车	2	无规定的牌照	2

　　资料来源：上海市档案馆编《上海租界志》，第 592～593 页。

　　这种采取交纳保释金的方式为轻度交通违章而设，既方便违章者，亦节省警力。会审公廨对一些轻微交通违章案常从宽处置，以致公共租界内交通违章情况未见显著好转。1926 年 12 月 6 日召开的工部局警备、工务委员会联席会议，委员们提出议案要求工部局成立专门的交通法庭或交通违章科，以便及时处理性质严重的交通违章案。但警务处处长认为，交通巡捕在起诉交通违章案件时耗费大量的劳动和时间，组建交通法庭处理情节较轻的案

---

[1]　上海市档案馆编《上海租界志》，第 592 页。

[2]　《上海公共租界工部局总办处关于较小的交通事故和交通法庭事》，1926～1927 年，上海公共租界工部局档案，档号：U1 - 3 - 3028。

件已刻不容缓，此举应征得其他领事法庭一致同意。警务处帮办提出首先要
与捕房律师商议，然后再考虑其他问题。8日，警务处捕房律师达成四点共
识：（1）应由警务处任命接受违章者保释金的人员；（2）须争取各国领事
法庭的一致同意；（3）就会审公廨目前所采取办法，其他法庭可能会采纳；
（4）最切实的做法为工部局规定各车辆预先存有一定数额的押金，若不遵
守交通规则，可把押金转为违章罚款，但仍要起诉严重违章者。① 并且，交
通委员会成员认为：许多民众不愿揭发轻度违章行为，原因在于不想浪费时
间充当法庭证人。目前组建交通法庭可能超越政治权限，但授权交通巡捕直
接对轻度违章人进行处罚或定期组建类似的机构处理违章案件，可能对交通
治理有所帮助。英美两国会审官于1927年底最终达成共识，认为组建交通
法庭可以节省会审时间，无疑将受到民众欢迎，但这样一来会削弱英美两国
侨民治外法权。② 该议案最终因各方认识不一致而未被通过。而根据1930
年警务处罪案报告显示，案别"违犯执照章程或条例"，本年新办案数
12587件，没收保证金案数10135件，夜静判决案数2404件，无罪注销案
数48件。③ 再至1935年，工部局警务处令违反交通规则之人缴纳保证金办
法，"曾引起若干误会，须知此种办法系与中国法院合作而设立，藉图民众
之便利，不应与罚金混为一谈。每违犯交通规则一次，应缴纳保证金若干。
经由法院裁定，违犯规则之人，倘于被控之案不欲抗辩而不到案，则其所缴
之保证金，当被没收"。是年，所控此种案件8646起中，被告缴保证金而被
没收者计2997起。④

　　而在华界，前述《上海南市市政厅准许上海华商电车有限公司行车合
同》第54、55、58~59条分别做出规定：公司如有违背合同，或于其电车
所经之道路桥梁有损坏时不修理，则第一日罚洋100元，以后每日罚洋25
元。电车每晚至12时停驶，12时后非经市政厅允准，无论何事，不得开
行。公司如有妨碍市政厅道路章程之事，市政厅可照定章议罚。公司中工人
及办事人如不遵合同，或有损害物件、伤毙人命等事，公司应另订赔偿抚恤

① 《上海公共租界工部局总办处关于较小的交通事故和交通法庭事》，1926~1927年，上海公
共租界工部局档案，档号：U1-3-3028。
② 《上海公共租界工部局总办处关于中国汽车总会索取红绿灯使用办法事》，1927年，上海公
共租界工部局档案，档号：U1-3-3349。
③ 徐公肃等：《上海公共租界制度》，第127页。
④ 华文处译述：《上海公共租界工部局年报》（中文），1935年，上海公共租界工部局档案，
档号：U1-1-961。

之章程。① 嗣《上海特别市陆上交通管理规则》第七章"车辆肇事"第 63、65 条规定：凡车辆肇事应停驶，并赶速报告附近公安局长警，不得隐匿，非得许可不得行驶。凡车辆撞坏他人物件或伤害他人身体时，车主应负赔偿及医疗之责。第十章"惩罚"第 78 条规定：凡违背本规则各条规定者，科以罚金，情节重大者另行处办。② 从而，华界由市公用局执行稽查车辆事宜，以取缔违章车辆，保障行车安全，经积极整顿，"目前车辆违章及肇祸案件已日渐减少"。③

综上以观，城市治理"正确的解决办法只有成立一个统一的权力机构，负责主管土地使用、道路、客货运输和公共交通等等"。④ 公共交通是关涉国计民生的社会公用事业，与城市经济发展和市民生活紧密相连。因而，政府必须对公共交通实行管理，进行调控。⑤ 由前述及，近代"上海之交通问题，实为世界最难者之一，非将交通管理之全部问题，从种种方面澈底研究，断不能采用枝枝节节之办法"。⑥ 其"是国际的大都市，应该有一个良好的模范，为全国的标准。吾人要达交通安全的目的，希望各方面都能合作，如行人、驾驶人、乘客、摊贩、警士，还有学校、当局。这军、政、民三方面的人，身体力行，经常警觉，守法不渝，然后才能完成一个有秩序保安的中国第一大都市"。⑦ 纵观全面抗战前上海城市交通法规执行情况，总体上贯彻执法必严的原则，从而确保社会秩序的稳定和城市生活的有序。近代上海城市交通特别是对电车业管理方面的进步和成效，不仅是市政当局在治理方法上近代化的结果，更是华人对新式交通治理模式从最初的不适应、抵制到接受和适应的体现。这不仅是城市治理近代化的具体表现，更是传统的中国人向近代市民转变的实践过程。客观而论，战前上海"被引入的西方市政管理模式和治理方法，同中国传统的封建专制体制相比较，无疑更具有先进性和科学性。因而，它的引入不仅使上海

① 《上海南市市政厅准许上海华商电车公司行车合同》，1921 年 1 月，上海市公用局电车公司筹备处档案，档号：Q423 - 1 - 35 - 21。
② 《上海特别市陆上交通管理规则》，《申报》1928 年 8 月 9 日，第 24 版。
③ 上海市公用局编《十年来上海市公用事业之演进》，第 62 页。
④ 〔英〕K. J. 巴顿：《城市经济学——理论和政策》，第 136 页。
⑤ 闫平、宋瑞：《城市公共交通概论》，第 54 页。
⑥ 《讨论行人安全办法》，《申报》1934 年 8 月 10 日，第 14 版。
⑦ 《行的安全》（1947 年 9 月 9 日本市交通安全宣传广播词），赵曾珏《上海之公用事业》，第 184 页。

的市政发展脱离了原有的轨道，也使上海进入了快速城市化的过程"。上海在城市治理近代化方面所取得的成就，"不仅为上海大都市的形成奠定了基础，同时，在一定程度上亦成为国内其他城市发展的模式"。[①] 既如此，这些治理方式的演变不仅对近代上海，对中国其他城市而言亦是一种示范和刺激，并且具有深远意义。

---

① 张仲礼主编《近代上海城市研究》，第 596 页。

第七章　电车交通与社会生活的推演

　　美国"芝加哥学派"（城市社会学派）代表人物帕克认为："城市绝不仅是许多单个人的集合体，也不是各种社会设施——诸如街道、建筑物、电灯、电车、电话等的聚合体……城市绝非简单的物质现象和人工构成物。城市已同其居民的各种重要活动密切联系在一起，它是自然的产物，而尤其是人类属性的产物。"[1]　社会学家沃思亦指出，"城市本身就是一种生活方式"。生活方式是指由城市特定的社会生活条件对居民社会生活产生的特殊影响而形成的生活方式，它为城市居民所接受，并体现于城市生活的各个方面。[2]可以确定，"交通直接影响于日常生活至巨"。[3]　因为交通工具是交通系统的基本要素，也是人的社会化的重要手段和物质成果。人们使用交通工具进行社会联系和交往，获得知识、技术、文化和物质资料，实现社会化。交通工具本质上是人的生活工具和生产工具，交通工具方式体现了人的生活方式和生产方式及其社会化方式。[4]　由此，"凡一地方之自来水、电气、煤气、电话、电车、公共汽车公用等事业，在在与当地人民日常生活，有密切关系"。[5]从而，近代上海新式公共交通所引致的变迁绝不仅囿于城市交通领域，必然会对社会生活产生至深至巨的影响。而作为新式公共交通典型代表的电车事业，不仅成为其时上海社会生活方式的物质载体，更是衡估其城市现代化的重要标志。

---

[1]　〔美〕R. E. 帕克等：《城市社会学》，第 1 页。

[2]　向德平：《城市社会学》，第 2、223 页。

[3]　向默安：《我国交通事业之整理与发展》，《交通杂志》第 1 卷第 1 期，1932 年 10 月，第 10 页。

[4]　黎德扬等：《交通社会学》，第 83 页。

[5]　《上海市公用局请在中央法规中规定地方政府监理公用事业事项案》，1929 年 2 月 6~15 日，上海市公用局档案，档号：Q5-3-1806。

第一节　电车交通与社会现代性

"现代性"本质上是指现代条件下人的精神心态与性格气质，或者说文化心理及其结构。与传统相比，现代性最突出的是对人的自主性和能动性的强调，人要求自己在历史中的特权及根据人性自我设计人类的生活，"对自然（可能包括对人性）和社会的积极建构和控制"。① 现代性是现代化②在思维和行为上的体现，具有与时俱进的时代精神。诚如有学者指出，"好就好在上海和她的居民具有现代性"。③ 近代以降，"公用事业实为与人民日常生活息息相关之公众服务。上海市之公用事业，肇始于前清同治年间，经营最早者为英法两商，次为美商。国人急起直追，亦于光绪年间分别举办，规模大备，驾乎全国各大都市之上"。④ 随之，作为公用事业典型代表的电车事业，对于提升近代上海社会"现代性"的深远影响进而展现。

一　电车与时尚理念

近代以降，"正如在此之前最为昂贵的工具是船只，某些情况下是供航行与灌溉的运河一样，现在最为昂贵的工具也是一般的交通工具——铁路和电车……"⑤ 至抗战前，如上海市公用局长徐佩璜曾言："上海的交通史从1874 年～1908 年仅为发展各个人之交通器具时期（指人力车、羊角车、马车等），自1908 年第一辆有轨电车从静安寺沿南京路向外滩方向开去，标志着上海交通史上现代公共交通的'公众乘物'时代的到来。"⑥ 即以前小车、人力车、轿子、马车仅属于单人乘坐的交通工具，而电车的出现，成为现代化、社会化、大众化交通之滥觞。

（一）市民时尚出行

清末（1910 年）上海人口统计是 129 万人。百万人口、五方杂处的大

---

① 〔以〕S. N. 艾森斯塔特：《反思现代性》，旷新年等译，三联书店，2006，第 10 页。
② 社会学观点认为，现代化是有计划的社会整体变迁。它以经济发展为中心，涉及政治、法律、社会结构、心理、文化等各个领域，是一种多角度、全方位的转换变化过程（参见张钟汝、章友德、陆健、胡申生编著《城市社会学》，第 181 页）。
③ 〔法〕白吉尔：《上海史：走向现代之路》，第 2 页。
④ 赵曾珏：《上海之公用事业》，第 52 页。
⑤ 〔英〕马歇尔：《经济学原理》，第 192 页。
⑥ 《上海市公用局局长徐佩璜讲话》，转引自《上海市年鉴》（1936 年下），"M"，第 22 页。

都会，其经济发展与社会活动均不是人力车、马车所能相适。因而，1908年 3 月 5 日公共租界英商电车公司开出第一辆有轨电车时，确是上海隆重的大事。驶出的第一辆电车，车身被涂上深绿色，油漆锃亮。全车上下缀以花环，两侧围挂一条绸带，车头上覆以米子条文的英国国旗，车厢内布满彩旗，隆隆之声又伴随铛铛之声不绝。电车的问世，是上海滩科学与生活的一个非凡的进步，原来的小车、人力车望尘莫及，就是仅有豪华外表的欧洲马车也无法与之媲美。电车是真正安全、快捷、运量大、付价廉的社会性交通工具，仅 2 个铜钿（2 分）便可乘坐。① 这一情形，如是年 2 月法国记者沙必格在《中法新汇报》报道："静安寺附近，一群人在观看一辆鲜艳的红色电车；这种电车即看不见蒸汽，又看不见机器，但却能自动。十五日前该电车公司已派人对车上人员进行训练，围观者众议纷云或曰电车之开，势必与人力车有一番竞争，或曰发展电车将给上海公众带来福利，并有担心发生事故的。"再据 2 月 8 日《申报》载："前日有两乘装配完备之电车在新闸路爱文义路开车试行，道旁观者颇为拥挤云。" 3 月 2 日《字林西报》报道：两天前有 19 辆电车在南京路上行驶，车上的外国人沿途招揽路上行人等车，免费乘坐。② 是年 3 月，意大利侨民劳罗购置一架爱脑门牌木壳摄像机从事摄片活动，在上海拍摄了《上海第一辆电车行驶》和《上海租界各处风景》等短片。③

　　随之，电车的车轮滚滚向前，英电公司组织盛大的通车典礼广为宣传，并请当时的大亨、社会名流参加庆典。其中有上海总商会会长、公共租界华董的大亨虞洽卿，轮船、水电业巨头朱葆三等社会名流共 24 人乘车，全体合照，恭贺致辞。从静安寺乘车到外滩，沿途谈笑风生，侍者敬烟送茶，引来记者蜂拥、市民围堵。他们分别依窗扶栏，沿途抚摸，以示电车安全。回应"电车乘不得，偶一不慎，就要触电"的愚言，消除群众的恐惧心理。车厢外沿，车站电杆上都张贴着"大众可坐、稳快价廉"的标语以广招徕。虽做乘车示范，市民还是半信半疑，电车行走半年，生意依然清淡，中国股东祝兰芬因亏损而退股，股份全部为英人收买。同时总经理麦考尔返回伦敦呼吁金融界援助，获麦加利银行"输血"贷款。不过生意仍很清淡，英人为解除市民疑虑，便雇佣一批失业游民，发给短衫裤一套，使他们成为

① 周源和：《上海交通话当年》，第 54 页。
② 上海市公用事业管理局编《上海公用事业（1840～1986）》，第 334 页。
③ 张仲礼主编《近代上海城市研究》，第 1107 页。

"专业坐车者"，每日发给工资 3 角，并代公司向乘客分发花露水、牙粉、牙刷、香皂等。还雇乐队大奏洋喇叭，从此声威大振，市民自然会为一支牙刷、牙膏而纷纷登车，于是电车触电之类的谣言便在现实中被粉碎，大众体会到了现代交通的快捷、安全、舒适，从此电车成为市民必乘的交通工具。如 1948 年《中央日报》追忆租界初期电车时曾言，"前上海租界 1908 年开始通行有轨电车，当时一般市民不敢乘坐，电车公司曾一度免费供市民试乘，以视今日电车乘客拥挤情形实非当时所能梦想者也"，并在《上海画贴》专栏内画有电车初期的图画。①

　　至 1912 年，公共租界"与法租界订接轨通车之约。而电车之效用益宏，且蒙其利者不仅在公众，即两公司亦深受其益"。随着"公共租界且转瞬有无轨电车出现，是将由有轨路之车益进而为无轨路之车，四通八达，无远弗届。而交通上之便利，乃寖寖乎有一日千里之势，何其盛也"。② 如 1914 年 11 月 15 日，英电公司无轨电车通车之日，分两扇门上下，分别由驾驶员和售票员控制。当时上海《时报》对通车情况曾做报道："人们感到好奇，道傍伫立而观者，殊为拥挤。"③ 而自 1923 年 6 月 10 日起，该公司将一路电车由静安寺至十六铺改至靶子场，将二路由卡德路至公园靶子场改至十六铺，"两路路线均已改换，故近日来每到一站有小孩负牌呼喊，便乘客注意新订路线"。④ 是年 11 月 14 日，该公司再将 52 号、135 号两辆新式电车试行于二路线（十六铺—卡德路），"车身全部涂刷一新，上落踏板处添置铁栅门一座"。且公司"为便利乘客起见，特将头等座增加"，计头等座位可容 20 人，三等可容 10 人，拖车亦相同。"车前除司机人外，有查票者一人、司启闭铁栅者一人、车后一人则兼管拖车的铁栅。每到一站乘客先下后上座位既满，则禁止乘客上落，故车中无拥挤之虞。而电车在中途行驶极速时，亦可免跳车之危险，行驶既久当能将一切弊病免去，并可保乘客之安全。"⑤

　　既如此，"公共租界的电车最稳，以前在行驶时是不关铁门的，后来因为乘客们往往在未到站停车时中途上下，时常发生危险，就添设铁门在出入

①　周源和：《上海交通话当年》，第 55～57 页。
②　甘作霖：《上海三电车公司之组织》，《东方杂志》第 12 卷第 1 号，1915 年 1 月 15 日，第 18、8 页。
③　上海市公用事业管理局编《上海公用事业（1840～1986）》，第 347 页。
④　《电车改换路线》，《申报》1923 年 6 月 16 日，第 22 版。
⑤　《公共租界试行新式电车》，《申报》1923 年 11 月 16 日，第 15 版。

口，不到站时不开门。法租界的电车到现在仍未装门，车身比较来得高，坐在里面，显的很利害，辆数也比较公共租界少。华界电车，民国路一带也有，闸北是没有的"。[1] 如英商电车公司 1908 年创业时仅 65 辆，到 1932 年已增至 312 辆，增长了 3.8 倍；乘客由 11772715 人次增至 108845656 人次，增长了 8.2 倍；行车里程由 1979001 英里增至 9407656 英里，增长了 3.7 倍。电车路线由 3 线加至 12 线，还增设无轨电车十四路、十五路、十六路、十七路、十八路、十九路、二十路等 7 条路线。电车快捷、便宜、安全，特别车上还装有沙柜，一遇意外，可保人员安全。[2]

电车通行后，其票价相对于人力车、马车等交通工具明显较低（见表7 - 1）。如关于电车票价的制定，公共租界为保护公众利益而限定最高费率，即"于一哩至一哩半之距离，每一头等车辆乘客最高每段付五分银元，每一个三等车厢乘客最高每段付二分银元，在最高费率之下，公司方面则可根据经营情况有自主决定具体票价的权利"。[3] 而英电公司经过营业实践，证明票级少、级差大的票价制度对营业不利，就自动调低票价。1911 年春和 1915 年 3 月一再降价，头等降为 2 分、3 分、4 分，二等降为 1 分、2 分、3 分。降价并级差减少后，招揽了更多乘客。[4] 即该"电车公司主政者，不特当注意于营业之扩充，而同时尤须体察中国之特情，以为迁就坐客之计"。例如，头等车发售常期票，"固已行之有年"，然其价值已由每月 8 元减至 6 元，"且期间尚可酌量减让，并非一例"。又另售一种存根票簿，有以 3 分 3 厘至 6 厘、5 分 2 厘至 4 厘的存根票而售 1 元。"车票定价即如彼其廉，而又绝不加以整齐划一之制限。在公司无非以迁就车客为营业上招徕之际，以故而三等车之价乃更特别从廉。盖公司深知三等车客之生活程度，低者居多，即欲使其受电车之便利而不至于向隅，又须体恤其个人之财力而弗令其过费"，于是纳 1 铜元代价而乘车可及半英里之远。虽愈远者费亦愈增，然至多不过铜元 8 枚。"公司当开办之初，定价本极低廉，况复逐渐缩减，遂乃一贱至此。以视欧美电车，其费率高下，竟无比例可言。然而上海电车业竟能日兴月盛，为一般主顾所乐就者，则亦未始不由于此。"[5]

① 徐国桢：《上海生活》，第 62 页。
② 周源和：《上海交通话当年》，第 60 页。
③ 上海市档案馆编《工部局董事会会议记录》第 19 册，第 629 页。
④ 蔡君时主编《上海公用事业志》，第 363 ~ 364 页。
⑤ 甘作霖：《上海三电车公司之组织》，《东方杂志》第 12 卷第 1 号，1915 年 1 月 15 日，第 14 页。

表 7 - 1　1909 ~ 1937 年主要年份上海电车平均每英里票价

年份	电车等级	票价铜元(枚)	票价银元(分)	年份	电车等级	票价铜元(枚)	票价银元(分)
1909	头等	3.40	2.58	1930	头等	7.26	2.57
	三等	3.17	2.41		三等	3.32	1.44
1914	头等	3.05	1.87	1935	头等	8.01	2.44
	三等	1.87	1.38		三等	5.59	1.70
1920	头等	3.07	2.21	1937	头等	8.01	2.67
	三等	1.86	1.30		三等	5.63	1.88
1925	头等	4.52	1.96				
	三等	3.32	1.44				

资料来源：汪杰等主编《上海物价志》，上海社会科学院出版社，1998，第 23 页。

　　进而，上海"电车近年以来很发达，陆续添行了好几路，华界、公共租界、法租界都有"。[1] 而华界电车事业为华商电气公司所经营，"自经本（公用）局督促，将第二第三两路路线改为园路之后，乘客往来，颇称便利"。[2] 其时，在华界乘坐电车时，"乘客应注意各点上海市区内之陆上交通行程，票价俱以铜元计算。售票收费，均由售票人在车辆中临时办理，不另设站售票。乘客最好于上车前预兑铜元，如以银角购票，不能依照市面兑换，但所低有限。故如遇匆不克事先兑换时，可以不必竟在车上以法币购票为妥（法币照市价使用）"。[3] 嗣后，华界当局"力谋发展本市交通，近特拟定贯通华租两界之高架电车计划，俾贯通沪北、沪南直达交通路线"。[4] 1935 年 1 月，市公用局鉴于"本市交通日臻繁复，华租两界尚乏适当之通达交通干道"，特设计高架电车计划，"不但华租两界居民得便利不少，即路面交通亦可因此减少拥挤程度；即高架电车之行驶，因无交通上之阻碍，速度上亦可增加极多"。此项计划业已由市府提交公共租界工部局征得原则上赞同，"一俟经费有着，即可分步实现拟定贯通两界路线"。高架电车的计划路线：计南市自大码头为起点，经肇嘉路过老西门和平路，转入法租界敏体尼荫路、西藏路、北泥城桥过新垃圾桥、北西藏路再转入华界，沿淞沪

---

[1]　徐国桢：《上海生活》，第 62 页。
[2]　上海市公用局编《十年来上海市公用事业之演进》，第 76 页。
[3]　柳培潜：《大上海指南》，第 32 页。
[4]　《贯通华租两界交通筹设高架电车计划》，《申报》1935 年 1 月 25 日，第 12 版。

铁路平行至宝山路，再沿宝山路、经江湾路，达市中心区、市政府大厦。① 至 1937 年 7 月，上海市政府再"为沟通全市交通起见，现决创办无轨电车"，预计需费 180 万元，业经市政会议通过，由市府筹措经费积极兴办。②

由此，电车大容量、便捷、价廉的特征，使市民对电车陈述看法和评论时，时尚理念亦在潜滋暗长。如时人论道，"在上海将有高架电车发现，而且还定下了第一圆路与第二圆路的路线。在上海的一般市民都盼望得甚么似的，每日念着阿弥陀佛、耶稣亚们，求其实现。原因是坐了高架电车，虽然还比不上坐飞机的上等人，可以云来雾去，但在高架之上高来高去，比了脚踏实地的那些下等人，总是高出一筹的了。可惜这种伟大的计划仅止于高唱入云，这自然是使人大失所望的"。③ 再如市民乘坐电车时尚观念的感性描述，诚如专评《电车上》：

> 为了一点些微的小事，我们是习惯着一种滑稽的争论；在争论的絮语中，我们已忘记了车经过了些甚么地方。等到我们的争论停息了以后，车已在南京路，向西的爬行着了。约莫静穆了几分钟，一个新的刺激又引起我们中间的滑稽的纠纷。"你看！"——开始是我带着善意的简单的话句。"那值得甚么看？"这不过是一个母亲和她的六个女儿罢了：母亲才不过三十多岁，女儿们是如果站起队来，刚巧是一个高一个，照我的短拙的眼力来看，即使年龄不相仿，大概也不会相差太远；而且她们的面貌是这么相像：一个母亲和她的六个女儿。母亲是坐靠门边的角落，一个顶小的坐在她的怀里。顶大的一个约莫八九岁站着，背靠着门；次一岁的站在她的姐姐的前面；再次一岁的，更站在面前。其余两个，是刚才一个乘客起立让座时挤有妈妈的身边。她们的谈话声给停车站的老枪报贩叫卖声盖上了，而那七个面貌非常相像的母亲和她的女儿，在这一站下了车。电车为了她们，在站上多停了几分钟。而在车已开动了时，我瞧着站台的眼睛才看到了这一个伟大的母亲：她的瘦削的脸旁是刻着很深的劳苦的皱纹的。当我回转

① 《本市高架电车计划》，《申报》1935 年 1 月 25 日，第 12 版。
② 《市区决办无轨电车业经市政会议通过》，《申报》1937 年 7 月 6 日，第 15 版。
③ 贤贤：《双层公共汽车》，《申报》1934 年 4 月 7 日，第 17 版。

头来对着我那满不在乎的朋友，正想用嘲笑的话句引起我们习惯的争论时，却给他一句很突然的话变得感伤："女人的一生便是这样了吗？"①

另，近代思想家胡适在《电车词》中也描述了电车的快捷及男女乘坐电车往来迎送之观感：

> 欢家住城西，侬家住城北，一日十往还，电气车儿速。
> 电汽车儿速，欢亦勿常来，车行易杀人，人命等尘埃。
> 尘埃卷地起，瞥眼电车驰。轧轧电车轮，何似双鸣机。
> 铛铛电车铃，欢行须避远。依言君记取，电车固无眼。
> 行行电车道，电车去复来。昨日侬家邻，朝出暮不回，
> 朝出暮不回，感此伤妾怀。一日不见君，几转卜牙牌。
> 侬家住城北，欢家住城西，十里电车道，步步有危机。
> 欢亦不常来，侬言君记取。岂不望欢来，欢来妾心苦。
> 欢来妾心苦，苦口为欢语。辗转复丁宁，涕泣零如雨。②

（二）电车广告凸显时尚

20 世纪 20~30 年代，上海广告业发展迅速，街头巷尾，各类交通工具乃至车牌和各类大众传播媒介中，无不充斥着广告。而不难发现，市民选择电车出行的同时，电车上对"衣食住行"的广告宣传，亦呈现一定的时尚元素。具如 1931 年 3 月 8 日，联华广告公司为在法商电车公司行驶市区内的第五、第六两路电车上揭布广告，爰向上海市公用局商准后，自愿切实遵守计开条件：（1）揭布广告范围，以电车车顶周围、车身前后部及车厢里面为限。（2）揭布广告一切手续，均依照本市广告管理规则办理。（3）本约自 1931 年 1 月 1 日起至 1933 年 12 月 31 日止，扣足三年为有效期间。（4）公司向公用局认缴法电公司五、六两路电车全年揭布广告税银 480 元整，匀分四期缴纳，每三个月为一期计银 120 元整，于本约送达公用局时，随缴第一期税款，其余三期之数，均于每期开始前

---

① 劳心：《电车上》，《申报》1937 年 7 月 19 日，第 18 版。
② 胡适：《电车词》（1908 年），《胡适文集》（9），北京大学出版社，1998，第 25 页。

10 日内预先缴足。（5）公司将本约送达公用局时除缴纳第一期税款外并另缴保证金三个月，计银 120 元整。（6）公司对于上列各款应遵守事项如有违背，公用局得将具保证金一部或全部没收，必要时并得撤销其承包权，又保证金没收后，仍须缴足。（7）本约期满前一个月，如公用局不令公司继续承包或公司不愿继续承包，均应以书面通知，如届时彼此均无书面通知又继续承包，约据亦未订妥，则此约期满后应继续有效期间三个月，税款照旧缴纳。① 1936 年 12 月 31 日，美灵登广告公司呈请依照联华广告公司承办行驶上海市区内的法商五路、六路电车广告旧约，续办三年。翌年 1 月 1 日，公用局同意与其另订新约。该约与联华广告之约基本相同，以三年为期。②

1931 年 11 月 10 日，上海市公用局还与南洋广告社签订合同，以一年为试办期，在华电公司电车上揭布广告，爰向公用局商定后列条件，自愿切实遵守：（1）揭布电车广告范围，暂以电车车顶两旁为标准，其他客座广告之地位而商得公用局同意亦可由广告社揭布广告。（2）广告社向公用局每月交纳电车部分的广告费毛收入 8%，根据广告社与商家所签订原合同核算，如查出合同与事实不符处，以应缴税款 10 倍罚金。（3）广告社与商家订立合同后，另照原合同缮具副本连同原合同送至公用局沪南广告管理处核对登记，随将合同原本发还副本存查。（4）广告社揭布任何广告，每次油漆或出新换稿均须先将式样送往沪南广告管理处核准登记后，方得油漆。（5）广告社与商家签订合同满期，无论继续与否，广告社应即报告沪南广告管理处备查，其未订合同之广告不得揭布。（6）本约自 1931 年 11 月 15 日起至 1932 年 11 月 14 日止，扣足一年为试办期间，期满所有广告应一律停止。倘公用局认广告社办理满意，则广告社有优先继续承办权。（7）广告社于本约送达公用局时，随缴保证金银 300 元整，其每月应缴税款于每月底结算一次，广告社应于接到通知后三天内缴清。（8）广告社绝对遵守上列各款及本市广告管理规则，如有违背得由公用局将其保证金一部分或全部分没收，必要时并将承办权撤销，保证金没收后仍由广告社缴足。（9）本约期满前一个月，如公用局不令广告社继续承办或广告社不愿继续承办，均

① 《上海市公用局关于南洋广告社承包华商电车中广告税案附征收法商电车广告税案》，1931 年 12 月 11 日～1934 年 2 月 28 日，上海市公用局档案，档号：Q5-3-3092。
② 《上海市公用局关于美灵登广告公司承办法商五六路电车广告案》，1936 年 12 月 31 日～1937 年 2 月 4 日，上海市公用局档案，档号：Q5-3-3148。

应以书面通知，如届时均无书面通知又继续承办，约据亦未订妥，则本约期满后应继续有效三个月。[①]

此外，当局对电车广告进行管理。如 1931 年 2 月上海市公用局函法电公司，转知登载电车广告各公司速即来局补行登记纳税，否则不得揭布通行。"查本市广告管理规则规定凡公用车辆揭布广告应照第六十三条登记纳税，据查贵公司五号、六号两路电车行驶华界其车身内外揭布广告种类甚多（见表 7 - 2），尚未纳税"，应请转知各广告公司于本月 15 日前，从速至本局沪南广告管理处补行登记纳税，"否则不得揭布通行，以重定章"。[②]

表 7 - 2 上海法商五路、六路电车广告（1931 年 2 月 5 ~ 6 日）

五路(车顶、车头、车厢内)		六路(车顶、车头、车厢内)	
电车号码	广告内容(主要)	电车号码	广告内容(主要)
F19、F17、F20、F3、F15、F24、F14、F27、F25、F21、F2、F22、F35、F38、F33、F39、F12、	孔雀牌霜和牙膏、绮华公司、齐天舞台、章林记香水霜、一心公司名山名茶、金华蒋腿、元下公司新鲜童鸡汁、中国煤球厂、四福牌香烟、矮克发照相材料、香苏巧格力糖、民生墨水、奥新鱼肝油、红锡包、英商吉星洋行漆料、恒大洋行颜料五金、可人牌香烟、逸园跑狗等	F3、F39、F25、F21、F17、F36、F34	礼和眼药、大成胃津、金山刀片、中华煤球、东方贸易公司、海马吐朋、阴丹士林色布等

注：在老西门调查，据该站口查票员称，五路车每日 11 辆，六路车每日 7 辆，星期六、星期日五路车增加 4 辆，该路每日行驶系随时分配并非指定，故广告亦时有不同。

资料来源：《上海市公用局关于南洋广告社承包华商电车中广告税案附征收法商电车广告税案》，1931 年 12 月 11 日 ~ 1934 年 2 月 28 日，上海市公用局档案，档号：Q5 - 3 - 3092。

而 1931 年 2 月 13 日公用局第二科再函法电公司关于电车广告税事，经询管理处于 6 日所查该公司五路、六路共有 35 辆，外围登载广告 102 件，内围 106 件（见表 7 - 3），照本市广告规则第六十三条规定计算税率如下：法电公司与其广告收入毛数内提出 5% 予法工部局。1930 年法公司每月所收

---

① 《上海市公用局关于南洋广告社承包华商电车中广告税案附征收法商电车广告税案》，1931 年 12 月 11 日 ~ 1934 年 2 月 28 日，上海市公用局档案，档号：Q5 - 3 - 3092。

② 《上海市公用局关于南洋广告社承包华商电车中广告税案附征收法商电车广告税案》，1931 年 12 月 11 日 ~ 1934 年 2 月 28 日，上海市公用局档案，档号：Q5 - 3 - 3092。

广告公司的电车广告费为银五六百两，其中仅提交法租界公董局 5% 约银 30
两。广告公司并不另缴公董局任何捐税，故该公司最多每月只能认缴本市政
府捐银 40 元，全年 480 元。由此，公用局要求该公司提供广告公司的正式
具函证明。①

表 7-3　法商五路、六路电车广告件数及纳税统计（1931）

地位	件数（件）	每月初纳税一次（元）		每季初纳税一次（元）	
		每月应缴	全年十二个月总数	每季应缴	全年四季总数
外围	102	61.2	734.4	153	612
内围	106	21.2	254.4	53	212
总计		82.4	988.8	206	824

资料来源：《上海市公用局关于南洋广告社承包华商电车中广告税案附征收法商电车广告税
案》，1931 年 12 月 11 日～1934 年 2 月 28 日，上海市公用局档案，档号：Q5-3-3092。

　　简言之，乘坐电车成为近代上海市民时尚观念的充分展现。诚如时人
论，"在上海马路上，很显的分着阶级。马车不敢不让汽车，人力车又不敢
不让马车，徒步而行的连人力车都不敢不让。至于电车，因为上面电线和下
面轨道的缘故不能让人，所以连汽车也只得纡尊降贵的让避。然而汽车所让
的是辆电车，绝不是坐在里面的人的关系"。因为"坐电车的人很少有福消
受汽车开恩让道的资格，汽车的不敢不让者，还是靠了这辆'稳妥价廉大
众可坐'的电车的余威。否则像我们这些人未尝不乘电车，然而我们又怎
敢厚着面皮自夸有使汽车让道的资格呢？"② 电车的驰驶使战前上海城市活
动起来，上海真正繁华的开始与电车的创设息息相关。可见，电车具有容
量大、乘价廉及商品宣传等特征，吸引近代上海市民"自主性"持续乘
坐，并成为市民出行首选的公共交通工具，与此同时，社会时尚理念渐次
形成。

二　电车与规则意识

（一）电车与时间规则

　　事实上，"交通运输之目的，在乎打破时间之障碍。现代人对于时间已

---

① 《上海市公用局关于南洋广告社承包华商电车中广告税案附征收法商电车广告税案》，1931
　　年 12 月 11 日～1934 年 2 月 28 日，上海市公用局档案，档号：Q5-3-3092。
② 徐国桢：《上海生活》，第 59～60 页。

极重视，尤其在都市的人士，对于时间更为宝贵，故欧人有时间即金钱之谚，则都市交通工具之应以迅速为条件，自不代言"。① 近代以降，公共交通系统成为中国城市社会中最需要时间纪律维系工作效率的部门，其对于市民时间意识的影响是多方面的。如电车交通使近代上海市民开始确立科学的时间理念，时、分、秒的细分丰富了年、月、日的时间切分，有时甚至成为某一特定时间的主要表征。

1. 细化的行车时刻

譬如近代上海"因交通便利而行驶电车，乘电车者不若任何车辆之安适，仅取其金钱经济与时间经济而已"。② 1905 年，公共租界工部局与英电公司的合约中，规定其路线长 24 英里，电车的载客服务"每日自晨六时起至下午十时为行车时间"，同向的有轨电车每辆时间间隔从 5 分钟到 10 分钟不等。③ 至 1926 年，英电公司各车行驶时间，多者费时 32 分钟可达终止地点。如十四路车由郑家木桥抵沪宁车站，需费 17 分钟，每四五分钟有车一辆；十五路车由三洋泾桥至乍浦路，只需 14 分钟；十六路由三洋泾桥至戈登路，费时 30 分钟；十七路由大世界至岳州路为最多，需 32 分钟（其路线亦较长）。④ 再至 1937 年，该公司无轨电车承载乘客的运营时间已呈现出一定的规律性（见表 7-4）。

表 7-4　公共租界工部局调查无轨电车和公共汽车乘客数量变化（1937 年 5 月 9 日）

单位：人次

乘客上下车之时间	公共汽车	无轨电车	总计
7~8 时	134	137	321
8~9 时	385	265	650
9~10 时	675	383	1058
10~11 时	1018	380	1398
11~12 时	927	366	1293
12~13 时	1216	421	1637
13~14 时	1500	616	2116

① 吴琢之：《都市合理化的交通工具》，《交通月刊》第 1 卷第 1 期，第 38 页。
② 无愁：《上海试行新式电车》，《申报》1923 年 11 月 17 日，第 23 版。
③ 虞：《三十年来上海车辆消长录（续）》，《申报》1932 年 4 月 13 日，第 15 版。
④ KK：《公共汽车与无轨电车》，《申报》1926 年 4 月 17 日，第 23 版。

乘客上下车之时间	公共汽车	无轨电车	总计
14～15 时	2277	874	3151
15～16 时	2300	718	3018
16～17 时	2365	716	3071
17～18 时	2510	943	3453
18～19 时	1457	484	1941
合计	16754	6353	23107

注：调查地点为兆丰公园。公共汽车为英商中国公共汽车公司一路、八路、九路；无轨电车为英商电车公司二十路。

资料来源：《上海公共租界工部局工务处有关公交统计的报告》，1931～1940 年，上海公共租界工部局档案，档号：U1－14－3008。

在法租界，法电公司的营运调度在初期采用计划调度和现场调度的方法。车务处先对客流进行观察，然后根据客流情况结合道路条件测定车速，并对各类报表进行分析，在车辆配备可能的条件下，增辟、延长或缩短线路，在此基础上编制行车时刻表。1908 年、1909 年的冬季行车时刻表记载：从十六铺到徐家汇，白天车距为 12 分钟，在 19 时到 22 时车距拉长为 36 分钟；又如十六铺到善钟路在冬季早高峰增加 5 班车，中午高峰时增加 3 班车，客流少时就抽调加车。除计划调度外，还进行现场调度，主要依靠两终点站的当班写票（调度）观察行车情况而定，如车辆脱档时，写票就将预先停放在终点站上的备车投入线路空档，或采用临时区间车平衡车距。中途设记时员，如发生行车阻塞，就利用电话联系，采用中途调头，一般在双向行程内即可恢复正常行驶。[1]

再如华界，华电公司的电车马达（即电机）以备每小时行 12 英里的最高度。然就其平均速力而言，则以 20 分钟即由十六铺行至沪杭车站。[2] 至 1921 年 4 月，该公司照常开驶夜车。"前因交流电机上叶子板损坏后，即将电车部份之机器借用以维电灯，并于傍晚为始将行驶各路之电车暂停开驶后，由该公司派人赴汉口水电公司商借交流电机所用之刷齿两件，运沪后请沪南兵工厂加工磨剀合式，即已装配妥贴。"故 12 日起，各路电车"已照

---

① 上海市公用事业管理局编《上海公用事业（1840～1986）》，第 340 页。
② 甘作霖：《上海三电车公司之组织（续一号）》，《东方杂志》第 12 卷第 4 号，1915 年 1 月 15 日，第 15 页。

常日夜通行，一般乘客莫不均感利便"。① 嗣后，该公司延长电车行驶时间，"对于行驶各路之电车大加整理"，每晚延长行车时间于 10 时后"始各进厂，交通较前便利"。② 1928 年 11 月，再将中华路民国路的西门及小东门两站接通，定名为中华民国圆路，每日开行三路电车 8 部。计头班电车上午 6 时 20 分出厂，驶往小东门开返上午 6 时 45 分，其余各电车按照规定列表开行。③

至 1931 年，华电公司扩充董家渡电车线，"现车务正在拟订行驶时刻表，及调派车务人员与通车价目表路牌等处，该整理研究手续办妥即可实行"，11 月初通车。④ 而因"硖石王店灯彩、楼、亭阁，素负盛誉"，1934 年 7 月 28 日灯彩游艺大会开幕，"经由华商公司派匠在门首装置伟大灯彩牌楼，其硖石王店灯彩台阁亭伞数百余座，穷极精巧、灿烂夺目，并每夜十一时开放异样焰火以及群芳会影戏丝竹昆曲等游艺，所有园内各处沿河一带均装五色斛灯，数约万余盏并在河中特置彩色水灯，布置完美。届时沪上人士眼福实非浅鲜"，华电公司特延长电车行驶时间，"以便游客往返"。⑤ 至 1936 年 8 月，华商有轨电车行车距离为 0.33 公里、0.66 公里、1.20 公里；每日行车时间为 5 时 15 分至 23 时 45 分。平均行车相隔时间：2～4 分钟。⑥由上而述，这种以"分钟"计的电车行车时刻，以全新的城市时间制度和尺度，让上海市民在日常生活中频密接触，逐渐深化对这套标准时间的认知，从而不自觉地强化时间观念。

2. 节约时间的努力

一般而论，"运载之具之藉机力为推挽，俾乘客得减其光阴与金钱之耗费，而增其交通或往返之便利。如今日之电车然者，其为需要，至是乃显呈于一般人之方寸焉"。⑦ 如 1920 年 9 月，华电公司"以高昌庙至南车站一段只筑单轨电车，往来须在岔道守候，行驶时间势必迟缓，乘客殊不便利"，

① 《华商电车照常开驶夜车》，《申报》1921 年 4 月 13 日，第 10 版。
② 《华商电车延长驶行时间》，《申报》1927 年 4 月 20 日，第 13 版。
③ 《民国中华两路华商电车接轨竣工》，《申报》1928 年 11 月 10 日，第 15 版。
④ 《华商电气公司扩充董家渡电车路线》，《申报》1931 年 10 月 17 日，第 15 版。
⑤ 《焰火华商电车延长时间》，《申报》1934 年 7 月 28 日，第 12 版。
⑥ 《上海市公用局关于中国建设银公司调查电车》，1936 年 8～9 月，上海市公用局档案，档号：Q5 - 2 - 827。
⑦ 甘作霖：《上海三电车公司之组织》，《东方杂志》第 12 卷第 1 号，1915 年 1 月 15 日，第 10 页。

拟于该处一段添筑双轨，"以资车行迅速，业将令饬工程师从事测量"。并以老西门至高昌庙的电车往来只有 5 辆，"以致乘客时有等候每至迟延十数分钟之久，方得搭坐甚不便利"，公司拟自 10 月 1 日起加添 1 辆，"专驶该处一带，藉便乘客"。① 翌年 10 月，英电公司往来麦根路外洋泾桥的十五路电车原有 5 辆并附挂拖车，"现因外洋泾桥路车站经过车辆最多，十五路车在该处掉头停顿费时，每多窒碍"，遂将该十五路车完全废止。但废止后在偷鸡桥新闸路一带仅有三路车 8 辆，遂增加 2 辆，"以利行人"。②

至 1921 年，华电公司再因"中华路电车单轨自小东门至西门之电车，等候交车耽误时间，殊多不便"，故而加铺双轨以利交通。"全路钢轨均已铺竣，惟尚文门外一段之轨因高昌庙往来各车必经之道尚未接通，经该公司工程处督饬工匠日夜工作一经筑就，即可加拨电车直接通行，往来各车毋须等候，以期迅速。"③ 1923 年 3 月，该公司因电车营业日益发展，"各路乘客颇形拥挤，地方厅利涉桥迤南至沪杭甬车站一带均属单轨，往来车辆不免彼此停顿，延误时刻，是以改铺双轨，以免停顿"。自动工以来已陆续告竣，自 31 日起"各车直行无阻，乘客无不称便"。④ 翌年 1 月，公司因"现届阴历年关之际，各处往返之人较平日增多数倍"。故对于十六铺至高昌一带的长路电车，除原有车辆及加挂拖车外，自 26 日起备事车 2 辆，行驶于外滩以董家渡至十六铺止，"以免往来乘客多候时刻，乘者无不便利"。⑤

其时，华界的中华路、民国路"系就旧上海县城濠而设，电车本可循环行驶。乃在旧小东门及小西门口截成两橛，互为起讫，以致在中华路之客欲赴民国路，及是民国路之客欲上中华路皆须中途换车，不便孰甚，时间金钱均感损失"。上海市公用局成立即令华电公司接轨通车，于 1928 年 11 月定行接轨通车，成为三路圆路。⑥ 该公司 1931 年 1 月再呈公用局，"外马路与中华路圆路电车克日接轨行驶一节，其东门路与中华路转角处湾头分路，业已饬工赶做，约二星期即可完工。惟由中华路至西门站时如何绕回，据公司车务科会议惟有掉头回转一法，查西门一带三路四路车辆停站已极拥挤，

① 《华商电车公司整顿车务》，《申报》1920 年 9 月 20 日，第 11 版。
② 《英美电车废止十五路行驶线》，《申报》1921 年 10 月 22 日，第 15 版。
③ 《南市电车工程近讯》，《申报》1921 年 10 月 1 日，第 14 版。
④ 《华商电车双轨铺竣通车》，《申报》1923 年 4 月 1 日，第 15 版。
⑤ 《华商电车添加专车因往返乘客拥挤故》，《申报》1924 年 1 月 27 日，第 14 版。
⑥ 《上海南市市政厅准许上海华商电车公司行车合同》，1921 年 1 月，上海市公用局电车公司筹备处档案，档号：Q423 - 1 - 35 - 21。

若再加一二两路圆路拖车掉头，势必耽误行车时刻，而车辆更加拥塞"，呈请公用局派员指导该圆路绕行方法，以便遵行，"庶于公司利益、民众交通两全其美"。①

且因"市内电车为市民交通利器，调度车辆尤宜求时刻准确，使无首尾衔接或迟脱贻误之弊"，市民对电车行驶时间提出建议。如1927年11月新通贸易公司工程师张延祥拟订《上海西门电车站岔轨计划》并向公用局呈报，"华商电车公司办理成绩卓著，车行迅速。现公用局鉴于西门市厘繁盛、拥挤堪虞，特订定西门之停车站地点，但因此时常发生阻碍，实由岔道不敷所致"。西门的电车有华商的三路赴小东门、二路赴小东门、四路赴高昌庙。公共租界及法商的五路赴北火车站、六路赴卢家湾、七路赴小东门，除二路、四路系另线外，其余四路均行于单线上，"故时有一电车阻塞在前，后面之车迟延，而亦无法趋越前车以致愈形迟慢影响车务颇多"。为此计划岔道，以最省费用求最大效果：（1）公共租界及法商的五路车与法商的六路车，仍循旧轨而行，靠第一停车站。（2）华商的三路车及法商的七路车行岔道上，靠第二停车站即掉头驶出。（3）华商中华路及民国路的电车，可通达作环城圆路，则民国路电车进厂出厂可经由小西门不经小东门，早上通车时间可以提早，夜间进厂可改迟。② 还有市民则希望电车公司"延长行驶时间。一方既予居民以利便，一方亦增市面之繁荣，甚愿主持者，有以遂市民之望"。③

概言之，"公共交通的定律，是将一个人从此点到那点需要的最短路线与最少的时间为标准。我们不但要减少人力车的数字，同时需要减少私人车辆的数字，以让出更多地位行驶公共车辆。公共车辆全为市民之便利，除了救护车、救火车，与警备车之外，他有超越其他车辆的便利"。④ 可以说，现代化造就了上海城市与都市文明，也塑造了具有现代城市人格的一代上海人，改变与重建了他们的生活内容与生活方式，在诸如人口、人格、社会、收入、消费、语言、衣食住行乃至物化、人文环境等各层面上，都显示了与

---

① 《上海市公用局整顿并督饬推广华商电车》，1931年1~5月，上海市公用局档案，档号：Q5-2-838。
② 《上海市公用局关于各方建议改良老西门外电车轨道》，1927年11月~1929年3月，上海市公用局档案，档号：Q5-2-850。
③ 都：《上海之公共交通问题》，《申报》1935年7月21日，第7版。
④ 《上海交通问题》（1947年1月16日扶轮社演词），赵曾珏《上海之公用事业》，第176页。

时代同构共进、多元趋新的特征。① 在这之中，电车扩大了近代上海城市活动半径，改变了城市生活的时间节奏，转变了人们对时间距离的感知，新式的出行方式使市民逐渐开始形成"时间即金钱"的现代性规则。

（二）电车与行为规则

也应看到，最初上海人"从都市化理论来看，只是居住在城里的人，不具备近代市民意识，只是居民，不能算市民"。② 例如，部分市民无视交通管理法规，也不太顾及其行为对他人和社会的负面影响。此类行为在车辆和行人交通中也时有发生。例如，机动车司机自己不肯让道，可为了要他人让道拼命地按喇叭；乘电车或公共汽车时，无论多么拥挤都要挤上车，可一旦上了车就不允许其他乘客上来；等等。③ 此类现象，无不体现出一定的交通陋习，与近代上海市民所要求的行为规范形成反差，迫切需要当局与电车企业做出规制，以此形成城市特有的"规则意识"。

1. 规范乘车行为

乘坐电车已成为近代上海人主要的出行方式之一。由于电车空间有限，乘客数有增无减，车厢内拥挤异常，由此在狭小的公共空间内，市民的公共道德规范和安全意识显得十分重要。具如 1908 年 6 月 24 日，英商电车公司总理麦考尔特白拟订《电车公司规则》，经公共租界工部局总办雷福森批准正式公布，其中第 8 款"搭客条"规定：第一，搭客禁止。（1）在车行动时，不得任意上落。（2）在车坐客在头等者，由头等左边落车，不可走越二等；二等者，由二等左边落车，不得走越头等。（3）在车坐客切弗伸出车外，以防自遭损害。（4）车内有禁止吃烟字样者，不可吃烟。（5）电车两头及梯布上，不准坐客停留。（6）在车坐客各宜自重，各弗多占座位任意自适使他客不便，更不能口出污言秽语，调笑厌人听闻并忌涕吐及车旁便溺等事。（7）车上机器轨道及附属各件，坐客不得损动。（8）在车坐客切弗与开车人交谈，恐开车人心意混乱出有损害等事。（9）如有酒醉人上车，必须由在车人员阻止，如已坐之客有酒醉者，当由管车售票人使之下车。（10）车上坐客均须洁净，如有衣服污秽惹他客厌憎者，当由管车人阻止勿使上车，倘已在车上就座者，由管车人将车资给还，该坐客应即下车。

---

① 忻平：《从上海发现历史——现代化进程中的上海人及其社会生活（1927~1937）》，"内容提要"，第 1 页。
② 张仲礼主编《近代上海城市研究》，第 941 页。
③ 马长林等：《上海公共租界城市管理研究》，第 206 页。

（11）坐客已染时疫者不能搭车，以防传染他客。（12）坐客所带之物不能过重16磅大逾一立方尺者及禁带臭恶各物，以惹他客之厌，或有损失公司车间等类一应小件准可手携者，各宜当心，倘有损坏与本公司无涉。（13）坐客不能携带大小各犬及禽兽等类。（14）车内坐客不能玩弄乐器。（15）坐客不准携带已装子药之军火。（16）坐客在车不得阻碍管车售票人等责务及碍于轨道行车事宜。第二，搭客应照本公司定价章程依远近之价目，缴付车资。第三，每搭客出资所买之票，如有本公司人员及售票人验看，即须将该票给阅，倘有远近不符即须照章补足，抑查票人欲将不符之票取回，搭客须将该票给其取去。第四，如车间坐客已满，必有额满之牌悬出，搭客切弗强欲上车。第五，如有玩梗之客必欲违背本公司所定规章者，当送有司衙门究罚不贷。① 嗣工部局行车章程第32条再规定：无论何人不准于电车在大路驶行之际站立，或以他种行为占据踏足板。凡违背此条章程者，须加惩罚。②

同时为维护电车秩序，前述《上海南市市政厅准许上海华商电车有限公司行车合同》第56条规定：公司不准乘客携带过16磅重一立方尺大的物件，如有取厌他人及一切之危险物，惟小亦不准携带。③ 至1927年7月，华电公司发布六言儆告，"以现当夏令，每有顽童沿途纳凉，见有电车开驶到来，任意攀援车后，颇易肇祸，为维护计，特发六言儆告。现天时正热，儿童沿路乘凉或向车前穿走或在车后跳荡，须知电车势速，易于撞跌身伤，甚有抛掷砖石损害坐客车，一经鸣警拘署，尤须追究赔偿务，请各家家长诫之，切勿轻尝"。④ 及1931年12月，华商电车公司《乘客须知》规定：（1）电车行动时，不得自开铁门中途上下。（2）车中进出不得妨碍他人。（3）不得依靠车外。（4）不得立于前月台或攀悬车外。（5）如有他客之劝阻不得在车内吸烟。（6）不得在车内胡言乱语、随意吐涕、互相争夺，致碍他人安宁。（7）不得触弄车上机件。（8）当车行动时不得与司机人谈笑。（9）搭客如有狂醉形状不准上车。（10）售票人见车中搭客或欲上车之搭客衣服褴褛、臭秽不堪，致妨碍他人之洁净者，售票人可拒绝其乘车，已上车

① 《上海工部局捕房上海电气电车有限公司关于捕房管理电车定章及电车公司规则》，1908年6月，上海市公用局电车公司筹备处档案，档号：Q423-1-14-1。
② 《工部局议董会之议案》，《申报》1922年5月19日，第13版。
③ 《上海南市市政厅准许上海华商电车公司行车合同》，1921年1月，上海市公用局电车公司筹备处档案，档号：Q423-1-35-21。
④ 《华商电车公司之六言儆告》，《申报》1927年7月20日，第15版。

者令其下车。（11）禁止有病人乘车或已上车令其下车。（12）搭客携带物件重不得过 16 磅，大小不得过一立方尺，凡损害车中机件或妨碍他客安宁之物，不得携带上车。（13）禁止携带狗及别项兽类上车。（14）不得携带洋枪及军火上车。（15）凡车中办事人，在尽职务不得与之交谈或作种种之非礼。（16）搭客拟坐在何处须照公司定价纳费。（17）车旅行时不得奏乐。（18）搭客不准裸体，以昭整洁。①

为劝告市民文明乘坐电车，1923 年 7 月报刊上还登载一则评论：（1）车上乘客拥挤时，可等下班电车，勿在人群中，以防传染疾病。（2）他人起让之座位，勿立即坐下，须少待，俟垫上热退方可坐下。（3）夏日衣稀薄，身带之皮夹以及宝贵之物，易为外人着眼，须刻刻留心，以防扒手。（4）涕痰勿吐在车中，天热最易发生微生虫，须备手巾，吐在巾中。（5）车中见有赤膊者，可告知卖票人，即令其下车。（6）见有童叟妇女上车，须让座位，以尊礼节。（7）车未停时切勿上下，以守定章，勿为越车轨之举。（8）勿因自己之风凉立在门口，以阻乘客上下。② 至 1935 年 3 月，市公安局十六铺分局函公用局，"本分局辖境内各电车站时有电车票飞落满地，似此情形不但与观瞻清洁均有妨碍，且不合新生活之运动。虽不时饬清道夫扫除，然电车往来不息，乘客随下随弃，既感扫不胜扫之概，亦终非清源之策。当经备函商请电车公司转知售票员，俟电车到站时将所有下客之车票，在电车上将车票收回"。嗣公用局规定"由各交通公司在大停车站设置细眼铁丝栏，以存废票。并由卖票人随时劝告客人于下车后投入，以示整洁"。翌月，华电公司"在各大停站设置废票铁丝篮，注明公司名称并标有'请将废票投入篓内'字样，藉促乘客注意，再饬各售票人随时劝告乘客注意"。③ 具如上述，电车企业规定乘客不准在车上吸烟、吐痰、妨碍他人、与司机谈话，对醉酒、衣衫污秽及患有传染病者均杜绝其乘车。乘车守则受到当局支持，任何人违反均将给予惩治。

2. 规制军警乘车

譬如 1924 年，华电公司因各军队的军士乘坐电车并不购票而占坐头等

① 《上海市公用局关于二路华商电车展长路线改驶圆路》，1931 年 12 月～1933 年 9 月，上海市公用局档案，档号：Q5-2-839。
② 《夏日乘电车须注意》，《申报》1923 年 7 月 28 日，第 22 版。
③ 《上海市公用局关于电车、汽车等停车站设置废票栏》，1935 年 4 月～1935 年 7 月，上海市公用局档案，档号：Q5-2-878。

地位一事，"每日为数颇多，于电车营业颇有影响，亟应设法取缔。现经该公司董事部提议从事整顿"，并函致淞沪护军使张允明、淞沪镇守使宫邦铎，"请为饬知所属各旅团营部各官长，转知各军士以后乘车应有限制，并须照章站立二等之月台上，穿便服者应照普通乘客例一体购票"。① 嗣上海特别市成立，1927 年 10 月市公安局局长戴石浮奉淞沪卫戍司令部令，"华电公司董事李钟钰等呈称近有各机关员利用军事机关假藉党部名义，身佩符号徽章搭车即不购票，厥后正式机关亦相率效尤。更有身穿中山服装或破旧军服类似军人者，以及所带徽章符号字迹既糊不清机关更莫名所在者。查票员若认真查询，辄遭打骂。据此，查南市电车便利军民，倘如该呈所云，殊属有损军誉，妨害营业。此后军人乘车，更照该公司优待军人办法，军官身穿制服者得免票，乘头等车兵士身穿制服而有符号者得免票乘等车，其便衣兵及密探等不在免费之列。如有不肖军人仍敢故蹈前辙，一经查觉，定予重处不贷"。②

其间，华电公司与上海兵工厂、江南造船所发生工人免票乘车纠纷。③ 1927 年，该公司呈公用局关于上海兵工厂及江南造船所、海军总司令部三处职员要求凭借徽章免费乘车：唯查英、法两公司电车月票每张 6 元，若购联票每张 10 元，"至敝公司对于以上各机关职员每张每月应行取费若干，敬祈核示"。12 月 6 日公用局会议议决：该公司电车路线较短，月票价格应比照英、法两电车公司酌减定为 4 元，军政各机关人员可减半收费以示优待，"仍仰该公司视营业情形办理"。④ 至 1928 年 3 月，市公安局局长再发布告，"电车事业原属营业性质，往来行驶，便利交通。历奉淞沪卫戍司令部、上海特别市市政府通令，无论何项人等均应一律购票，布告周知在案。嗣后本局在职人等自应遵守，一体照章购票，以示体恤而维营业。除通令各区所队一体遵照外，幸弗故违，致干处罚"。⑤ 翌月，再据华电公司呈称，"惟电车事业系为市民合资兴办，纯粹营业性质，无论公职人员均应照章购票，迭经呈请严禁在案，无如日久玩生迭来，仍有假军事机关名义凭藉符号

---

① 《华商电车公司请取缔军人乘车》，《申报》1924 年 12 月 8 日，第 14 版。

② 《司令部保护华商电车之训令》，《申报》1927 年 10 月 16 日，第 14 版。

③ 《上海市公用局整顿并督饬推广华商电车》，1931 年 1～5 月，上海市公用局档案，档号：Q5－2－838。

④ 《上海市公用局规定华商电车月票价格》，1927 年 11～12 月，上海市公用局档案，档号：Q5－2－869。

⑤ 《公安局通告乘电车一律购票》，《申报》1928 年 3 月 9 日，第 15 版。

证章作为乘车免费之证，是以营业大受损失"，呈请当局禁止无票乘车军人，"以维业务，而利交通"。由此，淞沪警备司令部司令钱大钧发法字第四号布告，"电车行驶原为利便交通，凡属军人均须一律购票，迭经布告周知在案。近查仍有强不重票情事，似此行为实属有碍交通妨害营业，兹特购申厉禁。嗣后无论何项军人倘有上项情事发生，一经查觉定即严惩不贷"，并通令各部队周知遵照。①

此外，上海"电车上是一般扒手活动之处，尤其在人挤而得不到座位之时，更要特别留心。他们的偷窃本领很高，而且党徒不止一人，倘然你袋里的东西一到了他的手里，即使立刻向他交涉已经来不及，甚至反而要吃他们的亏。所以必须于事前留心，使他们无从施展其伎俩，方为上策"。② 即如 1928 年 1 月，华电公司"各路行驶车辆因现值阴历年关之际，往返乘客颇为拥挤，一般摸窃匪徒最易混菲乘机攫窃乘客行囊，以致稍一不慎辄遭所算，为害非浅"。该公司有鉴于此，"为维护乘客计，特派稽查员随同各车辆注意查察，如有形迹可疑之人立时赶逐或发觉时送请就地警区拘留究惩"，一面将各车司机卖票等人妥为整理，"对于站口搭客上下时间，尤应加意照料"。③ 由于公共租界"近来的盗匪很多，捕房为加以预防起见，时常搜查汽车与电车，起初施行时大都在过桥的时候，现在愈加严密，就是在极热闹的市中，也往往要喝止搜查"。④ 至 1936 年 9 月，英电公司禁止在电车上叫卖，以免扰乱公共秩序。"上海市一般工厂商号为宣传出品、推销本厂货物起见，特雇用推销员，在各马路或电车上沿途叫卖，以利推销。近以仿效日众，致每一电车中随时有推销员在车兜售各种货物。"公司鉴于此种叫卖推销行为有扰乱公众乘客秩序之嫌，"故即令行禁止并在车上用白漆漆成警告'不论何种货物、不准在车叫卖'，故日来电车叫卖货物者已属少见"。⑤

由上而述，城市当局、电车企业对乘客及军警等乘车行为的规制，并附有明确惩戒措施，从而使其乘车时须遵循相应规则，这对于上海市民规则意识的形塑起到了一定促进作用。20 世纪 30 年代上海"在公共汽车和电车之

---

① 《司令部重申无票乘电车之禁令》，《申报》1928 年 4 月 27 日，第 14 版。
② 徐国桢：《上海生活》，第 63 页。
③ 《华商电车注意乘客安全》，《申报》1928 年 1 月 13 日，第 16 版。
④ 徐国桢：《上海生活》，第 65～66 页。
⑤ 《上海电车公司禁止在车叫卖以免扰乱公共秩序》，《申报》1936 年 9 月 22 日，第 12 版。

中，见了有年老者和妇女小孩们上来，坐在附近的男子们，大都站起来让座，差不多已成了一种普通的习惯了"。① 彼时，市民"自主性"选择电车时尚出行，加之管理当局和企业规范乘车所形塑的规则意识，进而对城市社会产生积极的建构和控制，使近代上海社会"现代性"随之凸显。②

第二节　电车事业与公共参与

从某种意义而言，城市社会是一个"权利社会"，城市人有着强烈的权利、民主意识，能够积极地主张自己的政治、经济、文化与参与社会管理的权利。③ 可以确定，公共交通与社会生活紧密相连，其不仅可以满足市民出行的基本需求，且对于促进公众参与会起到一定引导和推动作用。战前，随着上海城市电车系统的持续发展，以民众参与热议、社会各界维权等为主要表征的公共参与，不断融入近代上海城市社会的各个界面。

一　民众参与热议

不难发现，与电车相关的问题，切近市民利益，因而总成为热议话题。就在这些看法和评论中，公共参与的"能动性"得以潜滋暗长。

（一）电车倡议及讨论

1. 电车的积极提倡

首先，时人认为电车共分为三类。（1）复线架空电车。"上架两线，下设铁轨。电流从甲线而来，作用既终，由乙线还至发电所。"亦有将电线埋于地下者，欧美大都会多用之，我国如上海之无轨电车与之类似。（2）单线架空电车。"用电柱架电线一条，地上置铁轨，电流入车有二道。一通发动机，一燃电灯，复相合为一，循铁轨以还至发电所。"上海电车即此类也。（3）蓄有电池的电车。"不必由发电所之电力以发动车辆，车中自备蓄电池"，与汽车原理同。简言之，"电车者，交通之利器也。用电力以行驶车辆通都大邑间。创设电车以利交通，我国如上海、天津等处久已行之

① 徐国桢：《上海生活》，第 63 页。
② 李沛霖：《公共交通与城市现代性：以上海电车为中心（1908～1937）》，《史林》2018 年第 3 期。
③ 潘允康主编《城市社会学新论：城市人与区位的结合与互动》，第 201 页。

矣"。① 随之，时人论道："电车为便利交通的利器，欧美通都大邑及吾国沪粤北京等处，莫不纵横驰行，以利行人，尤以取价低廉，故恒喜乘之。"② 故 "中国当道，观上海电车成绩之优，颇怦然有动。拟于中国大城镇中试行仿办，以故驰书商权者，殊有络绎于途之致"，而 "上海电车，固所以促进中国交通之进步"。③

继而，学人于《城镇交通应注意电车之我见》中提出："近世城市之交通，无不让电车独擅其长远者，吾国上海天津各租界之电车利便岂不易见，国人果能建电车为城市交通，不特人民称便，商业易兴，商居宅亦不致于混淆。若更由城市之交通而展延郊外连接邻镇，则各城镇之车轨互接，除客车往来以便旅行外，更可以货车通商品。现美洲之郊外车连城车数省连接不绝，日夜开驰而不息工业为之大兴，商场日增繁茂，而工商巨子更从而增建改组电专远线干道，其能力速率安稳简便，诸端均远在汽车铁道之上，故利益亦较为优，且多利用水力发电，天地自然之利民生乐用之无穷。维新者当求其新法，人贵取其长国人之言，交通者于欧美现行之电车及铁道加意焉可也。"④ 另有人论及举办电车事业的困难及展望，"以具有旧惯，国人对于拆城及市区之改良，往往发生反对风潮，其次电车开通以后，多数依赖旧式交通机关维持生机之苦力营业必被剥夺无疑，以衣食所关，彼辈亦当然出以反抗，诸如此类每觉其难以举行。然上述情形不过为时间问题，且仅限于较僻之都市，若通商大埠因中外观瞻所系，已次第设立市政公所，纵或拆城之事一时未易实现，其城外街道大都改为新式马路，如广东、汕头、济南、郑州、奉天等处，即其例也。是以，此后因商业及人口之发达与修筑电车道路，当必相辅而行"。⑤

关于有轨与无轨电车，时人则论道，"用机械的车辆，最普通而价廉的首推电车，昔日电车的装设必要铺置路轨装，电线费时费力，耗用更大，行驶起来只可沿轨而驰，不能有些许的移转，行驶极速的时候又万难立刻停止，危险而且笨滞。因为种种的不良，于是有无轨电车的发明。无轨电车虽

① 絮庐：《论上海电车》，《申报》1924 年 7 月 12 日，第 23 版。
② 吴友臣：《对于沪上电车应改良之管见》，《申报》1923 年 3 月 10 日第 23 版。
③ 甘作霖：《上海三电车公司之组织（续一号）》，《东方杂志》第 12 卷第 4 号，1915 年 1 月 15 日，第 9 页。
④ 少琴女士：《城镇交通应注意电车之我见》，《申报》1924 年 1 月 26 日，第 22 版。
⑤ 沙公超：《中国各埠电车交通概况》，《东方杂志》第 23 卷第 14 号，第 47～48 页。

然无轨省去装设轨道的时间和费用，然而上面的电线是必不可少者，行驶起来可以左右转动，不过有一定的限制罢了，行止极敏捷速率迅极速比较有轨电车已经进步许多了"。[①] 另就上海"情形而论，欲维持电车之地位，势非改用无轨电车不可，而本市道路大半不甚坚实，故宜采用最新式用六气胎之无轨电车为宜，如因环境妨碍而不能采用两层之电车，则用一层四十座之车辆亦可。路轨：有轨电车铺设轨道需费极多，修理更感困难，欲辟一新路线，其受路下根基如水管阴沟等之限制甚严，结果加增成本，处于各种交通器具竞争之下，难以持久，而无轨电车则仅需架设干线即可行驶，建设扩展两俱便利"。[②] 既如此，"上海之电车制，他日不扩充则已，如果扩充则必在此后起之无轨电车，而未必在通行已久之有轨电车也。诚以无轨电车之兴办与行驶，均视有轨者为便利"。据英国经验，"知设立无轨电车之资本，视有轨者所省不知倍徙。盖筑造寻常电车，其经费之最巨者，即在轨道本身与马路之放阔。若无轨电车则只须街道之阔狭，足以容寻常各种车辆之往还，即无弗宜于无轨电车之行驶。而况无轨电车可以从各种车辆之间直驶而过，毫无困难。若有轨电车则每值路途较狭之处或道旁停有车辆之处，其行驶速度势不得不因而缩减，是与无轨电车之可与马车、人力车等互相驰逐而无所窒碍者，不可同日语矣。即就乘客之心理以为推测，有轨者上车落车，均有一定不易之处且须以人就车。而无轨电车则接客卸客，可以随地迁就，且可移至道旁阶砌之前，俾乘客得以上落，是乘客之欢迎无轨电车亦必有加于有轨电车，要无疑义"。[③]

2. 关于互为补充之论

如时人指出："欧美各国前因战争之需，要求转运之便利注全力于摩托载货车之制造，今战事告终，摩托载货车之销路见滞，大城繁市乃装配车身作为乘客之用，试用以来结果优良。现美国各大城一致采用摩托乘客车，得有良好之经验焉。当欧美各国采用初，街车（与上海电车相仿）公司群起反对，以为摩托白士（bus）将侵夺其营业。讵知白士与电车不独毫无竞争，且能相辅进行，凡电车线所不到之处，可以白士替代之。上下办公时间乘客最形拥挤之时，即可以白士补救，若然则拥挤可解危险可免，诚谋交通

① 仲寅：《谈上海的车辆》，《申报》1927年10月1日，第22版。
② 《上海市第四区党部请办闸北电车》，1930年7~8月，上海市公用局档案，档号：Q5-2-836。
③ 甘作霖：《上海三电车公司之组织》，《东方杂志》第12卷第1号，1915年1月15日，第15~16页。

便利之无上妙策也。" 即上海 "交通较诸内地固属进步，即比之欧美各国城市亦无不及，所惜人口日增，交通日繁，人力车马车之加增徒占地位，仍无大补。电车公司虽增多车辆，而于行车之时刻反多不便，欲谋解决之方，非效法欧美各国城市之采用白士，不可其于便利、稳妥、安适三方面论之，尤为当今解决车务问题之要点焉"。①

由此，因电车乘客拥挤，有人提议亟须添设公共汽车："上海租界电车为拥挤之故，颇为一般人所抱恨。有谓拟照伦敦交通办法，处处添设街车，此诚当今最要之设备也。按上海电车每日乘客因拥挤而被屏者不知凡几，则街车之添设宜矣。盖世界人口日有增加，故欲通行街车而使乘者均能满意，不可能之事也。上海而能利用斯种车辆营业发达可为预卜，何则上海乃交通大埠，居民稠密甲于各埠，即以电车所屏之乘客而改乘街车，其营业已可观矣。且电车不达之地，街车均可通行于交通上便利殊多，而因电车拥挤致肇事者，当亦可减去不少。记者察近来之热心交通事业者，对于该街车之适用于上海已有多数人之倡议，故不久或可实现。"② "盖公共汽车刻正筹备，一俟出现行驶，则乘客各取其便，而电车搭客当不致若今日之拥挤，此可预为断言者也。"③

从而，学人认为："余按海上各路电车近来皆极拥挤，危险殊多，且车中秽垢、售票员言语不逊、态度骄猾弊端又多。无论英美法华商各路之电车，皆予人以莫大之不满。最可恨者如虹口来之电车，既须多时之跂待，而车既抵站又往往不启铁栅，昂然驶去。又如南京路各站人极拥挤，往往上车者不待下车者之下站，争先攀登，苟不小心辄为挤入马路，而汽车往来甚多，以被辗于汽车也。又如乘客过多，亦以不登车为是，今九十两路公共汽车皆往来各马路间，吾宁多积车资以乘汽车，电车之价虽廉，殊非安全之道也。"④ 即 "将来汽车通行后，必得使市民全体均得享有交通改进利益之机会，则公司以公共名庶与事实相称也。然海上城区附近之发展方进未已，他日电车路线不能即遽扩充之处，公共汽车通行自易。即以现在公共汽车路线而论，已较电车范围为广，在今日吾劳动界或能因车价之不相宜，舍汽车而利用别种车辆，在日后恐将因地点之关系有不得不藉公共汽车为往还者，正未可知。则新公司为市民中此一部分计允宜于平常通车外，另备数车取价从

---

① 陶：《解决上海车务的我见》，《申报》1922 年 4 月 15 日，第 21 版。
② 嵩生：《论上海街车之添设》，《申报》1923 年 6 月 2 日，第 22 版。
③ 嵩生：《救济电车拥挤之一法》，《申报》1923 年 7 月 14 日，第 21 版。
④ 阿絜：《十路公共汽车之开驶》，《申报》1924 年 12 月 6 日，第 19 版。

廉专备劳动界之需要，若谓划分阶级易招外界反感，观乎三等电车乘客之拥挤，是又一明证也"。①

（二）电车改良之议

1. 关于"人的问题"

对于电车服务的问题，诚如时人所论，"上海电车上之卖票恶劣居多，常侮慢乘客而于三等尤甚。前搭（英电）一路（静安寺至靶子场）至外白大桥，在石路站上来一妇人询卖票者至静安寺须价几何，而卖票者即怒目对曰'汝生眼睛乎、是车至静安寺乎'。……夫乘客不知途径应由卖票者指明，乃是人非惟不告，反如此侮慢恶劣，已达极点。倘卖票者皆若是，营业宁有发展之希望乎。余意以为公司应派便衣稽查数人，专查此项劣等职员，一经察觉即行开除，务使恶劣者淘汰完尽，则我辈不再受彼等之苦。此我所望于电车公司改良者"。② 且作为曾在电车跌伤之人而言，"苟非久住上海之人则每到电车一站，几莫辨东西南北，卖票人只顾买票并不招呼。逮悉已抵目的地，忽遽下车，不顾妇孺老弱，总催之挥之曰'快点、快点'，上下未竣，而轮机已动矣。其在拖车上者，则待遇更属不堪。卖票人如可吹叫，乃历观各号拖车卖票人每到一站不问上下有无，辄先吹叫，乘客如同犯罪囚徒，动遭呵斥，踉跄趋跳，形同逃难。其非惯能跳车者，则每致颠蹶，甚或流血伤生，何其危也"。然日本东京"电车规则，设备非常完善"，但视"上海电车业务之人，暴跳粗鲁或阴恶揩油者，当作如何之比例观是。我希望公司董事可以即日改良之点：各站标明地名于红柱，禁卖票人慢客，从容任人上下完竣，始行拉铃吹叫。值此炎夏暑日，务须实行乘客满额不得多载之规则，以重卫生。以上各点果能实行改良，则不特可乘客之安全，表彰文明交通机关之功用，而电车公司因乘客之发达获利当更十倍"。③

再如时记论道，"电车苟驶行之策不善或车中执事人之违背职守，则乘客每因之而发生种种危险。余日前午后正闲坐无聊，倏闻警笛之声呜呜不绝，见一少妇抱乳孩傍一老妪如系母女。闻其由西跃登电车而莅该处及月台停车处方欲下车，适以乘客众多，待其他乘客鱼贯而下，忽铃声一响，车已开行时。老妪一足已践地上，双手犹紧持铜梗，不免心生惊恐，忽一失手已

---

① 毅：《吾人所望于公共汽车公司者》，《申报》1923 年 7 月 14 日，第 21 版。
② 大钟：《我所望于电车公司者》，《申报》1923 年 7 月 21 日，第 23 版。
③ 养志：《上海电车急应改良之点》，《申报》1924 年 7 月 5 日，第 27 版。

倾跌车外，两足仅离车轮寸许。行人见而大呼，车始停止，虽未辗伤亦云幸矣。按沪上电车肇祸之事时有所闻，偶因乘客自误，然当道经营之不善究亦不能辞其咎"。事关公众安危，愿有以注意：（1）电车行驶凡至停车处，须售票人先行下车监视乘客上下，待乘客皆定然后，售票人方可上车拉铃开驶。（2）电车公司平日须多备车辆，至星期或庆祝纪念日游人必众，则公司当可多放车辆行驶，途中可免乘客拥挤发生意外危险。（3）车中执事（如售票、司机人等），公司宜时加以警告及指导。遇有办事妥善者，宜给以特殊奖赏以示鼓励，则等是必厥心服务，不致发生各种肇祸情事。①

此外，亦有人对比上海电车与其他地方的服务。如认为，"客有自津门来，告以该处之电车规则颇称善焉。盖其每到一站，车上售票者先下照察，俟乘客上下已毕，然后上车将门关好，再从事于售票职务。凡此数端，皆上海电车之应改良者。惟上海电车乘客上下甚繁，停车时间亦甚短促，于事实上似难办到。然售票者先下照察之一项，轻而易举大可采用，吾愿电车公司中主其事者，宜亟改良之为愈"。② 即"吾尝游津沽，其电车之办法实较海上为优。每抵一站，售票者必下车照料，待乘客上下既毕，方登车开车。其电车上亦架两线，以免脱离之弊。至欧美香港等处，固尤完美不待言喻。……吾闻日本东京之电车售卖员，对于乘客能度谦和，言语和蔼，断无不逊之言。粗暴之态甚至欺负乘客，如海上之电车中职员者，滋可嘅也。尤可恨者，车尚未停已拉铃附车，苟非善于跳跃者，未有不倾跌也。至于揩油之弊，以公共租界为最，法租界次之，至华商电车则绝无仅有。此非华商电车售票人之独有道德心也，不过华商电车公司中人之检查周密，以致售票人难施其伎俩耳。然西人对于电车乘客之安全、卫生之注重，似较华商为竭力。而华商只知竭力于金钱之收入，其故何也。夫电车为交通之利器，今海上各路之电车阙点甚多，不胜枚举，然大部分皆属'人的问题'。故公司中之用售票员及司机员，皆应选择者"。③

时人提出电车司机应注意事项。例如，（1）汽车紧随电车，至为危险。电车遇其他事故，中途骤然停车，司机人万一措手不及，必然相撞。而电车转弯时电车与街沿间人数众多，及乘客从电车跃下，尤易致祸。（2）当电

① 吴友臣：《对于沪上电车应改良之管见》，《申报》1923 年 3 月 10 日，第 23 版。
② 豁然：《上海电车宜改良之点》，《申报》1923 年 10 月 20 日，第 22 版。
③ 絜庐：《论上海电车》，《申报》1924 年 7 月 12 日，第 23 版。

车到站时，司机人须在 10 尺以外停。必待至电车开行，方可前进。但如欲越过电车，然亦不得在 8 尺以内。（3）司机人每欲冒险过距离甚近之障碍物，因遭不测者时有所闻。司机人当车与电车同方面进行时，慎勿驶向若何方向。穿过电车时，均须按捺气筒。（4）当车转角时，汽车常被电车后部所撞，故须离轨道数步，成曲线形。（5）司机人须知电车在轨道上行走，故应注意车外较车内为要。① 电车肇祸原因虽多，"然其故有二，电车乘客每恃跳车之能在电车开行时跳上跃下，然此时只求不致跌扑而不顾前后有无汽车驶来，于是欲上电车而不得上者，或自电车上虽已跃下汽车已驶及近身因不及避护，肇祸者一。电车到站，搭车正上下拥挤之时，汽车从旁闪遇双方不及避让，遂致肇祸，而以电车站未筑月台之处为尤多，此二者"。故予汽车夫及电车客有忠告：第一，奉劝电车客切勿自恃身手灵敏在电车行驶时跳上跃下，"盖有汽车驶来，往往猝不及避，致遭不测之祸。而在热关之处尤宜留意，即在电车停驶时上下亦当镇静，切勿惊惶失措，如遇汽车驶来，应立定阶旁或靠近电车旁或立月台之上"。第二，奉劝驾驶汽车者且前面有电车时，"无论正在驶行抑已停驶，切勿超越。设电车停驶稍久亦无乘客上下之际，汽车不能久待而须前驶，则应预报警声再以最慢速度经过之。电车客与汽车夫能注意及此，我知因此而肇祸者必能渐见减少"。②

进而，有人对减少电车出险做出研究，即"至有一事，颇足为电车发达之障碍者，则出险是已。每日本埠新闻乘电车跌伤跳电车身死，时有所见。考电车原以稳为主，彼租界电车旁面多漆有稳快价廉等字，可见稳乃车务要点。而今时常出险，多数客人未免寒心。然此非特有公司营业，实关公众安危：（1）余尝乘华界西门至小东门电车，一司机者精神颓然，路旁忽有艳妇站，则即转首凝视，全不顾车之开驶。此等司机似鉴资格已老，不妨怠慢从事，实则出险多。在此种地方，因轨道上时有小孩及不留意之行人与呆笨之小车行走，稍一疏忽即已相撞。是故司机者深宜留心开驶，则相撞出险当可减少。（2）租界电车卖票人似较华界为坏，彼等除正式卖票外，徒知从事揩油。其揩油之法指不胜屈，其法深奥者且为我人料想所不到，及票已售毕、油已揩足，则择空座泰然就坐。车停未及一分钟，不顾乘客是否上下已毕，辄遽然而鸣其铃，斯时车轮既开，乘客仓惶上下，出险者比比皆

---

① 默声：《汽车夫对于电车应注意之事项》，《申报》1925 年 2 月 14 日，第 21 版。
② 心斋：《汽车夫与电车客》，《申报》1922 年 7 月 29 日，第 25 版。

是。至于乘客上下之际，卖票者如见妇人老少及不谙电车跳法致形仓惶之人尤宜善为扶导，才可及乘客尽定，卖票人乃可上车开驶。如有拖车时，则前车卖票人须俟拖车上吹过警笛才可拉铃，使司机开车。否则一车乘客上下未定，他车则拉绳开车，甚危险也"。由此，电车司机卖票各员"是否勤慎厥职，公司宜特别监督，同时予以指导。成绩佳者宜特给奖，违者尤宜重惩。盖乘客安危，公司带有责任。公司果能加心办理则出险自趋减少，而市民与公司亦同受益"。①

2. 关乎"车的问题"

对于电车拥挤的问题，如时人指出，"电车拥挤过甚，于公司乘客二皆不利，电车满载众客，夏间则汗气熏蒸，难堪已极。白色鞋袜若一经搭乘，未有不遭污秽者。公共租界之电车不若他处之轩敞，而拥挤独甚。故载此满坑满谷之乘客，空气常致不泄，呼吸时觉不舒，试思乘客之痛苦可知矣。电车既拥挤若是之甚，而公司不加取缔，观三等车内本有容二十客之牌示，考其实数二三倍有奇，而公司置若罔闻。在公司意以为乘客拥挤，收入必增，然实无济事也。目睹足以证明之，某日因事至杨树浦时适拥挤异常，踏板上已满立，乃改入头等。而久候卖票者不至，及抵提篮桥附近始启门入售。然在此长时间内乘客之陆续下车者已不知凡几，此不在卖票者之偷惰，三等车内之拥挤，实以致之卖票者处此无容足之地。又乘客拥挤常使电车振荡不稳，盖压力既重首尾又不能均载行时，势必高低如驶舟。故虽若大马路之平坦，行车反不如民国路之平稳，上述弊病已显然可见。故欲减少乘客烦苦及为公司发展营业计，然后添置轩敞车辆，接济各路则拥挤之弊，可免吾人受惠非浅"。②

即因上海"电车乘客众多，如时在冬季尚可聚于一处，不觉难受，然在夏令乘客拥于电车中愈挤愈热，而臭气尤令人不堪，斯诚不可不改良也"。有人施以救济之法："上海电车以一路、二路及十二路为最清洁，平均搭乘此三路者，仕商居大半，而拥挤之时亦不致有过分情状。惟独三路与五路，则无论或来或往无时不满坑满谷，虽车窗四启热气蒸人，又因拥挤之故乘者不能站于车。故月台之上往往站立乘客，致一站到时出入均感不便，而肇祸事又因之层见迭出。且夏日乘车者穿白色鞋者颇多，如一遇拥挤，鞋上最易染污，此亦一般人士所视为难堪者也。日本每遇车中不能容乘客时，

---

① 姜筼：《电车应改良之我见》，《申报》1923 年 5 月 5 日，第 23 版。
② 大钟：《我所望于电车公司者》，《申报》1923 年 7 月 21 日，第 23 版。

即于车外悬一'满员牌'，使乘车者见之不致再继续登车，且月台之上严禁乘者站立，法至善也。余以为，本埠当以此法办理为宜。"① 亦有人希望上海电车分两层座位，"吾尝闻香港地方之电车计分两层，上层由梯而升。电车在山道上时，树叶每扫入头，至为有趣。上海电车既如是之拥挤，何不改用两层坐位式之电车耶，倘能实行以后当宽畅不少"。②

针对电车栅门等问题，如有人认为，"公共租界电车为乘客安全计，有铁栅门之装置，车行而闭，车停而启，乘客上下秩序较佳。然而吾人犹未满足，良以此项设置，尚未普遍也。上周消息谓（华界）城内电车有乘客立踏板上，不意车过电杆，此客被撞至数尺之外，流血满地立即晕去，其生命如何后亦未知。吾于此事以为电车公司应负三责：（1）未装栅门。南市电车与租界等，其拥挤之状不减于彼。租界电车既已置装栅门，南市为乘客安全计，何以至今尚不设备。（2）未取缔站立踏板。公共租界电车对于站立踏板者取缔甚严，苟有违犯留镪五元，其科罚所以如此之重者，亦不外禁止人之尝试。南市电车既不装栅门，何以不悬站踏板为厉禁。（3）卖票员玩忽业务。照例卖票员应注意车上一切事务，如乘客处于危险地位即当与以劝告，劝告不听斥之可也。虽乘客方面，吾亦不无微词，苟遵章而行，不立月台、不站踏板、车停而下，更小心翼翼以观察四周，则肇祸之事亦何能见。为今之计，南市电车公司宜从速装置铁栅门，以免祸患。非然者，此类事件恐将续续不已"。③ 即谓"上海电车，法界不如公共租界，华商电车又远不如法界。其故者有三：（1）公共租界之电车多用铁栅，抵站启闭以便乘客上下，而免跳跃倾跌之患，此法之良者也。然有时车抵一站，车中乘客并不拥挤，售票者怠于职务并不启其车门，以致吾人不能登车而延误要事者，往往有之。（2）至于法界电车，取价似较公共租界为贵。而近来新造之电车行驶虽颇稳捷，然车太高须拾两级方可登车，乘客上下殊属危险。又往往不备拖车以致乘客拥挤，上下车时非常不便利也。（3）至于华商电车，取值尤贵，而车辆之清洁又不及租界者多多。夫行驶于卑陋龌龊之中国地界，然求车辆清洁以属难事。而况车中人之不欲注意清洁乎，此固国人公德心缺乏之特征，公司中钜可不加之意乎"。既如此，"宜设车站，凡宽广之马路电

---

① 嵩生：《救济电车拥挤之一法》，《申报》1923 年 7 月 14 日，第 21 版。
② 英：《我所希望于上海交通者》，《申报》1923 年 6 月 23 日，第 22 版。
③ 豪：《南市电车亟宜装置铁栅门》，《申报》1924 年 3 月 15 日，第 21 版。

车所停之处皆应设站，以为上下电车之用，既免汽车开来之危险，亦使乘客之得以避风雨也。宜装铁栅，新奇电车皆宜装设铁栅，以免乘客随路跳跃之弊，而拥挤扒窃等害亦少矣"。①

对于电车停站问题，时人则指出："上海为世界有数之大城市，但与他处有一不同之点，即电车停靠车站之时，在车门上下一旁之路中，仍许他种车辆通行。按美国各都市与英国大多数城市，其车辆交通规则内，莫不具禁止上述特殊情形之一条。在本埠之居民凡下电车之后，必须立即注意道旁，有何车辆来否。而在路旁待车者，亦必须留心察看有无车辆通过。设或中间正有车辆驶行，则势不能冒险逾越以达电车之门，待车辆行过而电车则已开驶矣。因此而损失无谓之光阴，乘电车者类多能言也。据此以观，本埠路政当局必须订立一项规则，使电车停靠车站时，电车乘客上下一侧之路上，不准任何车辆通过，以免危险，实为目今必要之图。至于较狭之马路，当电车停靠后，其旁已不能再容他种车辆通行，故上述危险或可幸免。此外在路轨旁，设有高出路面之月台，则乘客站立其上后，亦可避去车辆之碰撞。"而美国对于车辆交通规则"颇为完美。在电车停靠处，路面用白色粗线划出一安全区域，以便乘客安然上下，而不准任何车辆通过。似此，本埠大可效法一行。……本埠电车乘客，华人居大多数，但望此辈上下电车时，使之留心往来车辆，实属难事。故最善之策，仍以颁定禁止车辆通过为是，盖使车夫遵守规则，似较易也"。② 即电车月台，"颇利乘客能使客下车，无汽车冲撞之忧，车未来时亦可借立等候，偶逢风雨之夕，尤便避候。故余谓电车公司可择马路之宽广者及转角各处，多建月台为费不多，而利乘客不尠"。③

简言之，上述民众对于电车的积极倡议及其补充的相关讨论，加上对电车改良的热议和许多建设性意见的提出，体现出近代上海市民参与意识和交通意识的持续增强，这对于城市社会公共参与的形塑产生了重要推力。

二 社会各界维权

近代上海电车路线、票价和安全等一系列问题所引致的社会各界维权，进一步呈现了公共参与的强烈意愿。

---

① 絮庐：《论上海电车》，《申报》1924 年 7 月 12 日，第 23 版。
② 丁祖泽：《上海车辆交通之一问题》，《申报》1926 年 3 月 20 日，第 22 版。
③ 姜筠：《电车应改良之我见》，《申报》1923 年 5 月 5 日，第 23 版。

（一）关涉电车线路的维权

如 1918 年 11 月，公共租界工部局允准英电公司添驶无轨电车由北京路至西藏路，但西人 48 人致书工部局抗议收回成命，交下届纳捐人常年大会解决。翌年 1 月，工部局答复谓：1916 年 3 月纳捐人常年大会议准试行无轨电车，迄今两年无轨电车成绩颇佳，无人反对。工部局"熟筹行车之需要与行人之便利，故核准电车公司之请，无须交纳捐人常会议决，工察视情形随时批准无轨电车路线之推广。置有此种车者常视他种车为不便，此乃人情之常。电车每年载客约七八千万人，众称便利，此辈乘电车者之宜得工部局之体念，固不减于乘汽车马车者也。至于所称暂时收回成命，以俟下届常会议决，似为难之处一层。要知电车公司虽因天时关系，春季以前未能开工筑路，然种种置备须先筹定，且有应用之品须从欧洲定购者。若工部局收回成命，则电车公司将不能预先布置"。综之，工部局批准推广无轨电车路线，"绝非有以专利权给予电车公司之意，假使有新式自行车辆适合民间需要而行驶之速、取价之廉、往返之便，足与电车相抗者，则工部局绝不阻其行驶，盖固顾民间有最新最廉之运输具，以供其用"。[①]

至 1922 年，公共租界极司非而村的居民及崇德纺织公司中国染厂具名要求静安寺路沿极司非而路的无轨电车路不通过极司非而村，得到工部局的应允。[②] 翌年 8 月，西人汉弥登（Hsmilton）提议公共租界扩充无轨电车路线及改革一事为工部局采纳，转电车公司斟酌办理。（1）有轨电车路应增筑及改革者：由杨树浦路轨道之极端，再接长 0.917 英里；由靶子场轨道之极端，沿江湾路接至运动场，长 0.835 英里；黄浦滩路广东路转角之双轨添建 U 字形轨道，其缺口一面向北，以便车辆在该处折回；静安寺路赫德路转角轨轨道交叉处，设弯轨一道；赫德路愚园路转角轨道交叉处，设弯轨一道；由赫德路向东经安南路筑一轨道，通至停电车场；杨树浦路松潘路转角，添建一 Y 形轨道；提篮桥之转角处，添建一 U 字形轨道。（2）无轨电车应速建设者：一自爱多亚路至北京路经过江西路，长 0.644 英里；一自河南路至四川路经过北京路，长 0.190 英里；一自北京路至北苏州路经过四川路，长 0.270 英里；一自北京路至苏州路经过西藏路，长 0.166 英里；一自爱多亚路至福州路经过西藏路，路长 0.240 英里；一自西藏路至江西路经过

---

① 《添驶无轨电车之覆文》，《申报》1919 年 1 月 16 日，第 10 版。
② 《租界电车之大计划》，《申报》1922 年 3 月 9 日，第 14 版。

福州路，长 0.682 英里；一自北苏州路至岳州路，经过吴淞路、汉璧礼路、新记浜路、东有恒路、兆丰路，长 1.326 英里；一自汉璧礼路至茂海路及华海庙，经过新记浜路、塘山路、兆丰路，长 0.608 英里；一自新闸路至戈登路经过麦根路，长 0.950 英里；一自西藏路至卡德路经过爱文义路，长 0.800 英里。以上共计长 5.876 英里。（3）俟乙条所记各路成立后，再须添建的无轨电车路：一自静安寺路至极司非而公园经过愚园路，长 1.477 英里；一自苏州河浜至麦根路经过小沙渡路、宜昌路、戈登路，长 1.293 英里；一自福州路至北京路经过西藏路，长 0.436 英里；一自黄浦滩路至江西路经过福州路，长 0.182 英里；一自四川路至黄浦滩路经过北京路，长 0.203 英里；一自北四川路至新闸桥经过北苏州路，长 1.352 英里；一自北苏州路至百老汇路，经过北西藏路、海宁路、克能海路、文监师路，长 1.816 英里；一自北苏州路至界路经过北河南路，长 0.608 英里；一自茂海路至韬朋路经过华德路，长 0.500 英里；一自茂海路至华德路经过昆明路、保定路，长 0.378 英里；一自白利南路西端至戈登路经过劳勃生路、槟榔路，长 1.638 英里。以上共计长 9.883 英里。（4）此外尚须变更者：一是虹江路朝北沿北四川路所有单轨悉改双轨；二是垃圾桥面改铺双轨；三是百老汇路全路铺设双轨。①

　　在华界，1913 年 3 月华商电车公司、苏省铁路公司因电车所定路线须由苏路公司马路通行，"此系双方均有利益之举"。特定规约：（1）电车公司规定路线自苏路马路东首，经苏路车站门首马路向南至制造局马路止，计长 30 丈。以后如需添筑轨道或改变路线临时，应彼此妥议允洽批明合同方可办理。（2）电车公司于苏路马路上铺轨时一切工作，须随时顾及苏路营业及旅客货物交通，工竣后将该马路一体修整。（3）电车轨道行经苏路马路处，所有全路统归电车公司修理，每年至少修理一次，如有临时损坏，由苏路公司知照电车公司随时修理。（4）电车公司经行的苏路公司马路上电灯灯费归电车公司担任，以 15 盏为度。（5）电车公司赠给苏路公司长期头等、二等免票各一张，以为酬报。唯头等票须公司职员可用，不得转赠他人。翌年 2 月，再经两公司议定，在上站东首沿马路添筑支线一条，穿过沪枫路轨道折而往西接至沪枫路货栈房止，以便转运客货之用。所有轨道经过

① 丁祖泽：《扩充无轨电车之提议》，《申报》1923 年 8 月 25 日，第 22 版。

沪枫马路之处，按照合同第三条办理。①

　　然至 1921 年 12 月，华电公司未与铁路局商妥，拟在上海南车站前门至后门周围一圈添筑双轨道（在铁路地皮范围），专走高昌庙至西门一带。拟派遣工人动工兴筑，沪杭甬铁路局以电车公司拟用地皮系铁路备价购买，该公司并未向路局商妥，擅自占用，显侵业户主权，于 15 日分别电知铁路警务处及该站长向电车公司理论，阻止工作。② 由此，华电公司因在南火车站前门及东首马路一带加铺双轨，被沪杭路局阻止，公司拟改设电车路线，拟将路线重行改筑从老西门往南一段改由习艺所之南首新筑煤屑路上经过，朝东往南在沪军营旧址后面新路上铺筑。然，该事为旅沪浙省商董及转运公会各同业所知，以车站间的电车路线一经拆改绕道行驶后，于车站上运输各货多所不便，即乘客到沪时对于搭车、运带行李物件颇不便利，将来影响颇大，故致该公司"请弗改建车站间之路线，而向路局直接交涉，以期维持运输同业之利益，而免各处来沪之乘客多所跋涉"。③ 简言之，华电公司在沪杭甬车站周围推放双轨为路局所阻，遂议改道行车，"正在筹商进行之际，旅沪浙省各商家以货色装车并搭客往返多所不便函请公司暂免改道，此事双方尚未妥洽，势难解决"。④

　　至 1922 年 4 月，华界内肇浜路市民 409 户反对在该路敷设单轨驶行电车，委托杨春绿律师致沪南工巡捐局，陈书请求将 1921 年 7 月 28 日关于华电公司拟在该路铺设准予照办一案复议取消：（1）该路原有工程并不坚固，路下埋有极大瓦筒，阴沟而路皮极薄，不耐载重，如在该路上驶行电车，则该路势必损坏，瓦筒亦将破碎，不特秽水淤积堪虞，即修路费用行见增加不已。断非电车公司所缴捐局之报酬，所能弥补。其损失故在该路敷设电车轨道、在沪南工巡捐局方面，实为得不偿失之举。（2）1917 年 1 月 11 日，工巡捐局批业户余之芹等内有"至所称敷设电车轨道一节并无其事，该业户等毋庸顾虑"等语；又 8 月 4 日工巡捐局致本埠各报馆函内有"查城内无行驶电车之必要，华商电车公司亦未有在大东门街敷设轨道之计划"等语。1921 年 7 月忽有"议决准予照办"之事，"揆之前案，得毋抵触"。（3）该

① 《上海市公用局调查华商电车通行沪杭铁路界内合约》，1928 年 8 月，上海市公用局档案，档号：Q5-2-823。
② 《华商电车添筑双轨之被阻》，《申报》1921 年 12 月 16 日，第 14 版。
③ 《华商电车改设路线之决定》，《申报》1921 年 12 月 30 日，第 10 版。
④ 《华商电车公司与路局之交涉》，《申报》1922 年 2 月 5 日，第 14 版。

路路线极短，自老西门口至大东门口步行 15 分钟即可到达。凡坐电车在该路东西穿城走者，则每遇候车费时，必多若环城走者费时亦不少，反不若步行便利，推此心理，坐客必不踊跃。电车公司营业自不因在该路驶行电车而加发达，况敷设轨道成本甚巨，在公司方面亦非计之得。（4）该路面积极狭阔处不过四丈，狭处不及二丈，其最狭处在该路杜家湾起至彩衣街，适为热闹市面。如驶行电车后，则一来人力车通行必有妨碍，二来菜市买卖势必消灭，三来凡商铺柜台设在靠街主顾，须站立街沿交易者亦必望而立足。故驶行电车之后，"该路市面必见萧索，至因拥挤之故，使人民易有生命之虞尚未及计也"。（5）该路路南房屋系就浜基地所建，该项浜基系由垃圾填平，故地基极不坚实，常有低陷之事，加以房屋建筑未合工程原理，工巡捐局于建筑之时不加勘验，贸然给照筑成。之后又容许驶行电车，万一震动过甚致有房屋倒塌之事，居户行人均有生命之忧。"况本案从沪南工巡捐局电车公司及该路市民与普通行人三方面着想，皆无所利焉。"① 即彼时肇浜路市民反对电车公司在该路敷设电车轨道，委托律师函请沪南工巡捐局复议取消，该局已允将该案于当年 5 月 2 日开会时提交复讯。②

再如 1925 年 2 月，华电公司规定肇嘉路自大东门而至西门，路线预备设轨行驶电车，"其中有妨碍菜市，应勒令他迁或移沪城小桥菜市或迁悬基路，该公司派员分别知照，限日他徙"。③ 然翌月，上海市议会议决肇嘉路电车轨道缓设。"因董事会交议华电公司拟在肇嘉路敷设轨道通行大东门至西门之一段，俾得道路贯通，利便交通，无奈平民不明真相致多反对。"经会议议决，另推检查员 8 人，将公司与市政厅前订合同详细检查报告到会，并查明该公司总理陆伯鸿原为市议员，亦认暂行缓办为是，"留待下届会期再议，不再延会"。④

（二）电车行车和票价的维权

电车行车的维权。如 1922 年法商电车行驶"徐家汇路某段"，该段市民请愿当局"于晚间某时间不许汽车、马车在该段通过，俾该段市民得安睡之便利"。⑤ 再如 1926 年，上海总商会致请淞沪商埠督办公署暨法公董局

① 《反对肇浜路设电车轨之理由》，《申报》1922 年 4 月 22 日，第 14 版。
② 《肇浜路电车案提交覆议》，《申报》1922 年 4 月 27 日，第 13 版。
③ 《肇嘉路预备行驶电车》，《申报》1925 年 2 月 15 日，第 14 版。
④ 《市议会议决城内电车轨道缓设案》，《申报》1925 年 3 月 11 日，第 14 版。
⑤ 《反对肇浜路设电车轨之理由》，《申报》1922 年 4 月 22 日，第 14 版。

整顿电车，"总商会鉴于本埠各路电车肇祸，时有所闻。近来电车肇祸之事层见迭出，推原其故，多由司机人售票人漫不经意所致。如电车到达应停之站，例宜待乘客上下完毕方可拉铃知，会司机开车藉免危险法固善也。无如近来售票人往往不待乘客上下完毕即行拉铃开车，以致倾跌受伤或碾毙者时有所闻。又如繁盛狭窄马路行驶电车本易发生危险，全赖司机人小心翼翼方免意外，乃司机人不体此意，不顾行人及他种车辆能避让与否，竟不减速率向前直驶，以致让无可让酿成惨祸者数见不鲜"。该总商会"因各团体等之请为公众安全起见，义难坐视。查天津电车一经到达应停之站售票人即首先下车，待乘客上下完毕然后上车拉铃，办法甚善似宜援照办理。至繁盛狭窄马路应严令司机人从速开驶，俾行人及他种车辆有避让之余地，不致发生意外。请由贵公署知照电车公司，兹拟仿照天津电车行驶章程，并即严行告诫售票人司机人对于上述各节格外小心，以防危险而安行路"，由此函请公署查核迅予令行淞沪警察厅（捕房）查照办理。①

至 1928 年 12 月，租界纳税华人会陈以一函特别市政府，"其从事外交有年，所至之地如美国、墨西哥、日本等处，其电车月台均有门窗（月台即司机人及售票员站立处），即南洋最热之地亦复相同，盖以蔽风雨也。乃上海电车全无此种设备，每届隆冬寒风刺骨，司机首当其冲，售票者亦立车外，雨雪之日尤为可悯。应请要求电车公司就各车月台上，克日安置门窗以护工友"。由此，翌年 1 月，公用局函法电公司，"查电车月台安置门窗，一可障蔽风雨，于乘客及开车人等裨益非浅，二可增加行车效率，三使乘客无法攀援减少危险，法良意善。在欧美各国及国内平津两市早经实行成效甚著，本市亦亟宜举办，相应函请贵公司先行拟具图样送局核定，以便克日装置，早日观成"，同时令饬华电公司亦规划装置。② 1929 年 12 月，顺源公司拟请饬令华电公司改换老西门中华路口站台及分路轨道，以免危险。"老西门中华路口自三路电车通轨以来，站台未见建造，妇女不知上下，殊属可危。遇有乘客拥挤时有发生危害情事，为此函请贵局饬令该公司在该处须建站台，改换分路轨道，将二三四路各电车乘客由西首站台上下，较为稳妥而无危险之虞。此后各路电车及各项车辆交通由东首电车路大庆里口通行，北

① 《总商会请整顿电车》，《申报》1926 年 9 月 23 日，第 10 版。
② 《上海市公用局责令电车公司月台安置门窗》，1929 年 1 月，上海市公用局档案，档号：Q5 - 2 - 882。

来三路电车可在悦来香茶食号门前上下，对于交通极为便利。"公用局即令华电公司"核议具复，以凭定夺"。①

同时，因华电公司向当局申述，其 1928 年颁布的《上海特别市商办公用事业监理规则》"有不妥之处，呈请明令保障商办电气事业"，翌年 9 月 13 日行政院则令上海市市长张群，"为全国民营电气事业在中央未公布办法以前，不得进行处分令：凡经国民政府所辖机关核准注册之商务公用事业定有年限者，依其年限。未定年限者，由主管机关核定其年限。在营业年限未满以前，不得收管在中央法令未核定公布以前，不得自定规则，照此意令饬上海特别市政府遵照"。② 1929 年 11 月 13 日，行政院再令上海特别市政府训令公用局，不得擅自定监理规则："关于全国民营公用事业请求保护一案，据全国民营电业联合请愿团代表汪书城等呈，以近闻上海特别市政府公用局擅自议订已不适用之监理规则及各省市闻未有所谓电灯附捐附税各色名目增加负担，恳请特呈命令制止，并咨催立法院迅定监督法俾得遵照。"行政院第 36 次会议通过并决议：监督民营公用事业已由中央定有办法，其监督范围已交立法院起草，"在中央法令未经核定公布以前，不得自定规则"。③

再如 1928 年 4 月，环球中国学生会致函公共租界工部局所称："敝校位于卡德路中段，操场在学校对面。学生进出须越过马路，门口经过之车辆有电车、公共汽车、汽车、马车、人力车等往来为织。请饬人来校门口钉'前有学校，车马缓行'牌子，以免危险而重公安。"④ 1935 年 1 月，爱华学校校长再致函工部局总办，信中称："敝校学生有日班且有夜班，年龄均甚幼稚。校址附近标立慢车牌示，认为十分切用，再具函申请，祈核准施行。"⑤ 至 1934 年 9 月，"因上海舆论恒多批评"，公共租界工部局公用委员会"近来对于公共交通问题甚予注意，交通未臻充分便利，故认为有对此整个问题联合调查之必要"，计考虑所得为电车与公共汽车的互助增进，其

---

① 《上海市公用局关于各方建议改良老西门外电车轨道》，1927 年 11 月～1929 年 3 月，上海市公用局档案，档号：Q5 - 2 - 850。

② 《中央令饬保护民营公用事业案》，1935 年 5 月 3 日～1939 年 8 月 30 日，上海市公用局档案，档号：Q5 - 3 - 1812。

③ 《上海市公用局规定商办公用事业监理规则及其处分细则案》，1928 年 5 月 16 日～1936 年 4 月 21 日，上海市公用局档案，档号：Q5 - 3 - 686。

④ 《上海公共租界工部局总办处关于交通警告信号事》，1921～1930 年，上海公共租界工部局档案，档号：U1 - 3 - 1762。

⑤ 《上海公共租界工部局总办处关于交叉路口的交通管理与行人安全事》，1933～1942 年，上海公共租界工部局档案，档号：U1 - 4 - 2444。

他交通方法以及拟采不同路线行经中心区等。①

　　另关涉电车票价问题，则是市民更为关心与主动参与的话题。因上海"电车加价足以牵动英法商电车价格，影响民生至巨"，② 由此自电车通行至1915 年，"中国今日方竟以鼓铸新铜元为能事，劣币之充塞于市面者，有滔滔不竭之势。寓沪西人，一则以英电公司损失，一则为上海商界公共利益，当赴领事团及商会提出抗议，然迄无结果"。③ 其时，报刊经常刊登市民对电车价目的评论、诉求及加价对其影响，如时人指出，"年来商务停滞民生凋敝，兼以百物腾贵、生活程度日高，而尤以海上为甚。然沪渎为贸易中枢，彼因迫于谋生，而不得不寓居其间者实居什八往返奔波，多赖电车，以电车既稳快又价廉也，故电车公司若加价，中人以下之家其影响为最巨。若谓公司营业亏蚀以加价为弥补之法，固属名正言顺。然历年营业报告盈余为各业之冠，故此说不足据也。若谓因电车乘客拥挤以加价为救济之方，然票价非加至与人力车或其他车辆相等，则吾人仍不能不乘电车，而车中之拥挤仍如故也。若谓公司欲扩充此后之营业以加价为抱注之策，然扩充营业，换言之即加增公司之资本也。资本金取诸各股东，则可未闻可取诸市民者也。且营业扩充后，其收入亦必有相当之递增，非必待加价而后可抱注也"。英电车公司自 1923 年 9 月 16 日起加价之议，呈请工部局批准，"局以兹事关系重大，正在严密考虑中，吾人深望当局能为海上数十万中人以下之市民着想而不允其请"。④

　　但至 1923 年 12 月，电车"加价声浪喧传已久，今法租界、华界果于本月一日实行矣。吾人每日多费数铜元不为多，十日即不在少数，一月一年计之独非巨数。而电车公司之收入由三铜元（现三等每站三铜元）起以至于无量数之铜元，一年盈余当有可观。哀此贫民行路，今亦为难矣。吾犹忆二三年前，上海电车以价最廉，闻一站之值仅费一铜元耳。今竟增至二倍以上，固生活程度日高，有以致之。而社会生活程度虽高，贫民之工值固未尝增加也。今又想及天津之电车，环城一周取价仅四铜元，无论远近一律如

① 《上海市公用局与租界市政机关讨论全市交通联络问题》，1934 年 9~11 月，上海市公用局档案，档号：Q5-2-1151。

② 《上海市公用局关于华法商电车第一次请求加价》，1928 年 2~5 月，上海市公用局档案，档号：Q5-2-873。

③ 甘作霖：《上海三电车公司之组织（续一号）》，《东方杂志》第 12 卷第 4 号，1915 年 1 月15 日，第 8 页。

④ 毅：《电车加价》，《申报》1923 年 9 月 22 日，第 21 版。

是，每至一站先下后上客尽登而后行，故终年危险之事竟难一见，其安全为何如耶。天津之生活程度不较上海为廉，而天津电车之贱而稳乃一至于是。今者公共租界之电车犹未加价，吾深愿其能体惜贫民则贫民幸甚"。① 1929年，华电公司呈请电车加价，市公用局则认为"加价非根本之道"，应照下列几点从技术上、科学上发展电车事业：（1）从速接通小东门老西门两处环城电车轨道。（2）车辆数应根据乘客数依时增减。（3）公司应延聘能力优良经验丰富之职员。（4）所用各种材料之质地价格应用科学方法，来测验以明其是否合用是否经济。（5）煤价应根据煤质化验结果而定秤，煤宜用自动计数秤以防作弊，有无佣金尤须注意。（6）电车上安全设备从速装置。（7）轨道基础及两旁马路，务须结实借以减少阻力，延长车辆施用时间。是年 5 月，该局再致市参事会，"该（华商）公司电车票价历年递加已属不少。此次拟加价率为数上添不小，与民众财有何妨碍犹可研究。贵会代表市民，对于此次华商电车请加票价有何卓见，核议见复"。②

至 1937 年 6 月，市民张惠成等呈市公用局，"据闻华商公司之电车票价即将核减实行，便利交通繁荣市面，减轻市民负担，闻之不胜雀跃，尚祈令饬公用局迅予批准施行，市民幸甚"。③ 同月，市民联合会再函电车公司反对变相增价，"本市第一特区（公共租界）市民联合会昨函上海英商电车公司，此次贵公司于六月一日起实行票资，以法币计算事关推行法币新制，极为欣佩。惟选据市民报告，经此次改章暗增乘客负担不少。敝会为欲明瞭实在情形，请贵公司见掷新旧票价目表各一份，以便对照研究再票上分数，应请照法商电车公司加上国币两字，以免混淆为荷"。④ 所以然者，仍有时人批评国人对于电车价目不如洋人的参与热情高，"观近今投函外报议论加价者日凡数起，而吾旅居沪地之中人士，不几百倍于各国侨民，反缄默，鲜闻有所论，列此非所以示人，为铢两不惜计较，实为放弃市民应尽之责任，非所宜也"。⑤

概而言之，近代上海市民对电车服务、运行和装置等方面的讨论和建

① 兀愁：《论电车加价之影响》，《申报》1923 年 12 月 8 日，第 21 版。
② 《上海市公用局关于华法商电车第一次请求加价》，1928 年 2～5 月，上海市公用局档案，档号：Q5－2－873。
③ 《上海市公用局关于华法商电车改订票价》，1937 年 5～7 月，上海市公用局档案，档号：Q5－2－871。
④ 《市联会函电车公司反对变相增价索新旧目表研究》，《申报》1937 年 6 月 20 日，第 14 版。
⑤ 毅：《工部局对于电车加价之态度》，《申报》1923 年 9 月 29 日，"汽车增刊"。

议，以及社会各界对电车路线、票价和安全的诉求及维权，深切体现出当时社会民众、各界团体参与社会建构的"能动性"，[①] 进而使城市社会的公共参与得以持续强化。

第三节　电车运行与国家利权

一般而论，"在国家的层面上，'利'主要指国家利益，'权'指国家主权。在一个受到外国不断蚕食和威胁的时期里，对具有政治意识的中国人来说，保卫国家主权和利益异常重要"。[②] 迨及近代，"从政治上观之，则上海为外力侵占之地；从物质上观之，则上海又为全国文明发轫地；即以交通论，今者轮路纵横，邮电遍国。试推原此事之导线，则上海实开其先"。[③] 嗣上海特别市政府成立，1927 年 11 月《市政府公用局行政大纲暨实施办法》中宣告：取缔外人越界经营水电事业，"越界筑路之地，两旁华境虽都自行装接水电转为隔绝，此立即经向对方交涉，在路权未收回以前，大致可先人办理，允谅我国水管电杆通过路面。至外商电车驶入华境，虽但属各道兹不营业，本局拟注意取缔，以此重扩张势力潮"。[④] 由此，在对外商电车侵入界内的排拒和博弈中，华界当局和社会民众维护"国家利权"行动随之展现。

一　交涉英商电车

（一）请求交涉之吁求

1908 年，英商电车刚通行，即风波迭起，"电车电车，车上带电，乘者触电"的谣言不胫而走，一批遗老遗少拼命制造舆论，谓"华人绝对不能乘坐，乘者易触电死伤"，甚至还纷纷集会，从各同业行会中相诚好友不搭电车，有的还订立惩罚章程，名谓这是"爱我同胞"。[⑤] 由此，沪上一些中

---

① 李沛霖：《公共交通与城市现代性：以上海电车为中心（1908～1937）》，《史林》2018 年第 3 期。
② 周永明：《中国网络政治的历史考察：电报与清末时政》，尹松波等译，商务印书馆，2013，第 180 页。
③ 姚公鹤：《上海闲话》，上海古籍出版社，1989，第 1 页。
④ 《上海市公用局拟订 1927 年度施政大纲》，1927 年 8～11 月，上海市公用局档案，档号：Q5－3－908。
⑤ 周源和：《上海交通话当年》，第 55 页。

外绅商一度对电车采取排拒的态度：对洋人来讲，小轿车应该是他们唯一的交通工具，但是一位西洋人有权拥有一部黄包车，只有专为华人设置的电车是他们的一项禁忌。① 初期，英商电车头等、二等票价悬殊，以全程票价相比，头等票价为二等的 5 倍，其目的是以票价为手段，限制"华洋杂乘"。当时，上海拥有自备汽车的人绝少，外人乘坐电车的较多，但又不愿与中国人在一个车厢，故工部局于合约中规定电车车厢必须分两个等级。② 如其1909 年 8 月开始对中国人发售月票，但只限二等车厢，每张 5 元。③ 车厢中原分头等与二等两种，头等仅设 6 个座位，二等设 40 个座位。后来取消二等，前卡（机车）为头等，而把增设的拖卡（拖车）通称为三等。票价定在 1.5 公里的半径内，头等 6 分，三等 2.5 分。这暴露出英电公司当局殖民主义者的面目，用以影射中国是"三等国家"，上海市民是"三等公民"之意。其电车行车速度每小时 8 英里，每隔 10 分钟一班，但每隔两班即第三班车则规定专门供外侨乘坐。④

20 世纪二三十年代，随着国民政府收回法外治权运动的展开，上海市政府加紧收回外商越界经营电车业务的交涉。如 1920 年，英商电车公司准备开辟沿海宁路、克能海路，由北西藏路至蓬路及沿蓬路，由克能海路至百老汇路的车路两条，且公共租界工部局也认为必要，但就明确指出，"惟海宁路一段在北西藏路与甘肃路之间为闸北之地，故须得闸北（华界当局）同意"。⑤ 嗣后，因该公司"欲在静安寺路西华境内极思非而路兴办无轨电车，派人至曹家渡挨户请盖店章，当时有店铺若干家未经忖度，贸然应之"。由此曹家渡 72 家店铺认为，"昨由各店开会知此函乃外人所为，并非代表曹家渡商民之志愿"，乃通过决议案反对 1922 年 3 月 8 日此不规则举动，"另请驻沪交涉员许沅函致该公司取销所盖章外，同时照会英领事转达工部局不得许该公司在该区行驶电车"。⑥

外商电车在越界筑路上行驶电车，曾引发上海华人社会的抵拒。如1922 年 4 月，受肇浜路市民委托反对电车敷设轨道的律师杨春绿即言，"外

① 吴训义：《清末上海租界社会》，第 79 页。
② 上海市公用事业管理局编《上海公用事业（1840~1986）》，第 335 页。
③ 上海市档案馆编《上海租界志》，第 421 页。
④ 周源和：《上海交通话当年》，第 58~60 页。
⑤ 《工部局对推广电车路之准驳》，《申报》1920 年 3 月 30 日，第 10 版。
⑥ 《租界电车之大计划》，《申报》1922 年 3 月 9 日，第 14 版。

国敷设电车轨道，常有因本路市民反对而中止者。即如公共租界静安寺路西段及威海卫路，亦有此例。盖外人行政取被治者同意驶行电车，原为便利交通起见，若住居电车经过街道之市民不以为便利时，则亦为之中止，不问其见解之是否正确，但问其同意与否故也"。总之，"共和政治所以谋多数人民生命财产业务之安全，利于甲而不利于乙，已属不可"。① 翌年 4 月，上海总商会函致沪北工巡捐局，"由北四川路电车终点至江湾万国体育场一路，工部局久欲筑一电车路已于上月底动工，七月初可以工竣开车。查江湾完全在租界范围之外，工部局何得越筑越权筑路，报载各节如果属实，殊堪骇诧。贵局见闻切近对于拥护领土主权，尤具莫大热诚，应请查明实情，妥筹办理"。工巡捐局工程处即复，"职处为防微杜渐起见，早于去年呈请分段派员管理常驻小工随时修筑，现拟再由三阳路已定未筑之路规定一支路，直接与体育会东西两路贯通，以过其侵越之势，并拟就交界处设立岗警，以杜其觊觎之念"。②

嗣后，上海建设讨论委员会沈联芳等四位委员提议：（1）特别市内亟应整理租界界限，收回越界筑路。1900 年，推广租界至 23000 余亩。两江总督委员来沪钉立界石，"任凭胥吏为之，并不依据何种标准为界限。而市内除北四川路，当年官厅受外人之愚，允准借道射靶外，其余尚能保守主权，不使越雷池一步。比较大西路一带被占地范围至数万亩之广，有霄壤之别。查外界蓄心经营已及二十余年之久，皆由从前官厅任其蚕食，不加制止。近竟派遣武装军队，保护修路之工人，屡次交涉仍不停止。恐其将来蔓延至内地青浦茶山，尤为心腹之患，亟宜设法收回，决不能姑息"。（2）特别市内亟宜以交通为先，建筑桥路电车。"闸北范围之广，比较租界在十倍以上，如苏州路西端十余年前，人民请求前工巡捐局北跨广肇路南跨槟榔路建筑一桥"，华界自该桥起点经过广肇路、中华新路直达北四川路底，取弓弦形，计程 6 里。租界自该桥起点经过槟榔路、新闸路、北京路直达北四川路底，取弓背形，计程 16 里。"以两下程度比较，势必舍租界而趋华界，可转移租界之人力，发展华界之市面。拟请市长行知工务公用二局核议，值此市政进行之际，当以交通为先，此项桥路工程议有端倪，即设置电车轨

---

① 《反对肇浜路设电车轨之理由》，《申报》1922 年 4 月 22 日，第 14 版。
② 《沪北工巡捐局关于英工部局江湾越界筑路拟驶电车交涉卷》，1923 年 4 月，沪北工巡捐局档案，档号：Q207－1－27。

道，横关于闸北东西两端，尤可通达中心区域，欲求市政之兴，似非依此入手不可。"12 月公用局核议，"惟此事进行应俟道路问题完全解决后，始可着手规划，将来当由职局随时督查督令设法推广路线"。①

事实上，其时外商电车"在华界行驶者，一为英商五路电车，行驶沪宁车站及老西门间"。② 从而，1929 年 3 月，中国国民党上海特别市执行委员会第一区党部议请市党部并函市政府：取缔民国路吉祥街及共舞台街英商无轨电车转头时，经过华界。③ 由此，4 月 22 日市公用局即函法租界公董局，请饬法商停止英商电车在（华界）市区内行驶。"查英商电车根本上不应驶入本市区内……并饬该公司即行设法停止英商电车驶入本市区以内，仍盼以后不得再以本市区内之权利，与英商电车作为公共租界与法租界互相行车之交换条件。"同日，法公司总经理承示正设法停止英商电车在本市区内行车后，公用局再表示，"足见贵总经理表示公道，并尊重我国主权，请迅即实行"。次日，法公司表示：自沪宁车站至西门间往来行驶的英商电车，"就其收入、管理、警务、责任等各点论，一经驶过公共租界而入法界即作为敝公司之车辆，完全归敝公司统辖，而敝公司车辆一入公共租界则亦同样办理"。作为英电公司的车辆，前项办法系据 1913 年两公司签订合同，至该路两公司行驶车辆数试营业需要为订约。归其数，在法公司为电车、拖车分别 9 辆，英公司为电车、拖车分别 4 辆。"现敝公司正与英商电车公司协商对于车务上改订办法，此项办法倘见实行，则英商电车当在短时期内，即将不复通入华界。"但 26 日，公用局仍向法公司交涉取消英商电车驶入华界，"查英商电车驶入华界，贵公司与英商电车公司所订合同中之交换条件，在本市政府方面绝对不能承认。贵公司仅有权以法租界之行驶权与其交换，亦并以华界行驶权相与交换，当然在所不许，应请贵公司负责从速交涉"，进而取消其 1913 年所订合同。④

1929 年 8 月 28 日，国民党上海市第二区执委会第四分部呈文市党部，咨市政府取缔外商电车行驶华界："窃以电车行驶关系市政主权，卧榻之旁

① 《上海市公用局核议建设讨论委员会建设闸北行驶电车》，1929 年 10 月～1930 年 1 月，上海市公用局档案，档号：Q5-2-835。
② 《法商六路电车行驶华界原因》，《申报》1929 年 9 月 12 日，第 14 版。
③ 《上海市公用局取缔英商无轨电车在华界掉头》，1929 年 3～9 月，上海市公用局档案，档号：Q5-2-914。
④ 《上海市公用局取缔英商五路电车在华界行驶》，1929 年 3～5 月，上海市公用局档案，档号：Q5-2-909。

岂容他人酣睡，市政府有见及此，曾明定取缔办法，足征维护国权热心市政。兹呈请转呈市部咨本市政府迅予实行，以挽利权而杜野心，实为公便。"随之，第一区党部呈"窃查租界电车驶行本市境内，殊属侵占我国利权，虽经当局函牒交涉，卒无效果，与其徒耗时日，不若采取断然手段。爰恳转咨市府于最短期间，本革命之手段阻止租界电车驶入华界，以维国权"。继而，市长张群训令公用局，"切实办理"。①

（二）当局交涉之努力

自上海特别市市政府成立后，1928年8月颁行《上海特别市商办公用事业监理规则》第五条规定：凡商办公用事业机关，不得加入外人资本，亦不得以其产业抵借外债。"公用事业小之关系市民生活，大之关系市政设施。如加入外资或抵借外债，易启外人侵略之渐，卒致腹心之患，尤应从严取缔，以保安全。"② 同年12月11日，公用局为调查公共租界电车行驶的相关情况，由局长函英商电车公司、英商公共汽车公司，请其提供分站价目表。"兹为调查本市交通状况起见，拟请贵公司将行驶各路电车及无轨电车、公共汽车分站价目表检惠一份，俾资参考。"③

实际上，因上海市政府要求作为具体管理部门的公用局切实交涉，由此该局"近复在调查英商电车通行本市区域各项文件，预备据以交涉之要点"。④ "英商无轨电车在华界民国路掉头，虽未停车售票，然侵占本市区地界终非允许，若以便利交通即可通融假道，则华商各公共汽车亦可在租界内任意行驶。本市政府为维护主权起见，对于英商无轨电车假地掉头，决定断然制止。"如1929年6月该局向市长陈报取缔英商电车行驶华界的交涉情形，并拟具办法：法电公司1906年1月合同（法租界公董局与东方公司订立关于照准电车及一项电气设备的做法）第十三条第五十二项载，"别国车辆行驶于法属路线，当尊法属车辆之制度"，"别公司之开车人员等应遵守法公司之规则，其应享权利亦一如法公司所用人员"。由此，该局局务会议

---

① 《上海市公用局关于市党部请交涉取消外商电车驶入华界》，1929年3~9月，上海市公用局档案，档号：Q5-2-912。
② 《上海市公用局规定商办公用事业监理规则及其处分细则案》，1928年5月16日~1936年4月21日，上海市公用局档案，档号：Q5-3-685。
③ 《上海市公用局调查英商电车及公共汽车分站价目》，1928年12月，上海市公用局档案，档号：Q5-2-659。
④ 《上海市公用局取缔英商五路电车在华界行驶》，1929年3~5月，上海市公用局档案，档号：Q5-2-909。

讨论后认为：（1）英商无轨电车在华界掉头时，虽并未停车搭客，然究属侵占主权。"顾为维护主权计，似不能徒为便利交通着想，遂容外商任意假道行车，为拟断然制止。"（2）五路电车虽全归法电公司行驶，然其行驶老西门外中华路一段轨道，自不在民国路华、法两方电车相互行驶之列（六路电车行驶该段轨道，亦以超越法商电车行驶方斜路之范围）。"故事实上无论其属于英商或属法商，我方均不能承认。似应以推广华商电车，为准许该段轨道行驶之交换条件。"①

进而，公用局指出，"取缔外商电车在本市区内行驶及推广华商电车二事，怀愿已久，虽有上述种种成安关系，办理必感困难，仍思努力进行"。该局预备以交涉要点，约如下列：（1）法商五路、六路及英商五路电车行经老西门外中华路一段轨道，不在民国路华法两方电车相互行驶之列，无条约上的依据。（2）法商电车在斜桥地方将方斜路与徐家汇路轨道接通，既无条约上完备根据，亦未得中国官厅正式许可。（3）英商电车通过本市区域，系与法商电车通过公共租界成立交换条件，未得中国官厅许可。如中方能追认上列三项事实，则可提出下列交换条件：（1）民国路华商电车得自由增加，而法商电车应受限制，原合同期满取消，并先酌量修改。（2）华商电车亦应得经过法租界、公共租界而通过闸北。（3）华商电车应在方斜路行驶，并通至徐家汇。但亦认为，"以上办法仍系迁就已成事实，殊未能满意。最好更进一步，取消外商电车在本市行驶权，则英商电车系与法商电车交换，故法商电车一经取消，英商电车自不成问题"。即根据中法交界订明路权案第六条，"是前项英商电车既越爱多亚路而通过法租界，已得法公董局承认，虽在民国路掉头而涉及本市区域，按诸该条条文似难取缔"。唯电车与其他车辆不同，"即与法商电车有交换条件，我方可不承认"。② 简言之，"英商电车通过本市区域，系与法商电车通过公共租界成立交换条件，未得中国官厅许可"。③

约略说来，1929年市公用局制止英商无轨电车越界及在民国路华界掉头等问题。英商电车通过法租界吉祥街及郑家木桥街两处以达民国路掉头，

---

① 《上海市公用局取缔英商电车在老西门转弯》，1929年6～9月，上海市公用局档案，档号：Q5-2-910。
② 《上海市公用局取缔英商无轨电车在华界掉头》，1929年3～9月，上海市公用局档案，档号：Q5-2-914。
③ 《上海市公用局取缔英商五路电车在华界行驶》，1929年3～5月，上海市公用局档案，档号：Q5-2-909。

系与法商电车通过公共租界为交换条件，但民国路系华、法所共有，该路面宽 21 米，而属华界者计 12 米，属法租界仅 9 米。故英商无轨电车掉头，"实已侵入本市区域"。3 月，曾由公用局向法电公司提出的非正式口头抗议。4 月初，连同取消英商五路电车驶达老西门问题，开始正式交涉。5 月底，该公司正式答复：英商五路电车 6 月 1 日起实行在华界停驶；至英商无轨电车在民国路华界掉头，"以为仅仅假数尺之地、以资盘旋，初未在华界售票搭客不允取销，且谓取销后对于南市与西北方面之交通殊不便利"。经公用局郑重考虑，认为任外商侵占本市地界终属不妥，决定断然制止。法电公司旋又以民国路华、法各占一半，英商无轨电车在该路掉头并未侵入华界，经市公用局提出中法交界订明路权案，否认此说。8 月 3 日，法公司仍取延宕手段，并未实行变动。及于 9 月 12 日，该局函达该公司，一面嘱为转达英商电车公司限于 16 日前，停止无轨电车在民国路本市区域路面掉头，一面函致市公安局转饬该管所，如至时并不停止即实行取缔。该公司派员请求略展限期，该局未允并于 14 日派员会同公安局一区一所，就吉祥街及郑家木桥街外民国路路面北部，以白粉划定华法交界地位。法公司乃于 14 日、15 日两天"赶将该两处电线重行装接，使无轨电车到该两街底即向东行驶，然后开倒车向西再转湾回头，盖完全在法租界路面"。① 公用局长黄伯樵以英商五路电车开至西门侵及华界地点，当即致函法商电车公司交涉，将该段路线重行改订，业于 9 月初实行。② 可见，公用局于 1929 年春严重交涉，即英商五路电车驶入市区，又十四路、十六路、十九路无轨电车在民国路行驶，"均无条约上根据，业已由公用局先后制止"。③ 即如英商五路电车经该局交涉后已自 1929 年 7 月 1 日起实行停驶，"因此该路电车在华界行驶，未得中国官厅许可，毫无根据"。终而英商无轨电车"在民国路掉头一节，由该局提出抗议后，已由法商电车与英商电车交涉取销"。④

至 20 世纪 30 年代，随着国民政府在上海的统治日趋稳定，当局维护主权的意识则更为强烈。如 1932 年 7 月在上海市公用局的要求下，英电公司向该局呈报越界（界外）筑路内的电车事项（见表 7-5）。（1）空车重

① 《市公用局制止英商无轨电车越界》，《申报》1929 年 9 月 17 日，第 15 版。
② 《法商六路电车不入华界》，《申报》1929 年 8 月 31 日，第 15 版。
③ 《上海市公用局关于市党部调查外商电车行驶华界条约》，1928 年 8 月~1930 年 5 月，上海市公用局档案，档号：Q5-2-824。
④ 《法商六路电车行驶华界原因》，《申报》1929 年 9 月 12 日，第 14 版。

量。有轨电车：按照车样，正车重量 9.25～11 吨。按照车样，拖车重量 5～6 吨。无轨电车：按照车样，每车重量 5～5.36 吨。（2）每日行车辆数：一路、十六路每日分别为 21～23 辆、23～28 辆；十一路、二十路每日 3～4 辆，但在周末则增驶 2 辆，"以应交通上之需要。上开行车辆数，均依交通上之需要随时变更"。（3）所有有轨及无轨电车每英里平均耗电量：1929～1931 年每英里耗电分别为 1.122 度、1.093 度、1.118 度。① 推而言之，华界当局和社会人士反对英商电车渗入界内的吁求和抗争体现出对"国家利权"的持力维护。

表 7-5　英商电车公司越界筑路内电车事项（1932 年 7 月 13 日）

项目	一路	十一路	十六路	二十路
开始行车日期	1908 年	1908 年	1926 年 12 月	1928 年 9 月
全路线长度（英里）	5.436	2.465	5.328	1.551
界外马路内路线长度（英里）	约 0.956	约 0.956	约 1.050	约 1.435
全路线搭客人数（人次）				
1931 年	22095402	283562	7709644	1378113
1930 年	20168166	303118	7441176	938135
1929 年	20665832	353101	8692343	803044
全路线行车英里数（英里）				
1931 年	1888565	33416	788264	92491
1930 年	1607115	31436	713693	81275
1929 年	1628828	35229	759170	86547
全路线客票收入（元，墨洋）				
1931 年	999780	10335	402430	46586
1930 年	782411	9366	334370	27377
1929 年	692780	9366	330498	22185

资料来源：《上海市公用局调查上海电车公司》，1932 年 6～7 月，上海市公用局档案，档号：Q5-2-825。

二　交涉法商电车

辛亥革命前夕，法商电车已行驶于上海华界的老西门至斜桥等地段，且

---

① 《上海市公用局调查上海电车公司》，1932 年 6～7 月，上海市公用局档案，档号：Q5-2-825。

企图自十六铺扩展电车线路至华界外马路董家渡一带。同时，美商古纳公司、比商东方万国公司也先后要求在南市经营电车事业，但华界的南市总工程局以利权所在、利益攸关，对于前者的函请与后者的请求，均予以严词拒绝。[①] 嗣上海特别市政府成立，1927 年 9 月市公用局令法电公司，"贵公司前在华界敷设电车轨道及设置水厂系于前市政机关接洽办理。兹上海特别市市政府成立，此项事件概由本局接收掌管，应请贵公司将单独在华界敷设电车轨道之公里数及电杆数目等详细开示，以备核查"。[②] 翌年，该局还规定"华法互馈电气有关主权，非经市政府批准，不得擅自通电"。[③]

（一）反对越界之吁求

譬如 1929 年 3 月，国民党上海特别市党部执委会第一区党部请市党部并函市政府，从速交涉华商电车行驶自主权案：（1）华商电车在民国路得自由行驶，不受现在华、法各 4 辆限制。但法商电车车辆无论如何不得增加并须限制取消。（2）自西门至斜桥之方斜路一段，限期禁止法商电车行驶，并着华商电车即日行驶该路。[④] 是年 5 月，市执委会再函市政府令准华商电车行驶自主权，"查此事闻由公用局向法商电车公司从事磋商交换条件，如果磋商结果圆满则所请各节毋庸再议，否则应请贵府按照上项条件切实交涉"。[⑤] 同年 9 月 15 日，市党部第一区党部所属二十四分部呈请上级党部咨行市府，收回西门至斜桥电车行驶权，"西门斜桥一段华商电车尤未能实行开驶，国权民利两有关系"，应请咨行市府切实依照"报载九月一日通车案以实行，因吾国而维利权"。[⑥]

至 1930 年 5 月 19 日，第一区党部执委会再函市公用局，"租界电车行驶华界，有损我国主权"，"请查过去法商英商电车公司行驶华界有无条约签订"。26 日，该局遂复：（1）法商电车行驶民国路，系以民国路（即中

---

① 上海市公用事业管理局编《上海公用事业（1840～1986）》，第 345 页。
② 《上海市公用局向法商电车电灯公司调查在华界水厂及水管图书案》，1927 年 9 月 15 日～1928 年 3 月 8 日，上海市公用局档案，档号：Q5－3－1975。
③ 《上海市公用局关于华法商电车第一次请求加价》，1928 年 2～5 月，上海市公用局档案，档号：Q5－2－873。
④ 《上海市公用局取缔英商无轨电车在华界掉头》，1929 年 3～9 月，上海市公用局档案，档号：Q5－2－914。
⑤ 《上海市公用局取缔英商五路电车在华界行驶》，1929 年 3～5 月，上海市公用局档案，档号：Q5－2－909。
⑥ 《上海市公用局关于市党部请交涉取消外商电车驶入华界》，1929 年 3～9 月，上海市公用局档案，档号：Q5－2－912。

法交界）华、法两公司建设电车轨道合同为根据，该合同则基于《中法交界订明路权案续订附件》第二、三条规定成立。（2）法商五路车行经老西门外中华路一段轨道，不在民国路法、华两方互驶电车之列，并无条约上之根据，而与民国路华、法电车共同行驶问题不无关系。由此，"尚在妥筹办法进行交涉"。① 是年 10 月 18 日，一位上海市民再向公用局局长致函："今日新闻报载有华商公共汽车与法商电车公司之公共汽车订约，以后华商三路公共汽车可在民国路法界方面行车，此种订约不知有交换条件否。盖法商在民国路对华商电车既有交换越界行驶，华商不胜其苦。此次，华商公共汽车勾其交换，则无异引虎入室，加重外溢。且法商公共汽车阔大美观，较之华商车身有一倍之大，故在此收回租界之秋，况法商电车之行驶华界者，尚未收回，若再勾共其汽车在界内行驶，则将来被法商在中推广，华商之营业必大收恐慌。且民国路已有华法电车，公共汽车在事实上可以不必行驶，故此次华商三路公共汽车改行法界一面，若无交换则不生问题，倘对法商有所交换，则吾方必不能占利，快宜取消为要。"该局遂褒奖其"所陈确属爱国举动，至为钦佩也"。②

继而，因法电公司拟在方斜路贴近白云观地方调换电车轨道请求掘路，1931 年 7 月 31 日工务局局长沈怡致函公用局，"方斜路上法商所设轨道是否有收回可能，此次若责令添设水泥底脚，于将来收回电车路轨时有无窒碍。又和平路正在开辟，所有法商电车轨道倘令其改从和平路肇州路经过，于交通上主权上有无问题，似均有考虑之必要"。由此，函请法公司暂缓修换方斜路轨道。和平路自老西门至肇周路一段约长 158 米，方斜路自老西门至斜桥一段约长 1000 米，"倘许法商电车改道和平路则所占用华界路面约可减去五分之四，与挽回主权方面不无相当进步"。至 9 月，公用局指出"老西门为南市热闹之中心，将来和平路开辟之后，其繁盛当可预料。若以法商六路电车改行和平路肇周路而至斜桥，则法商换得较优地位当然赞成，从表面观察，我方似亦挽回一部分主权"，即其路线长度可从 1000 米减为 158 米，"但实际则为对方偏面之利益。因方斜路为一曲折狭小之路，将来当无发展之可能，从交通方面观察，实为无关重要之道路。而和平路则为西门商

① 《上海市公用局关于市党部调查外商电车行驶华界条约》，1928 年 8 月～1930 年 5 月，上海市公用局档案，档号：Q5-2-824。
② 《上海市公用局令伤华商电气公司各价收回方浜桥与斜桥间电车设备》，1930 年 9～10 月，上海市公用局档案，档号：Q5-2-883。

业之中心，又为南市与法租界贯通之要道，其地位之优越，实超出百倍，以此易彼、得不偿失。为此交换难免受人指责，故当以移设于交界之方浜路肇周路最为适当，如以此点认为对方无接受之可能，则应听其暂维现状，对于方斜路交通方面取包围之形势，暂时不必与其谈判，嗣方浜路、肇周路、和平路华界之单行线电车通车及沪南第二路公共汽车改行肇周路两事实行后，两旁市面当然略有起色，我方尽自己范围内努力做好，待到相当时期再与法商谈判"。①

另对于法商电车的标识，1930 年 5 月 20 日，第一区党部所属八分部呈文市执委会称，"法商电车行驶华界，车外标用法界电车四字，足使市民感受不良印象，应请上级党部转饬将法界两字改用法商，藉免混淆，祈迅予向法商电车公司纠正"。嗣后，市政府训令公用局向其交涉更正。该公司表示，"电车改易车外标用字样一节，业经照办（行驶华界电车及拖车一律照改）"。12 月 18 日，公用局再函请公安局第一区二所、第二区署、第二区一所，转饬岗警对于法商电车未经改正标字符切实取缔。"除呈复市府并函达公安局外，拟请通嘱所属长警特别注意，如查有尚未改正者，即阻止其驶入市境，以重功令。"各局除饬令各官警"随时查察如有未经改正各车，一律阻止驶入市境"。② 由此，"法商电车行驶市区以成案关系一时暂难制止者，有第三、五、六各路。惟其车厢外部标用'法界电车'四字"，嗣经公用局两次致函法公司"促其更正，现已一律照改"。该局并函达公安局各区所通嘱长警特别注意，如查有未经更正者，即阻止其驶入市内。③

（二）当局交涉之努力

其时，外商电车在华界行驶者，"一为法商六路电车，行驶十六铺及卢家湾间；一为法商民国路电车，则与华商电车共同行驶，尚有英商无轨电车则系在民国路掉头"。该路法租界占 9 米，本市（华界）占 12 米。法商电车在华界行驶，"均为从前中国官厅所允许，订有合约。而六路电车通过方斜路一段，该路本为法人越界所筑，经从前中国官厅竭力交涉，始将路权收

① 《上海市公用局关于法商电车电灯公司修理方斜路电车轨道意见》，1931 年 8～9 月，上海市公用局档案，档号：Q5-2-905。
② 《上海市公用局关于市党部请纠正法商电车采用法界二字》，1930 年 5～12 月，上海市公用局档案，档号：Q5-2-916。
③ 《法电车更正字样》，《申报》1930 年 12 月 21 日，第 15 版。

回而仍以许其行驶电车为交换条件，另由电车公司每年纳还中国官厅相当报酬金，盖此项交涉一时不易解决"。①

从而，1929 年 4 月 22 日市公用局认为，"查取缔外商电车在本市区内行驶，局平日所置急而企图实现。虽以往昔条约之束缚或已成事实之牵制，办理必感困难，但仍思努力进行"。其一，法商电车与华商电车在民国路相互行驶，系以民国路华、法两公司建设电车轨道合同为根据。该合同的华商电车专利权限期，按其与上海南市市政厅所订合同（1912 年 7 月）第六十条定为 30 年，距满期尚有 12 年，如至时不复展期，所有法商电车在民国路行驶权届时当可取消。但此合同中，并无华、法电车各 4 辆规定。且事实上华、法两商电车，从前各占 4 辆，自民国路、中华路接轨后，华商电车已改 8 辆，因环行民国路、中华路，现法商电车 4 辆仅行民国路，所需时间系为二与一之比，利益仍可相当。故法商电车并未反对。"若再增加华商电车，而不许法商电车增加，据前项所引各条文精神，恐难得法商电车同意。"其二，法商电车在方斜路行驶，系据于《中法交界订明路权案续订附件》第四条及《上海法租界界路区域管理章程》（外交部特派交涉员杨义与法国驻沪总领事甘世东 1914 年 4 月订立）第二条"法公董局付还中国官肇周路建筑费之一半，其余徐家汇路（现称方斜路，自麋鹿路至斜桥）一段管理权，由法公董局交还中国官厅，惟于电车交通须予保留，并担负养路之义务"。条约规定如此，"是欲禁止法商电车在方斜路上行驶，恐非易事"。②但如中方能追认下列事实：（1）法商五路、六路及英商五路电车行经老西门外中华路一段轨道，不在民国路华、法两方电车相互行驶之列，无条约之根据。（2）法商电车在斜桥地方将方斜路与徐家汇路轨道接通，既无条约上完备根据，亦未得中国官厅正式许可。进而，可提出下列交换条件：（1）民国路华商电车得自由增加，而法商电车应受限制，原合同期满取消并先酌量修改。（2）华商电车亦应得经过法租界、公共租界而通至闸北。（3）华商电车应并在方斜路行驶并通至徐家汇。就法商电车论，民国路通车本有时限不久期满，尚可取消。唯方斜路通车属永久性质，如欲取消唯有别辟途径，或修改获得前项行车权的《上海法租界界路区域管理章程》，或备价购回此项

---

① 《法商六路电车行驶华界原因》，《申报》1929 年 9 月 12 日，第 14 版。
② 《上海市公用局取缔英商无轨电车在华界掉头》，1929 年 3～9 月，上海市公用局档案，档号：Q5-2-914。

行车权，使法商电车另在肇周路的法租界部分行驶，然后通至斜桥以南的徐家汇路。"此则问题较大，仅就行驶电车目的上提出要求恐难有成议，或俟有相当机会与其他重大事件提出应付，共同解决。"①

嗣后，法电公司 1929 年 5 月函致公用局关于无轨电车行驶问题。"查该项车辆除非在华界营业，不过为路面及车轮旋转所限，故在吉祥街及郑家木桥路线终点处，不得不假民国路华界数尺之地，以资盘旋。然在华界地面时，既不停车亦不容客上下，且吉祥街郑家木桥两处线路，与敝公司电流不相衔接，故行驶车辆均属英商。敝公司车辆在事实上殊无调行该路之可能。倘贵局以英商车辆仍按以上各项办法，假用华界数尺之地，为抵触市府主权，则敝公司别无办法，惟有将该两路加以裁撤。然乘客藉该两路由华界直达闸北宝山，人数拥挤则在交通上实予乘客诸多便利，今路线若行裁撤，则交通上之便利亦将一并取消。"② 翌月，公用局函复该公司：五路电车行驶老西门外中华路一段轨道，"不在民国路华法两方电车相互行驶之列，并无契约上之根据，故无论其属于英商车辆或贵公司车辆，本市政府均难承认。惟贵公司如能以谋公众之便利，而兼顾华法相互之利权，允许推广华商电车路线在法租界范围以内（最少限度须至东新桥）则可与华商公司订立交换合约，呈由敝局转呈市政府批准，以作交换行驶之根据"。③

与此同时，因当局"日前垂询民国路西门一带敝公司轨道上，何以允许法商公司其他各路电车在彼行驶"，1929 年 7 月华商电车公司呈文公用局汇报，"查此案在前清光绪三十三年间，由中国地方官厅允许该公司由西新桥南来入华界，自称城浜北岸沿浜至老西门而达斜桥敷设轨道行驶电车，在西门京江公所迤南万生桥之间均设双轨"。迨 1914 年 8 月 17 日，上海市公所拆城填濠后，"规划筑路兴市之际，两公司间契约成立，由华法官厅批准在案，允许华法二公司在民国路敷设电车轨道互相通车，规定自小东门至老西门止，二公司各设轨道一条，靠城者归敝公司敷设，其他一条归该公司敷

---

① 《上海市公用局取缔英商五路电车在华界行驶》，1929 年 3～5 月，上海市公用局档案，档号：Q5-2-909。
② 《上海市公用局取缔英商五路电车在华界行驶》，1929 年 3～5 月，上海市公用局档案，档号：Q5-2-909。
③ 《上海市公用局取缔英商电车在老西门转弯》，1929 年 6～9 月，上海市公用局档案，档号：Q5-2-910。

设，所需电流各自供给。时因小北门迤南至老西门一带，已有法商公司敷设轨道一条，若再添设二条，于交通上窒碍滋多，乃商由该公司将小北门至老西门间原有路轨略为迁移，兼作二公司互相通车之用，且可省却掉头之烦。惟因该公司五路、六路车必须经过华商公司方面轨道，所以该处一段电流完全由该公司供给，作为交换条件（贴补）"。8 月 2 日，法电公司函公用局：公司五路车辆历来行驶西门一段及无轨电车在华界掉头事，现经贵局宣示1912 年及 1913 年订立各约，"敝公司于华法界线业已明瞭，刻正从事研究两处路头变动办法"。①

而自 1929 年 9 月起，法商六路电车已不入华界。因"公用局长鉴于法商行驶十六铺与卢家湾间之六路电车其西门至斜桥一段，侵及华界主权更甚，特呈请市府函致交涉署向法商电车公司交涉收回，现悉双方已协定条约，该段路线完全由华商电车公司收归办理，该项协定在上星期即签字。原有法商六路电车则驶至西门调头，外商电车侵越华界主权"，自 9 月 1 日起已完全收回。② 翌年 9 月，公用局再令华电、法电公司磋商备价收回方浜桥与斜桥间的该路行驶电车设备，由华电公司派车行驶，"查方浜桥与斜桥间行驶法商电车已历二十余年"。虽为 1913 年中法交界订明路权案及 1914 年法租界外马路划分警权条约所规定，"惟该路线究属全在华界，自应归华商电车行驶。中法两国、法租界当局与本市政府均睦谊甚厚，法商电车公司与该公司既属同业感情更深，对于以前条约所规定必能依时势之推移，尊重我国主权，加以变更"。③ 再至 1934 年 5 月 1 日，公用局以法商电车掉头地方阻碍交通、侵入华界，令其移置，即"小东门附近交通情形日见繁盛，前经公安、工务两局会同本局拟定在该处装置交通红绿灯，以便指挥，并经派员会同前往实地勘察装灯地位，当见法商电车掉头地位直至方浜路口之南，以致该路及小东门大街之交通，每隔数分钟即被法商电车遮断一次，每次时间恒在一分钟以上，因之该路车辆之阻塞，异常拥挤，交通秩序无法维持，非将法商电车掉头地位移至方浜路口之北，该处交通万难畅达"。且"查该掉头地位纯属华界，该电车叉道亦属华商电车公司所铺设"，由

---

① 《上海市公用局取缔英商电车在老西门转弯》，1929 年 6～9 月，上海市公用局档案，档号：Q5 - 2 - 910。

② 《法商六路电车不入华界》，《申报》1929 年 8 月 31 日，第 15 版。

③ 《上海市公用局令饬华商电气公司各价收回方浜桥与斜桥间电车设备》，1930 年 9～10 月，上海市公用局档案，档号：Q5 - 2 - 883。

此该局为整理交通起见，函知法电公司将掉头地方移往方浜路口以北，以免阻碍。①

约略说来，诚如学者指出，"在后起国家，当市场力量和社会力量尚未发育形成，政府作为有组织的力量，往往率先介入早期现代化，运用国家力量推进现代化"。② 虽"上海华界之路政向来不甚购求，已为世人所需病"，但自 1927 年国民政府改设上海特别市以来，公用局"乃努力改善，以与租界相颉颃。又如江湾跑马场之汽车路，以我国之主权任外人之驰行，损失甚大。公用局乃办理登记，而西人故为延期以尝试，遂毅然与之交涉力争，卒达领用华界车照，收回权利不小。凡此设施一载以还与论嘉之，不可谓非公用局筹划进行之成绩也"。③ 很明显，通过社会民众对于英、法商电车渗入华界内的抗争吁求，以及华界当局对外商电车渗入界内的切实交涉，不仅体现了华界当局和华人社会争取"国家利权"的不懈努力、勠力同心，亦对近代上海社会做出了积极构建，使城市社会"现代性"得以呈现高潮。④

撮要述之，交通为人们的各种活动服务，城市的结构、城市用地范围的扩展、城市生活的方式和特点及城乡差别的消失等，全都跟城市交通系统的性质和质量有关。⑤ 而"自援用各式运输工具后，运输之作用更大，需要更多。近代新式运输，其能力大而费用廉"，"运输事业之发展，于生活上、经济上确有大助"。⑥ 史实证明，近世城市交通，"无不让电车独擅其长远者"，"吾国上海、天津各租界之电车，利便岂不易见，国人果能建电车为城市交通，不特人民称便"。⑦ 彼时"上海电车，固所以促进中国交通之进步"。⑧ 战前上海不仅为全国经济及文化中心，而且是国际闻名的大都市。斯时，在推进城市嬗变的诸多因素中，新式公共交通的典型代表——电车成为此中重要的牵拽力之一，其不仅成为社会生活的重要载体，亦是衡估城市

① 《上海市公用局关于整顿东门路交通迁移法商电车掉头地位等事项》，1935 年 9 月 ～ 1936 年 2 月，上海市公用局档案，档号：Q5 - 2 - 890。
② 樊卫国：《略论中国早期现代化与权力分配》，《社会科学》2004 年第 2 期。
③ 悟：《上海公用局整理汽车方案》，《申报》1928 年 7 月 14 日，第 30 版。
④ 李沛霖：《公共交通与城市现代性：以上海电车为中心（1908 ～ 1937）》，《史林》2018 年第 3 期。
⑤ 徐光远主编《城市经济学》，第 158 页。
⑥ 龚学遂：《中国战时交通史》，第 1 页。
⑦ 少琴女士：《城镇交通应注意电车之我见》，《申报》1924 年 1 月 26 日，第 22 版。
⑧ 甘作霖：《上海三电车公司之组织（续一号）》，1915 年 1 月 15 日，第 9 页。

近代化的关键标志，从而与城市社会相互推演、互相挽进。推广其意，作为全面抗日战争前上海城市嬗变重要推力的电车事业，与社会现代性、公共参与和国家利权等各个界面复合共存、共生交互，进而为生活方式的革故鼎新提供关键助力。在此赓续交替的进程中，上海城市化历程的演变印记则更加深刻，这也从侧面见证了近代中国城市向现代递嬗的步履。

结　语

可以确定，交通是"一种公益事业，影响于社会文化国民经济甚大……现在世界文明国家，无不以交通为发展文化与实业之核心"。[①] 2017年10月，习近平总书记在中国共产党第十九次全国代表大会上的报告中提出："加强应用基础研究，拓展实施国家重大科技项目，突出关键共性技术、前沿引领技术、现代工程技术、颠覆性技术创新，为建设科技强国、质量强国、航天强国、网络强国、交通强国、数字中国、智慧社会提供有力支撑。"[②] 由见，交通对人类影响至关重要，而新式交通的发展与变革，则是人类文明的重要标志之一。推广其意，近代中国城市经历不断由旧式向新式、传统向近代的剧变与转型的过程。而在此进程中，公共交通与城市社会可谓相互挽进、互相推演。因为公共交通不仅是社会功能的重要载体，更是衡量城市现代化的关键标志。如"盖市政之目的，不外求市民生活安适而已，而水电交通煤气诸端，莫不与市民日常生活有密切之关系，由莫不与市民有切身之利害。上海为国际巨埠，市民三百余万，公用事业之重要繁复，自无代言"。[③] 既如此，近代城市公共交通值得研究，作为近代中国第一大都市上海的主流公共交通工具——电车更值得今人探索，由此不仅可一叶知秋，更可以加深对近代中国城市化进程和社会发展的历史顿悟。

具言之，"我们可以定义工具品，使之包括电车和其他的一些东西，这些东西的价值来自于它们为人类提供的服务"。[④] 如至20世纪30年代，上海公用事业和市政设施已发展到相当程度，它已经有延伸很长距离的港区和

---

① 向默安：《我国交通事业之整理与发展》，第7页。
② 习近平：《决胜全面建成小康社会　夺取新时代中国特色社会主义伟大胜利——在中国共产党第十九次全国代表大会上的报告》，人民出版社，2017，第25页。
③ 上海市公用局编《十年来上海市公用事业之演进》，"弁言"，第1页。
④ 〔英〕马歇尔：《经济学原理》，第647页。

通向南北的两大铁路线，在杨树浦、闸北、沪西、高昌庙等处已经形成重要的工业区，在租界已形成高度繁华的商业金融区，在市中心（主要是租界）已经有棋盘形的交通道路和富丽的建筑群。上海租界当局越界筑路一向很严重，在越界筑路区域，市政建设部分盲目发展。但是，上海城市建设的无政府状态又造成城市布局和功能的混乱：整个城市没有整齐的有效率的交通网，公共事业的管道各界自成系统，极为混乱复杂。① 战前"上海市电车事业以往由华商、英商及法商三家经营，各按其营业区域行驶电车，彼此缺乏联系"。②

由此，在当时三界四区中，电车线路布局最好当推公共租界。其主干线敷设有轨电车一路（南京路—静安寺）、三路（虹口—四川路）、八路（杨树浦—十六铺），而租界内南北向马路分别有十四路、十五路、十六路、十九路无轨电车，这样构成有轨与无轨、东西与南北的经纬型布局。十七路和十八路线，战前分别由英、法管理，十七路线英商经营由大世界至四川路桥，法商经营从大世界南延至打浦桥，战前英法两段经营共长 6.4 公里。十八路线英商经营由大世界至北站，法商经营由大世界至斜桥，共长 4.2 公里。十四路线战前从民国路至北站，总长 3.4 公里。③ 其时，英商、法商电车企业的票价根据与工部局、公董局订立的合约规定而制定。20 世纪 20 年代，公共租界电车的每年每人乘车次数已达 145 次，法租界和华界亦达到 100 次。由此，英电公司和法电公司已基本垄断上海租界内的公共交通。由见，在"大部分交通行业（铁路、电车、运河）和公共事业行业（供水、供气、供电业）中，企业在使用资本中拥有无限的权力，从而赋予它们绝对的统治力量"。④

20 世纪 20 年代中期世界城市电车乘客数量比较显示，伦敦每年每人乘车 413 次；格拉斯哥乘客数为 5100000 人次，每年每人乘车 404 次；曼彻斯特乘客数为 2570000 人次；利物浦乘客数为 2900000 人次；芝加哥乘客数为 2460000 人次，每年每人乘车 482 次；费城乘客数为 2000000 人次，每年每人乘车 466 次；巴黎乘客数为 2200000 人次，每年每人乘车 517 次；上海公

① 吴景平等：《抗战时期的上海经济》，第 126 页。
② 《上海市公用局电车筹备处电车公司计划书（三）》，1947 年，上海市公用局电车公司筹备处档案，档号：Q423－1－23。
③ 周源和：《上海交通话当年》，第 134～135 页。
④ 〔英〕马歇尔：《经济学原理》，第 489 页。

共租界乘客数为 7000000 人次，每年每人乘车 145 次；上海法租界及华界每年每人乘车 100 次。①

其时，上海华界"陆上交通器具，有规定路线之电车，公共汽车等"，如电车业为华商电气公司所经营，行驶 4 条路线，计长 23.24 公里，备有电车 54 辆、拖车 27 辆。至该公司的第三路环城圆路，1928 年前"本分为两橛，于旧老西门及小东门地方各为起讫，乘客往来均须中途换车，不便殊甚。公用局监督之初，即令接轨改为圆路"，于当年下半年通车。第二路电车亦经公用局督促于 1933 年改为圆路。② 战前，该公司第一路（高昌庙—小东门）、第二路（肇周路—肇周路）、第三路（老西门—老西门）、第四路（高昌庙—肇周路）行驶长度分别为 4.8 公里、8.9 公里、5.1 公里、3.9 公里。③

概言之，战前上海市区公交线路总共实有 56 条。根据全面抗战前后上海电车交通比较分析，战前（1936 年）电车行驶路线 32 条，路线长度 155.6 公里，车辆数 516 辆，平均每日载客 428678 人次；胜利复员时（1945 年 10 月）行驶路线 16 条，路线长度 68.1 公里，车辆数 328 辆，平均每日载客 663392 人次；1947 年行驶路线 22 条，路线长度 106.1 公里，车辆数 407 辆，平均每日载客 713443 人次。可见，战后电车行驶路线、长度及车辆均较战前为减，从而导致乘客较战前为增，"征诸市民需要之殷切"。④ 但客观而论，"战前上海的公用事业非常发达，但亦非无其缺点与困难"。第一，"上海公用事业过去的发展，以至成为今日的现象，是任意发展的结果，而非计划发展的结果。因为在租界时代，三个市政区域的公用事业各自为政，其技术规范的参差不一，与供应业务的偏枯不齐，都使市民感到享受上的不平等"。第二，"上海的公用事业在抗日战争中曾遭受严重的破坏"。⑤ 同时，战前上海电车交通最大的特点就是号码重复，路线断断续续。原在电车兴起之秋，各国为操纵交通运输而明争暗斗，英商财雄势大又得伦敦政治和技术上的直接支持，有轨电车很快从一路发展十二路，无轨电

① 沙公超：《中国各埠电车交通概况》，《东方杂志》第 23 卷第 14 号，1926 年 7 月 25 日发行，第 50~51 页。
② 上海市公用局编《十年来上海市公用事业之演进》，第 61 页。
③ 周源和：《上海交通话当年》，第 133 页。
④ 赵曾珏：《上海之公用事业》，第 84 页。
⑤ 赵曾珏：《上海之公用事业》，"序"，第 1 页。

车从十三路发展到二十四路。法商电车虽在技术上依赖英国（如路轨、机车和技术赖英国进口），但它对法租界电车经营也不遗余力，有轨电车从一路至十路，无轨电车也有十七路、十八路。而华界也自 1913～1930 年完成一路至四路有轨电车的发展。从而，战前上海三界四区分立，交通发展各自为政，争夺市场激烈，即便华界也只能闸北、南市分别发展，所有电车号线均从一路开始，因各不相属且互不相让，谁也不肯把号码延续他方之后，即各区都有一路至四路电车。三界四区现象构成电车号码重复，各区交界只能换成别区的电车，形成断续路线，费时失事，不胜繁难。① 这亦凸显当时上海电车发展的历史特点和独特态势。

综上以观，新式公共交通的发展，影响着近代城市变迁的整体过程，其亦是学界探讨近代城市经济和社会嬗变的主要窗口之一。全面抗战前作为中国大城市典范和国家现代化橱窗的上海，其电车交通不仅成为市民出行的重要参考，亦与城市社会的交嬗演替息息相关、脉脉相通。事实上，该业所引致的嬗变绝不仅限于交通领域，必然会对城市发展产生影响，并作为器物层面浸润社会生活的各个方面。其带来的一系列变革在被市民接受的同时，进而助力上海城市化进程的相与赓续。可以概见，本研究即以全面抗战前上海电车交通为鹄的，以期通过考察其与城市社会的交互，为现实社会追本溯源，为探索当代中国城市可持续发展路径及解决"城市病"等问题提供历史借鉴，进而延伸对当代公共交通与中国城市社会的适度展望与未来思考，最终呈现有益的决策支持价值。

---

① 周源和：《上海交通话当年》，第 131～134 页。

附　录

附录一　沪北工巡捐局和上宝电车公司
之合同（1927 年 12 月）①

1927 年 12 月 16 日，沪北工巡捐局和上宝电车有限公司《沪北工巡捐局和上宝电车公司立合同》（主要部分）：

缘起

第一条　淞沪护军使指令准上宝电车公司在沪北马路驶行电车，其修路筑桥设轨竖杆及将来驶行电车一切规则与夫应尽之义务应享之权利均规定于合同内以资遵守。

股本之招集

第三条　公司应遵照本合同之规定另订招股简章招集股本，上海通用国币洋一百五十万元，先有发起人遵照前呈章程缴足三十万元，有沪北工巡捐局验实后即行开办。

第四条　公司资本须集自华商，不得有外国人附股。

路线之规划

第五条　本合同所附路线图，东线由宝山路南段起至北四川路西，将来推广至吴淞。西线由恒丰路南段起经过共和路、大统路、永兴路等处，接连宝山路，将来推广至真茹、南翔，绕道吴淞。

权利之享受及期限

第六条　公司依本合同之规定得享受沪北工巡捐局所许之一切权利。

第七条　公司依本合同规定所享之一切权利，以后非经沪北工巡捐局认

---

① 《上海市公用局审核上宝电车公司与沪北工巡捐局所订合同》，1928 年 3～10 月，上海市公用局档案，档号：Q5－2－822。

可，不得转让于他人。

第八条　如沪北工巡捐局欲于他路上繁盛区域内，另设新轨道驶行电车，必先将此项情形通知公司，以便知其是否愿照本合同办法承造。

第九条　沪北工巡捐局拟设之新轨道如公司不愿承造，则捐局有权另招他人承办，惟不能损害公司已有路线上营业之权利，且距离公司路线二百密达之内，他人不得另设电车轨道。

第十一条　公司经沪北工巡局允许得电车内收取张贴告白及印刷品费。

第十二条　本合同所许之一切权利，以五十年为期，公司开车之日计算期满后由沪北工巡捐局购回自办，或招他人承办，或仍由公司续办，另订合同办理，惟公司得享优先之权。

对于沪北工巡捐局之报酬

第十三条　公司于每日进款之数内抽提百分之五，为沪北工巡捐局之报酬金（维持营业起见，三年以内减为百分之三，满限实行百分之五。）。

第十四条　沪北工巡捐局每月应派员至公司检查进款账目后，其报酬金即于每月底汇缴不得拖延。

第十五条　在扰乱之时或华界戒严之际，所有电车任沪北工巡捐局随时使用装载军队或运送战品等事。

设轨之计划

第十八条　双轨中央距离一密达。

第十九条　铁轨每一密达重四十五基劳，该铁轨置于石子打成之基础上，再用石子筑平马路一如沪北工巡捐局所筑之马路，如日后沪北工巡捐局将筑路之法改变，则公司亦须照改变之法建筑。

第二十条　双轨可置于满十二密达阔之马路上，如不满十二密达之马路欲置双轨，须经沪北工巡捐局允准方可照办，倘满十二密达之马路中间有数处其阔仅十密达至十二密达，而其长不满五十密达者亦可铺设双轨。

关于电车之工程

第二十一条　电车用架空电线式电力，拖车用五百至六百之流电。

第二十二条　在热闹之处蓄电箱置在地中，僻静之处则置在路面。

第二十三条　电车两旁电焊用钢质或用水泥制成。

第二十四条　如于电力间断之时，公司可暂用别种拖力驶行电车。

第二十五条　凡路阔在二十四英尺之内用伸臂钢柱或用水泥柱。

第二十六条　凡广阔之路则用二面拉紧铁丝钢柱或水泥柱。

电车之路程价目

第二十七条　电车内分头等二等两种坐位，如有两电车拖带而行者，则内一乘可作特别坐位，公司并可开行专车，该车只购一种坐位。兹将公司应收车价列左：

头等车价第一站收铜元三枚，第二站加收铜元三枚，第三、四站加收铜圆三枚，第五、六站加收铜圆三枚，每站相去约一里半。

二等车价第一站收铜元一枚，第二站加收铜元一枚，第三、四站加收铜圆一枚，第五、六站加收铜圆一枚。

第二十八条　车费价目可由公司与沪北工巡捐局两方接洽随时更改。

第二十九条　所有电车价目路程单，应于公司事房内及电车内张贴，如有更改之处，亦广为通告。

道路桥梁至修筑与保养

第三十一条　所有轨道中央之马路及轨道两旁距离五十生的密达（即半密达）之马路，均赖公司保养修理，其应修之马路，一经沪北工巡捐局之通知，公司即须派人修理。

第三十三条　所有电车经过之桥梁及暗桥不能任电车之重量者，须由沪北工巡捐局设法改筑坚固，其费赖公司担任。

第三十四条　将来沪北工巡捐局开筑新马路而电车亦须经过者，如有建筑暗桥及桥梁之处，沪北工巡捐局只认寻常之建筑费，所有因电车经过而建筑加坚之费赖由公司担任。

第三十五条　如于未铺石子之路而电车亦须经过者，则该路自装设铁轨后由沪北工巡捐局铺石筑路，公司应偿还拆除建筑等费。

第三十七条　电车所经之道路如地面有不平或须修理而阻电车之行驶者，则沪北工巡捐局须于十四日前，咨照公司使别置一段轨道或于近旁道路暂置轨道，以通往来，其费由公司自任。

第四十条　公司须维持保养其电车所经过之道路桥梁，使常年稳固不致损坏，如有损坏须立即雇工修理，不得迟延致生危险。

对于公司之辅助

第四十五条　电车行驶迅速各种车辆或因不及避让，致生种种危险，当由沪北工巡捐局另订妥慎章程，俾各遵守。

第四十六条　沪北工巡捐局当知会警察厅添订由电车行驶之道路上种种规则，预为防备。

对于电车各种之取缔

第四十七条　所有电车拖车式样均须经沪北工巡捐局，查验允准后，方可使用，其车箱之阔不得过英尺六尺六寸。

第四十八条　凡引电箱须由沪北工巡捐局指定坚固地段，方可安设。

第四十九条　沪北工巡捐局当会同公司订定驶行电车及开行速率等章程。

第五十条　沪北工巡捐局随时可订立治理电车章程，所订章程应于二星期之内，登上海日报，俾众周知，其关于应订章程各项如：（1）管理使用车上警铃。（2）如沪北工巡捐局视为发生危险之处，可令电车即行停驶。（3）管理电车上乘客上下之法，与车上布置合式与否。（4）管理电车之速率。（5）各项中英二文合例之印刷品，应在电车内及别处张贴。（6）沪北工巡捐局英订公司违反以上各项章程罚款分五元、十元两种。

第五十一条　公司如有违背合同或于其电车所经之道路桥梁有损坏时，不即修理则第一日，罚洋一百元，以后每日罚洋二十五元。

第五十二条　电车每晚至十二时停驶，十二时后，非经沪北工巡捐局允准，无论何事不得开行。

第五十三条　公司不准乘客携带过十六磅重一立方尺大之物件，如有取厌他人及一切危险之物，虽小亦不准携带。

第五十四条　沪北工巡捐局应禁止凸轮车行驶于电车轨道范围之内，并派稽查员携捐局应给之稽查券，不论何时何车可以查验。车上机器电线及各种器具如查有不适用，不稳固之处，一经沪北工巡捐局函告，公司即设法修理。

第五十五条　公司如有妨碍沪北工巡捐局道路章程之事，捐局可照定章议罚。

第五十六条　公司中工人及办事人，如不遵合同或有损害物件、伤毙人命等事，公司应另订赔偿抚恤之章程。

营业之购回

第五十七条　沪北工巡捐局于三十年期满后，可将建筑品、活动及不活动材料与电车电气等物自行购回，惟须于期满前二年知照公司。

附录二 上海市电车路线调查一览（1937 年 1 月）①

车别	区别	经办者	路别	路由	停站	里程	头等		三等		每班时间
							起程	终站	起程	终站	
有轨电车	沪南区	华商电气公司	一路	由高昌庙经半淞园路、车站前路、外马路、东门路至小东门	高昌庙、南车站、沪军营、薛家浜、董家渡、关桥、东门路	4.8	8	22	5	17	6
			二圆路	由肇周路经和平路、中华路、国货路、外马路、东门路、民国路、方浜路仍至肇周路	南阳桥、老西门、尚文门、地方法院、沪军营、薛家浜、董家渡、关桥、小南门、尚文门、小东门、大东门	4.9	8	26	5	19	8
			三圆路	由老西门经中华路、民国路仍至老西门	小东门、新开河、老北门、新桥路、老西门、尚文门、小南门、大东门	5.1	8	16	5	12	4
			四路	由高昌庙经半淞园路、车站后路、车站前路、黄家阙路、中华路、方浜路至肇周路	高昌庙、南车站、地方法院、尚文门、老西门、南阳桥	3.9	8	19	5	15	7
	法租界	法商电车电灯公司	一路	由十六铺经黄浦滩路、公馆马路、坟山路、霞飞路至福开森路	十六铺、新开河、法大马路口、大自鸣钟、八里桥、街高山路、华龙路、金神父路、杜美路、善钟路、高恩路、福开森路	7.2	8	42	5	27	
			二路	由十六铺经黄浦滩路、公馆马路、坟山路、霞飞路、姚主教路、海格路至徐家汇	十六铺、新开河、法大马路口、大自鸣钟、八里桥、街高山路、华龙路、金神父路、杜美路、善钟路、高恩路、开森路、贝当路、徐家汇	8.6	8	42	5	27	

① 《十年来上海市公用事业之演进》，第 62 页。

续表

车别	区别	经办者	路别	路由	停站	里程	头等起程	头等终站	三等起程	三等终站	每班时间
有轨电车	法租界	法商电车电灯公司	三路	由小东门经民国路至老西门	小东门、新开河、老北门、东新桥街、西门	2.5	8	16	5	12	
			四路	由海格路经善钟路、霞飞路、坟山路、公馆马路、黄浦滩路进公共租界至提篮桥	海格路、善钟路、杜美路、金神父路、华龙路、嵩山路、八里桥街、大自鸣钟、洋泾浜	5.7	8	32	5	24	
			五路	由卢家湾经徐家汇路、方斜路、民国路八仙桥街、宁波路、新桥街进公共租界至北车站	卢家湾、贝勒路、斜桥、白云观、西门八里桥街或同仁辅元路、东新桥	3.5	8	24	6	18	
			六路	由十六铺经黄浦滩路、公馆马路、八仙桥街、民国路、方斜路、徐家汇路至卢家湾	十六铺、新开河、法大马路口、大自鸣钟、八里桥街或同仁辅元路、白云观、斜桥、贝勒路、卢家湾	5.1	8	30	5	21	
			七路	由十六铺经黄浦滩路、公馆马路、坟山路、霞飞路、善钟路至海格路	十六铺、新开河、法大马路口、大自鸣钟、八里桥街、嵩山路、华龙路、金神父路、杜美路、善钟路、海格路	6.4	8	39	5	27	
			八九路	由十六铺经黄浦滩路至外洋泾桥	十六铺、新开河、外洋泾桥	1.1	8	12	5	9	
			十路	由十六铺经黄浦滩路、公馆马路、坟山路、霞飞路、吕班路至卢家湾	十六铺、新开河、法大马路口、大自鸣钟、八里桥街、嵩山路、吕班路、辣斐德路、卢家湾	4.9	8	32	5	21	
	公共租界及越界筑路	英商上海电车公司	一路	由静安寺经愚园路、赫德路、爱文义路、卡德路、静安寺路、南京路、黄浦滩路、北四川路、外白渡桥至虹口公园	静安寺、爱文义路、赫德路转角、戈登路、爱文义路、卡德路转角、斜桥、总会、马霍路、西藏路、浙江路、抛球场、南京路、外滩、外洋泾径或外白渡桥、天潼路、蓬路、老靶子路、厚德里、横浜桥、阿瑞里、虹口公园	8.6	8	26	6	18	

续表

车别	区别	经办者	路别	路由	停站	里程	头等		三等		每班时间
							起程	终站	起程	终站	
有轨电车	公共租界及越界筑路	英商上海电车公司	二路	由静安寺经愚园路、赫德路、爱文义路、卡德路、静安寺路、南京路、黄浦滩路进法租界至十六铺	静安寺、爱文路、赫德路转角、戈登路、卡德路转角、斜桥总会、马霍路、西藏路、浙江路、抛球场、南京路、外滩、外洋泾桥	5.9	8	21	6	16	
			三路	由麦根路经卡德路、新闸路、芝罘路、浙江路、湖北路至东新桥	麦根路、新闸桥、派克路、北泥城桥、芝罘路、南京路、正丰街、东新桥	2.8	8	18	6	12	
			四路	由提篮桥经百老汇路、外白渡桥、黄浦滩路接法租界五路至西海格路	提篮桥、公平路、兆丰路、华记路、正源大弄、蓬路、外白渡桥、南京路、外滩、外洋泾桥	3.3	8	15	6	10	
			五路	由北车站经界路、北浙江路、湖北路接法租界五路至西门及卢家湾	北车站、海宁路、老垃圾桥、南京路、正丰街、东新桥	2.3	8	18	6	12	
			六圆路	由北车站经界路、北浙江路、湖北路、广东路、黄浦滩路、外白渡桥、西华德路、闵行路、吴淞路、靶子路、北河南路仍至北车站	北车站、海宁路、老垃圾桥、芝罘路、南京路、正丰街、椎盘街、五马路、外滩、外白渡桥、京路、虹口莱场、沈家湾、北四川路	6.6	8	21	6	12	
			七路	由北车站经界路、北浙江路、南京路、黄浦滩路、外白渡桥、西华德路、东熙华德路进法租界至提篮桥	北车站、海宁路、老垃圾桥、芝罘路、浙江路、南京路转角、抛球场、南京路、外滩、白渡桥、蓬路、庄源大弄、华记路、兆丰路、公平路至提篮桥	5.8	8	26	6	18	
			八路	由杨树浦经杨树浦路、东百老汇路、外白渡桥、黄浦滩路、蓬路进法租界至十六铺	杨树浦路、格兰路、宁武路、三泰纱厂、怡和纱厂、黄浦码头、杨树浦、绞花场、华丰路、公平路、兆丰路、华记路、正源、蓬路、外白渡桥、南京路、外滩、外洋泾桥	8.4	8	26	6	18	

续表

车别	区别	经办者	路别	路由	停站	里程	头等起程	头等终站	三等起程	三等终站	每班时间
有轨电车	公共租界及越界筑路	英商上海电车公司	十一路	由外洋泾桥经黄浦滩路、外白渡桥、北苏州路至四川路桥至虹口公园	外洋泾桥、南京路、外滩、天潼路、蓬路、老靶子路、厚德里、横浜桥、阿瑞里、虹口公园	4.0	8	17	6	14
			十二路	由提篮桥经东百老汇路、外白渡桥、黄浦滩路、南京路、静安寺路、爱文义路、赫德路至静安寺	提篮桥、公平路、兆丰路、华记路、庄源大洋、逢路、外白渡桥、南京路、外滩、抛球场、浙江路、西藏路、马霍路、斜桥总会、爱文义路、卡德路转角、戈登路、爱文义路、赫德路转角、静安寺	4.6	8	30	6	20
			十四五	由民国路、法租界经郑家木桥街、福建路、北京路、河南路、天后宫桥、北河南路至北车站	郑家木桥、四马路、南京路	2.6	8	12	8	10
			十五路	由民国路、法租界经吉祥街、江西路、北京路、四川路、卡德路、海宁路至乍浦路	三洋泾桥、四马路、南京路、江西路、四川路转角、天潼路、蓬路、海宁路、乍浦路	2.4	8	15	8	12
无轨电车	公共租界及越界筑路	英商上海电车公司	十六路	由民国路、法租界经吉祥街、江西路、北京路、爱文义路、戈登路、劳勃生路至曹家渡	三洋泾桥、四马路、南京路、天后宫桥、老闸桥、北泥城桥、派克路、成都路、爱文义路、卡德路、舢板厂麦特赫司脱路、麦登路、戈登路、劳勃生路、纪念塔或宜昌路、胶州路、曹家渡、小沙渡口	8.6	8	30	8	20
			十七路	由兰路经华德路、保定路、东汉璧礼路、新记浜路、北四川路、江西路、福州路、西藏路进法租界打浦桥	高朗桥、梅地拉路、稻朋路、大连湾路、保定路、昆明路、兆丰路、新记浜路、虹口来市、天潼路、吴淞路转角、邮政总局、北京路、四川路转角、老巡捕房、大新街、四马路、西大世界	8.0	8	30	8	20

续表

车别	区别	经办者	路别	路由	停站	里程	头等		三等		每班时间
							起程	终站	起程	终站	
无轨电车	公共租界及越界筑路	英商上海电车公司	十八路	由岳州路经兆丰路、东有恒路、新记浜路、东汉璧礼路、文监师路、北河南路、海宁路、开封路、北西藏路、新垃圾桥、西藏路进法租界至斜桥	岳州路、兆丰路、新记浜路、里虹桥、虹口菜市、北四川路、北河南桥、北浙江路、开封路、北京路、南京路、四马路、西大世界	5.7	8	30	8	18	
			十九路	由民国路经吉祥街、江西路、北京路、爱文义路、麦根路、戈登路、宜昌路至小沙渡	三洋泾桥、四马路、南京路、天后宫桥、老闸桥、北泥城桥、派克路、成都路、爱文义路、卡德路、舢板厂桥、麦特赫司脱路、又袋路根路、戈登路转角、劳勃生路、念塔或宜昌路小沙渡	7.4	8	30	8	20	
			二十路	由静安寺经愚园路至兆丰花园	静安寺、愚园路 528 号、愚园路 754 号、亿定盘路、兆丰花园	2.4	8	12	6	10	
	法租界	法商电车电灯公司	十七路	由打浦经金神父路、薛华立路、康梯路、菜市路、白尔路、敏体尼荫路进公共租界	宁波路、霞飞路、南阳桥、菜市路口、康梯路、萨坡赛路、第二特区法院、打浦桥						
			十八路	由斜桥经徐家汇路、菜市路、白尔路、敏体尼荫路进公共租界至岳州路	斜桥、康梯路、萨坡赛路、南阳桥、宁波路	2.5	7	18	5	14	

注：票价项内所填均以辅元为单位；里程数均以公里为单位。

参考文献

一　未刊档案

上海市档案馆藏档名称及全宗号：

上海市公用局档案，全宗号 Q5

上海公共租界工部局档案，全宗号 U1

上海市公用局电车公司筹备处档案，全宗号 Q423

江南问题研究会档案，全宗号 Y12

沪北工巡捐局档案，全宗号 Q207

浦东塘工局档案，全宗号 Q203

革命历史刊物档案，全宗号 D2

二　著作、汇编

孙中山：《建国大纲·修道路》，国民书局，1927。

中国国民党中央执行委员会宣传部编《造路运动宣传纲要》，1929 年编印。

国都设计技术专员办事处编《首都计划》，1929 年编印。

徐国桢：《上海生活》，世界书局，1930。

杨西孟：《上海工人生活程度的一个研究》第一、二部分，北平社会调查所，1930 年编印。

盛叙功：《交通地理》，上海商务印书馆，1931。

董修甲：《京沪杭汉四大都市之市政》，上海大东书局，1931。

付荣恩：《江浙市政考察记》，新大陆印刷公司，1931。

孙本文主编《中国人口问题》，世界书局出版社，1932。

罗志如：《统计表中之上海》，中央研究院社会科学研究所，1932 年印行。

陈炎林:《上海地产大全》,1933 年编印。

上海市地方协会编《民国二十二年编上海市统计》,1933 年 8 月编印。

陈树棠:《道路建筑学》,中华道路建设协会,1934。

王定九、丁燮生:《上海顾问》,中央书店,1934。

上海市地方协会编《上海市统计补充材料》,1935 年 4 月编印。

张辉:《上海市地价研究》,正中书局,1935。

交通部铁道部交通史编纂委员会编《交通史·电政编》第 3 集,交通部总务司,1936 年 10 月编印。

柳培潜:《大上海指南》,上海中华书局,1936。

上海市公用局编《十年来上海市公用事业之演进》,1937 年 7 月编印。

上海市工务局编《上海市工务局之十年》,1937 年编印。

金家凤:《中国交通之发展及其趋向》,正中书局,1937。

龚学遂:《中国战时交通史》,商务印书馆,1947。

赵曾珏:《上海之公用事业》,上海商务印书馆,1949。

吴训义:《清末上海租界社会》,台北,文史哲出版社,1978。

夏征农主编《辞海》,上海辞书出版社,1979。

邹依仁:《旧上海人口变迁的研究》,上海人民出版社,1980。

蒯世勋:《上海公共租界史稿》,上海人民出版社,1980。

徐公肃等:《上海公共租界制度》,上海人民出版社,1980。

黄苇、夏林根编《近代上海地区方志经济史料选辑》,上海人民出版社,1984。

〔英〕K.J.巴顿:《城市经济学——理论和政策》,上海社会科学院部门经济研究所城市经济研究室译,商务印书馆,1984。

朱邦兴等:《上海产业与上海职工》,上海人民出版社,1984。

张仲礼、陈曾年:《沙逊集团在旧中国》,人民出版社,1985。

徐雪筠:《上海近代社会经济发展概况(1882~1931)——海关十年报告译编》,上海社会科学院出版社,1985。

〔美〕R.E.帕克等:《城市社会学》,宋俊岭等译,华夏出版社,1987。

刘统畏:《交通通讯与国民经济》,重庆出版社,1988。

上海市交通运输局公路交通史编写委员会主编《上海公路运输史》第 1 册《近代部分》,上海社会科学院出版社,1988。

唐振常、沈恒春主编《上海史研究》二编,学林出版社,1988。

上海百货公司等编《上海近代百货商业史》，上海社会科学院出版社，1988。

杨文渊等：《上海公路史》第1册，人民交通出版社，1989。

杨逸等：《上海滩与上海人丛书》，上海古籍出版社，1989。

张开敏主编《上海人口迁移研究》，上海社会科学院出版社，1989。

姚公鹤：《上海闲话》，上海古籍出版社，1989。

张仲礼主编《近代上海城市研究》，上海人民出版社，1990。

中国公路交通史编审委员会编《中国公路运输史》，人民交通出版社，1990。

中国大百科全书编委会编《中国大百科全书·社会学卷》，中国大百科全书出版社，1991。

汤伟康、杜黎：《租界100年》，上海画报出版社，1991。

上海市公用事业管理局编《上海公用事业（1840～1986）》，上海人民出版社，1991。

上海市公共交通总公司、《上海法电工人运动史》编写组编《上海法电工人运动史》，中共党史出版社，1991。

〔荷〕丝奇雅·沙森（Saskia Sassen）：The Global City: New York, London, Tokyo，普林斯顿大学出版社，1991。

〔法〕马克·布洛赫：《为历史学辩护》，张和声等译，上海社会科学院出版社，1992。

周源和：《上海交通话当年》，华东师范大学出版社，1992。

姜涛：《中国近代人口史》，浙江人民出版社，1993。

上海市公共交通总公司、《上海英电工人运动史》编写组编《上海英电工人运动史》，中共党史出版社，1993。

〔美〕费正清、费维恺编《剑桥中华民国史1912～1949》上卷，刘敬坤等译，中国社会科学出版社，1994。

顾炳权：《上海洋场竹枝词》，上海书店出版社，1996。

丁日初主编《上海近代经济史第二卷（1895～1927）》，上海人民出版社，1997。

刘凤良主编《经济学》，高等教育出版社，1998。

《胡适文集》第9卷，北京大学出版社，1998。

上海市政工程志编纂委员会编《上海市政工程志》，上海社会科学院出版社，1998。

汪杰等主编《上海物价志》，上海社会科学院出版社，1998

熊月之等主编《上海通史》，上海人民出版社，1999。

〔美〕不列颠百科全书公司：《不列颠百科全书（国际中文版）》，中国大百科全书出版社不列颠全书编辑部译，中国大百科全书出版社，1999。

J. Pierre, "Models of Urban Govermance: The Institutional Dimension of Urban Politics," *Urban Affairs Review*, 1999, 34 (3).

蔡君时：《上海公用事业志》，上海社会科学院出版社，2000。

〔美〕霍塞：《出卖上海滩》，越裔译，上海书店出版社，2000。

蔡君时：《世界公共交通》，同济大学出版社，2001。

上海市档案馆编《工部局董事会会议记录》第 1、2、4、7、9、18、19、21 册，上海古籍出版社，2001。

张钟汝、章友德、陆健、胡申生编著《城市社会学》，上海大学出版社，2001。

上海市档案馆编《上海租界志》，上海社会科学院出版社，2001。

〔美〕裴宜理：《上海罢工——中国工人政治研究》，刘平译，江苏人民出版社，2001。

许英：《城市社会学》，齐鲁书社，2002。

向德平：《城市社会学》，武汉大学出版社，2002。

潘允康：《城市社会学新论：城市人与区位的结合与互动》，天津社会科学院出版社，2003。

王佃利、张莉萍、任德成主编《现代市政学》，中国人民大学出版社，2004。

杨兆升：《城市智能公共交通系统理论与方法》，中国铁道出版社，2004。

〔美〕魏斐德：《上海警察 1927～1937》，章虹等译，上海古籍出版社，2004。

张忠民主编《近代上海城市发展与城市综合竞争力》，上海社会科学院出版社，2005。

〔法〕伊夫·格拉夫梅耶尔：《城市社会学》，徐伟民译，天津人民出版社，2005。

（清）葛元煦撰、郑祖安标点：《沪游杂记》，上海书店出版社，2006。

〔英〕彼得·伯克：《法国史学革命：年鉴学派（1929～1989）》，刘永华译，北京大学出版社，2006。

〔以〕S. N. 艾森斯塔特：《反思现代性》，旷新年等译，三联书店，2006。

刘波等：《城市公共交通管理》，中国发展出版社，2007。

〔美〕罗伯特·瑟夫洛：《公交都市》，宇恒可持续交通研究中心译，中国建筑工业出版社，2007。

〔美〕史蒂文·瓦戈：《社会变迁（第5版）》，王晓黎等译，北京大学出版社，2007。

王静霞、张国华等：《城市智能公共交通管理系统》，中国建筑工业出版社，2008。

郑也夫：《城市社会学》，上海交通大学出版社，2009。

《中国大百科全书》总编委会编《中国大百科全书》第3、7、11卷，中国大百科全书出版社，2009。

徐光远主编《城市经济学》，中国经济出版社，2009。

忻平：《从上海发现历史——现代化进程中的上海人及其社会生活（1927～1937）》，上海大学出版社，2009。

交通运输部道路运输司编《城市公共交通管理概论》，人民交通出版社，2011。

闫平、宋瑞：《城市公共交通概论》，机械工业出版社，2011。

冯云廷主编《城市经济学》，东北财经大学出版社，2011。

周里捷、姚振平：《大型活动地面公共交通运营组织与调度系统》，电子工业出版社，2011。

马长林等：《上海公共租界城市管理研究》，中西书局，2011。

刘贤腾：《交通方式竞争：论我国城市公共交通的发展》，南京大学出版社，2012。

黎德扬等：《交通社会学》，中国社会科学出版社，2012。

〔英〕马尔萨斯（T. R. Malthus）：《人口原理：珍藏本》，陈小白译，华夏出版社，2012。

〔美〕韦恩·奥图、帕特里夏·亨德森：《公共交通、土地利用与城市形态》，龚迪嘉译，中国建筑工业出版社，2013。

〔法〕白吉尔:《上海史:走向现代之路》,王菊等译,上海社会科学院出版社,2014。

〔英〕马歇尔:《经济学原理》,刘生龙译,江西教育出版社,2014。

罗月领:《城市治理创新研究》,清华大学出版社,2014。

吴景平等:《抗战时期的上海经济》,上海人民出版社,2015。

习近平:《决胜全面建成小康社会 夺取新时代中国特色社会主义伟大胜利——在中国共产党第十九次全国代表大会上的报告》,人民出版社,2017。

三 报刊、论文

《申报》1909年2月6日~1937年11月25日。

《上海公共租界与法租界内之中国人数》,《东方杂志》第13卷第3号,1916年3月10日。

甘作霖:《上海三电车公司之组织》,《东方杂志》第12卷第1号,1915年1月15日。

甘作霖:《上海三电车公司之组织(续一号)》,《东方杂志》第12卷第4号,1915年4月1日。

谢仁:《电车铁道与汽车铁道比较》,《东方杂志》第14卷第5号,1917年5月15日。

眉叔:《电车发明史》,《东方杂志》第14卷12号,1917年12月15日。

沙公超:《中国各埠电车交通概况》,《东方杂志》第23卷第14号,1926年7月25日。

向默安:《我国交通事业之整理与发展》,《交通杂志》第1卷第1期,交通杂志社,1932。

石玦:《故都洋车夫生活》,《市政评论》第2卷第8期,1934年9月。

吴琢之:《都市合理化的交通工具》,《交通月刊》第1卷第1期,1937年,京华印书馆。

萧仁山:《论研究城市产生与发展的方法》,《城市经济研究》1986年第6期。

潘君祥:《略论旧上海租界经济》,《档案与史学》1987年第4期。

陶冶:《近半个世纪上海城市职业构成的演变和三四十年代人口经济属

性再探讨》，《上海研究论丛》第 8 辑，上海社会科学院出版社，1993。

樊卫国：《略论中国早期现代化与权力分配》，《社会科学》2004 年第 2 期。

李沛霖：《中国近代城市公共交通研究的回顾与展望》，《武汉大学学报》（人文科学版），2017 年第 1 期。

李沛霖：《公共交通与城市人口析论：以抗战前上海电车业为基点的考察》，《民国档案》2018 年第 2 期。

李沛霖：《公共交通与城市现代性：以上海电车为中心（1908～1937）》，《史林》2018 年第 3 期（人大复印资料《中国近代史》2018 年第 9 期全文转载）。

后 记

在书稿完成之际，掩卷回首，难忘于黄浦江畔的上海市档案馆朝出夕归阅查档案，难忘在淮海中路的上海市图书馆收集文献，亦难忘在复旦大学历史学系资料室孜孜以求地展读著述。而这些不懈努力，均为本书的撰著、行文和提炼夯实根基。但更为重要的是，我要向关心及帮助过我的师友谨致谢意！

首先，需要感谢的是我的博士后导师——复旦大学历史学系吴景平教授。我能够顺利完成书稿，无不凝结着业师的汗水与心血。作为著名的近代经济史研究专家，景平师对学生不吝赐教、传道授业：在选题时，给予详尽建议；嗣后，耐心地指导书稿框架，并明确写作重点及方法；在行文过程中，对每一稿均严格要求，并指出尚需改进之处，直至最终成稿。业师学问渊博、宽广豁达、行为高洁、平易近人；其治学态度、学识学品及师者风范使吾受益匪浅，并以恩师为楷模，以资警策；亦使我深刻体悟复旦校训——"博学而笃志，切问而近思"之真义。在此谨向恩师致以诚挚敬意！

其次，一些著名历史学专家如复旦大学历史学系姜义华教授、葛兆光教授、朱荫贵教授、章清教授、李晓杰教授、满志敏教授、陈雁教授，杭州师范大学历史系丁贤勇教授，亦对本书给予弥足珍贵的建议及帮助。在书稿的最初选题、书稿框架及内容修订上，均给予许多有益的学术指导及思想启示；在学科的应用方法、义理铺成及行文细节上，亦时常不吝赐教。所以然者，本书从初稿到定稿的每一步进程均离不开上述教授的循循善诱和学术启迪。至此，对各位专家表示由衷感谢！

复次，感谢中国博士后科学基金一等资助项目、南京邮电大学人文社会科学重点基金项目、南京邮电大学"1311人才计划"项目、南京大学中华民国史研究中心学术前沿系列"城乡研究辑"项目的资助。感谢中国城市史研究会的领导及专家学者的专业建议，感谢南京邮电大学的领导及同侪，感谢我的师弟范国平，感谢社会科学文献出版社国别区域分社张晓莉社长以及叶娟、李蓉蓉编辑的统筹与编校工作，他们对该书给予了宝贵支持，并让我有机会思忖学习，使学术生涯逐渐积淀。并且，向为本书查阅资料提供便利以及提供良好撰著环境的上海市档案馆、上海市图书馆、复旦大学历史学系资料室、复旦大学邯郸校区图书馆的诸位老师和工作人员，致以谢意！

最后，心中感激的是一直对我默默支持、不离不弃的家人郭晓明女士、李敬尧先生及儿子李予之。回溯写作期间的奔波和艰辛，如没有你们的殷殷激励和无私奉献，吾不能集中精力倾心研究，几十万字的书稿更无法顺利付梓。属文至此，诉以心声：今生相伴有幸，一生与之相随！

李沛霖谨识

2019 年 1 月 9 日于复旦大学历史学系资料室

图书在版编目（CIP）数据

电车交通与城市社会：1905－1937年的上海／李沛
霖著. －－北京：社会科学文献出版社，2019.4
ISBN 978－7－5201－4484－1

Ⅰ.①电…　Ⅱ.①李…　Ⅲ.①有轨电车－城市交通运
输－交通运输史－上海－1905－1937　Ⅳ.①F572.89

中国版本图书馆CIP数据核字（2019）第047435号

电车交通与城市社会：1905～1937年的上海

著　　者／李沛霖

出 版 人／谢寿光
责任编辑／叶　娟
文稿编辑／李蓉蓉

出　　版／社会科学文献出版社·国别区域分社（010）59367078
　　　　　　地址：北京市北三环中路甲29号院华龙大厦　邮编：100029
　　　　　　网址：www.ssap.com.cn
发　　行／市场营销中心（010）59367081　59367083
印　　装／三河市尚艺印装有限公司

规　　格／开　本：787mm×1092mm　1/16
　　　　　　印　张：25　字　数：433千字
版　　次／2019年4月第1版　2019年4月第1次印刷
书　　号／ISBN 978－7－5201－4484－1
定　　价／128.00元

本书如有印装质量问题，请与读者服务中心（010－59367028）联系